RESEARCH AND PRACTICE
OF BRIDGE LOAD TEST

桥梁荷载试验
研究与实践

胡建新　车功健　刘　越　朱尚清　著

人民交通出版社股份有限公司

北　京

内 容 提 要

本书依托丰富的工程实践,系统梳理了桥梁荷载试验核心知识与操作流程,深入剖析了关键技术问题,重点呈现了典型桥梁荷载试验案例及微波雷达新技术的应用。

本书适合桥梁设计、咨询、科研、施工监理等领域专业人员,尤其是桥梁监测、检测及管养从业人员使用,同时可供高等院校相关专业师生学习参考。

图书在版编目(CIP)数据

桥梁荷载试验研究与实践 / 胡建新等著. — 北京：
人民交通出版社股份有限公司,2023.1
ISBN 978-7-114-18172-6

Ⅰ. ①桥… Ⅱ. ①胡… Ⅲ. ①公路桥—载荷试验
Ⅳ. ①U448.141

中国版本图书馆 CIP 数据核字(2022)第 156692 号

Qiaoliang Hezai Shiyan Yanjiu yu Shijian

书　　　名:	**桥梁荷载试验研究与实践**
著 作 者:	胡建新　车功健　刘　越　朱尚清　著
责任编辑:	李　娜
责任校对:	赵媛媛
责任印制:	张　凯
出版发行:	人民交通出版社股份有限公司
地　　　址:	(100011)北京市朝阳区安定门外外馆斜街 3 号
网　　　址:	http://www.ccpcl.com.cn
销售电话:	(010)85285857
总 经 销:	人民交通出版社股份有限公司发行部
经　　　销:	各地新华书店
印　　　刷:	北京建宏印刷有限公司
开　　　本:	787 × 1092　1/16
印　　　张:	15.5
字　　　数:	372 千
版　　　次:	2023 年 1 月　第 1 版
印　　　次:	2023 年 1 月　第 1 次印刷
书　　　号:	ISBN 978-7-114-18172-6
定　　　价:	78.00 元

(有印刷、装订质量问题的图书,由本公司负责调换)

前言 PREFACE

　　桥梁结构历来被称为"生命线工程",其运营安全问题一直备受关注。桥梁检测的主要方法包括日常巡查、经常检查、定期检测、专项检测、荷载试验等,其中桥梁荷载试验是桥梁检测中的重要环节。笔者认为,桥梁检测工程师必须具备科学严谨的态度、吃苦耐劳的精神、扎实的专业知识及综合分析判断能力,才能胜任相关工作。

　　自参加工作以来,笔者先后主持、参与或指导了百余座桥梁的荷载试验工作。从实地调查、线形测量、计算分析、方案编制,到应变片粘贴、仪器操作与改良、现场指挥,再到数字信号分析与处理、数据分析、报告编制、小程序编写及归纳梳理总结等工作,均深入实践并乐在其中,也由此积累了一定的经验与体会。本书的编写目的,是将个人经验体会与具有代表性的桥梁荷载试验技术资料归纳成册,以期抛砖引玉,与同仁交流探讨。

　　在本书编写过程中,招商局重庆公路工程检测中心有限公司、中交路建交通科技有限公司、北京路桥瑞通科技发展有限公司、中公智联（北京）科技有限公司、贵州顺康检测股份有限公司等单位的工程师提供了大量资料,在此致以衷心感谢;同时感谢在试验测试、数据整理过程中付出辛勤劳动的同仁。此外,本书参阅了大量文献,谨向文献作者一并致谢!

　　由于作者理论与实践水平有限,书中难免存在疏漏,恳请读者批评指正。

作　者

2022 年于北京

目录 CONTENTS

第1章 绪论

◄◄◄

1.1 概述

桥梁结构历来被认为是生命线工程,桥梁工程质量一旦出现问题或运营桥梁出现垮塌事件,都会给社会和人民生命、财产造成重大的损失。随着科学技术的进步,桥梁结构有限元计算、仿真分析以及设计方法和设计理论都有了根本性的变化,然而影响桥梁工程质量的许多不确定因素仍然存在;对于建成后运营的桥梁受车辆荷载、外界环境、结构性能退化等因素影响,其安全运营更是社会和公众关注的热点问题。为对新建桥梁的工程质量以及运营中桥梁的承载能力和安全、使用性能等进行评价,一般通过对桥梁实施静、动荷载试验,来检验设计和施工质量是否满足设计和标准规范要求,评定桥梁运营荷载等级和实际使用状况等。美国一位专家曾说过:"无论多么高新的结构分析技术都不能取代用于评估公路大桥性能的现场测试。当建筑物承受工作荷载时,记录下应变测试结果,根据测试结果工程师就能更好地了解桥梁的真实结构响应。"

桥梁荷载试验是通过施加荷载方式对桥梁结构或构件的静、动力特性进行的现场试验测试。桥梁荷载试验通过现场测试数据的分析,结合结构的静动力计算对桥梁结构的承载能力、动力性能进行评定,荷载试验包括静载试验和动载试验。桥梁静载试验是指通过在桥梁结构上施加与控制荷载等效的静态外加荷载,利用检测仪器设备测试桥梁结构控制部位与控制截面的力学效应的现场试验。而桥梁动载试验是测试桥梁结构或构件在动荷载激振和环境荷载作用下的受迫振动特性和自振特性的现场试验。桥梁静载和动载试验这两种试验方法都是对桥梁结构承载能力的一种最直接、有效的方法,桥梁静载试验是对桥梁结构静态参数(如应变和挠度等)进行测试,并同加载理论计算值进行比较分析,通过静态参数的校验系数、残余变形等对桥梁结构的承载能力进行评定。桥梁结构动载试验主要是对桥梁结构自身的动力性能和在车辆荷载等动荷载作用下的动力响应进行测试。桥梁结构自身的动力特性主要包括桥梁结构的自振频率、振型、阻尼比等参数;而桥梁结构在车辆动荷载作用下的动力响应测试则是通过跑车、跳车、制动等行车试验工况下结构动应变、动挠度等动力响应参数的测试,对桥梁结构动力参数的响应进行计算分析,得出桥梁结构阻尼比、冲击系数、振动幅值等参数对桥梁结构的行车性能进行评价和分析。

桥梁荷载试验是一门直接服务于工程实践的技术科学,涉及桥梁结构的理论分析、试验测试技术、仪器设备性能、数理统计分析、新技术的应用、现场组织实施等方面,要求检测人员具有较强的综合素质。同时桥梁荷载试验对于桥梁结构技术状况、承载能力评定、安全性能评定起到关键性的作用,对于确保桥梁安全运营、桥梁智慧化管养与决策等方面发挥着重要的作用。

对于采用新结构、新材料、新技术、新工艺等修建的桥梁,尚有许多诸如结构的材料性能、动力反应、不能建立与研究问题相对应的完善的数学模型,或计算模型与实际结构之间存在一定差距等问题,需要通过桥梁荷载试验直接测试来修正结构的计算模型。受测试技术限制,桥梁结构荷载试验中的一些关键响应参数测试精度、测试频率等,也影响桥梁结构技术状况、承载能力和安全使用性能的评价等。随着科学技术的发展,尤其是桥梁结构理论分析以及现代测试技术的发展,桥梁荷载试验也是一门不断发展的技术学科。

1.2　荷载试验目的

现行《公路桥梁荷载试验规程》(JTG/T J21-01)(以下简称《规程》)中关于荷载试验的目的描述如下:为规范和指导公路桥梁荷载试验工作,为桥梁结构技术状况及承载能力评定提供依据,制定本规程。

本条文说明中指出了桥梁荷载试验的目的,但是实际上准确地讲,桥梁荷载试验的目的是通过加载试验,记录桥梁在荷载作用下的结构反应,验证物理模型(实际桥梁)与数值分析模型之间的符合性,进而为桥梁结构技术状况及承载能力评定和日后养护、维修、加固的决策提供科学依据和支持。

荷载试验的目的类似于数字孪生,通过测试搭建实际桥梁与数值分析模型之间的纽带。如果数值分析模型能够完全真实反映物理模型的力学特征,那么荷载试验的校验系数均为1。但是目前技术水平下,荷载试验的数值分析模型材料参数取值还是参考设计规范,而设计规范中混凝土、钢材等材料强度均考虑了1.25的材料安全系数,另外考虑到混凝土其均值性相对差,其强度考虑了95%保证率,其概率分布为正态分布,强度标准值为平均值减去1.645倍的标准差。

而国内《公路钢筋混凝土及预应力混凝土桥涵设计规范》(JTG 3362—2018)中混凝土的弹性模量是与强度存在密切关系的,如下式所示。

$$E_c = \frac{10^5}{2.2 + \dfrac{34.74}{f_{cu,k}}} \tag{1-1}$$

美国公路桥梁设计规范 AASHTO 中混凝土的弹性模量与强度的关系如下:

$$E_c = 0.043 y_c^{1.5} \sqrt[3]{f_c'} \tag{1-2}$$

式中:y_c——混凝土的密度(kg/m³);

f_c'——规定的混凝土强度(圆柱体强度)。

由上式可以看出,设计规范中考虑了材料强度安全系数 1.25 的混凝土,其弹性模量也相应地考虑了一定的安全系数。

总之,实际桥梁准确的材料强度、重度、弹性模型等是不好考虑的,同时局部加强、桥面铺装、护栏、侧墙等引起的刚度变化也不便于在数值分析模型中考虑;另外荷载试验数值分析模型中一般也没有考虑混凝土结构中的普通钢筋、预应力钢筋等对截面刚度的影响。故一般情况下荷载试验的校验系数在正常情况下是小于 1 的。钢材因为其材质均匀,一般情况下其荷载试验的校验系数在正常情况下接近于 1。

1.3 荷载试验原则

《规程》中关于荷载试验的原则描述如下:桥梁荷载试验应遵循安全、客观、科学、严谨的原则。

本条指明了桥梁荷载试验应遵循的基本原则。荷载试验必须要确保结构的整体安全和局部安全。也就是说加载车使得某一个截面或几个截面达到荷载效率要求,必须要考虑其他非控制截面的荷载效率不超标;加载车的轴重不影响桥面板的局部安全。荷载试验应保证桥梁结构整体及局部受力安全。

不能因为荷载试验给结构造成损伤。《规程》中 5.4.6 条、5.6.3 条与 7.3.2 条均体现了 3.1.5 条的意思。第 5.6.3 条"加卸载过程中,应保证非控制截面内力或变形不超过控制荷载作用下的最不利值",一般通过计算加载工况下的内力图与控制荷载作用下的内力包络图来对比判断。第 7.3.2 条条文说明中"在未进行桥梁试验的桥联上停放加载车辆时,注意保持车辆间距,以确保临时停放车辆桥联结构的安全",建议在未进行桥梁试验的桥联上停放加载车辆时制订详细的停车方案,确保停车桥跨的安全。第 5.4.6 条"加载车辆单轴重量不应超过相关标准、规范的相关规定。必要时,应验算桥面板等局部构件的承载能力和裂缝宽度",《公路桥涵设计通用规范》(JTG D60—2015)中单轴轴重最大为 140kN,加载车单轴重大于 140kN 时须验算桥面板的极限承载力能力与裂缝宽度。前轴 70kN 与中后轴 280kN 的三轴车可作为推荐车型,重量偏大时可酌情减少。

在平时的荷载试验中,我们也发现部分检测单位为了减少加载车数量,故意增大车重。个别单位用到的加载车达到 40t 以上,甚至接近 50t。这种情况一定要计算桥面板的局部强度和刚度是否满足规范要求。笔者不推荐用较重的加载车。

"客观"主要是指用科学的手段、严谨的态度获取相对真实的数据。试验检测六要素"人、机、料、法、环、测",是指为了确保数据可靠,试验人员必须要有严谨的态度,对法规或规范要充分了解,对仪器设备要熟悉,对测试环境要有相应的判断,测试时要确保数据的可重复性、稳定性。

1.4 试验环境要求

《规程》中提到荷载试验环境要求如下:

(1)应在封闭交通状态下实施;

（2）荷载试验不宜在强风下进行；

（3）荷载试验应在气温平稳的时段进行；

（4）大、中雨及大雾天气不宜进行荷载试验；

（5）在冲击、振动、强磁场等干扰测试效果的时段内不宜进行桥梁荷载试验。

限于当前的技术水平，荷载试验是必须要在交通封闭情况下进行的。随着技术水平发展，基于准静态影响线等快速检测方法的成熟，将来荷载试验可能不再需要封闭交通，可直接测试随机车流的轴重、轴距及车位分布，根据随机车流测试结构的响应来判断结构的受力性能。

悬索桥、斜拉桥、大跨径桁架拱桥及特高墩桥梁等，宜在 3 级风及 3 级风以下实施。对处于风力较大地区的特大跨径桥梁荷载试验时，宜对风环境进行监测，不能满足试验要求时应暂停试验。悬索桥、斜拉桥、大跨径桁架拱桥、特高墩桥梁等结构本身对风荷载比较敏感，如果在 3 级以上风条件下实施荷载试验，则结构的总响应值包含风荷载作用下的响应值。如果风环境不可避免时，宜对风环境进行监测，同时观测在风环境下的结构响应数据，建立风荷载和测点测值变化关系曲线对试验荷载作用下的测值进行修正。

荷载试验在气温平稳的时段进行是为了减少温度变化对试验结果造成的影响。《规程》规定"荷载试验应在气温平稳的时段进行"主要是针对结构而言，而"气温低于 5℃ 或高于 35℃ 时不宜进行荷载试验"主要是确保仪器正常工作的温度范围。现场大气温度不推荐用水银温度计测试，因为其容易摔坏，溢出有毒的水银。特别是对于钢结构而言，其热传导系数较混凝土的大，即钢结构对温度变化更敏感。一般情况下在单个工况加载期间温度变化最好不超过 1℃。

小雨天气进行桥梁荷载试验时，应做好仪器设备、加载物及传输线路的防雨措施。大、中雨天气条件下仪器容易受潮，大雾天气下不便于加载指挥。

冲击、振动、强磁场等条件对仪器设备干扰较大。特别是在信号发射站、高压电塔等附近进行试验时更应注意。不可避免时应采取相应屏蔽措施。

1.5　仪器设备要求

试验用仪器设备的技术性能应符合相关标准的规定。试验用仪器应按规定定期进行检定、校准。依据《检测和校准实验室能力的通用要求》（GB/T 27025—2019）规定：用于检测和（或）校准的对检测、校准和抽样结果的准确性或有效性有显著影响的所有设备，包括辅助测量设备（例如用于测量环境条件的设备），在投入使用前应进行校准。对一些特别重要的试验，在试验前通常对仪器的主要指标进行专门的标定。

（1）桥梁荷载试验使用的仪器和仪表的性能应满足试验对精度、量程、灵敏度、稳定性、频响特性、使用温湿度范围和耐振等方面的要求，测试仪器、仪表在现场使用时的主要技术性能应符合其出厂检验标准。试验应根据不同的测试内容和要求，并视具体的桥址情况、测试环境，合理选用仪器和仪表。

（2）为保证测试精确度，必须定期对仪器进行率定或校正。测试系统宜作系统联机整体率定。测振系统需在符合精度的振动台上运行率定，作出幅频特性曲线和相频特性曲线。现场率定能更确切地反映测试系统在实际测量时的工作状态，因此率定工作尽可能在现场进行。

（3）静态或动态测试用导线应区别输送不同性质电量（电压、电流和电荷等）的用途，合理选用抗干扰导线。导线接头应慎重处理。长导线对灵敏度的影响应做修正，否则应做系统含长导线联机率定。

（4）对暴露在野外的电缆导线接头、电阻应变片、各种观测装置等应采取严密的防水防潮措施。为提高测试精度，试验宜避免在雨天进行。

（5）野外测试时，应采用稳压电源或直流电源；合理布设导线并防止被牵拉和踩踏；保证各类接插件和波段开关洁净完好；加强仪器对沙尘与风雨的防范；仪器尽量远离电磁场、远离振源，必要时采取隔振措施；一切屏蔽线和需接地的仪器必须可靠地接地；电子仪器工作前要有足够的预热时间；多台仪器同时工作时，要保证互不干扰；测试中应避免通信工具（如对讲机、手机等）电磁波的干扰。

（6）测试设备的量程和动态范围应满足试验要求。通常预计实测值应处于测试设备量程的 $15\% \sim 85\%$。

第❷章 荷载试验基本知识

‹‹‹

　　桥梁荷载试验需要检测工程师具备扎实的专业知识不仅包括与测试对象相关的专业知识,还包含熟悉仪器设备的原理、数据分析与信号处理相关知识等。从专业知识的角度讲,桥梁检测工程师首先要熟悉力学、结构设计原理、桥梁工程等方面的知识,还要熟悉设计、规范、检测等新老规范。比如我们经常会碰到双曲拱桥、刚架拱桥等,用现行规范去评价就失之偏颇,必须熟悉当时年代的规范才能更好地理解这种结构。比如用容许应力法和极限状态法设计的 16m 的 T 梁,梁高就差 10cm。《公路桥涵设计规范(试行)》(1961 年)和《公路桥涵设计规范(试行)》(1980 年)都是采用容许应力法,《公路钢筋混凝土及预应力混凝土设计规范》(JTJ 023—1985)就是采用极限状态法。比如桥梁检测还要熟悉各时期公路桥涵设计荷载标准等。桥梁检测工程师更要熟悉 JT/GQB 017—73、JT/GQB 018—73、JT/GQB 019—73、JT/GQB 047—83、JT/GQS 025—84、JT/GQB 002—93、08 等系列标准图,根据桥梁修建的年代,荷载等级及对应的梁高标准了然于胸才方便现场判断。

　　本章将桥梁荷载试验中常用的规范、标准图,应变、挠度及动力测试的相关知识进行简要介绍,以便读者理解。

2.1　历史规范及标准图

　　做好桥梁荷载试验必须了解桥梁相关历史知识,特别是设计规范、桥梁设计荷载标准及桥梁设计标准图等。

　　各时期公路桥梁相关的标准规范如下:

　　(1)《公路桥涵设计规范(试行)》(1961 年)(容许应力法);

　　(2)《公路桥涵设计规范(试行)》(1980 年)(容许应力法);

　　(3)《公路预应力混凝土桥梁设计规范(试行)》(1980 年)(极限状态法);

（4）《公路桥涵设计通用规范》（JTJ 021—1989）；

（5）《公路钢筋混凝土及预应力混凝土桥涵设计规范》（JTJ 023—1985）；

（6）《公路砖石及混凝土桥涵设计规范》（JTJ 022—1985）；

（7）《公路桥涵地基与基础设计规范》（JTJ 024—1985）；

（8）《公路桥涵钢结构及木结构设计规范》（JTJ 025—1986）；

（9）《公路桥涵设计通用规范》（JTG D60—2004）；

（10）《公路钢筋混凝土及预应力混凝土桥涵设计规范》（JTG D62—2004）；

（11）《公路圬工桥涵设计规范》（JTG D61—2005）；

（12）《公路桥涵地基与基础设计规范》（JTG D63—2007）；

（13）《公路斜拉桥设计细则》（JTG D65-01—2007）；

（14）《公路桥涵设计通用规范》（JTG D60—2015）；

（15）《公路钢结构桥梁设计规范》（JTG D64—2015）；

（16）《公路悬索桥设计规范》（JTG/T D65-05—2015）；

（17）《公路钢筋混凝土及预应力混凝土桥涵设计规范》（JTG 3362—2018）；

（18）《公路桥涵地基与基础设计规范》（JTG 3363—2019）；

（19）《公路斜拉桥设计规范》（JTG 3365-01—2020）；

参考《四川省公路中小桥养护维修加固指南》，公路桥涵设计荷载标准各历史时期演变如下：

（1）1954～1961年颁公路桥涵设计荷载标准：汽车—6级；汽车—8级；汽车—10级、拖—30；汽车—13级、拖—60；汽车—18级、拖—80。

（2）1961～1974年颁公路桥涵设计荷载标准：汽车—10级、履带—50；汽车—15级、拖—60；汽车—26级、挂—100。

（3）1974～1985年颁公路桥涵设计荷载标准：汽车—10级、履带—50；汽车—15级、挂车—80；汽车—20级、挂—100。

（4）1985～2004年颁公路桥涵设计荷载标准：汽车—10级、履带—50；汽车—15级、挂车—80；汽车—20级、挂—100；汽车—超20级、挂—120。

（5）2005～2015年颁公路桥涵设计荷载标准：公路—Ⅰ级；公路—Ⅱ级。

（6）2015至今颁公路桥涵设计荷载标准：公路—Ⅰ级；公路—Ⅱ级（5～50m桥梁集中力有变化）。

常用公路桥梁标准图如表2-1所示，供广大桥梁检测工程师工作中查阅使用。

常用公路桥梁标准图　　　　　　　　　　　　　　　表2-1

序号	编号	图名	跨径（m）	斜交角度	荷载	净宽（m）
1	JT/GQB 017—73	石拱桥	6、8、10、13、16、20	—	汽车—15级、挂车—80	净—7
2	JT/GQB 018—73	石拱桥	6、8、10、13、16、20	—	汽车—20级、挂车—100	净—7

序号	编号	图名	跨径 （m）	斜交 角度	荷载	净宽 （m）
3	JT/GQB 019—73	砖及混凝土预制块拱桥	6、8、10、13、16、20、25/30	—	汽车—10 级、履带—50； 汽车—15 级、挂车—80； 汽车—20 级、挂车—100	净—7
4	JT/GQB 020—73	平坦石拱桥	2、3、4、5、6、8、10、13、16、20	—	汽车—10 级、履带—50； 汽车—15 级、挂车—80； 汽车—20 级、挂车—100	净—7
5	JT/GQB 046—77	石拱桥	25、30、40、50、60	—	汽车—20 级、挂车—100	净—7
6	JT/GQB 046—84	石拱桥	25、30、40、50、60	—	汽车—20 级、挂车—100	净—7
7	JT/GQB 047—83	缆索吊装箱形拱桥	60、70、80、90、100	—	汽车—20 级、挂车—100	净—7；净—9
8	JT/GQS 019—80	钢筋混凝土桁架拱桥	25、30、40、50	—	汽车—15 级、挂车—80； 汽车—20 级、挂车—100	净—7；净—9
9	JT/GQB 011—73	装配式钢筋混凝土 T 形梁（Ⅱ钢筋）	10、13、16、20	—	汽车—20 级、挂车—100	净—7；净—9
10	JT/GQB 013—73	装配式钢筋混凝土 T 形梁（Ⅲ钢筋）	10、13、16、20	—	汽车—20 级、挂车—100	净—7；净—9
11	JT/GQS 025—84	装配式钢筋混凝土 T 形梁	10、13、16、20	—	汽车—15 级、挂车—80； 汽车—20 级、挂车—100； 汽车—超 20 级、挂车—120	2×净—7； 2×净—7.5； 净—7；净—9
12	JT/GQB 025—75	装配式后张法预应力混凝土简支梁	25、30、35、40	—	汽车—15 级、挂车—80	净—7；净—9

序号	编号	图名	跨径 （m）	斜交 角度	荷载	净宽 （m）
13	JT/GQB 025—75	装配式后张法预应力混凝土简支梁	25、30、35、40	—	汽车—20级、挂车—100	净—7；净—9
14	JT/GQS 024—83	装配式预应力混凝土简支梁	25、30、35、40	—	汽车—20级、挂车—100；汽车—超20级、挂车—120	2×净—7；2×净—7.5；净—7；净—9
15	JT/GQB 001—73	装配式预应力混凝土空心板	8、10、13、16	—	汽车—15级、挂车—80	净—7；净—9
16	JT/GQB 004—73	装配式钢筋混凝土矩形板式桥涵上部构造	1.5、2.0、2.5、3.0、4.0、5.0、6.0、8.0	—	汽车—20级、挂车—100	净—7；净—9
17	JT/GGQS 011—84	装配式钢筋、预应力混凝土板	5、6、8、10、13、16	0°、15°、30°、45°	汽车—超20级、挂车—120	2×净—11
18	JT/GQB 001—93	装配式预应力混凝土斜空心板桥上部构造	10、13、16、20	10°、20°、30°、40°	汽车—20级、挂车—100；汽车—超20级、挂车—120	2×净—11；2×净—9.75；净—7；净—9
19	JT/GQB 002—93	装配式钢筋混凝土空心板桥上部构造	6、8、10、13	10°、20°、30°、40°	汽车—20级、挂车—100；汽车—超20级、挂车—120	2×净—11.5；2×净—9.75；净—7；净—9
20	JT/GQB 006—93	装配式后张预应力混凝土I形组合梁斜桥	30	0°、15°、30°、45°	汽车—20级、挂车—100；汽车—超20级、挂车—120	净—11.5；净—9.75；净—7；净—9
21	JT/GQB 007—93	装配式后张预应力混凝土I形组合梁斜桥	40	0°、15°、30°、45°	汽车—20级、挂车—100；汽车—超20级、挂车—120	净—11.5；净—9.75；净—7；净—9
22	08 标准图	装配式先张法预应力混凝土简支空心板梁上部构造（1m板宽）	10、13、16、20	0°、15°、30°	公路—I级；公路—II级	

序号	编号	图名	跨径 (m)	斜交角度	荷载	净宽 (m)
23	08 标准图	装配式先张法预应力混凝土连续空心板梁上部构造（1m 板宽）	16、20	0°、15°、30°	公路—Ⅰ级	
24	08 标准图	装配式先张法预应力混凝土简支空心板梁上部构造（1.25m 板宽）	10、13、16、20	0°、15°、30°	公路—Ⅰ级；公路—Ⅱ级	
25	08 标准图	装配式先张法预应力混凝土连续空心板梁上部构造（1.25m 板宽）	16、20	0°、15°、30°	公路—Ⅰ级	
26	08 标准图	装配式后张法预应力混凝土简支空心板梁上部构造（1.25m 板宽）	10、13、16、20	0°、15°、30°	公路—Ⅰ级；公路—Ⅱ级	
27	08 标准图	装配式后张法预应力混凝土连续空心板梁上部构造（1.25m 板宽）	16、20	0°、15°、30°	公路—Ⅰ级	
28	08 标准图	装配式钢筋混凝土简支板梁上部构造(1m 板宽)	6、8、10	0°、15°、30°	公路—Ⅰ级；公路—Ⅱ级	
29	08 标准图	预应力混凝土简支 T 梁	20、25、30、35、40	0°、15°、30°	公路—Ⅰ级	
30	08 标准图	预应力混凝土简支 T 梁	20、25、30、35	0°、15°、30°	公路—Ⅱ级	
31	08 标准图	装配式预应力混凝土箱形连续梁桥上部构造通用图	20、25、30、35、40	0°、15°、30°	公路—Ⅰ级；公路—Ⅱ级	
32	08 标准图	现浇等截面预应力混凝土箱形连续梁桥上部构造通用图	2×25；20＋32＋20；16＋2×20＋16；20＋2×30＋20	0°	公路—Ⅱ级	

2.2　应变测试常用设备及知识

应变测试常用传感器有应变片、应变计等,具体如图 2-1～图 2-6 所示。

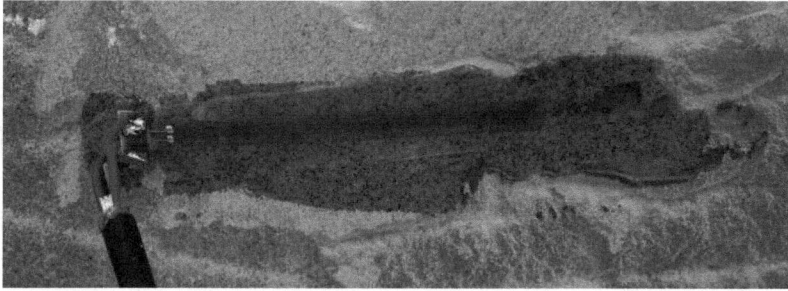

图 2-1　应变片

图 2-2　美国 BDI 公司应变计

图 2-3　WDAS-YB100 应变计

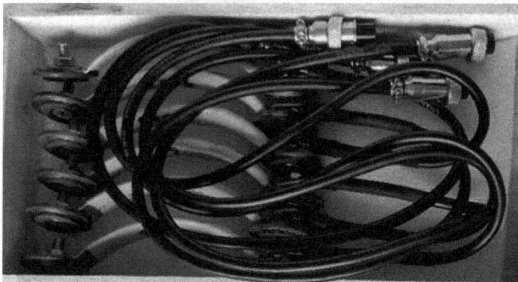

图 2-4　弓形应变计

图 2-5　东华 DH1205 应变计

图 2-6　振弦式应变计

几种常见的应变测试方法(图 2-7 ~ 图 2-9)及其特点如下:

(1)应变片 + 应变仪:应变传递可靠,贴片要求高;小标距应变片可测应力集中和钢筋应变;信号受温度、湿度和电磁干扰影响大;适合短期和环境条件好的场合。

(2)工具式应变计 + 应变仪:信号稳定,受温度、电磁干扰小;安装要求高,应变传递可靠性略差;不适合测定钢筋应变;小构件受弯测试有系统误差。

(3)振弦计 + 频率读数仪:设备简单,性能可靠;数据稳定,受电磁干扰小;系统误差较大;适合施工监控等长期观测。

(4)百分表、千分表、万分表:信号稳定,受温度等影响小;结构振动产生误差;分辨率较低;适合长期大应变观测,如徐变试验。

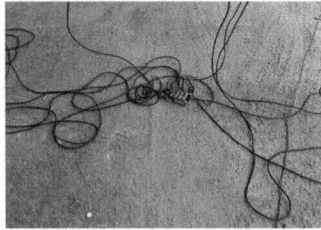

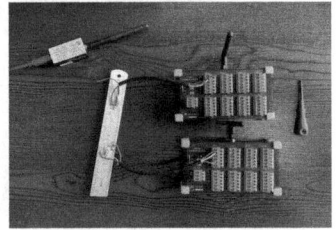

图 2-7　应变片 + 东华 DH3819

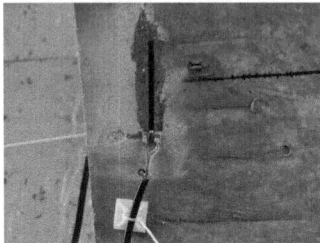

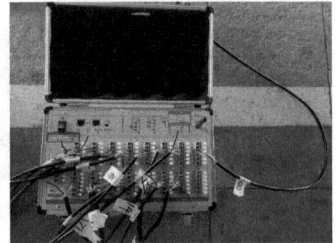

图 2-8　应变片 + 晶明 JM3812

图 2-9　应变片 + UCAM60

应变测试应注意事项如下:

(1)选择合适的桥路;

(2)进行有效温度补偿;

(3)正确设置参数：桥路方式、灵敏度系数等；

(4)试验前进行稳定性观测；

(5)数据测读：加载至预定荷载马上读数，持荷一定时间后再读数，多次测读，平均处理，消除随机误差，要注意持荷时间过长对数据漂移的影响。

在桥路选择方面，半桥和1/4桥的特点如下：

(1)半桥(图2-10)：补偿效果好，数据稳定；适合长细结构应变测试；理论泊松比与实际存在差异，有一定误差。混凝土泊松比一般为0.2，钢筋泊松比一般为0.3。

(2)1/4桥(图2-11)：直接反映单向受力；适合各种结构应变测试；数据易受干扰。

$$\varepsilon_{显示}=(1+\nu)\varepsilon_{纵向}$$

图2-10　泊松比半桥

$$\varepsilon_{显示}=\varepsilon_{纵向}$$

图2-11　1/4桥(俗称单点)

为验证半桥和1/4桥的差异，在某桥(图2-12、图2-13)进行应变测试，半桥贴法，纵横向应变片均按三线制单点接入仪器。

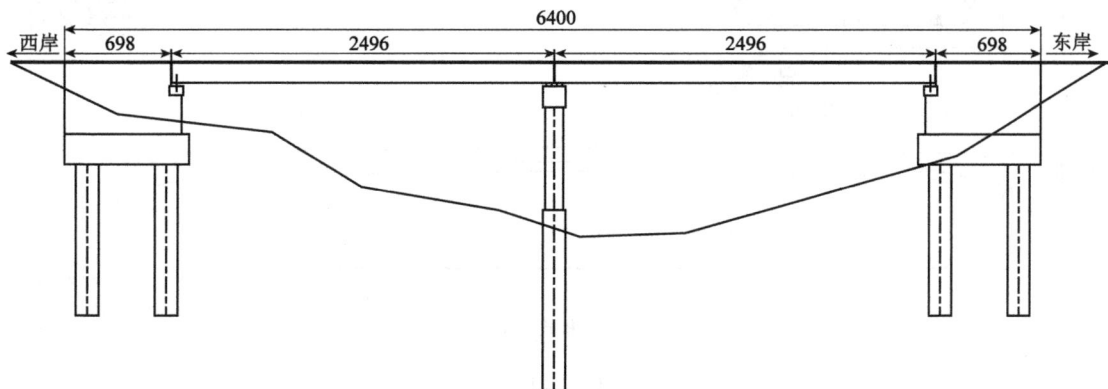

图2-12　某2×25m简支空心板桥立面图(尺寸单位：cm)

以其中某片梁测试数据为例：$\varepsilon_{纵向}=50\mu\varepsilon$；$\varepsilon_{横向}=-5\mu\varepsilon$；按单点 $\varepsilon=50\mu\varepsilon$；按半桥 $\varepsilon=(50+5)/1.2=46\mu\varepsilon$，半桥与1/4桥结果相对差8%。

如果在宽跨比较大的截面，如混凝土大箱梁、钢箱梁上用半桥来测试，由于横向受力效应引起的应变值混叠在桥路中，更易导致测试值不准确。由此可见桥路选择的重要性。建议图2-14所示截面及类似截面尽量采用1/4桥。

应变测试误差来源如下：

(1)信号过小：混凝土桥活载应变在 $100\mu\varepsilon$ 左右，钢桥活载应变在 $200\mu\varepsilon$ 左右，仪器量程 $20000\mu\varepsilon$ 或以上，信号在仪器量程1%以内，噪声、误差不容忽视。

(2)现场环境：电磁干扰、温度等因素影响可能超过有效信号。

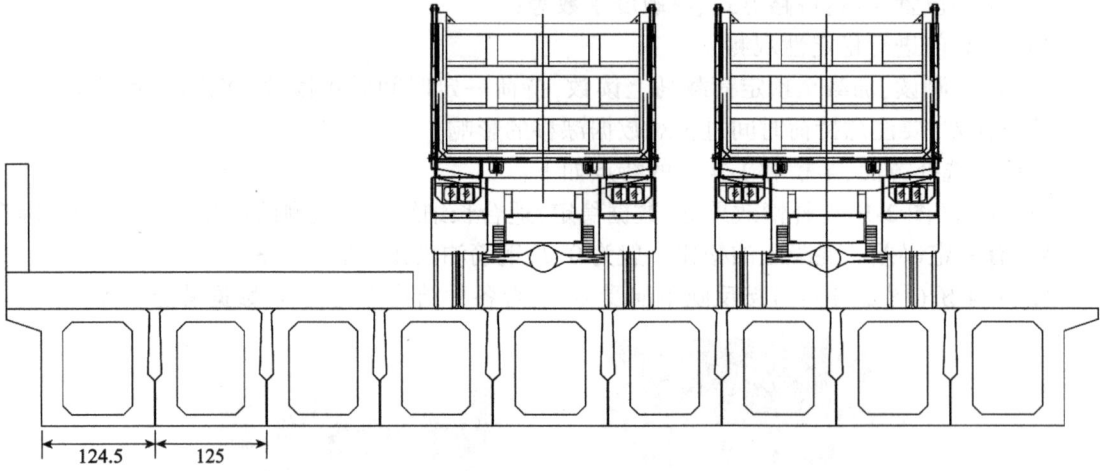

图 2-13　某 2×20m 简支空心板桥横断面图(尺寸单位:cm)

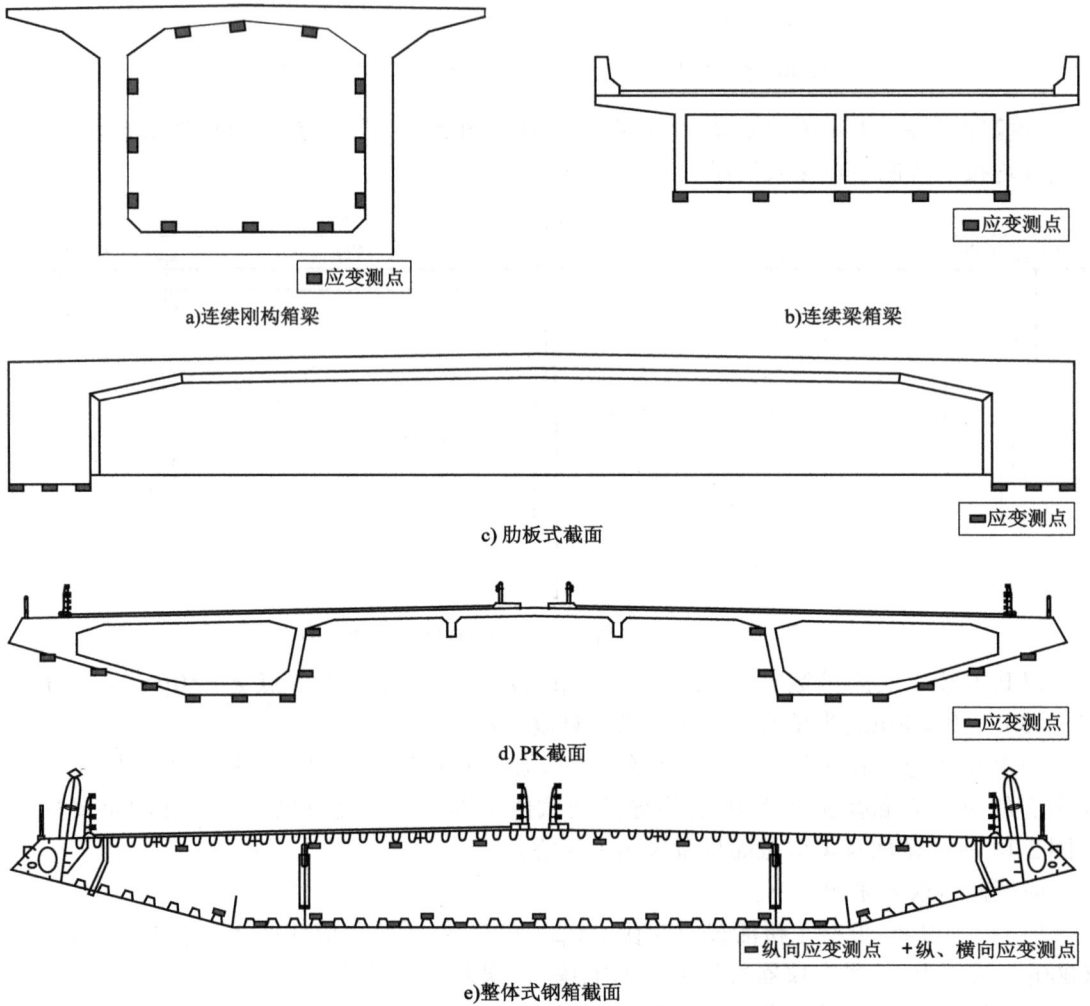

124.5　125

a)连续刚构箱梁

■应变测点

b)连续梁箱梁

■应变测点

c) 肋板式截面

■应变测点

d) PK截面

■应变测点

e)整体式钢箱截面

■纵向应变测点　+纵、横向应变测点

图　2-14

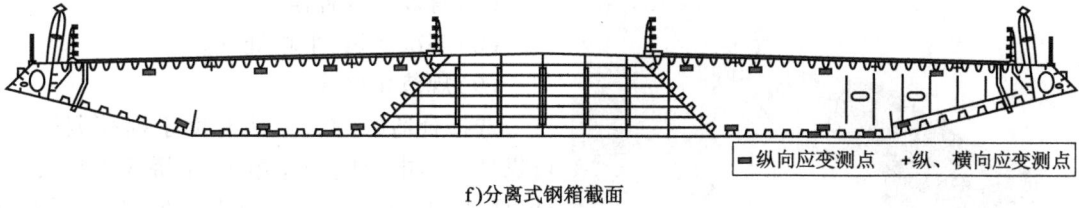

f)分离式钢箱截面

■纵向应变测点　+纵、横向应变测点

图 2-14　1/4 桥适宜的截面形式

(3)操作影响:传感器安装、贴片、参数设置等。

(4)仪器本身:如应变计的系统误差等。

应变测试误差控制对策如下:

(1)选择合适测试方法。

(2)消除任何可导致回路电阻不稳定的因素,如焊接、接线块紧固等。

(3)测试线分束捆扎固定(图 2-15),避免风吹引起接触电阻变化。

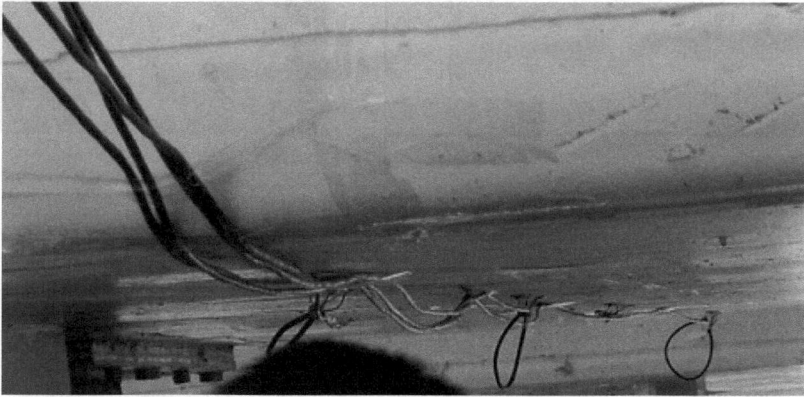

图 2-15　分束捆扎导线

(4)可靠供电(直流电效果好),供电不良会引起仪器灵敏度的变化。

(5)远离或屏蔽干扰源(对讲机、高压线、电焊机、变电站、发射基站等)。

(6)合理选择试验时间(阴天或夜间,如图 2-16 所示),特别注意避免太阳直射传感器和导线。

图 2-16　夜间试验

15

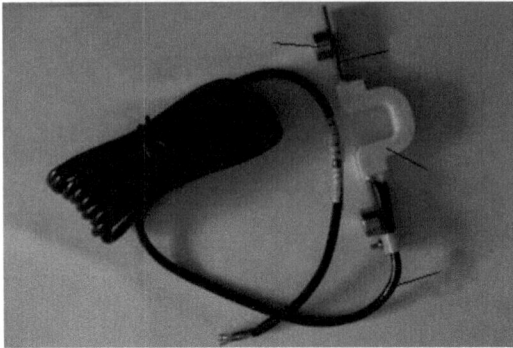

图 2-17　WDAS-YB100 弓形应变计

（7）有效温度补偿。

（8）多次测量、平均处理。

（9）规范化操作。

选择合适的测试方法有助于提高测试结果可靠性。与电阻应变片相比,全桥式工具式应变计(图 2-17 ~ 图 2-20)具有以下特点:全桥互补,输出稳定;灵敏度高,信噪比高;小量程设计,针对性强;密封好,抗电磁干扰好;缺点是仪器精密,如果安装过程粗暴,极可能在使用几次后导致其灵敏度系数发生变化,需要配备标定台经常进行标定。

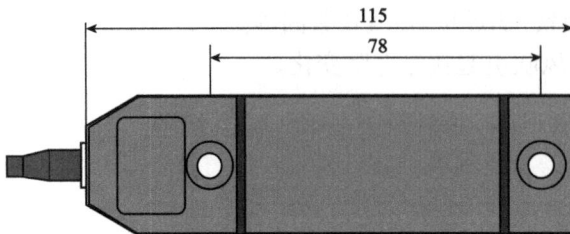

图 2-18　DH1205 表面应变计(尺寸单位:cm)

图 2-19　GBY 应变计

图 2-20　美国 BDI 应变计

2.3　挠度测试常用设备及知识

机械式测试仪器可采用千分表、百分表、连通管或挠度计;电(声、光)测试仪器可采用电测变形计、水准仪、经纬仪、全站仪、测距仪或机电百(千)分表。如图 2-21 所示。

机械式测试设备是指各种用于非电量测试的仪表、器具或设备,这类设备需人工读取测值。电(声、光)测试设备可自动记录测值,其精度高、更新快、量程也比较大。桥梁跨度超过 50m 时,宜采用连通管量测变形。利用卫星定位系统进行变形测量时,为了提高测量精度,可采取以载波相位观测值为依据的实时差分技术。

常用挠度测试方法及特点如表 2-2、图 2-22 ~ 图 2-27 所示。

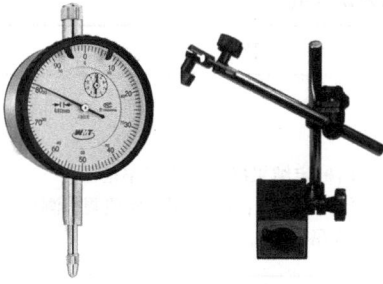

a)百分表+磁性表座

b)挠度计+磁性表座

c)精密光学水准仪(配测微器)

d)电子水准仪(配数码尺)

e)全站仪或测量机器人

f)毫米波雷达

g)光电挠度仪

h)连通管(静力水准仪)

图2-21　挠度测试常用设备

常用挠度测试方法及特点 表 2-2

测试方法	特点
电测挠度计 + 磁性表座	分辨率:0.01 ~ 0.002mm; 量程:10 ~ 50mm; 可测低频动位移(8 ~ 10Hz),由标定结果确定可用频率范围; 注意事项:用前严格标定;注意桥路设置;表座稳定;合理调整测杆预压值; 缺点:需要落地支架支撑表座或吊线锤
精密水准仪 + 标尺	分辨率:0.01 ~ 0.001mm; 量程大,在桥面上测试不受支架等措施限制; 缺点:距离太近的测点受光学仪器限制无法测量,距离太远的测点需要转站,增加测量误差
全站仪	测距:配合棱镜—数公里;免棱镜—数百米; 分辨率较低,测量误差较大; 具有免棱镜测量功能; 测量机器人:自动寻靶、自动照准、自动测量,精度高,速度快; 适用范围:大跨度桥梁挠度(量值至少数厘米);主塔纵(横)向位移;结构线形测量(免棱镜);桥面线形
光电挠度仪	测量距离:10 ~ 300m(电池靶标); 测量量程:水平最大:300mm;竖向最大:400mm; 分辨率:测量范围的 1‰; 测量精度:±0.03mm(10m 距离动态测量); 采样频率:100Hz; 测量点数:动挠度检测一个点两个方向(两维); 静挠度检测可扩展到 20 个点(两维)
意大利 IBIS – S 雷达	微波干涉测量,步进频率连续波技术; 动态(变位、模态)、静态测量(变位); 实时直接测量建筑物位移; 精确度可达 0.01 ~ 0.1mm; 可以准确测量和追踪缓慢、微小的位移; 可以准确测量和追踪频率为 0 ~ 50Hz 的振动; 安装快速简便,操作全自动,控制和处理软件的功能强大
微波雷达	全天候:受光线、下雨、刮风等恶劣天气影响小; 非接触测量:非接触式实时监测,测量距离可达 50m,无接触损耗; 高精度:测量精度优于 0.1mm; 动位移采集:采样率 ≤80Hz; 多目标同步测量:一台设备可同时、同步测量 ≤5 个测点; 低功耗:单机功耗 <2W; 产品耐久性:使用寿命 ≥10 年; 安装维护方便:体积小,预留安装孔,安装方便;无液管气管,维护简单

图 2-22 百分表 + 磁性表座

图 2-23 机电式百分表 + 吊线锤 + 磁性表座

图 2-24 精密水准仪 + 固定标尺

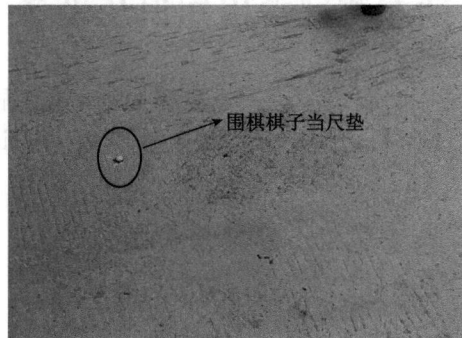

围棋棋子当尺垫

图 2-25 精密水准仪 + 标尺 + 固定尺垫

图 2-26　全站仪(测量机器人)＋棱镜

图 2-27　微波雷达

变位测试注意事项如下：
(1)测试方法和仪器选择合理。
(2)测试仪器分辨率、精度和被测参数相适应。
(3)电测仪器支架稳定,触点平滑。
(4)光学仪器测站稳定,最好设后视或采用闭合测量进行校准。
(5)具备良好的通视条件和照明。

2.4　动态测试常用知识及设备

桥梁振动测试涉及桥梁结构振动理论、振动信号数据处理、现场测试技术、模态分析等多方面、多学科。为更好地理解桥梁振动测试技术,本节对桥梁振动测试一些基本概念进行介绍。

2.4.1　桥梁结构振动基本术语

(1)自振频率和自振周期
自振频率是桥梁动力特性的一个重要参数。对于既有桥梁结构,质量分布在运营过程中基本不会发生变化,除非桥梁进行加固或桥面铺装层等改造措施影响桥梁的结构质量分布。桥梁结构材料性能的退化以及结构的损伤对质量的影响基本可以忽略,因此桥梁结构的自振频率是反映桥梁刚度变化的重要指标。在桥梁动力特性评价中通常根据桥梁的实测自振频率与理论计算频率的比值来评价桥梁的性能。

自振频率指单位时间内完成振动的次数,通常用 f 表示,单位为赫兹(Hz),此外也可以用圆频率来表示。桥梁结构的自振频率只与桥梁结构的质量和刚度有关,与桥梁的刚度成正比,与质量成反比。

自振周期和自振频率是互为倒数的关系,自振周期是指物体振动波形重复出现的最小时间,单位为秒(s)。

(2)基频与主频

基频指桥梁结构的第一阶自振频率,而结构发生振动时,可能不仅是某一个频率振动形式,而是包含多个频率的振动,通常在这些振动频率中,振动能量最大的频率为主频。基频一定是桥梁的自振频率,而主频不一定是桥梁结构的自振频率或者固有频率。当桥梁在激振源的激励下发生振动时,振动信号中含有激振源的信号。因此在频谱分析时,频谱信号中振动能量最大的频率(即主频)有可能是激振源的频率,不一定是桥梁的自振频率。

(3)阻尼和阻尼比

桥梁结构的阻尼是确定桥梁振动的重要动力参数之一。阻尼耗散能量,使振动衰减,对桥梁结构的振动是有利的。阻尼的大小直接关系到桥梁在动荷载作用下振动的强弱。阻尼(Damping)是指任何振动系统在振动中,由于外界作用或系统本身固有的原因引起的振动幅度逐渐下降的特性,以及此特性的量化表征。任何现实的建筑结构系统都具有振动阻尼。阻尼是反映结构体系振动过程中能量耗散特征的参数。

形成桥梁结构阻尼的因素十分复杂,大致可以分为以下三类:

①材料的内阻尼——由振动时材料分子间的内摩擦力所形成。

②摩擦阻尼——由结构物支撑及连接处的摩擦力等所形成。

③空气介质阻尼——由周围空气介质对结构物运动的阻力所形成,这种阻尼作用相比前两者,贡献较小。

桥梁结构工程上假定阻尼属黏滞阻尼,与结构振动速度成正比并习惯以一个无量纲的系数 ζ(阻尼比)来表示阻尼量值的大小。阻尼比 ζ 定义为阻尼系数 C 与临界阻尼 $C_c = 2M\omega$ 的比值。

(4)振型

振型是指弹性体或弹性系统自身固有的振动形式。可用质点在振动时的相对位置即振动曲线来描述。由于多质点体系有多个自由度,故可出现多种振型,同时有多个自振频率,其中与最小自振频率(又称基本频率)相应的振型为基本振型,又称第一振型。此外,按自振频率递增还有第二、第三…振型,它们被统称为高振型。实际的振动形式是若干个振型曲线的组合。

桥梁结构按照连续体的概念,理论上结构的自由度有无限个,因此桥梁振型理论上有无限多个振型。实际桥梁结构的振动往往以低阶振动为主,中小跨径桥梁主要分析前几阶振型,对于大型桥梁需要分析的振型阶数与桥梁结构有关。桥梁结构的振型、自振频率与阻尼比是对应的关系,一种振型对应相应的自振频率和阻尼比。

(5)冲击系数

汽车以一定的速度在桥梁上行驶时,桥梁产生的应力与变形效应比大小相等的静载引起的效应要大一些,这种由于荷载的动力作用使桥梁发生振动而造成内力或变形增大的现象称为汽车荷载冲击作用。汽车荷载的这种冲击力一般用汽车荷载标准值乘以冲击系数来表示。冲击系数的实测分析就是基于实测的桥梁动挠度或动应变的时程曲线按照冲击系数的定义进行分析。《公路桥梁荷载试验规程》(JTG/T J21-01—2015)6.6.5 条规定:计算冲击系数时应优先采用桥面无障碍行车下的动挠度时程曲线计算。

2.4.2 振动信号相关概念

(1)时域分析

时域分析是信号最基本的分析方法之一,它直观给出了信号原始的时域波形,在各个方面有重要的作用。对于具体的信号,它表现出不同的应用特点。时域分析可以对信号从时间域上,即对时域波形进行分析,它显示信号随时间的幅值波形。从波形图上可以得到信号在各个时间点的幅值大小,可以观察信号幅度随时间的变化情况,可以搜索整个时间历程中信号的最大、最小、极大或极小值的位置,还可以进行多个信号的比较、压缩、叠加合成等操作。

(2)频域分析

频域分析法是研究控制系统的一种经典方法,是在频域范围内应用图解分析法评价系统性能的一种工程方法。频率特性可以由微分方程或传递函数求得,还可以用试验方法测定。频域分析法不必直接求解系统的微分方程,而是间接地揭示系统的时域性能,它能方便地显示出系统参数对系统性能的影响,并可以进一步指明如何设计校正。

频域分析法是从频率的角度看问题,它能看到时域角度看不到的问题。频域分析法的优点是:它引导人们从信号的表面深入到信号的本质,看到信号的组成部分。

(3)采样频率与采样周期

采样频率,也称为采样速度或者采样率,定义了单位时间内从连续信号中提取并组成离散信号的采样个数,它用赫兹(Hz)来表示。采样频率的倒数是采样周期或者叫作采样时间,它是采样之间的时间间隔。

通俗地讲,采样频率是指计算机单位时间内能够采集多少个信号样本,比如对于波形记录而言,此时采样频率可以是描述波形的质量标准。采样频率越高,即采样的间隔时间越短,则在单位时间内计算机得到的样本数据就越多,对信号波形的表示也越精确。采样频率与原始信号频率之间有一定的关系,根据奈奎斯特理论,只有采样频率高于原始信号最高频率的两倍时,才能把数字信号表示的信号还原成为原来信号。

(4)奈奎斯特采样定理

采样定理是美国电信工程师 H·奈奎斯特在 1928 年提出的,在数字信号处理领域中,采样定理是连续时间信号(通常称为"模拟信号")和离散时间信号(通常称为"数字信号")之间的基本桥梁。采样定理说明采样频率与信号频谱之间的关系,是连续信号离散化的基本依据。在进行模拟/数字信号的转换过程中,当采样频率 $f_{s.\,max}$ 大于信号中最高频率 f_{max} 的

2 倍时($f_{s.max} > 2f_{max}$），采样之后的数字信号完整地保留了原始信号中的信息，一般实际应用中保证采样频率为信号最高频率的 2.56～4 倍，对于桥梁振动测试，一般采样频率为分析频率的 10 倍。

（5）滤波

滤波（Wave Filtering）是将信号中特定波段频率滤除的操作，是抑制和防止干扰的一项重要措施，滤波分为经典滤波和现代滤波。根据频率滤波时，是把信号看成由不同频率正弦波叠加而成的模拟信号，通过选择不同的频率成分来实现信号滤波。

①当允许信号中较高频率的成分通过滤波器时，这种滤波器叫作高通滤波器。

②当允许信号中较低频率的成分通过滤波器时，这种滤波器叫作低通滤波器。

③设低频段的截止频率为 f_{p1}，高频段的截止频率为 f_{p2}，当频率在 f_{p1} 与 f_{p2} 之间的信号能通过，其他频率的信号被衰减的滤波器叫作带通滤波器。反之，频率在 f_{p1} 与 f_{p2} 的范围之间的被衰减，之外能通过的滤波器叫作带阻滤波器。

（6）传递函数

传递函数是指零初始条件下线性系统响应（即输出）量的拉普拉斯变换（或 z 变换）与激励（即输入）量的拉普拉斯变换之比。记作 $G(s) = Y(s)/U(s)$，其中 $Y(s)$、$U(s)$ 分别为输出量和输入量的拉普拉斯变换。传递函数是描述线性系统动态特性的基本数学工具之一，经典控制理论的主要研究方法频率响应法和根轨迹法都是建立在传递函数的基础之上。传递函数是研究经典控制理论的主要工具之一。

（7）模态分析

模态分析是研究结构动力特性一种方法，一般应用在工程振动领域。其中对于桥梁结构模态是指结构的固有振动特性，每一个模态都有特定的固有频率、阻尼比和模态振型。分析这些模态参数的过程称为模态分析。按计算方法，模态分析可分为计算模态分析和试验模态分析。由结构有限元计算的方法得到的模态参数分析方法是计算模态分析，每一阶次对应一个模态，每个阶次都有自己特定的频率、阻尼、模态参数，理论计算的方法不能得到结构的阻尼。通过试验将采集的系统输入与输出信号经过参数识别获得桥梁结构模态的方法称为试验模态分析，通常模态分析都是指试验模态分析。

2.4.3 桥梁动力特性测试分析

桥梁结构的动力特性分析包括桥梁结构的自振频率、阻尼比、振型等模态参数。

桥梁结构动力特性测试分析可以通过振动信号的时域波形对自振频率和阻尼比进行分析，对于桥梁自振频率，也可以采用频谱分析的方法，或通过试验模态分析同时获取振频率、阻尼比和振型三个参数。利用毫米波雷达测试的桥梁动挠度信号，通过波形分析得到桥梁自振频率和阻尼比；理论上，基于毫米波雷达对多点动挠度测试的信号，利用模态分析方法得到其自振频率、阻尼比和振型 3 个模态参数。桥梁结构试验模态分析通常采用脉动法进行测试，采用毫米波雷达数据进行分析时受挠度数值小、雷达波束角限制其测量范围等影响，还需要进行进一步的研究。因此，对于桥梁结构动力特性测试，主要介绍毫米波雷达测试数据分析桥梁自振频率和阻尼比的方法。

2.4.3.1 桥梁自振频率的测试分析

基于振动测试信号进行桥梁结构自振频率分析的方法有波形分析法和频谱分析法。波形分析法就是利用桥梁结构振动测试的速度、加速度、挠度等测试信号,通过若干个周期波形的时间坐标进行分析的方法。频谱分析法通常对振动信号采用傅里叶变化来分析桥梁结构振动的各阶振动频率。

1)波形分析法

利用波形分析法来分析桥梁结构的自振频率有一定的适用范围,该方法适用于单一频率的自振信号。波形分析法是利用单一频率自振信号的波形特征参数,取若干周期自振波形,通过时间坐标计算自振频率的均值。桥梁结构的振动测试信号除包含桥梁多阶振动信号的叠加外,还有环境、设备等各种噪声信号,因此利用波形分析法分析自振频率,需要对信号进行带通滤波分离后,方可进行频率的计算。采用此种方法需要分析人员具有较强的振动测试理论和结构计算分析能力,分析前知道桥梁结构分析阶次的频率范围,才能对振动测试信号进行有效的信号分离,提取单一频率的振动信号。

2)频谱分析法

频谱分析法是一种将复噪声号分解为较简单信号的技术。许多物理信号均可以表示为多种不同频率简单信号的叠加。找出一个信号在不同频率下的信息(可能是幅度、功率、强度或相位等)就是频谱分析。

频谱分析可以对整个信号进行,有时也会将信号分割成几段,再针对各段的信号进行频谱分析。周期函数最适合只考虑一个周期的信号来进行频谱分析。一个函数的傅里叶变换包括原始信号中的所有信息,只是表示的形式不同,因此可以用反傅里叶变换重组原始的信号。若要完整的重组原始信号,需要有每个频率下的幅度及其相位,这些信息可以用二维向量、复数或是极坐标下的大小及角度来表示。在信号处理中常常考虑幅度的平方,也就是功率,所得的就是功率谱密度。

实际上,大部分振动采集的仪器及软件都用快速傅里叶变换来产生频谱的信号。快速傅里叶变换是一种针对采样信号计算离散傅里叶变换的数学工具,可以近似于傅里叶变换的结果。采用频谱分析方法分析桥梁结构自振频率时,一般需要对桥梁结构进行行车激励或跳车激励的桥梁振动信号进行分析。

(1)行车试验激励

对于行车激励情况下的振动信号应不包括强迫振动部分的信号,需要截取行车激励后强迫振动衰减后的余振信号。采用行车激振法激励时,通常要确定车辆驶离桥梁的准确时刻,以免将强迫振动当作自由振动处理,导致自振频率误判。一般根据同时采集的振动信号(加速度、动应变、动挠度等)实测信号中静态分量的起始位置判定余振起点(图 2-28),利用数据分析软件中的数据截断功能将强迫振动响应舍弃,截断后的数据块长度通常要满足频率分辨率的要求。

由于余振信号可能包含车辆激励激起的多个频率的振动信号,在进行频谱分析时应正确判断频谱分析的频率对应的振动阶次,因此就需要结合桥梁结构动力学分析的结果来判断。

(2)跳车激励或有障碍行车激励

当桥梁采用跳车激励或有障碍行车激励时,由于受到车辆附加质量的影响,振动信号频谱

分析的结果需要进行修正。对于跨径小于20m的桥梁采用频谱分析桥梁结构的实测自振频率修正时,按下式进行修正:

$$f_0 = f\sqrt{\frac{M_0 + M}{M_0}} \tag{2-1}$$

式中:f_0——桥梁结构的自振频率;

　f——有附加质量影响的实测自振频率;

　M——附加质量;

　M_0——桥梁结构在激振处的换算质量。

(m/s²)[3A:V7368]光标:A=-1.97E-4m/s²

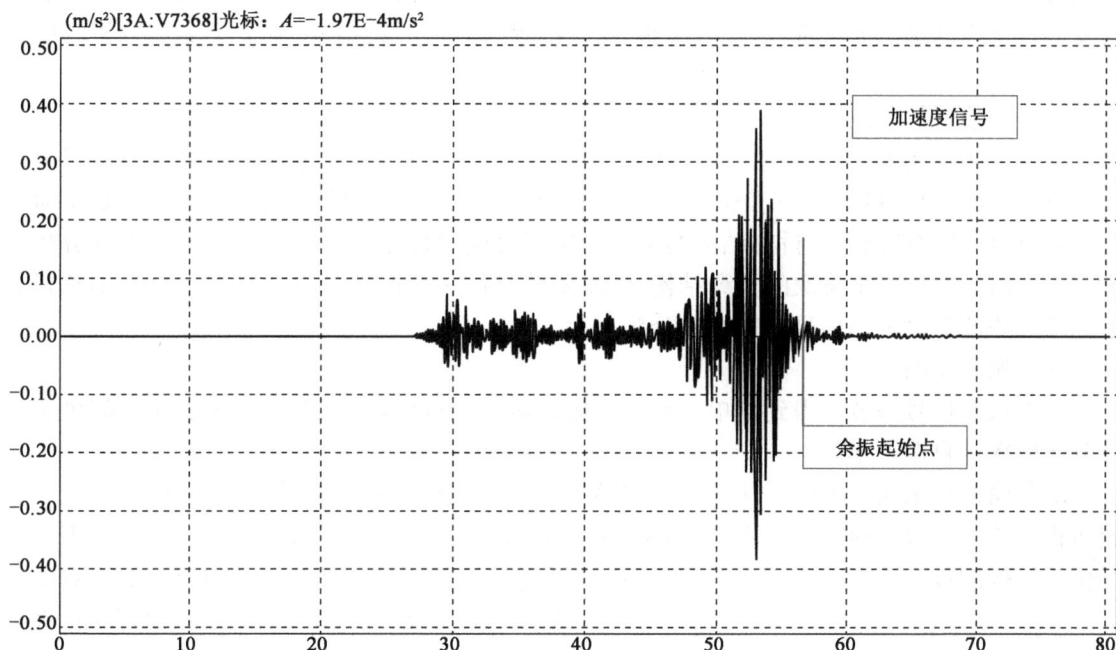

图2-28 行车试验余振起始点的确定

桥梁结构换算质量的计算方法:通常采用两个不同质量的突加荷载一次进行激振,分别测定自振频率f_1和f_2,其附加质量为M_1和M_2,可以利用上式来计算换算质量M_0。

3)毫米波雷达测试数据分析自振频率

采用毫米波雷达对行车激励时的桥梁结构动挠度进行测试,根据测试的动挠度时程曲线进行波形分析或频谱分析可以得到桥梁结构的自振频率。

(1)波形分析法

利用毫米波雷达测试桥梁结构在行车条件测试的动挠度振动信号,采用带通滤波的方法得到结构单个振动阶次的单一振动信号,根据振动波形的起止时间来确定桥梁结构某一阶次的振动频率。根据毫米波雷达动挠度时程曲线采用波形分析法计算桥梁自振频率的步骤如下:

①选取合适的动挠度测试的毫米波雷达数据

在桥梁行车试验时,可以采用毫米波雷达对多个测点的动挠度进行测试,确定车辆离开桥梁时动挠度时程曲线余振的起点位置作为振动信号分析的起点,截取符合要求的振动信号进行分析。

②确定需要分析频率的振动阶次

由于波形分析法适合分析单一频率的振动信号的自振频率,因此需要对测试的振动信号进行滤波。而对于桥梁结构由于振动信号往往是多个阶次振动频率信号的叠加,仅通过波形分析很难确定桥梁结构的振动阶次,这就需要在分析前确定需要分析频率的振动阶次,即对桥梁结构模态进行理论计算分析,得到桥梁结构需要关注振型的振动阶次和对应的自振频率。

对于不同桥梁结构,其需要分析的振动阶次有不同的要求。按公路桥梁现行规范对振动阶次分析的要求:对于简支梁桥,桥梁结构振动需要测试的阶次为 1 阶;对非简支梁桥、拱桥,需要测试分析的阶次为 3 阶;对于斜拉桥、悬索桥等大跨径桥梁结构,则需要测试分析的阶次为 9 阶。

③振动信号的滤波分析

根据桥梁结构需要分析的振动阶次以及对应的理论计算频率,选择合适的滤波器对分析信号进行滤波分析,得到单一信号频率的振动波形。对于简支梁桥,需要测试分析的振动阶次为 1 阶,根据结构理论分析桥梁结构的第 1 阶振型对应的自振频率确定带通滤波器的分析带宽。对于需要分析多个阶次的桥梁结构,则需要针对每一个振动阶次的自振频率分别选择合适的带通滤波器对振动信号进行滤波分析。

④自振频率的计算

根据振动信号滤波后得到的单一频率的振动信号,通过多个周期波形的起止时间坐标计算分析阶次的自振频率。

如某简支梁采用毫米波雷达对行车激励下的桥梁动挠度进行测试,桥梁结构的理论计算分析得到的第 1 阶竖向振动频率为 4.888Hz。由于桥梁结构的实测自振频率正常情况下要大于桥梁结构的理论计算频率,因此可以初步选择带通滤波器的分析带宽为 4.5 ~ 6Hz 对振动信号进行分析。当选择分析带宽不合适,也就是说得到的波形可能含有 1 个以上自振频率的信号时,需要对滤波的带宽进行调整直至得到满意的结果后再进行自振频率的计算。该桥 1 个毫米波雷达测点的挠度数据经过带通滤波器滤波后得到 1 阶振动的波形图(图 2-29),根据波形分析得到的自振频率为 5.281Hz。

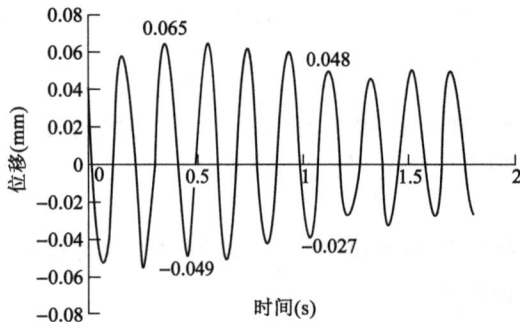

图 2-29 毫米波雷达测点滤波后波形图

(2)频谱分析法

在行车激励时,利用毫米波雷达测试的动挠度的余振信号也可以采用频谱分析法来得到桥梁结构的实测自振频率。采用频谱分析的方法与波形分析的方法有相同点,也有不同之处。采用频谱分析的方法主要步骤和关键点如下:

①选取合适的毫米波雷达动挠度测试数据

在频谱分析时同样需要选取合适的动挠度测试数据,这与波形分析法要求基本相同。利用车辆激励后余振的桥梁动挠度测试数据,截取车辆离开桥梁后余振信号作为频谱分析的数据,数据段长度应满足频谱分析的要求。

②快速傅里叶变换

对选取的桥梁动挠度数据进行傅里叶变换,将动挠度的时程曲线变换到频域信号,得到振动信号的频谱信息。

③振动信号自振频率阶次的确定

桥梁振动信号进行傅里叶变换后可能会得到多个阶次的频谱信息,这就需要根据桥梁结构理论计算的自振频率,从频谱信息中确定不同振动阶次对应的自振频率。

某简支梁桥采用多个挠度测点对行车条件下跨中动挠度进行测试,桥梁结构第 1 阶竖向振动频率为 4.888Hz,其振型图见图 2-30。对测点 2 ~ 测点 5 这 4 个测点的挠度时程曲线截取合适的余振信号进行傅里叶变换得到的频谱图见图 2-31。从图 2-31 中可以看出振动信号在频域 5 ~ 6Hz 范围内有幅值最大的谱值信号,结合桥梁结构理论计算结果可以确定其为第 1 阶竖向振动的自振频率,各测点实测频率值见表 2-3。从表中可以看出各测点采用频谱分析得到桥梁结构 1 阶振动频率较为接近,各测点平均值为 5.275Hz,采用振动加速度传感器采用频谱分析频率为 5.273Hz(图 2-32),因此毫米波雷达挠度的频谱分析具有较好的精度。

图 2-30　桥梁结构 1 阶竖向振型图

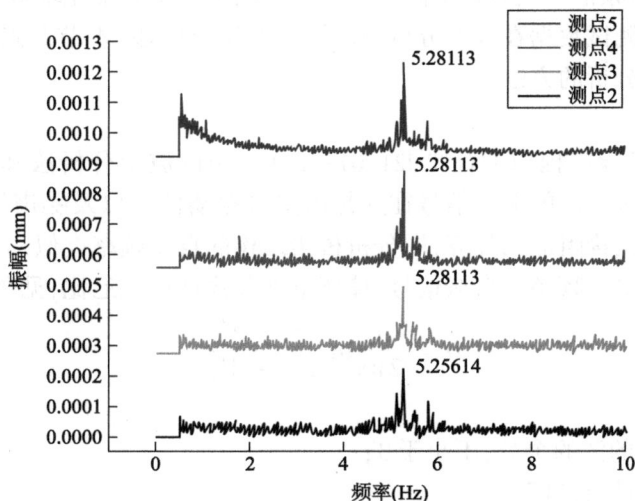

图 2-31　毫米波雷达挠度振动信号的频谱信息

桥梁自振频率实测值   表 2-3

测点	测点 2	测点 3	测点 4	测点 5	平均值
频率（Hz）	5.256	5.281	5.281	5.281	5.273

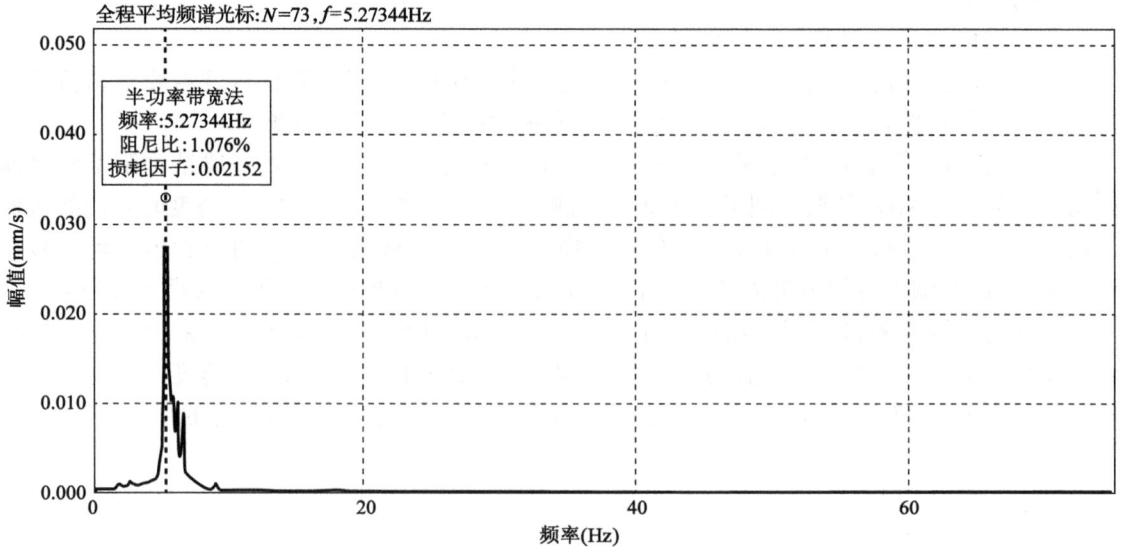

图 2-32　振动加速度信号的频谱图

2.4.3.2　桥梁阻尼的测试分析

桥梁结构的阻尼可以利用行车激励的振动信号进行桥梁阻尼的计算分析,振动信号可以采用动应变、动挠度、速度、加速度等振动信号。桥梁结构阻尼比的测试分析方法总体上分为时域法和频域法,此外在桥梁结构自振频率比较密集时可以采用模态分析的方法。时域法主要是基于时域信号的振动幅值对数衰减对结构的阻尼比进行分析。半功率带宽法属于频域的方法,该方法是在自振频谱图上对每 1 阶自振频率采用半功率点带宽求取阻尼参数的方法。

由于毫米波雷达测试数据在模态分析中应用还在试验阶段,本节重点介绍利用毫米波雷达数据进行桥梁阻尼分析的方法。

1)波形分析法

《公路桥梁荷载试验规程》(JTG/T J21-01—2015)中的波形分析法其实就是基于时域的对数衰减法。桥梁结构测试的振动信号往往是由多阶振动信号以及噪声等叠加的信号,对于实测的振动信号进行结构阻尼的计算,同分析桥梁结构的自振频率类似,应将多阶自振信号叠加的波形首先分离为单一频率的自振信号,按照下列公式计算阻尼比,见图 2-33。

$$D = \frac{1}{2\pi n}\ln\frac{A_i - A_i'}{A_{i+n} - A_{i+n}'}\qquad(2\text{-}2)$$

式中:D——阻尼比;

　　 n——参与计算的波的个数,不小于 3;

　　 A_i——参与计算的首波峰值;

　　 A_i'——参与计算的首波波谷值;

A_{i+n}——参与计算的尾波峰值；

A'_{i+n}——参与计算的尾波波谷值。

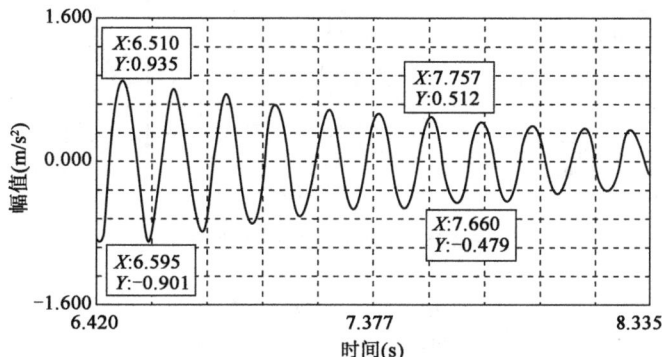

图2-33 波形分析法计算阻尼图例

规范中的算法是采用波幅对数衰减进行推导的计算公式,而该方法有一个适用条件就是要求测试信号为单自由度的自由衰减信号。而桥梁结构振动测试的信号往往是含有多阶频率的振动信号,而每阶振动频率则有相对应的阻尼比。因此桥梁实测振动信号进行波形分析法计算阻尼时,应将振动信号分离成需要分析阻尼比对应频率的单频振动信号。

波形分析法参与计算的振动幅值为波形的波峰、波谷值,即对于首波、尾波参与计算的为波峰值与波谷值的差值(波峰和波谷幅值的绝对值之和)。基于时域的对数衰减法计算阻尼比的方法参与计算的幅值有三种形式:仅采用波峰值;仅采用波谷值;同时采用波峰和波谷值(图2-34)。《公路桥梁荷载试验规程》(JTG/T J21-01—2015)中采取的是第三种方法,这种方法计算精度相对较高。

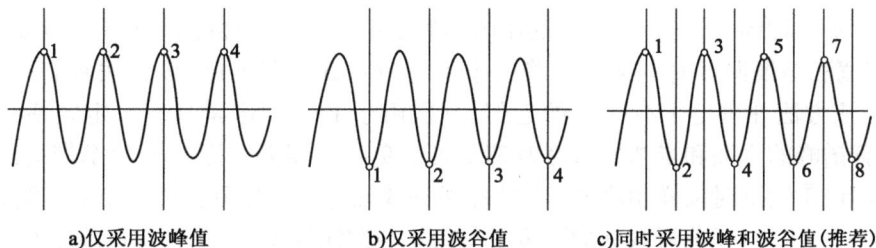

a)仅采用波峰值　　　　　　　b)仅采用波谷值　　　　　　c)同时采用波峰和波谷值(推荐)

图2-34 对数衰减法振动幅值选取的方式

进行信号分离就需要对桥梁结构测试的信号进行带通滤波,将其分解成需要分析阻尼比的多个频率下的振动信号。带通滤波器是一种仅允许特定频率通过,同时对其余频率的信号进行有效抑制的滤波器。对于实测桥梁振动信号,通过频谱分析计算桥梁结构的多阶自振频率,频谱图中确定需要分析阻尼比的桥梁结构振动的单阶频率。根据频谱图分析频率的分布确定带通滤波器的上、下限频率,然后使用带通滤波器进行滤波得到振动信号。

2)半功率带宽法

半功率带宽法是在自振频谱图上对每一阶自振频率采用半功率点带宽求取阻尼参数的方法。采用此方法时频率分辨率 Δf 一般不大于1%的自振频率值,以保证插值计算的精度,计算方法见图2-35。

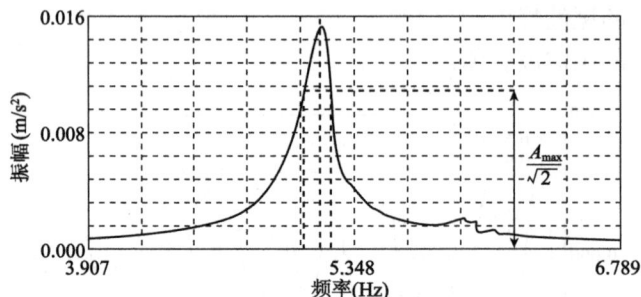

图2-35 半功率带宽法分析阻尼

$$D = \frac{n}{\omega_0} = \frac{\omega_2 - \omega_1}{2\omega_0} = \frac{f_2 - f_1}{2f_0} \tag{2-3}$$

式中：D——被测阻尼比；

　　n——共振峰幅值；

　　ω_0——自振频率；

　　f_0——自振频率；

f_1、f_2——半功率点频率，即0.707倍功率谱峰值所对应的频率。

图2-35中0.707倍的功率谱峰值所对应的频率（f_1、f_2）即对应的半功率点。半功率点对应的带宽就是功率减少至其一半时的频带宽度，表示在该带宽内集中了一半的功率。半功率带宽法又称3dB法，3dB指的是比峰值功率小3dB（就是峰值的50%）的频谱范围的带宽。由于幅值的平方即功率，其平方后变为1/2倍，在对数坐标中就是−3dB的位置也就是半功率点。对应的带宽就是功率在减少至其一半以前的频带宽度，表示在该带宽内集中了一半的功率。

由于桥梁结构阻尼本身的非线性、材料性质、振幅和变形的大小、受力形式、边界与支座条件、环境温度等多种因素，均会影响阻尼比的测量结果，使阻尼比的测量具有一定的不确定性。而半功率带宽法是根据频谱中某个谱峰的半功率带宽计算阻尼比，该方法具有一定的误差。主要原因是该方法在理论上有一定的近似，其次由于FFT频谱是具有一定频率间隔的离散谱，因此计算谱峰的主频和半功率带宽时都不可避免存在误差。影响半功率带宽法测试精度的主要因素有：①测试时采样频率SF；②频率分辨率Δf；③采样分析点数N；④采样频率与信号频率之比$K = \text{SF}/f_s$；⑤分析数据的长度$T = N\Delta t$；⑥谱线的位置（是否压谱线以及谱线在总频率坐标上的位置）；⑦被测阻尼比D的大小；⑧信号频率的密集度和频率泄漏的影响。这些因素会严重地影响半功率带宽法测量阻尼值的稳定性和精度。

适宜采用半功率带宽法分析阻尼的情况也应提高其分辨率Δf，按照规范要求应不大于1%的自振频率。采用半功率带宽法分析结构阻尼时，为提高其测试分析精度可以从以下几个方面来考虑：

（1）对于桥梁结构进行动载试验采用该方法进行分析时，首先要选择合适的采样频率和频率比K。对于桥梁结构测试应先确定桥梁结构自振频率的理论计算值，根据理论计算值确定采样频率和频率比。通常桥梁结构测试采样频率与结构测试频率的频率比K取10左右。

（2）对采样数据分析时，采样时间应满足分析要求，因为阻尼比精度随采样长度N增大而提高。

（3）采样频率的设置应注意谱线的位置，使分析频率与谱线位置重合。

（4）由于阻尼比分析结果随频率分辨率提高精度在提高，建议采用半功率带宽法分析时提高频率的分辨率。

（5）在桥梁结构的频率比较密集时，采用半功率带宽法分析无法进行分析，阻尼比分析宜采用模态分析法进行。

（6）在采用半功率带宽法进行阻尼比分析时，应选择合适的窗函数减小泄漏对测试结果的影响。

2.4.4　动态测试常用设备

桥梁测振传感器基本要求：灵敏度高，下限频率尽量低（超低频测试）。常用测振传感器如表2-4、图2-36所示。

常用测振传感器　　　　　　　　　　　　　　　　　　表2-4

传感器	配套放大器	技术特点	适用范围
应变片	动态应变仪	灵敏度高，可测直流	动应变、冲击系数测试
工具式应变计			
应变式位移计		相对式，量程 10～100mm，频率范围为0～10Hz	动位移、冲击系数测试，需搭设落地支架
应变式加速度计		惯性式，适用量程 1～2g，频率范围 0～100Hz，灵敏度较低	自振特性及加速度响应测试
压电加速度计	电荷放大器	惯性式，频率范围宽（下限可达0.5Hz），灵敏度高	自振特性及加速度响应测试
ICP压电加速度计	电压放大器	惯性式，频率范围宽（下限可达0.5Hz），灵敏度高	自振特性及加速度响应测试
磁电式速度传感器	电压放大器	惯性式，输出信号大，灵敏度高，低频特性好（下限可达0.07Hz）	自振特性及速度响应测试
伺服加速度计	伺服放大器	惯性式，量程 1～5g，低频特性好，灵敏度高，可同时输出加速度、速度和位移	自振特性及加速度、速度、位移响应测试
光电挠度仪	—	相对式，低频特性好，可同时测量竖向和横向变位，分辨率低	动挠度、横向变位及冲击系数测试
微波雷达	—	非接触测量，测量距离可达50m，无接触损耗，测量精度优于0.1mm，采样率≤200Hz，单台设备可同时、同步测量≤5个测点	动挠度、横向变位、冲击系数、自振特性测试

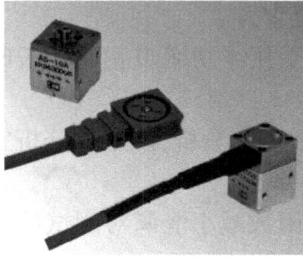

a)应变式加速度计   b)941B、991B拾振器   c)MBA伺服式加速度计

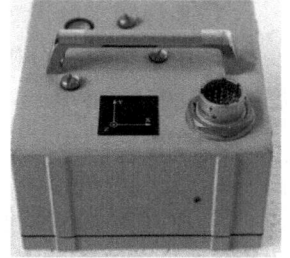

d)磁电式速度传感器   e)ICP压电加速度计   f)微波雷达

图 2-36　常用测振传感器

2.5　常见桥梁测试截面与测点布置

2.5.1　常见桥梁静载测试截面

结合弯矩包络图及传力路径,列举出常见桥梁结构测试截面如下:

(1)对于简支梁桥,一般选择跨中截面作为测试截面(图 2-37)。如跨中截面存在横隔板,宜适当避开横隔板加强段。支点剪力截面在实际试验中极少选择,主要是因为采用应变片测试混凝土截面主应力和剪应力效果一般。

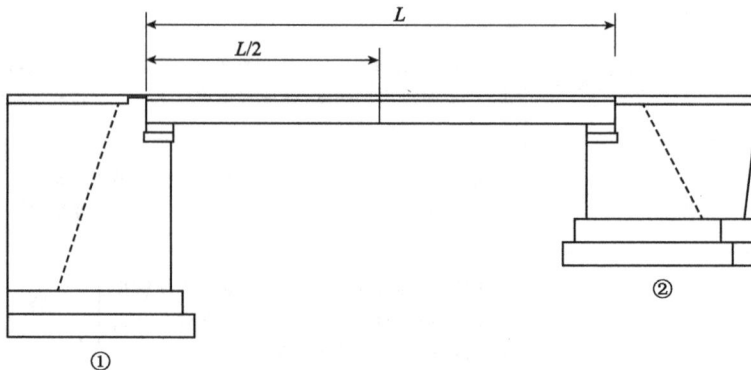

图 2-37　简支梁桥测试截面

（2）对于连续梁桥，支点负弯矩截面不一定在主跨侧（图2-38）。等截面等跨径的连续梁桥负弯矩截面一般选在主跨侧；变截面或不等跨径的连续梁桥支点负弯矩截面最好根据计算确定在哪一侧，一般情况下选弯矩大的一侧。同时支点负弯矩截面最好避开墩顶实心段，跨中截面最好避开横隔板加强段。

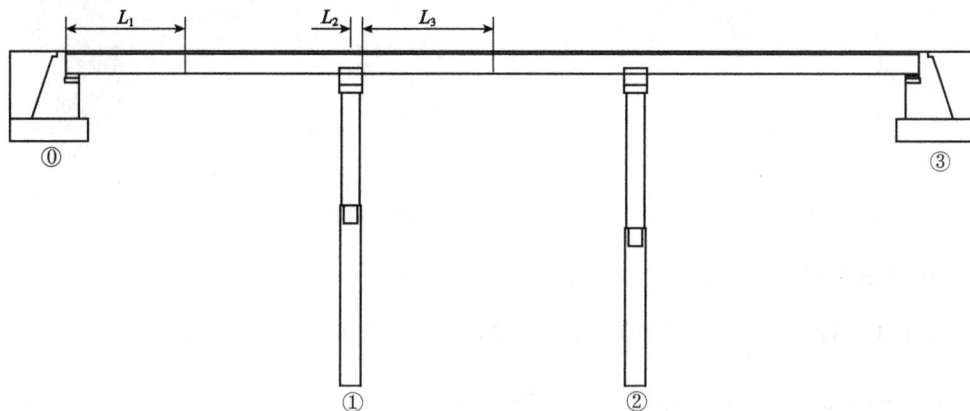

图2-38　连续桥测试截面

（3）对于连续刚构桥，一般选择边跨最大正弯截面、墩顶负弯截面、中跨跨中截面（图2-39、图2-40）。当主跨跨径比较大时，可以增加中跨$L/4$截面作为测试截面。部分连续刚构桥增加了备用体外索设计，主跨跨中存在横隔板，试验截面最好适当避开横隔板加强段。

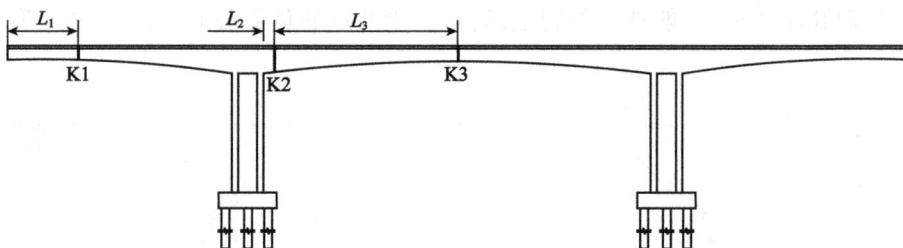

图2-39　连续刚构桥测试截面（一）

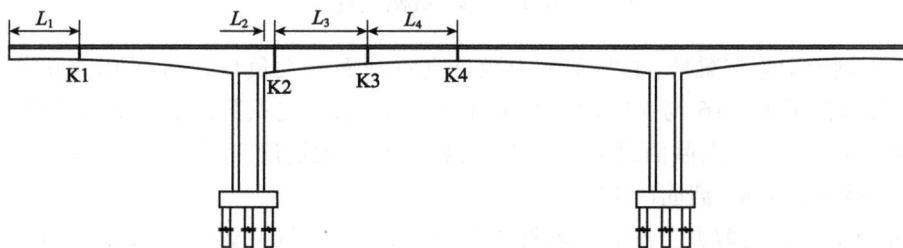

图2-40　连续刚构桥测试截面（二）

对于连续刚构桥，主跨支点负弯矩截面最好选择在1号块根部。该位置处于相对低点，一般情况下浮浆比较厚（图2-41），应用电镐凿除浮浆层。另外该处测点低洼，遇下雨天气容易积水（图2-42），应充分做好防水措施，确保测点有效可靠。

33

图 2-41　某连续刚构墩顶负弯矩截面浮浆堆积

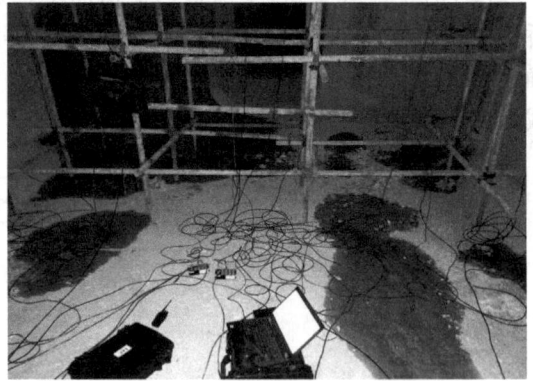

图 2-42　某连续刚构墩顶负弯矩截面测点处积水

（4）对于 T 形刚构桥，一般选择墩顶负弯截面、挂梁跨中截面（图 2-43）。

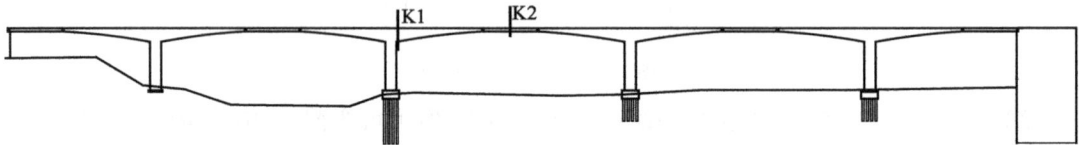

图 2-43　T 形刚构桥测试截面

（5）对于斜腿刚构桥，一般选择斜腿根部截面、刚节点处负弯截面、跨中截面（图 2-44）。

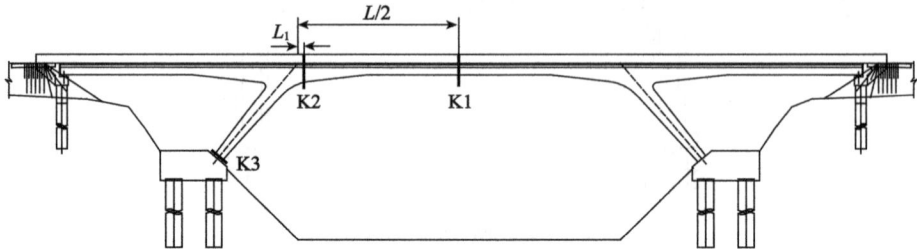

图 2-44　斜腿刚构测试截面

（6）对于钢桁架悬臂梁桥，主要工况为墩顶支点截面最大负弯矩工况和锚固孔跨中最大正弯矩工况，选择了 K4、K6 与 K5 截面；针对附加工况，墩顶支点截面最大剪力工况、挂孔跨中最大正弯矩工况、挂孔支点截面最大剪力工况、悬臂端最大挠度工况选择了 K4、K6 截面，K2、K8 截面，K1 截面，K3、K7 截面（图 2-45）。

挂孔支点截面最大剪力工况就选斜杆作为测试杆件，锚固孔跨中最大正弯矩工况及挂孔跨中最大正弯矩工况就选上下弦杆作为测试杆件。

每个测试断面的测试杆件如图 2-46 所示。

（7）对于无铰拱桥，一般选择拱脚截面、$L/4$ 截面、拱顶截面（图 2-47）。

图 2-47 中 K1 为拱脚截面，K2 为 $L/4$ 截面，K3 为拱顶截面。对应的测试工况就是 K1 截面负弯矩、正弯矩；K2 截面正弯矩、负弯矩；K3 截面正弯矩。

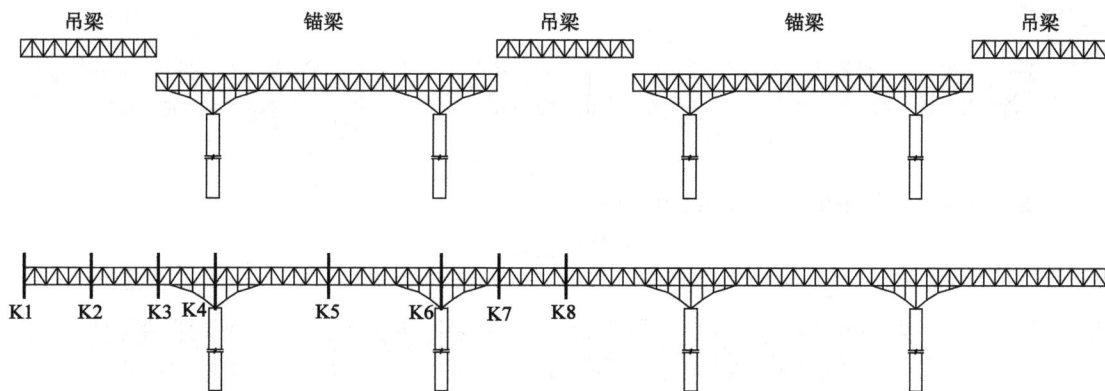

图 2-45 钢桁架悬臂梁桥测试截面

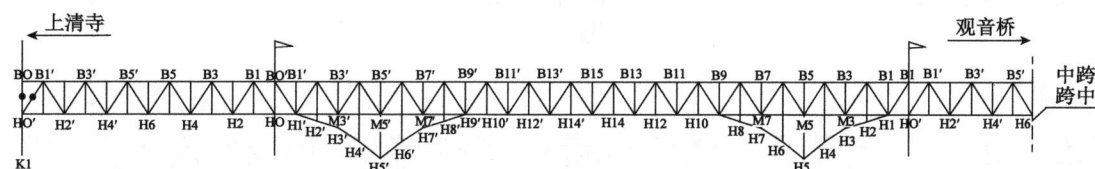

注：K1截面测试杆件为竖杆B0H0′、斜杆B1′H0′。

K1截面测试杆件

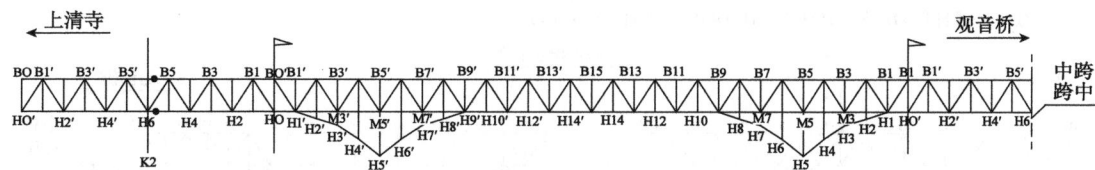

注：K2截面测试杆件为上弦杆B5B6、下弦杆H5H6。

K2截面测试杆件

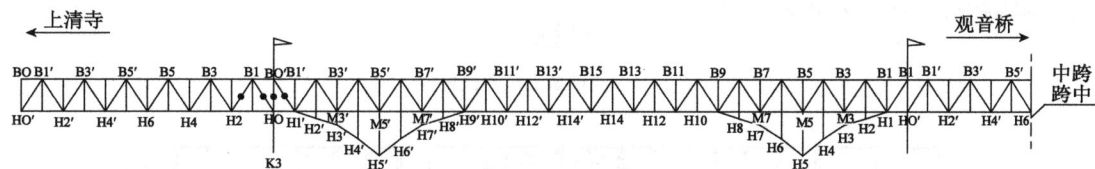

注：K3截面测试杆件为斜杆B1H2、B1H0、B0′H1′、竖杆B0′H0。

K3截面测试杆件

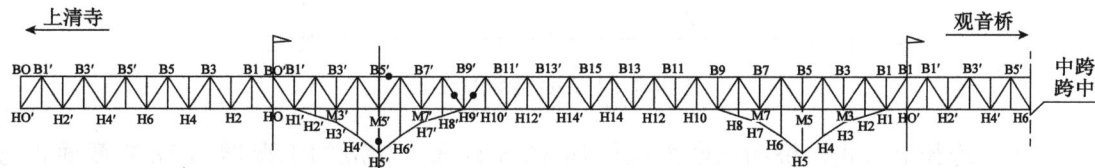

注：K4截面测试杆件为上弦杆B5′B6′、竖杆H5′M5′、斜杆B8′H9′、B10′H9′。

K4截面测试杆件

图 2-46

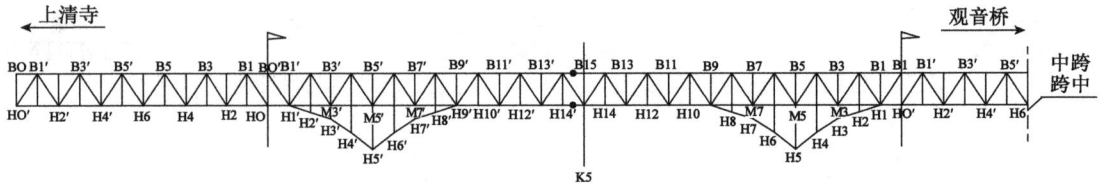

注：K5截面测试杆件为上弦杆B14'B15、下弦杆H14'H15。

K5截面测试杆件

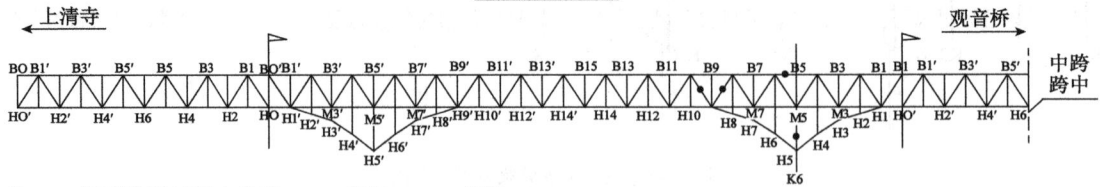

注：K6截面测试杆件为上弦杆B5B6、竖杆H5M5、斜杆B8H9、B10H9。

K6截面测试杆件

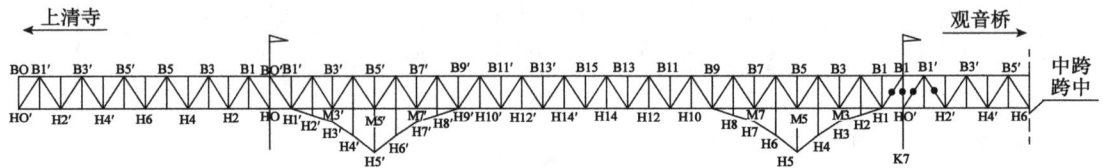

注：K7截面测试杆件为斜杆B1'H2'、B1'HO、BOH1、竖杆BOHO'。

K7截面测试杆件

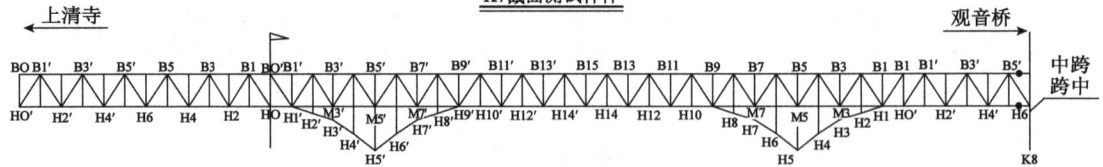

注：K8截面测试杆件为上弦杆B5'B6、下弦杆H5'H6。

K8截面测试杆件

图2-46 测试截面的测试杆件

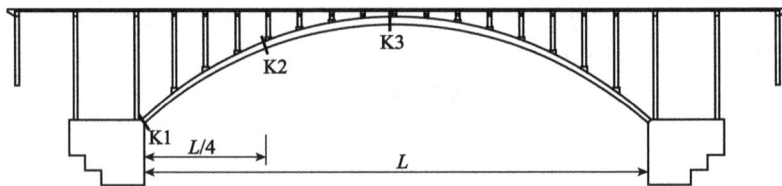

图2-47 上承式拱桥测试截面

对于大跨径上承式拱桥测试断面应增加 $3L/8$ 截面。相应的工况增加 $3L/8$ 截面正弯（图2-48）。

图2-49所示大桥结构形式为跨径150m的中承式钢管混凝土桁架拱桥，拱肋由4根 $\phi600$mm 钢管分为上下弦杆用钢管桁架连接构成，内部填充C50混凝土。设计净跨径150m，矢跨比1:5，拱轴线为悬链线，拱轴系数 $m=1.347$。故而荷载试验时主拱选择了拱脚、$L/4$ 截

面、$3L/8$ 截面、拱顶截面,吊杆拉力增量选了 K2 ~ K4 正弯矩加载时临近的几根吊索,桥面板选了 K5 截面(图 2-49)。对应的测试工况就是 K1 截面负弯矩、正弯矩;K2 截面正弯矩、负弯矩;K3 截面正弯矩;K4 截面正弯矩;K5 截面正弯矩。

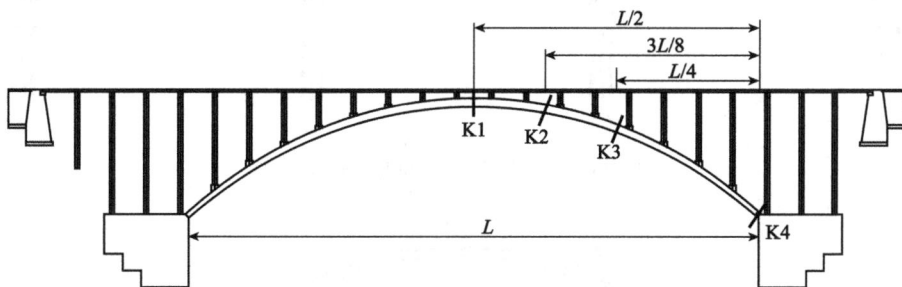

图 2-48 大跨径上承式拱桥测试截面

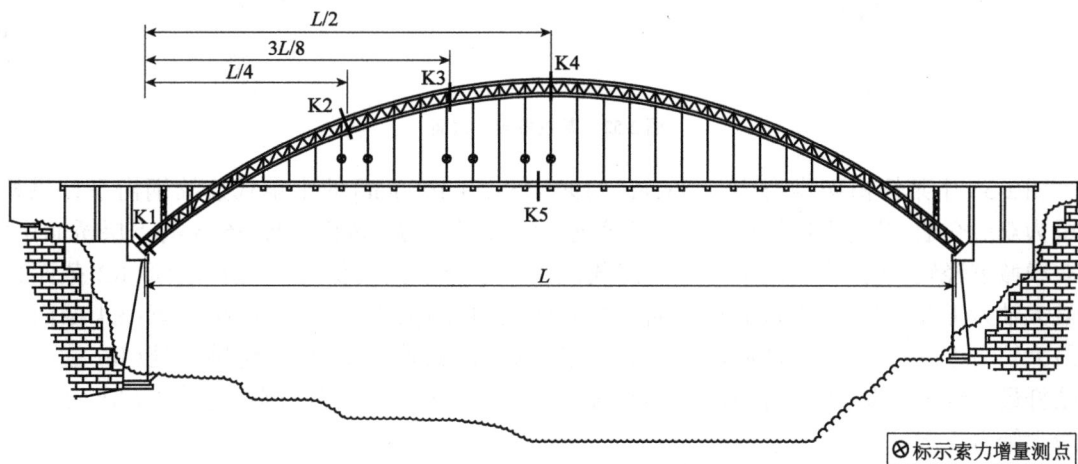

⊗标示索力增量测点

图 2-49 中承式钢管混凝土拱桥测试截面

对于这种 4 肢钢管桁架结构,弯矩是由上、下弦杆的拉力与压力形成的弯矩值,并非局部的弯矩值。某中承式系杆拱桥测试截面如图 2-50、图 2-51 所示。

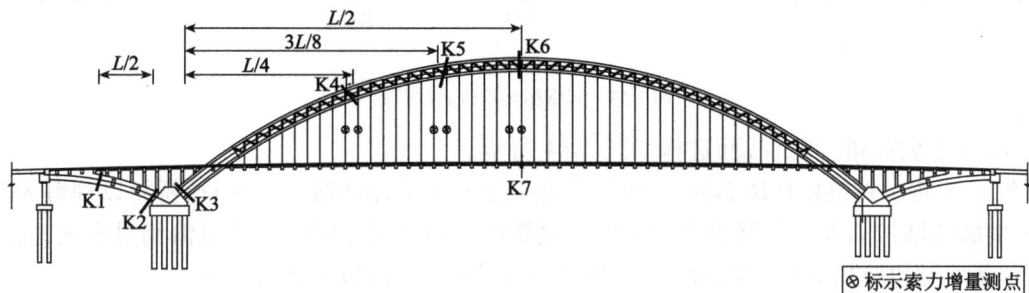

⊗标示索力增量测点

图 2-50 某中承式系杆拱桥测试截面(一)

这种结构形式需要考虑连拱效应,故而测试截面除了选择中间主拱的截面,还选择了两个边拱的截面(图 2-52)。

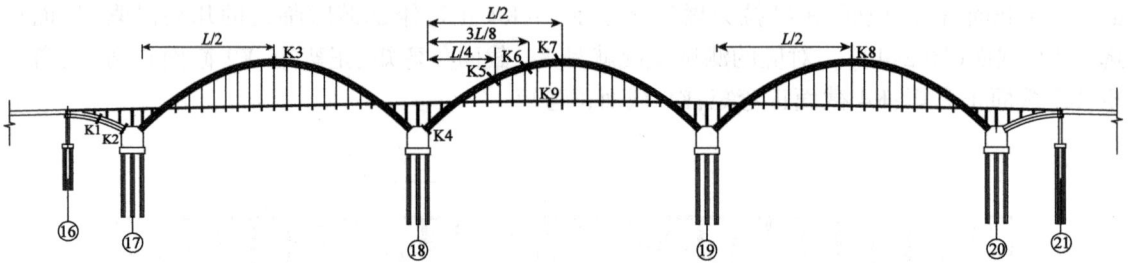

图 2-51　某中承式系杆拱桥测试截面(二)

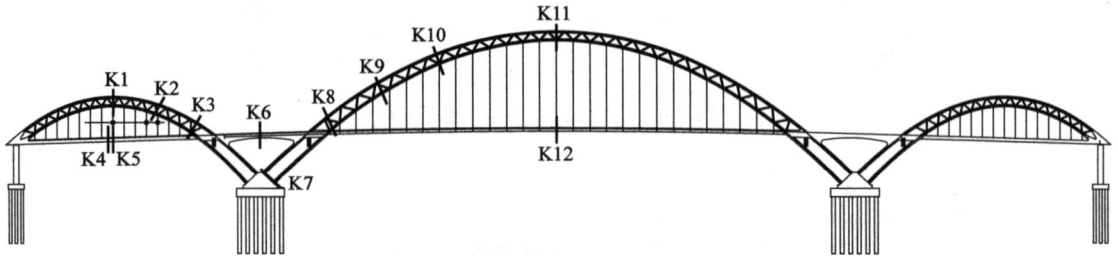

图 2-52　某拱桥测试截面

图 2-53 中某钢桁架拱桥为长 932m[(190＋552＋190)m] 的中承式连续钢桁系杆拱桥。大桥为双层交通布置:上层桥面为双向六车道和两侧人行道,桥面宽度 36.5m;下层桥面中间为双线城市轻轨,两侧为双向两车道。荷载试验时选择了江北侧边跨 L/4 截面(K2 截面)弦杆最大轴力工况;江北侧边跨 L/2 截面(K3 截面)弦杆最大轴力工况;中跨拱脚(K4 截面)弦杆最大轴力工况;中跨 L/4 截面(K5 截面)拱肋弦杆最大轴力工况;中跨拱顶处(K6 截面)拱肋弦杆最大轴力工况;中跨跨中桥面(K11 截面)最大挠度工况;江南侧边跨跨中(K8 截面)弦杆最大轴力工况。

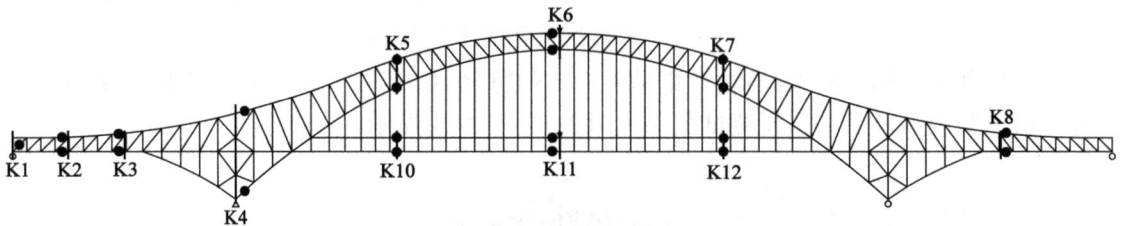

图 2-53　某钢桁架拱桥测试截面

(8)对于斜拉桥,测试截面选择如图 2-54 所示。

图 2-55 所示斜拉桥比图 2-54 中的斜拉桥就是增加了辅助墩,三跨斜拉桥可以理解为跷跷板,辅助墩的增加加大了主跨主梁的刚度。过渡墩至辅助墩之间的主梁量值相对小些,故而选择测试断面时边跨只选择了辅助墩顶主梁截面负弯矩;边跨最大正弯截面。

特别是近年来混合梁斜拉桥大量修建,边跨采用重量相对较大的混凝土梁,中跨采用钢箱梁、钢板梁、钢桁梁等。为了施工方便,边跨一般设置辅助墩。辅助墩的作用及混凝土梁的配重大大增加了主跨主梁的刚度。对于该类桥梁,荷载试验的重心可以放在中跨,边跨象征性选择截面即可。比如鄂东长江大桥、万州三桥(主跨 730m 混合梁斜拉桥)、鸭池河大桥(主跨

800m 混合梁）、乌江特大桥（主跨 360m 叠合梁）、六广河特大桥（580m 叠合梁）、红水河特大桥（508m 混合式叠合梁）等斜拉桥均为该类桥梁形式。

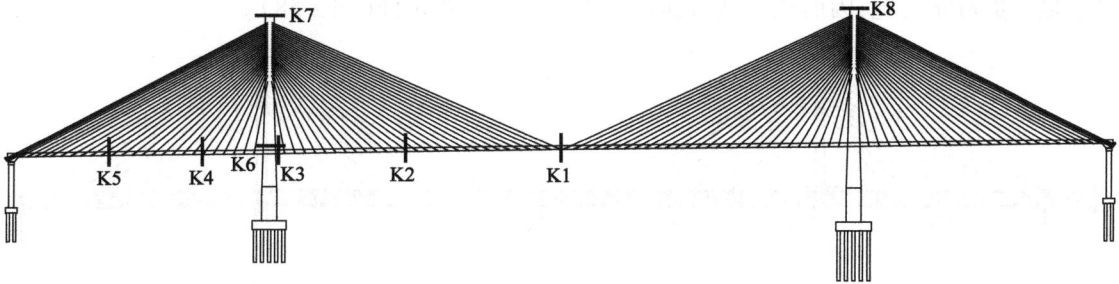

图 2-54　斜拉桥测试截面

K1-主跨跨中截面；K2-主跨 $L/4$ 截面；K3-主塔支点附近主梁最大负弯截面；K4-边跨 $L/4$ 截面；K5-边跨最大正弯截面；K7/K8-主塔塔顶截面

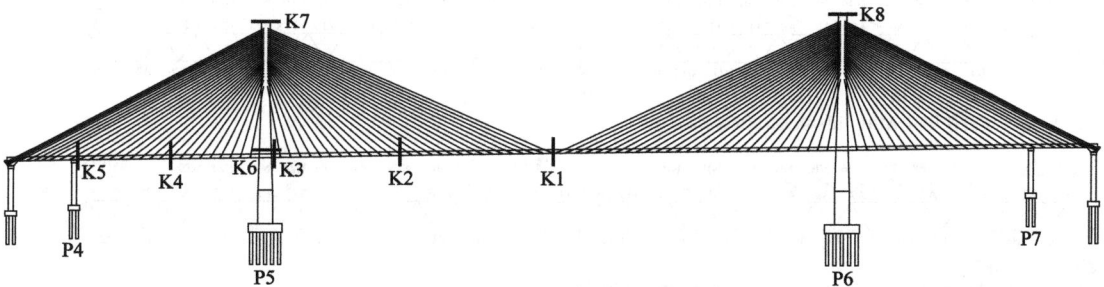

图 2-55　斜拉桥测试截面

K1-主跨跨中截面；K2-主跨 $L/4$ 截面；K3-主塔支点附近主梁最大负弯截面；K4-边跨最大正弯截面；K5-辅助墩附近主梁负弯矩截面；K7/K8-主塔塔顶截面

矮塔斜拉桥兼顾了梁桥和斜拉桥的特性，也称之为部分斜拉桥。其荷载试验断面选择与斜拉桥的类似（图 2-56）。

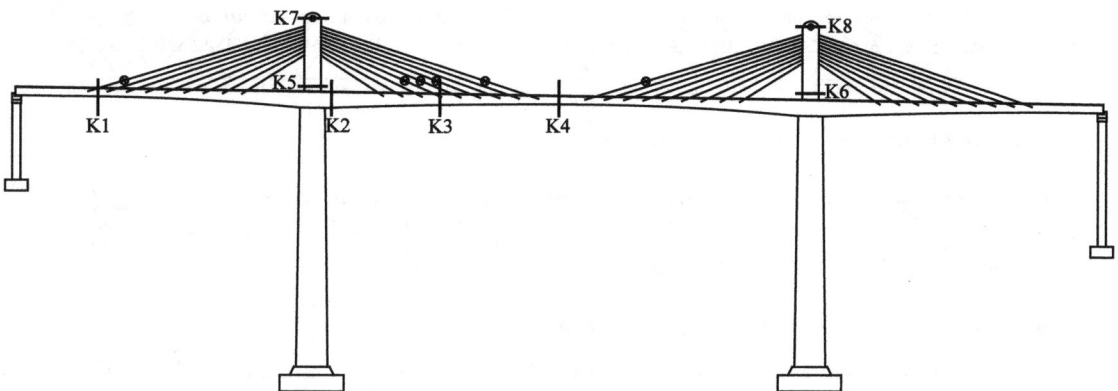

图 2-56　矮塔斜拉桥测试截面

如图 2-57 所示，某大桥的主桥采用（222.5 + 445 + 190.5）m 三跨单塔单索面连续钢桁斜拉桥，大桥主梁采用两片桁架的钢桁梁。测试断面选择兼顾塔、梁、索。索塔根部位于水中，所以将索塔根部弯矩截面放置在桥面位置 K7 处。该桥是公轨两种桥梁，相对一般的斜拉桥，增

39

加了 K1 截面的转角测试。该桥是单索面，钢绞线斜拉索锚固在横梁上，边索拉力增量较大，因而选择了 K2 截面作为索力增量及拉索横梁应力测试截面。K4 截面既测试了剪力工况，又做了最大负弯矩工况，因而该测试截面选择了上下弦杆及腹杆(图 2-58)。

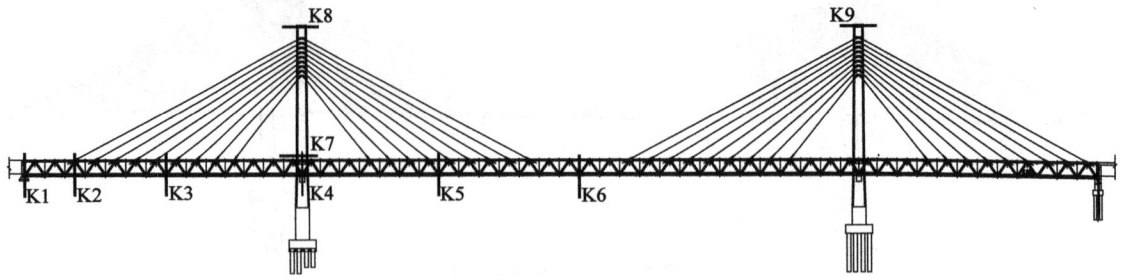

图 2-57 公轨两用斜拉桥测试截面

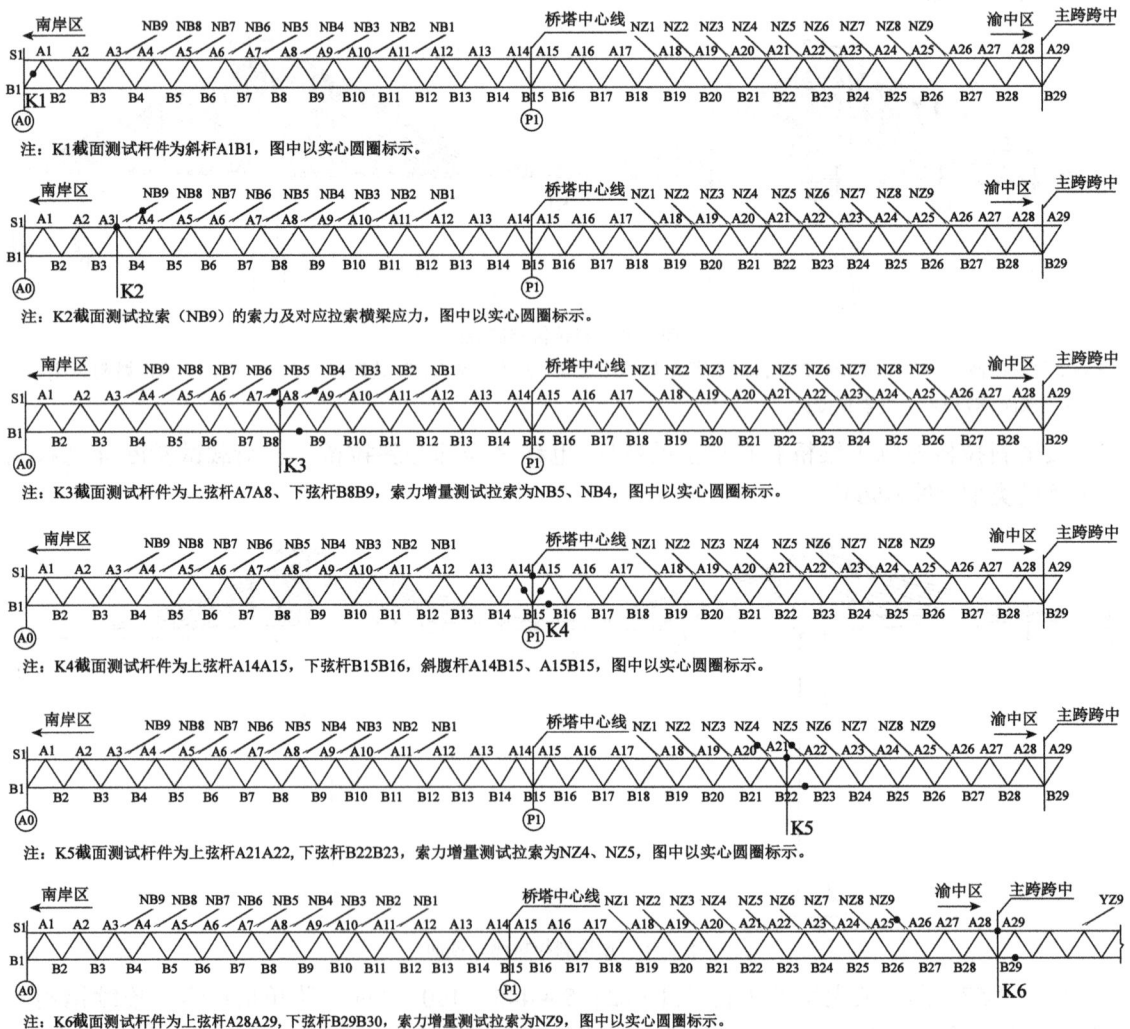

注：K1 截面测试杆件为斜杆 A1B1，图中以实心圆圈标示。

注：K2 截面测试拉索 (NB9) 的索力及对应拉索横梁应力，图中以实心圆圈标示。

注：K3 截面测试杆件为上弦杆 A7A8、下弦杆 B8B9，索力增量测试拉索为 NB5、NB4，图中以实心圆圈标示。

注：K4 截面测试杆件为上弦杆 A14A15，下弦杆 B15B16，斜腹杆 A14B15、A15B15，图中以实心圆圈标示。

注：K5 截面测试杆件为上弦杆 A21A22，下弦杆 B22B23，索力增量测试拉索为 NZ4、NZ5，图中以实心圆圈标示。

注：K6 截面测试杆件为上弦杆 A28A29，下弦杆 B29B30，索力增量测试拉索为 NZ9，图中以实心圆圈标示。

图 2-58 测试截面对应的测试杆件

如图 2-58 所示,某长江大桥主桥为$(3 \times 67.5 + 72.5 + 936 + 72.5 + 3 \times 67.5)$ m 混合梁斜拉桥(图 2-59)。主跨长 936m,钢箱梁总长 901m。主桥边跨混凝土箱梁总长 287.5m,伸入主跨梁段长 12.5m。该种形式的斜拉桥利用边跨混凝土箱梁每延米自重大、刚度大,大大减小了边跨的跨径,增大了主跨的刚度。所以荷载试验时选择了边跨混凝土箱梁的 K1、K2 截面,主塔附近的主梁负弯矩截面选在交界位置处 K3,K4 截面为主跨 $L/4$ 截面,K5 为主跨跨中截面,K8 与 K9 为主塔偏位测试截面,K7 为主塔弯矩测试截面。这里要说明的是,K3 截面处钢箱梁和混凝土箱梁均要选择,该处存在钢混结合段,可以通过测试看看中性轴是否存在突变,造成附加弯矩。

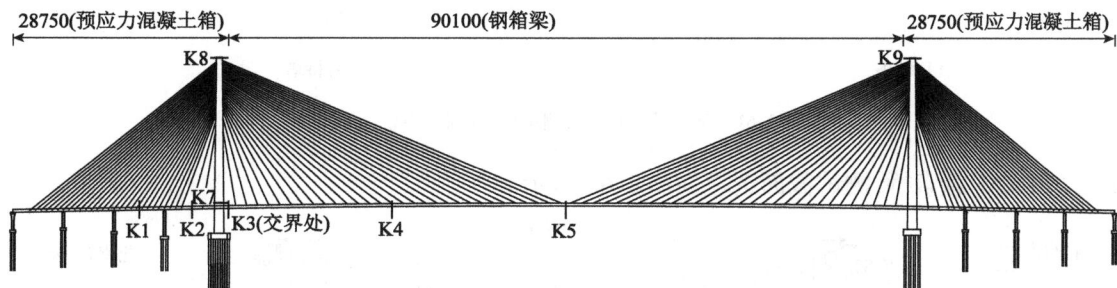

图 2-59 某长江大桥测试截面(尺寸单位:cm)

如图 2-60 所示,某大桥主桥采用 $100 + 100 + 300 + 1088 + 300 + 100 + 100 = 2088$m 的双塔双索面钢箱梁斜拉桥。测试断面选择兼顾塔、梁、索。S1 截面为边跨最大负弯矩截面;S2 为边跨最大挠度截面;S3 截面为钢梁板厚度变化处,应力较大;S4 截面中跨跨中截面,活载拉应力最大,桥面挠度最大;S5 截面为拉索索力增量最大;S6 截面与 S7 截面与 S1 与 S2 类似;S8 为塔顶偏位截面;S9 为上塔柱最大弯矩截面;S10 为索塔最大弯矩截面。

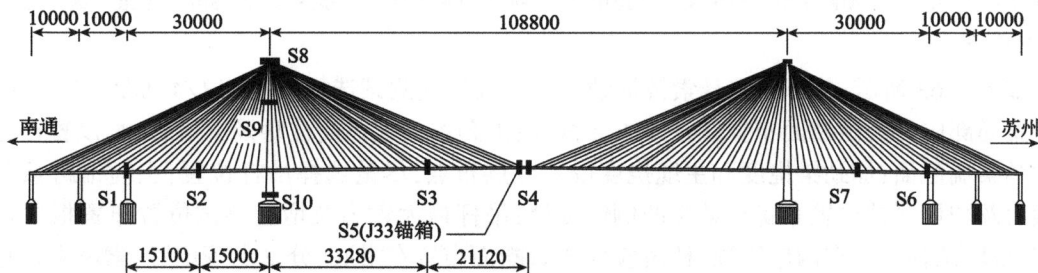

图 2-60 某大桥测试截面(尺寸单位:cm)

如图 2-61 所示,某高低塔斜拉桥采用 $100 + 340 + 150 = 590$m 的高低塔单索面单箱单室不对称预应力混凝土斜拉桥。测试断面选择兼顾塔、梁、索。J1 截面为主城区侧边跨最大正弯矩截面;J2 截面为 1 号索塔附近主梁最大负弯矩截面;J3 截面为中跨主梁 1 号塔半跨最大正弯矩截面;J4 截面为中跨主梁最大正弯矩截面;J5 截面为中跨主梁 2 号塔半跨最大正弯矩截面;J6 截面为 2 号索塔附近主梁最大负弯矩截面;J7 截面为江东片区侧边跨最大正弯矩截面;J8 截面为主梁附近 1 号塔最大弯矩截面;J9 截面为主梁附近 2 号塔最大弯矩截面;J11 截面与 J12 截面为主塔塔偏截面。

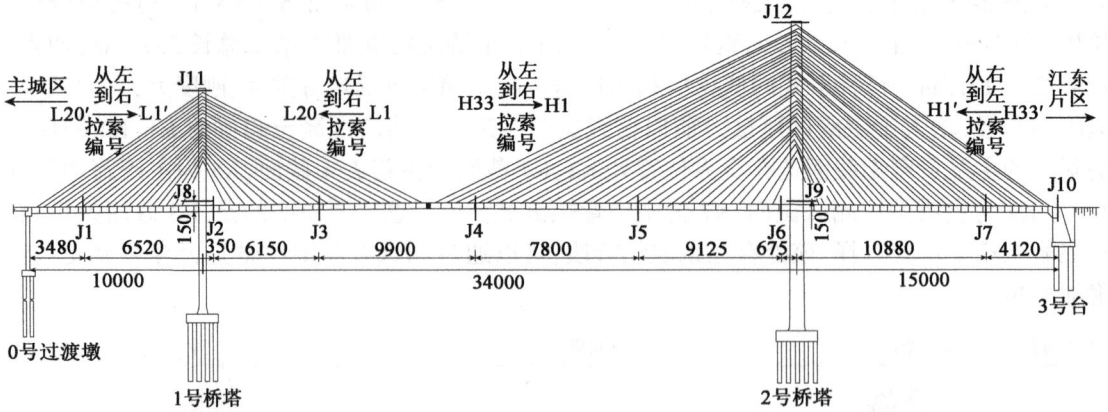

图 2-61 某高低塔斜拉桥测试截面(尺寸单位:cm)

(9)对于悬索桥,测试截面选择如图 2-62 所示。

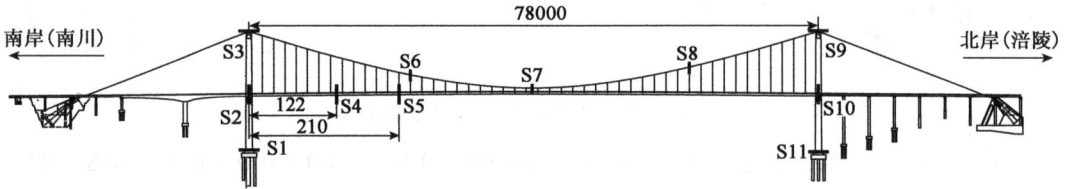

图 2-62 某长江大桥测试截面(尺寸单位:cm)

S1-南塔塔根;S2-南岸主梁梁端;S3-南塔塔顶;S4-距南岸梁端 122m 处;S5-距南岸梁端 210m 处;S6-距南岸梁端 260m 处;S7-主缆跨中;S8-距北岸梁端 178m 处;S9-北塔塔顶;S10-北岸主梁梁端;S11-北塔塔跟。

测试控制内容:S1-主塔最大弯矩;S2-主梁最大纵向位移;S3-塔偏;S4-主梁最大弯矩(正交异性板局部);S5-主梁最大挠度;S6-主缆最大挠度;S7-主缆跨中最大挠度及主缆跨中轴力;S8-主缆最大向上位移;S9-塔偏;S10-主梁最大纵桥向位移;S11-主塔最大弯矩

如图 2-63 所示,单跨双铰悬索桥加劲梁应变及挠度测试选择第 1 跨 $L/4$、$L/2$、$3L/4$ 截面,加劲梁局部应力测试断面布置在主跨 $L/2$ 截面;加劲梁最大纵向位移及梁端转角,设置在北塔处加劲梁端截面;加劲梁挠度和主缆挠度按 8 分点布点,尽量选择吊杆位置;主缆锚跨索股最大索力及增量测试位置布置在某岸两侧锚碇处;吊杆最大索力及增量测试位置布置根据计算确定;桥塔位移布置在两岸塔顶,桥塔应变测试断面布置在塔底、分岔点等位置;索塔索鞍相对偏位在塔顶索鞍处设点;基础沉降测点,在承台、沉井四角测点,锚碇水平位移在上下游设点。

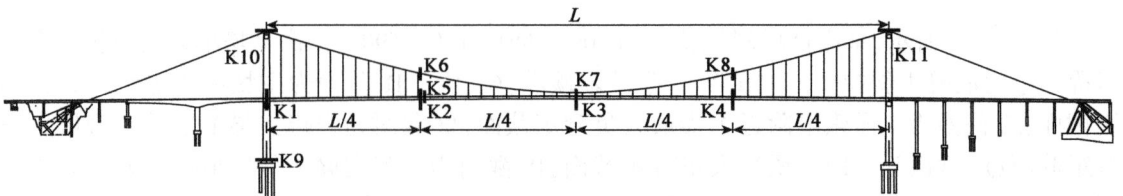

图 2-63 单跨双铰悬索桥测试截面

K1-南塔塔根;K2-南岸主梁梁端;K3-主梁距南岸梁端 $L/4$ 处;K4-主梁 $L/2$ 处;K5-主梁 $3L/4$ 处;K6-南塔塔顶;K7-北塔塔顶;K8-主缆 $L/4$ 处;K9-主缆 $L/2$ 处;K10、K11-正交异性板局部

三跨连续梁悬索桥根据其结构特性还需要在上面的基础上增加主塔处主梁负弯矩截面 K2 及边跨正弯矩截面 K1（图 2-64）。如果是三跨两铰悬索桥，即主梁在主塔处有伸缩缝，K2 截面可以改为测试纵向位移和转角。

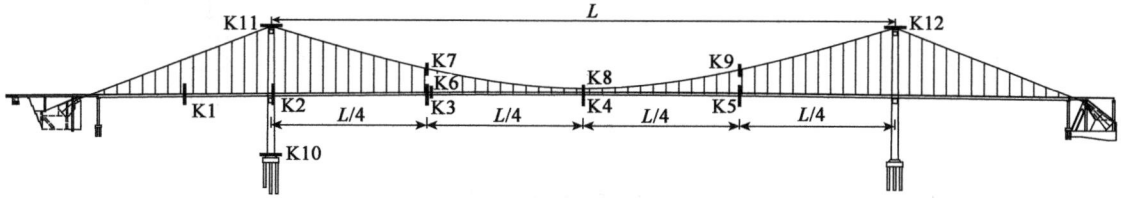

图 2-64 三跨连续悬索桥测试截面

两跨连续梁悬索桥属于不对称结构，其荷载试验截面选择与三跨连续悬索桥类似（图 2-65）。

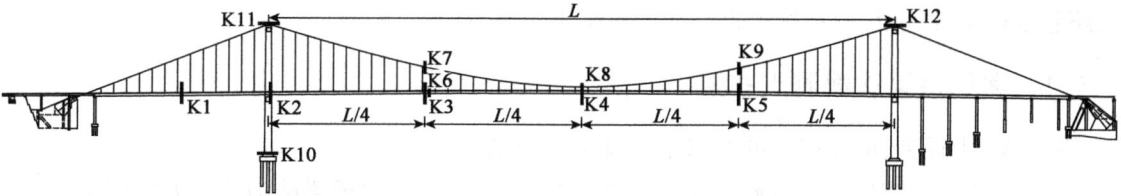

图 2-65 两跨连续悬索桥测试截面

如图 2-66 所示，某长江大桥北汊跨江主桥采用（$2 \times 1080 = 2160$）m 的三塔双跨钢箱梁悬索桥。加劲梁应变及挠度测试选择第 1 跨 $L/4$、$L/2$、$3L/4$ 截面及第 2 跨 $L/2$ 截面，加劲梁局部应力测试截面布置在第 1 跨 $L/2$ 截面；加劲梁最大纵向位移及梁端转角，设置在北塔处加劲梁端截面；加劲梁挠度和主缆挠度按 8 分点布点，尽量选择吊杆位置；主缆锚跨索股最大索力及增量测试位置布置在泰州岸两侧锚碇处；吊杆最大索力及增量测试位置布置在第 1 跨两侧的 32 号吊杆处；桥塔位移布置在北塔顶、中塔顶，桥塔应变测试断面布置在北塔塔底、中间塔塔底、分岔点、上塔柱板厚变化处；边塔及中塔索鞍相对偏位在塔顶索鞍处设点；基础沉降在承台、沉井四角测点，锚碇水平位移在上下游设点。

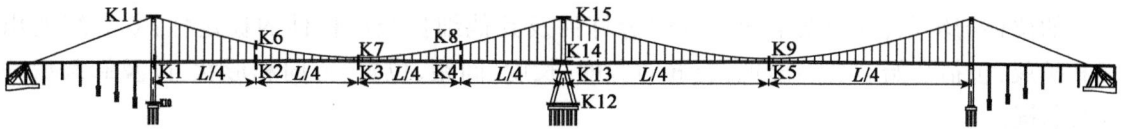

图 2-66 某长江大桥测试截面

三塔双跨悬索桥之所以在第二跨增加测试截面，其实类似于拱桥测试连拱效应。这种悬索桥需要布置在第一跨加载测试第二跨响应的工况。

（10）柔性吊桥在山区大量使用，一般采用钢丝绳作为主缆，桥面系由工字钢横梁、工字钢纵梁、钢桥面板组成的格构体系或桁架体系组成，吊杆采用光圆钢拉杆，塔顶鞍座一般为滚轴。故而理论上讲在活载作用下塔无偏位。一般情况下荷载试验截面主要选择四分点的主梁、主缆及吊杆作为测试截面（图 2-67）。

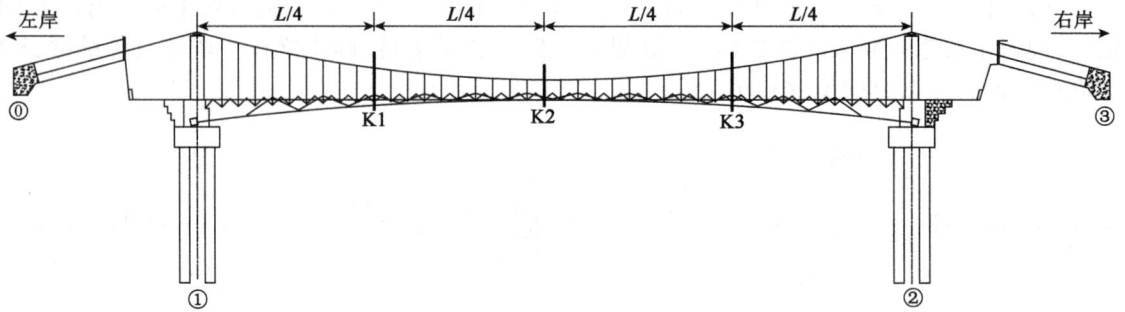

图 2-67　某柔性吊桥测试截面

值得注意的是,柔性吊杆设计无相应规范依据,只是参考公路悬索桥设计规范。钢悬索桥挠度限值为 $L/250$,如果套用该限值,主跨 100m 的柔性吊桥挠度限值 40cm。但以笔者经验,主跨 100m 的柔性吊桥实测活载挠度 50～60cm 的情况也不少见,荷载试验计算时尽量不套用公路悬索桥设计规范,以免疑惑自己的计算结果。

2.5.2　常见桥梁静载测点布置

《规程》中提到,应变测点的布置应遵循下列原则:

(1)应变测点应根据测试截面及测试内容布置,并应能反映桥梁结构的受力特征。

(2)单向应变测点布置应体现左右对称、上下兼顾、重点突出的原则,并应能充分反映截面的高度方向的应变分布特征。单点应变片测点的布置不宜少于两组。测点布置完毕,应准确测量其位置。

(3)结构对称时,一个 $L/2$ 横截面的应变测点可减少,但不宜少于 2 个。

测点布置应目的明确,重点突出,并布置一定的校核性测点。

《大跨径混凝土桥梁的试验方法》第 3.16 条关于静力试验的观测内容:3.16.1 检验桥梁承载能力的静力荷载试验,至少观测以下内容:①结构的最大挠度和扭转变位(包括上、下游两侧挠度差及水平位移);②结构控制截面最大应力(或应变),包括混凝土表面和最外缘主筋的应力;③活动支座和结构连接部分的变位;④受试验荷载影响的所有支点的沉降、墩台的位移与转角;⑤桁架结构支点附近杆件及其他细长受压杆件的稳定性;⑥裂缝的出现和扩展,包括初始裂缝的出现,裂缝的宽度、长度、间距、位置、方向和形状,以及卸载后的闭合状况。

如果荷载试验具有检验结构真实工作状况的目的,可增加以下点测内容:①沿桥长轴线的挠度分布曲线。要求在每个桥跨内布置不少于 3 个挠度观测点,并设支点下沉的观测点。②结构构件的实际应变分布图形。要求沿截面高度布置不少于 5 个应变测点(包括最边缘和截面突变处的测点在内)。为量测混凝土内部应变和钢筋应变,需在施工中预埋相应的传感器。③支点附近结构斜截面的主拉应力。④梁的横隔板本身及其影响区的应力。⑤检测控制截面的挠度和应力(或应变)的纵向和横向影响线。⑥行车道板跨中和支点截面的挠度或应变影响面。

《规程》注重应变沿截面高度分布规律,而《大跨径混凝土桥梁的试验方法》中"要求沿截面高度布置不少于 5 个应变测点",与之相比《规程》实际上是放松了要求。

(4)条文说明中"对于常见的受弯构件,主要针对最大受压及受拉区进行测试,至少要保证顶、底板应变测点的有效性",即可以理解为结构控制截面最大应力测点为主要测点,计算校验系数时依据主要测点。沿构件腹板或肋板的高度方向分布的应变测点主要是为了验证平截面假定。本规程中指明,符合平截面假定及控制点变形或应变与荷载的关系曲线接近于直线,两者满足,对于常规结构才能判断其处于弹性工作状况。

(5)钢筋混凝土结构的受拉区应变测点宜布置在受拉区主钢筋上方可确保测试过程中应变数据稳定。凿洞时可先用钢筋扫描仪确定纵向主筋位置,再用电钻打梅花眼,然后用电镐凿。目前来看用规范中开裂截面计算钢筋应变均较大(达到上百个),而实测钢筋应变值一般不会特别大(大多数在 100 个以内),从而导致钢筋混凝土按照开裂截面计算的校验系数比较小。挠度按照开裂截面等效刚度来计算,挠度校验系数也比较小。特别是用粘贴钢板加固的钢筋混凝土桥,其钢板应变值和钢筋应变值如何计算,其开裂弯矩如何确定,规范中并未给出明确的公式。目前部分研究文献中给予了相应的公式,具有一定的参考价值。

根据笔者工作经验,常见截面应变测点布置如图 2-68 所示。

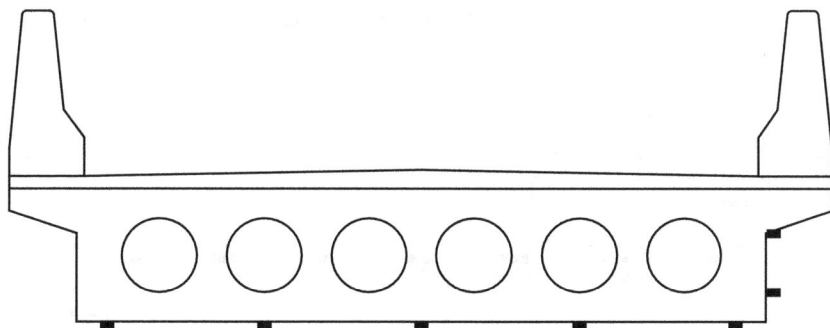

图 2-68 整体式空心板应变测点布置(底板为钢筋测点)

T 梁、小箱梁等多梁式结构腹板测点可利用对称性只布置三片梁的一侧,或者布置中梁和边梁等控制梁,如图 2-69 ~ 图 2-81 所示。因为布置腹板测点的主要目的是验证平截面假定,判定中性轴位置。

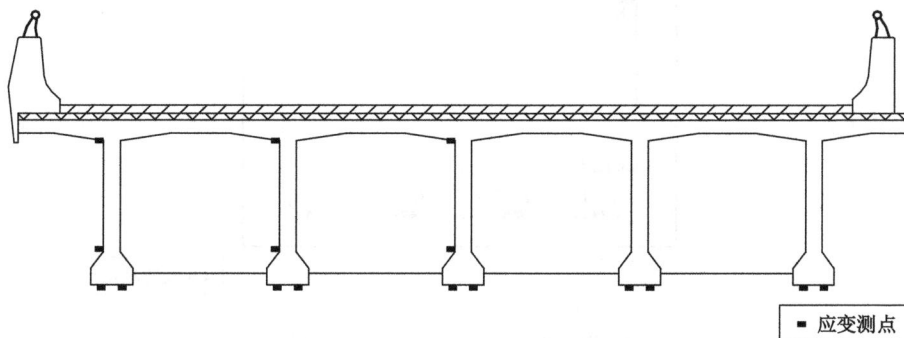

■ 应变测点

图 2-69 T 梁应变测点布置

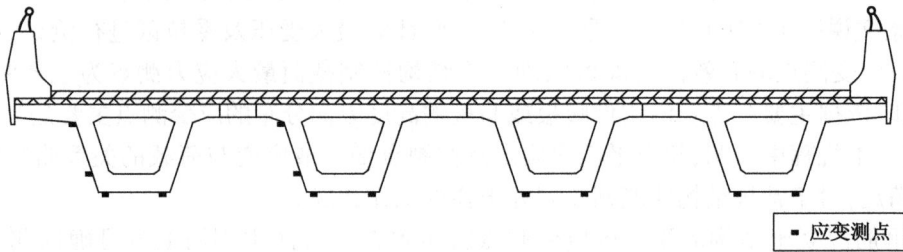

图 2-70　小箱梁应变测点布置

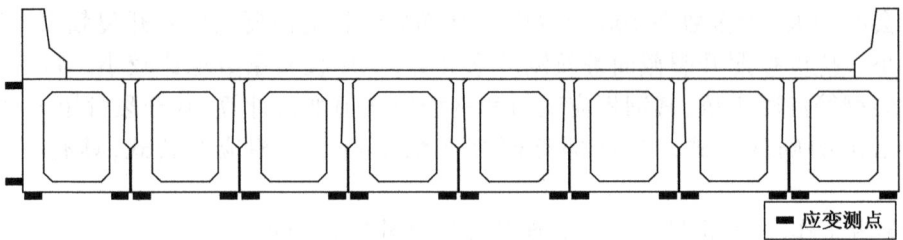

图 2-71　空心板应变测点布置

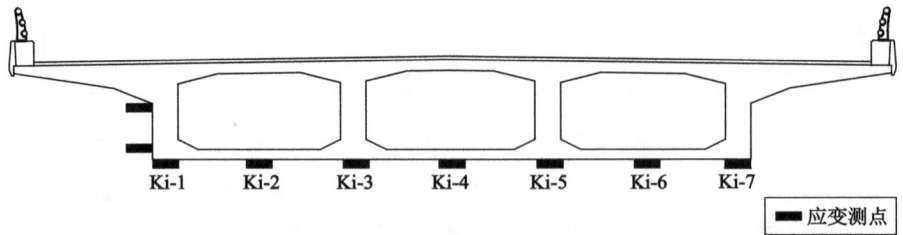

图 2-72　箱梁应变测点布置

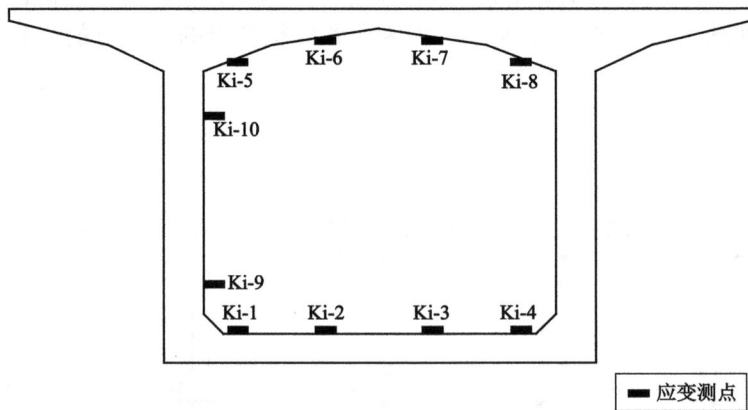

图 2-73　连续刚构等箱梁应变测点布置

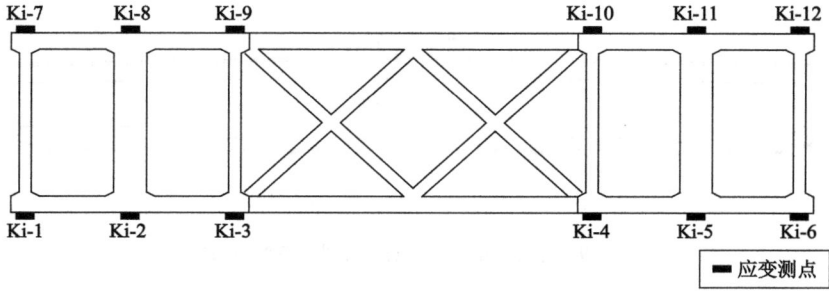

图 2-74　混凝土肋拱桥应变测点布置

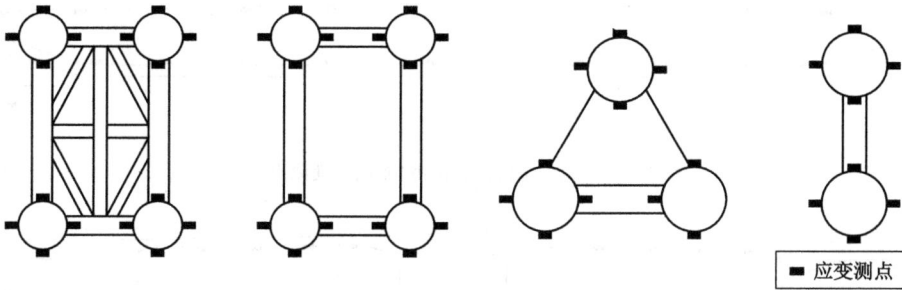

图 2-75　钢管混凝土拱桥应变测点布置

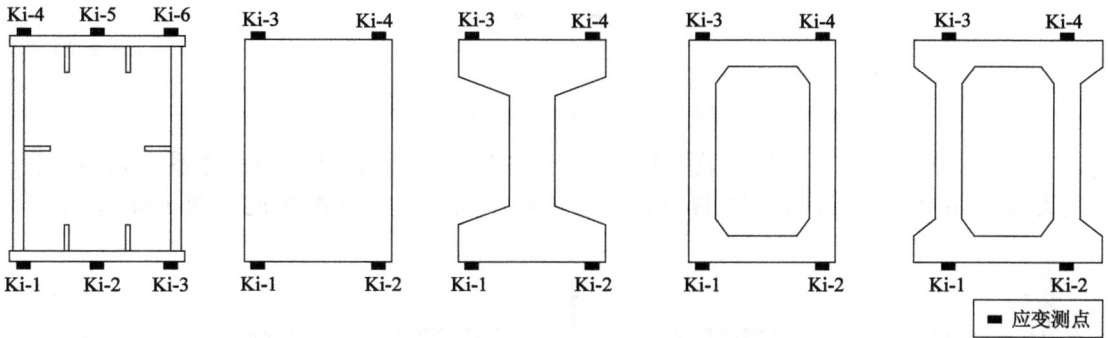

图 2-76　肋拱桥(含钢箱拱桥)应变测点布置

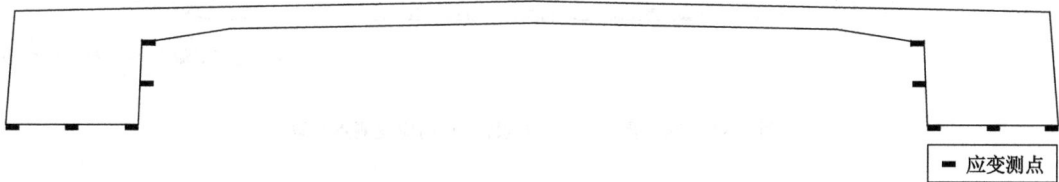

图 2-77　π 形梁(斜拉桥)应变测点布置

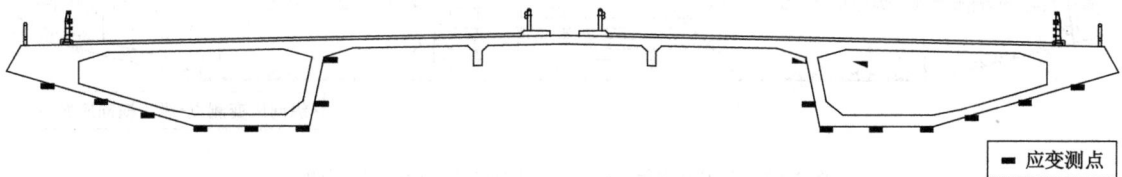

图 2-78　混凝土 PK 截面(斜拉桥)应变测点布置

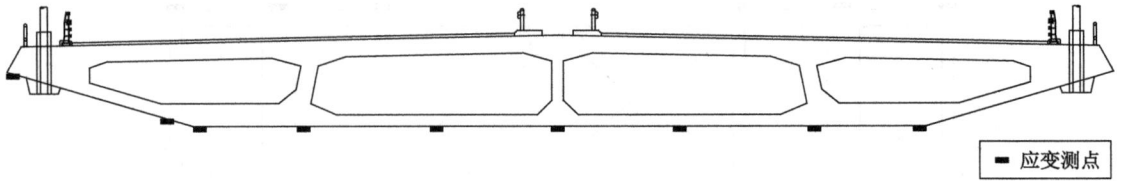

■ 应变测点

图 2-79　混凝土箱梁(斜拉桥)箱外应变测点布置

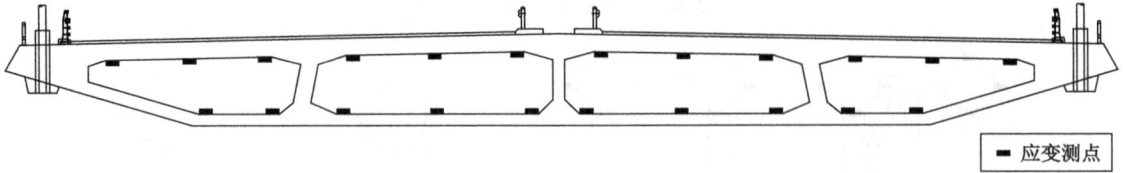

■ 应变测点

图 2-80　混凝土箱梁(斜拉桥)箱内应变测点布置

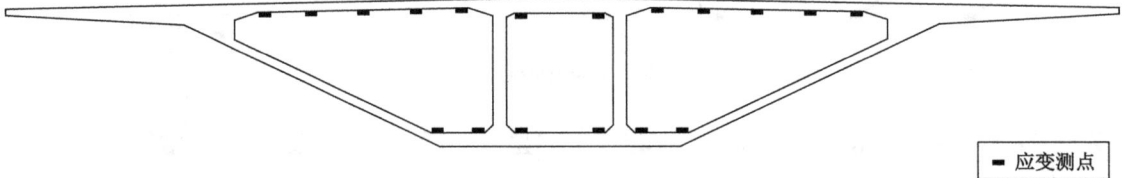

■ 应变测点

图 2-81　混凝土箱梁(单索面斜拉桥)箱内应变测点布置

钢箱梁顶板宜多布 U 肋测点兼顾顶板,底板多布板,兼顾 U 肋。顶板体系受局部轮载影响较大,载位布置应尽量远离测试断面,多考虑第一体系受力。如图 2-82 ~ 图 2-86 所示。

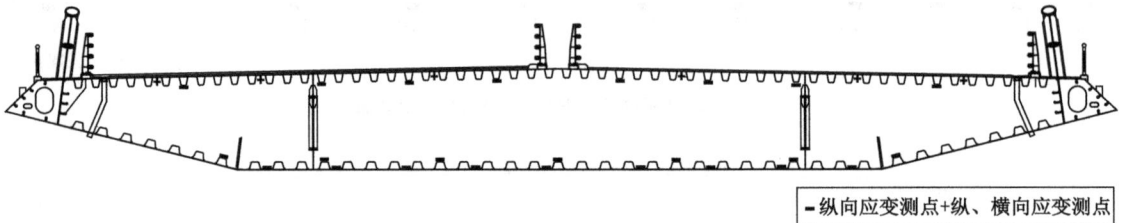

■纵向应变测点+纵、横向应变测点

图 2-82　钢箱梁(斜拉桥、悬索桥)箱内应变测点布置

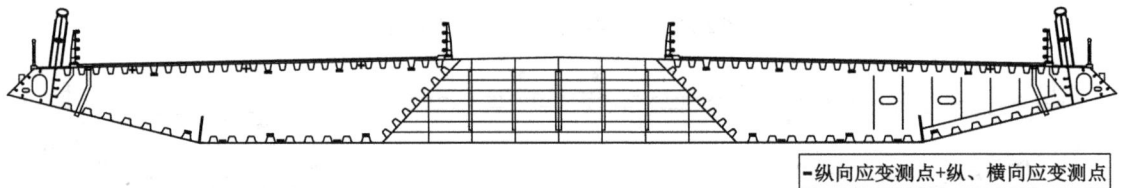

■纵向应变测点+纵、横向应变测点

图 2-83　双主梁钢箱(斜拉桥、悬索桥)箱内应变测点布置

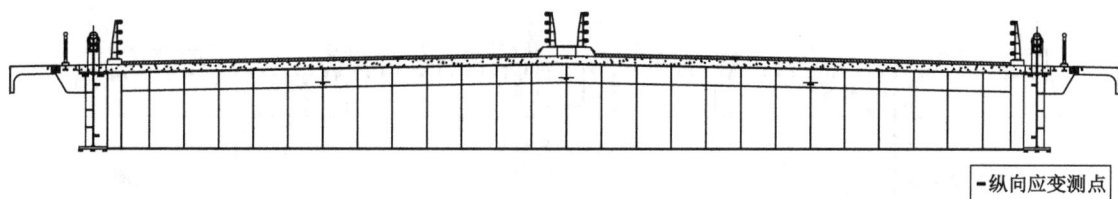

－纵向应变测点

图 2-84　钢板梁(斜拉桥)应变测点布置

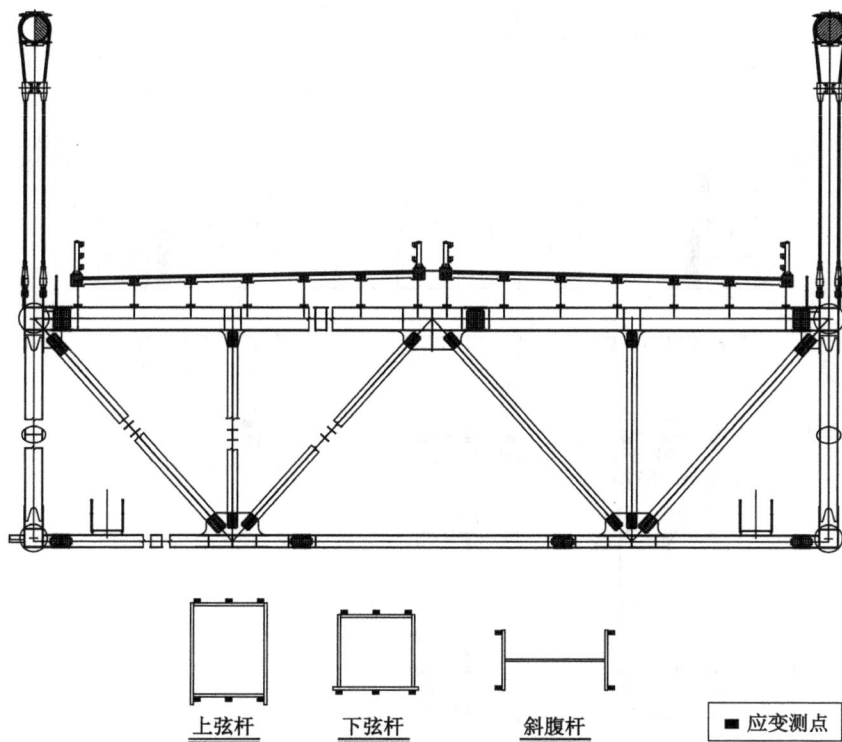

上弦杆　　　下弦杆　　　斜腹杆　　　■ 应变测点

图 2-85　钢桁梁(悬索桥)应变测点布置

《规程》中提到,位移测点布置应遵循下列原则:

(1)位移测点的测值应能反映结构的最大变位及其变化规律。

(2)主梁竖向位移的纵桥向测点宜布置在各工况荷载作用下挠度曲线的峰值位置。

(3)竖向位移测点的横向布置应充分反映桥梁横向挠度分布特征,对整体式截面不宜少于 3 个,对多梁式(分离式)截面宜逐片梁布置。

根据笔者工作经验,一般桥梁结构具备在梁底布置挠度测点条件必须在梁底可以搭设落地脚手架或者采用类似 IBIS 雷达、激光测振仪等非接触式设备。因此大部分桥梁目前测试挠度还是多放在桥面上测试。常用的测试方法就是利用水准仪、静力水准仪等。常见截面挠度测点布置如表 2-5 所示。

图 2-86　板桁组合钢桁梁(斜拉桥)应变测点布置

注:桥面板上布设纵向应变测点与十字应变测点;■表示纵向应变测点;Γ表示十字应变测点;上弦杆、中纵梁、下弦
杆应变测点如图所示。

常见截面挠度测点布置　　　　　　　　　　　　　　　　　表 2-5

主要截面类型	变形测点布置示意	备注
整体式空心板	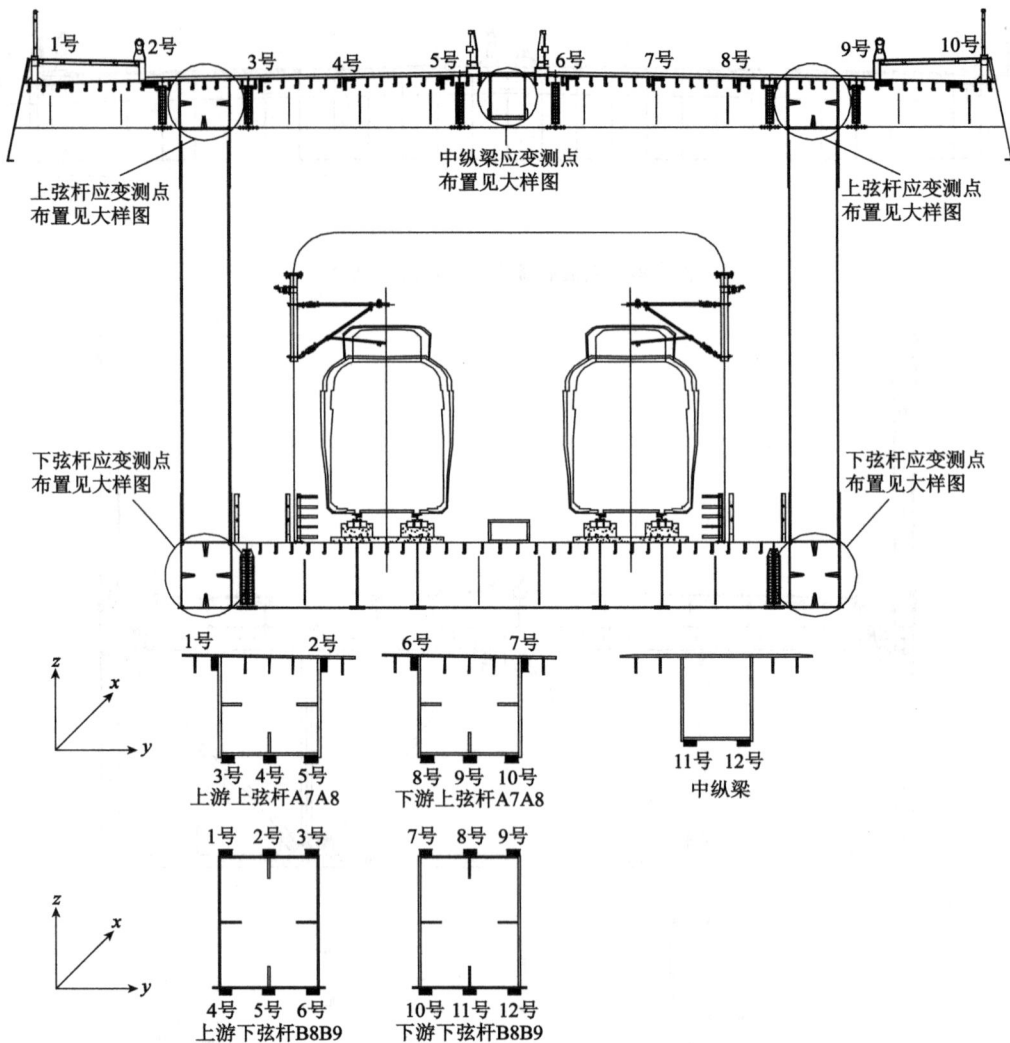	整体式断面不少于 3 个点

主要截面类型	变形测点布置示意	备注
T梁		装配式结构每片梁均布设
小箱梁		装配式结构每片梁均布设
空心板		装配式结构每片梁均布设
箱梁		整体式断面不少于3个点
箱梁		整体式断面不少于3个点
钢箱梁		整体式断面不少于3个点
分体式钢箱梁		每个分体钢箱不少于2个
π形梁		整体式断面不少于3个点

多梁式结构最好每片梁均测试挠度,便于了解荷载横向分布情况,与设计横向分布系数对比,并可根据实际情况对理论值进行修正。

2.5.3 常见桥梁自振特性测试截面

一般情况下,振型测试截面位置及数量根据所需测试振型的波峰和波谷的数量来确定。比如简支梁竖向一阶振型只有一个波峰(谷),那么布设 3 个截面即可满足振型拟合要求,截面数量多多益善。比如某主梁前 n 阶竖向振型,共存在 m 个波峰(谷),建议布设至少 $2m+1$ 个截面,可满足振型拟合要求。振型节点上不可布设测试截面。

(1)对于简支梁桥,一般选择跨中截面作为测试截面用于测试自振频率与阻尼比(图 2-87)。如需测试一阶竖向振型,建议在四分点布设拾振器;如需测试扭转振型,则在上下游的四分点均布设拾振器;如只需测试竖向一阶振型,在四分点中轴线上布设拾振器即可。

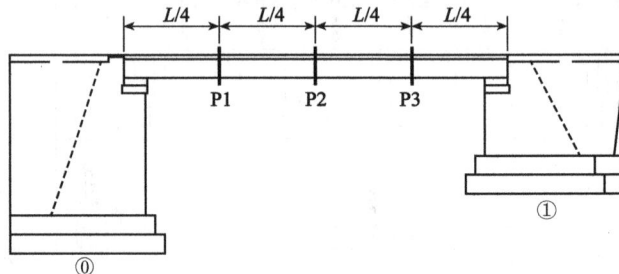

图 2-87 简支梁振型测试截面

(2)对于连续刚构桥,一般选择边跨正弯截面、中跨跨中截面作为测试截面用于测试自振频率与阻尼比(图 2-88)。如需测试竖向三阶竖向振型,建议在边跨四分点、中跨八分点截面布设拾振器;如需测试扭转振型则在上下游均布设拾振器;如只需测试竖向振型在中轴线上布设拾振器即可。如传感器数量有限需分组测量,可将 $3L/8$ 截面作为参考点。

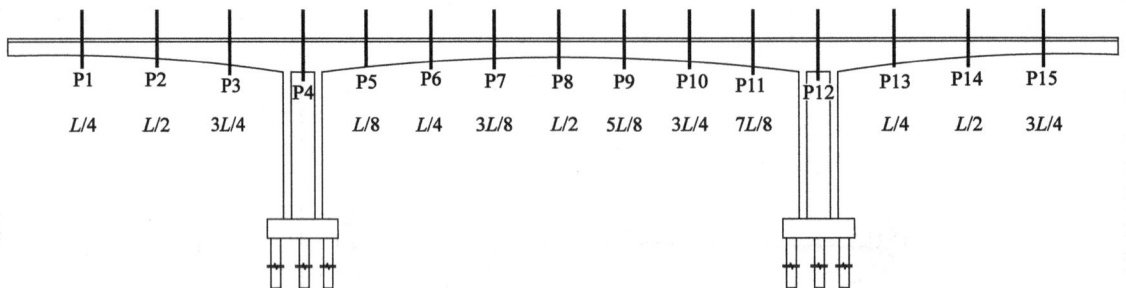

图 2-88 连续刚构振型测试截面

(3)对于拱桥,一般选择 $L/4$ 截面作为测试截面用于测试自振频率与阻尼比(图 2-89)。如需测试竖向三阶竖向振型,一般情况下可在主拱圈八分点截面布设拾振器。考虑到可操作性,建议在相应位置立柱对应的桥面上布设拾振器。如需测试扭转振型则在上下游均布设拾振器;如只需测试竖向振型在中轴线上布设拾振器即可。如传感器数量有限需分组测量,可将 $3L/8$ 截面作为参考点。

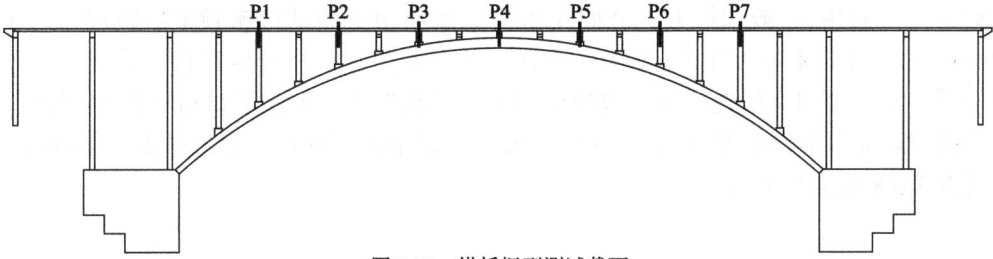

图 2-89　拱桥振型测试截面

（4）对于斜拉桥，一般选择边跨正弯截面、中跨跨中截面作为测试截面用于测试自振频率与阻尼比（图 2-90～图 2-92）。如需测试竖向三阶竖向振型，建议在边跨四分点、中跨八分点截面布设拾振器；如需测试扭转振型，则在上下游均布设拾振器；如只需测试竖向振型，在中轴线上布设拾振器即可。如传感器数量有限需分组测量，可将 $3L/8$ 截面作为参考点。

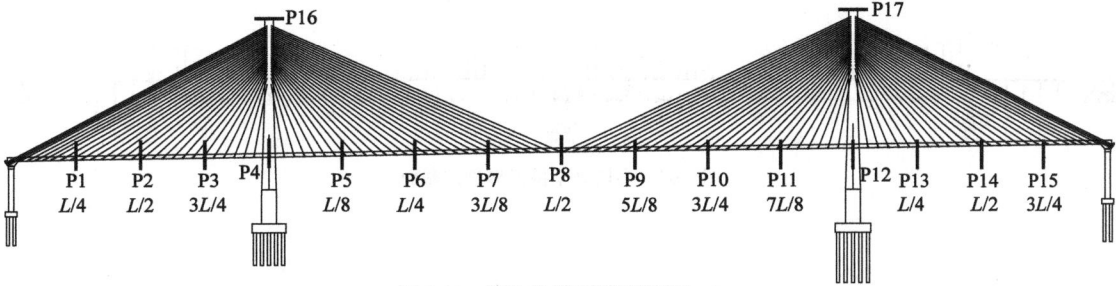

图 2-90　斜拉桥振型测试截面（一）

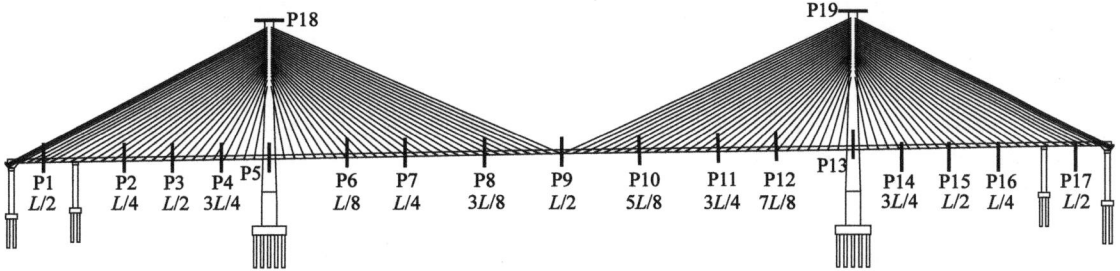

图 2-91　斜拉桥振型测试截面（二）

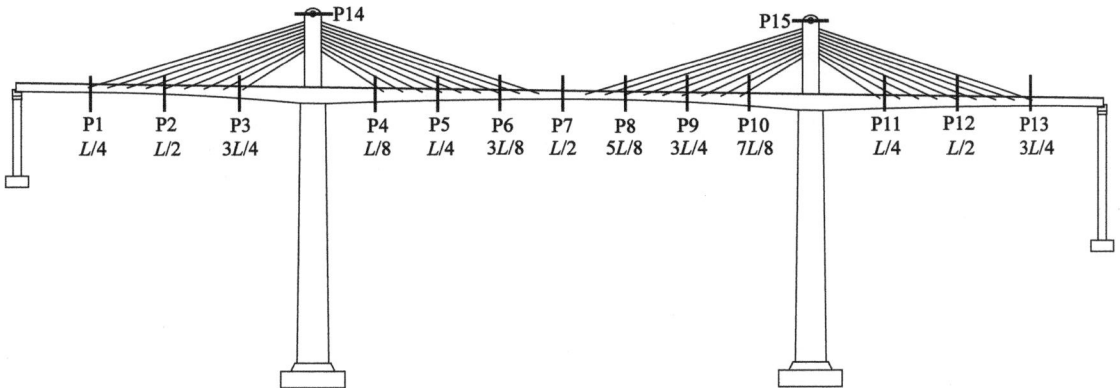

图 2-92　矮塔斜拉桥振型测试截面

（5）对于悬索桥，一般选择 $L/4$ 截面作为测试截面用于测试自振频率与阻尼比（图2-93、图2-94）。如需测试竖向三阶竖向振型，一般情况下可在主缆八分点截面布设拾振器。考虑到可操作性，建议在相应位置吊杆对应的桥面上布设拾振器。如需测试扭转振型，则在上下游均布设拾振器；如只需测试竖向振型，在中轴线上布设拾振器即可。如传感器数量有限需分组测量，可将 $3L/8$ 截面作为参考点。

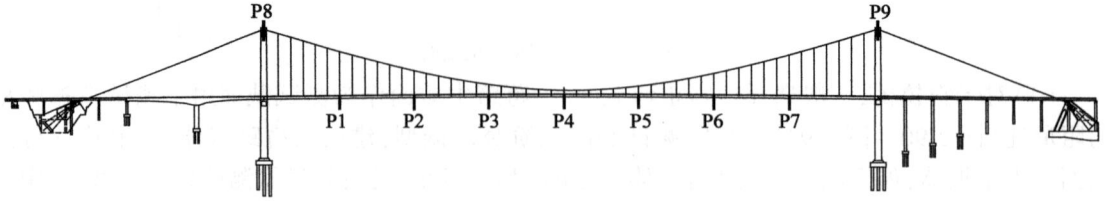

图2-93　悬索桥振型测试截面

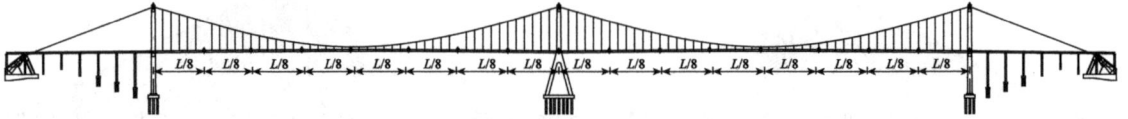

图2-94　多塔悬索桥振型测试截面

第3章 荷载试验流程

<<<

3.1 试验准备阶段工作

《规程》中提到试验准备阶段工作应包括：

(1)资料准备。应收集下列资料：

①设计资料：设计图纸、变更设计图纸和作为设计依据的其他原始资料。

②施工和监理资料：材料性能试验报告、各分项或分部工程验收报告等。

③施工监控资料：施工监控报告、成桥线形、内力(应力)、索力(杆力)等。

④竣工资料：竣工图纸、工程验收报告等。

(2)现场调查。主要调查桥梁结构的总体尺寸、主要构件截面尺寸、主要部位的高程、桥面平整度、支座工作状况、材料的物理力学性能、结构物的裂缝、缺陷、损伤和钢筋锈蚀状况等。

(3)测试孔选择。荷载试验联(座)选择按本规程第3.1.2~3.1.3条执行。对拟试验桥联(座)进行现场踏勘和外观检查,选择代表性桥孔作为测试孔。

(4)方案编制。根据试验控制荷载作用下的结构内力、变位及结构基频等的理论计算结果,并结合测试内容,按等效原则拟定试验荷载大小、试验工况、加载位置及方法,制订试验加载、测点布设及测试方案等。

3.1.1 资料准备

资料准备工作一般通过走访建设单位、管理单位及设计单位等完成。

首先,询问建设单位试验性质,试验是属于新建桥梁交工,旧桥鉴定,还是灾后试验;桥梁在运营养护中出现了什么问题,建设单位想要达到什么样的目的,等等。

其次,收集与桥梁荷载试验相关的技术资料,比如设计施工图纸(含变更)、竣工图纸、施工过程检测资料、施工记录资料、监理记录资料、管养维护记录资料、定期检测监测资料、荷载试验资料。资料准备阶段收集详细的资料主要是为了建立接近实际工作状况的数值模型。

最后,与建设单位沟通,寻求工作支持:交通是否需要管控,导改或管控需要办理哪些手续,具体对接哪个交通管理部门,有无熟悉的加载车联系方式,桥址附近哪个位置食宿方便等。

3.1.2 现场调查

现场调查至关重要,不能因为资料收集齐全就忽视现场调查,有时候收集的资料不一定能完全反映现场情况。

(1)对于无图纸的桥梁,需现场测试线形尺寸等几何数据、材料特性数据等;

(2)对于有图纸的桥梁,现场查看有无加固改造等;

(3)查看桥梁状态:交通量、目测可及部位病害、目测周边环境等;

(4)明确工作平台:选用支架、桥检车或吊车,支架采取落地支架、移动脚手架还是吊架;桥检车选用桁架式还是臂架式;

(5)现场影像资料:平立面照、构造复杂部位局部照片,便于计算人员直观了解现场情况;

(6)询问当地群众:进一步了解核实桥梁情况;

(7)了解食宿位置:方便检测人员开展相关工作。

实例一:如图 3-1 所示,该桥图纸资料完整,经现场调查该桥无加固改造痕迹;桥下水浅,检测人员穿水靴即可在桥下工作;可采用移动脚手架;挠度可采用机电式百分表进行测试;交通可导改至辅道。

图 3-1 某矮塔斜拉桥现场调查

桥梁截面表面如果碳化,最好在建模的时扣除相应的截面尺寸;如果旧桥的线形发生变化,特别是圬工拱桥,对结构的内力影响较大,需要按照实测几何及材料特性来建模计算。

实例二:如图 3-2 所示,该桥有设计图纸,但现场调查发现拱圈线形发生了明显的变化,必须用全站仪测试主拱圈的拱轴线形、实测几何尺寸、实测材料特性来建模计算。

图 3-2　圬工拱桥跨中下挠严重,拱轴线发生变化

实例三:如图 3-3 所示,该桥有设计图纸,但现场调查发现桥面上方加铺了铺装层,桥梁高程发生变化,需要考虑新增的恒载部分对结构受力的影响。

图 3-3　加铺混凝土桥面,二期恒载发生变化

实例四:如图 3-4 所示,某水电站库区路桥梁以拱桥为主。水电站建成投入使用,导致库区桥梁部分被淹没。所有拱桥无设计图纸等资料,拱轴线形无法测全。如何通过实测部分拱轴线形来推定全部拱轴线形的问题值得思考。只有推定出全部拱轴线形才能做计算分析,结构检算和荷载试验。

图 3-4　某拱桥立面布置图

如何根据部分实测线形来推定全部线形呢? 采取先易后难的步骤,先推定跨径,再推定矢高与拱轴系数。

(1)跨径推定

一般情况下,桥台前墙或者桥台前墙与桥墩前墙之间的距离 L 可以确定,净跨径 $L_0 = L - X_1 - X_2$。X_1 与 X_2 可以结合主拱圈厚度和标准图等大致确定。一般情况下 L_0 为整数。总体来讲跨径相对比较容易确定(图 3-5)。

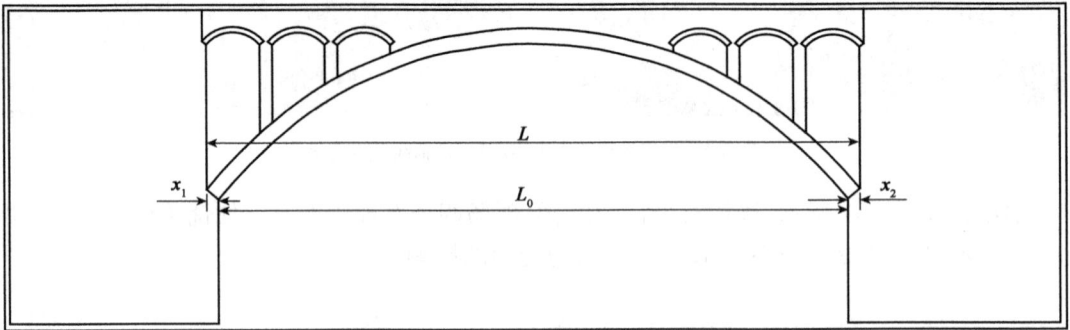

图 3-5 跨径确定

(2)矢高与拱轴系数推定

如图 3-6 ~ 图 3-9 所示,参考标准图绘制净跨径为 40m 的变矢高与对应拱轴系数、定矢高与变拱轴系数、变矢高与定拱轴系数的拱轴线形图。矢跨比为常见的 1/3、1/4、1/5、1/6。

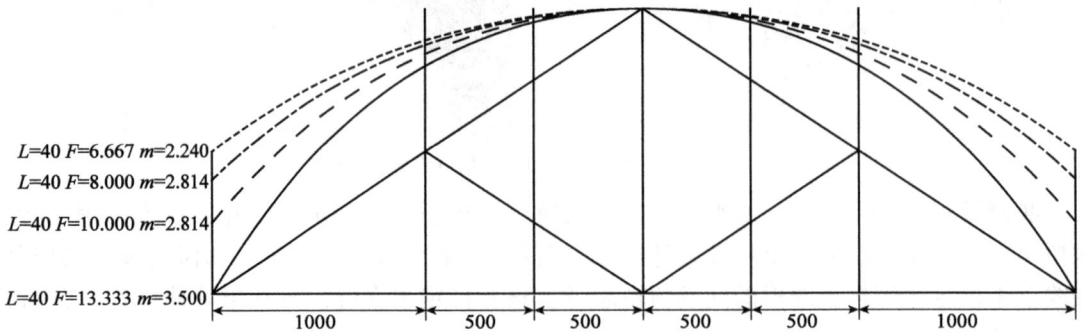

$L=40 \ F=6.667 \ m=2.240$
$L=40 \ F=8.000 \ m=2.814$
$L=40 \ F=10.000 \ m=2.814$
$L=40 \ F=13.333 \ m=3.500$

图 3-6 参考标准图不同矢高与对应拱轴系数(尺寸单位:cm)

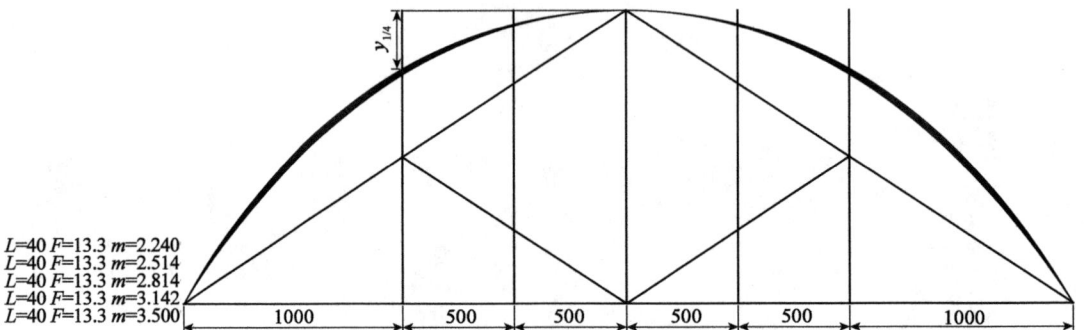

$L=40 \ F=13.3 \ m=2.240$
$L=40 \ F=13.3 \ m=2.514$
$L=40 \ F=13.3 \ m=2.814$
$L=40 \ F=13.3 \ m=3.142$
$L=40 \ F=13.3 \ m=3.500$

图 3-7 参考标准图定矢高与变拱轴系数(尺寸单位:cm)

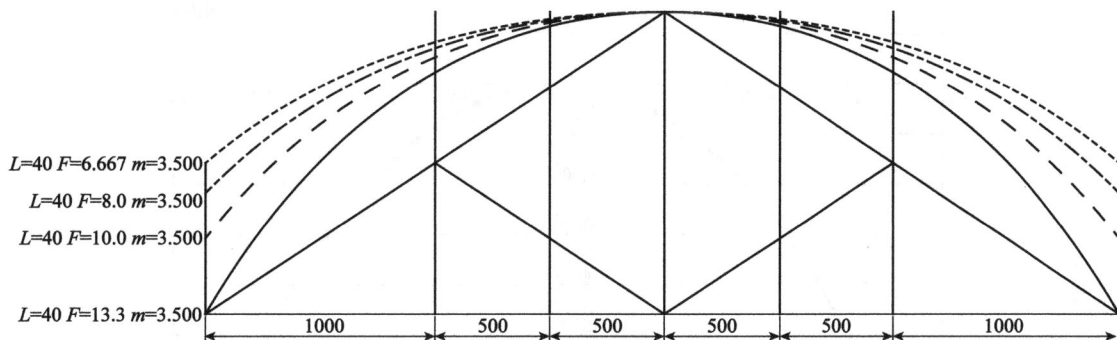

图 3-8 参考标准图变矢高与定拱轴系数(尺寸单位:cm)

L=40 F=6.667 m=3.500
L=40 F=8.0 m=3.500
L=40 F=10.0 m=3.500
L=40 F=13.3 m=3.500

1000 500 500 500 500 1000

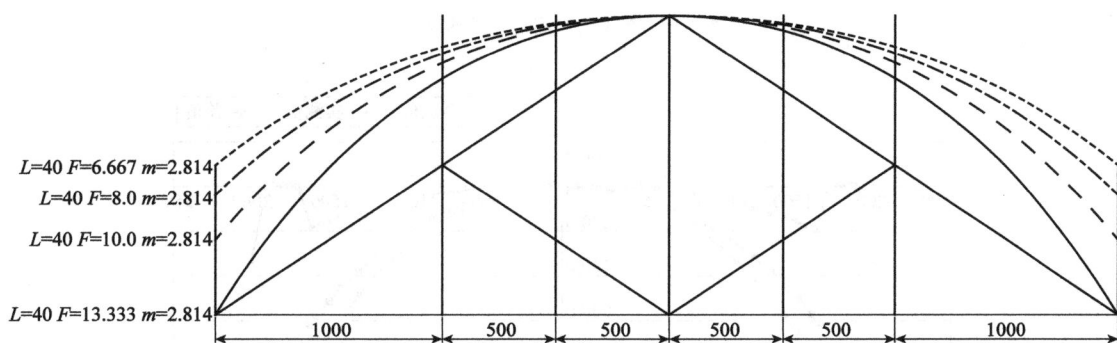

L=40 F=6.667 m=2.814
L=40 F=8.0 m=2.814
L=40 F=10.0 m=2.814
L=40 F=13.333 m=2.814

1000 500 500 500 500 1000

图 3-9 参考标准图变矢高与定拱轴系数(尺寸单位:cm)

通过以上对比可以得出以下结论:

①拱轴系数越大,$y_{1/4}/f$ 比值越小。即拱轴系数越大,$L/4$、$3L/4$ 处越往上拱。

②不同矢高与拱轴系数情况下,$L/4 \sim 3L/4$ 区段的拱轴线形还是存在明显差异。故而条件许可情况下尽可能多测拱轴线形,如能测到 $L/4 \sim 3L/4$ 区段的拱轴线形最好,便于比较分析与推定。

③不同矢高与拱轴系数情况下,部分区段的拱轴线形还是存在差异。也就是说实测部分拱轴线形中也包含矢高和拱轴系数信息。只要跨径确定,可以通过实测部分拱轴线来推定矢高和拱轴系数。

④矢高相对拱轴系数对拱轴线的影响更大。根据实测部分拱轴线推定全部拱轴线时可先推定矢高,使实测部分拱轴线与推测线形基本吻合。在此基础上变化拱轴系数,使实测部分拱轴线与推测线形更吻合,不断试算找到合适的拱轴系数。

(3)矢高与拱轴系数推定实例

如图 3-10 所示,该桥第 1 跨净跨径确定为 40m,以拱顶为原点实测部分拱圈线形。现需要根据实测部分线形推定全部拱圈线形。即需要确定矢高和拱轴系数。

如前所述,先推定矢高,参考标准图上常见的矢跨比 1/3、1/4、1/5、1/6,则相应的矢高分别为 13.333m、10m、8m、6.667m。参考标准图当矢跨比为 1/3 时,对应的拱轴系数 $m = 3.5$,绘制实测部分拱轴线形、推定的全部拱轴线形以及两者之间的差值如图 3-11 所示。

59

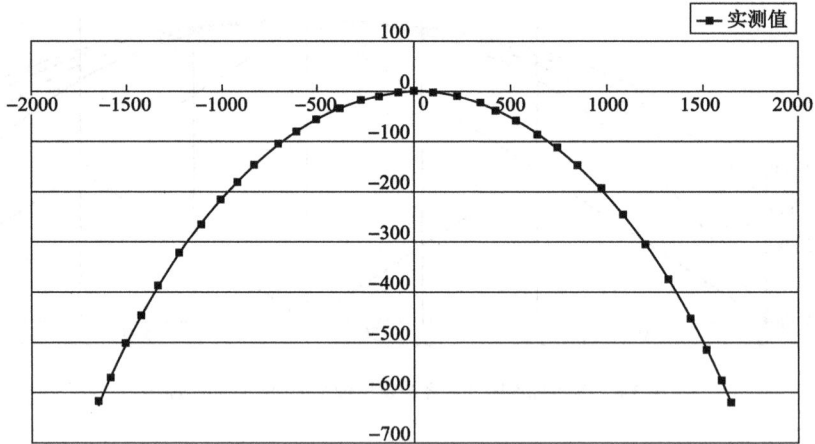

图 3-10　第 1 跨实测部分拱轴线形

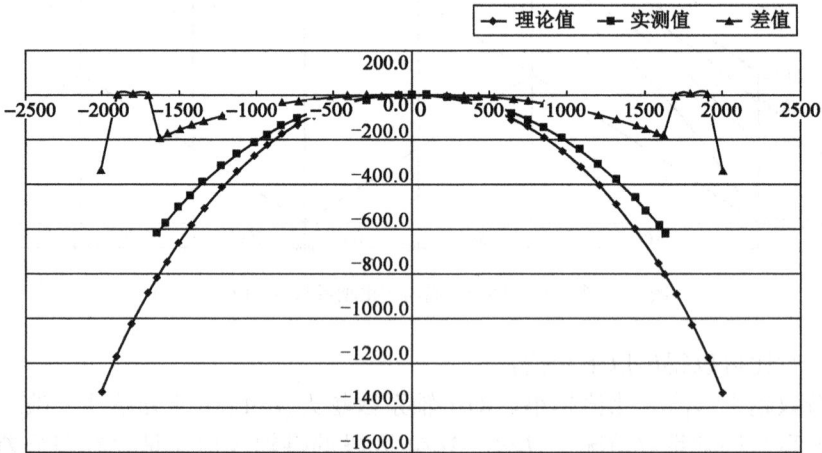

图 3-11　第 1 跨实测部分拱轴线形及推定线形($f = 13.3\mathrm{m}, m = 3.5$)

从图 3-11 中可以看出,两者差异很大,需进一步推定矢高。参考标准图假定矢跨比为 1/4 时,拱轴系数 $m = 3.5$ 保持不变,绘制实测的部分拱轴线形、推定的全部拱轴线形以及两者之间的差值如图 3-12 所示。

从图 3-12 中可以看出,两者差异很小,可进一步推定矢高,了解矢高更小的情形。参考标准图假定矢跨比为 1/5 时,拱轴系数 $m = 3.5$ 保持不变,绘制实测的部分拱轴线形、推定的全部拱轴线形以及两者之间的差值如图 3-13 所示。

从图 3-13 中可以看出,两者差异很大。结合图 3-11 ～ 图 3-13 的情况综合判断,矢高可推定为 10m。以下再确定拱轴系数。

如图 3-12 所示,当拱轴系数 $m = 3.5$ 时,$L/4$ 与 $3L/4$ 处的实测高程值比推定值小。即说明推定的拱轴系数偏大。假定拱轴系数 $m = 3.142$ 时,绘制实测的部分拱轴线形、推定的全部拱轴线形以及两者之间的差值如图 3-14 所示。

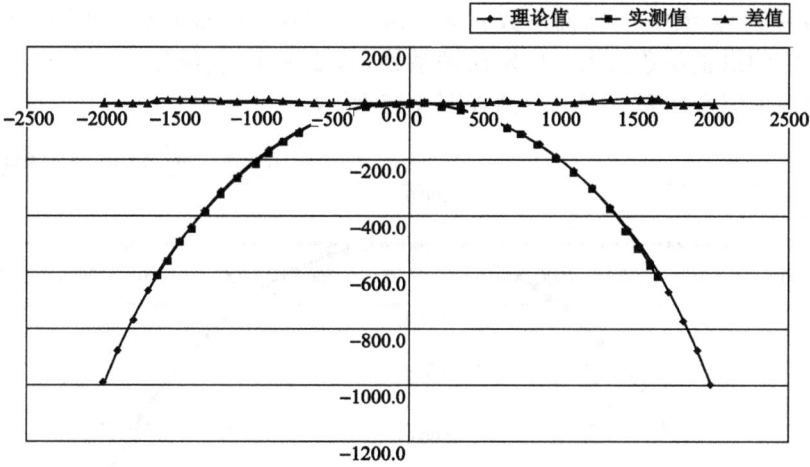

图 3-12 第 1 跨实测部分拱轴线形及推定线形($f = 10.0\text{m}, m = 3.5$)

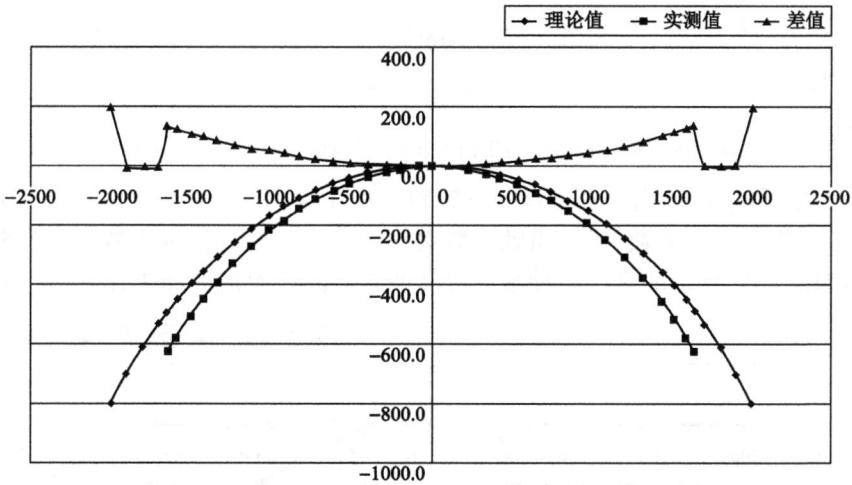

图 3-13 第 1 跨实测部分拱轴线形及推定线形($f = 8.0\text{m}, m = 3.5$)

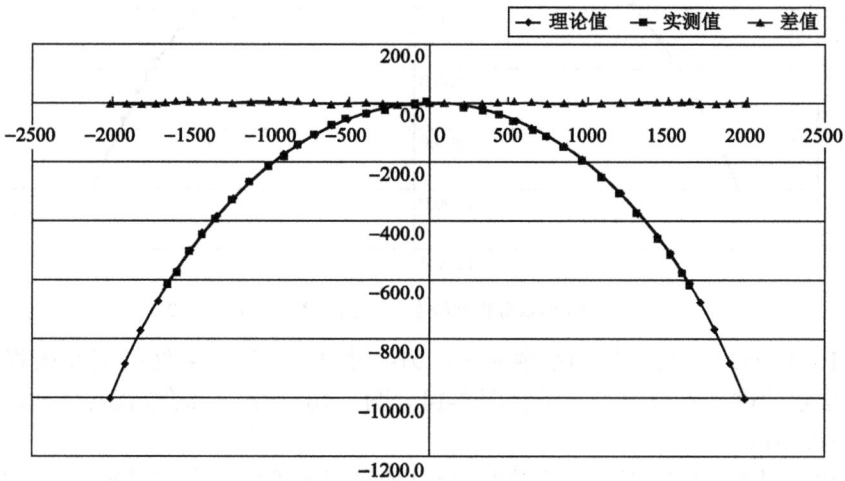

图 3-14 第 1 跨实测部分拱轴线形及推定线形($f = 10\text{m}, m = 3.142$)

从图 3-14 中可以看出,当拱轴系数 $m = 3.142$ 时,$L/4$ 与 $3L/4$ 处的实测高程值比推定值小。即说明推定的拱轴系数偏大。假定拱轴系数 $m = 2.814$ 时,绘制实测的部分拱轴线形、推定的全部拱轴线形以及两者之间的差值如图 3-15 所示。

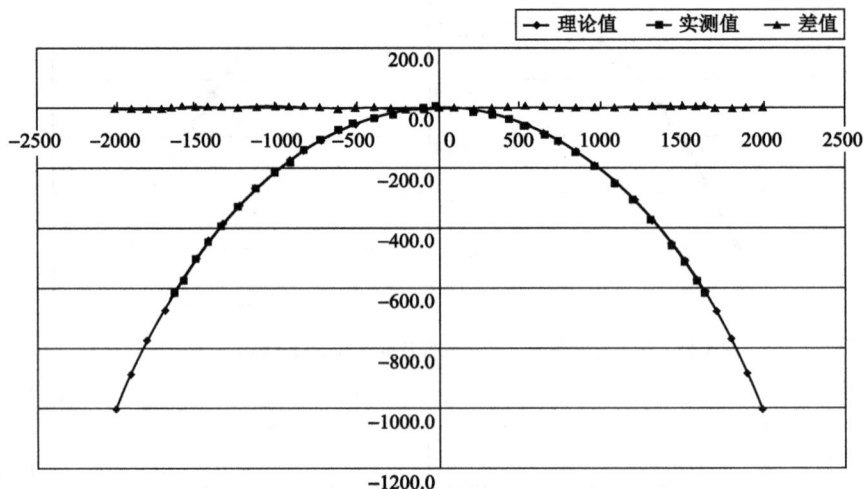

图 3-15　第 1 跨实测部分拱轴线形及推定线形$(f = 10\text{m}, m = 2.814)$

从图 3-15 中可以看出,当拱轴系数 $m = 2.814$ 时,$L/4$ 与 $3L/4$ 处的实测高程值与推定值相当。可进一步推定拱轴系数,了解拱轴系数更小的情形。假定拱轴系数 $m = 2.514$ 时,绘制实测的部分拱轴线形、推定的全部拱轴线形以及两者之间的差值如图 3-16 所示。

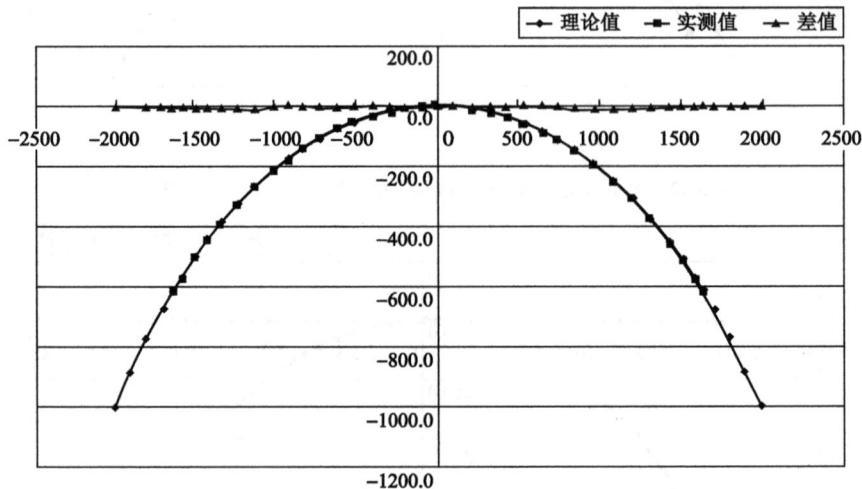

图 3-16　第 1 跨实测部分拱轴线形及推定线形$(f = 10\text{m}, m = 2.514)$

从图 3-16 中可以看出,当拱轴系数 $m = 2.514$ 时,$L/4$ 与 $3L/4$ 处的实测高程值比推定值大。即说明推定的拱轴系数偏小。结合图 3-14 ~ 图 3-16 的情况综合判断,可推定比较合适的拱轴系数 $m = 2.814$。

在跨径相对明确的情况下,通过实测部分拱轴线形可推定矢高和拱轴系数,进而还原全部拱轴线,便于计算分析。任何方法都有利弊,假设淹没在水中的拱轴线发生较大变形,这种推定方法就望而却步了。不过在这种情况下使用该方法好过无米之炊。

实例五:某拱桥两侧居民住房较多,跨越公路与铁路。桥梁两侧面遮挡物较多,采用传统方法测量,不但不能通视常遗漏测点,而且需要转站效率低。

我们知道全站仪是可以测量距离与角度的,而且物镜可以旋转360°,提手固定螺旋是很方便就能卸下来的,如图3-17所示。而尽管桥梁两侧遮挡物较多,但是桥跨正下方是不容许修造建筑物的。那么可以将全站仪置于主拱圈正下方,卸下提手固定螺旋,整平仪器的圆水准和管水准,拧紧全站仪水平制动螺旋,先瞄准某岸拱脚正中位置,然后旋转物镜瞄准对岸拱脚附近位置,检查是否瞄准对岸拱脚正中位置。如果偏离调整全站仪位置,一般情况下松开底座螺旋稍微移动然后拧紧底座螺旋即可。当全站仪及两岸拱脚处于相同的竖直平面内时,仪器就算是完全调整好。此时即可对准某岸拱脚开始坐标测量,以适当角度旋转物镜进行拱圈下缘坐标测量,直至测量到对岸拱脚为止。

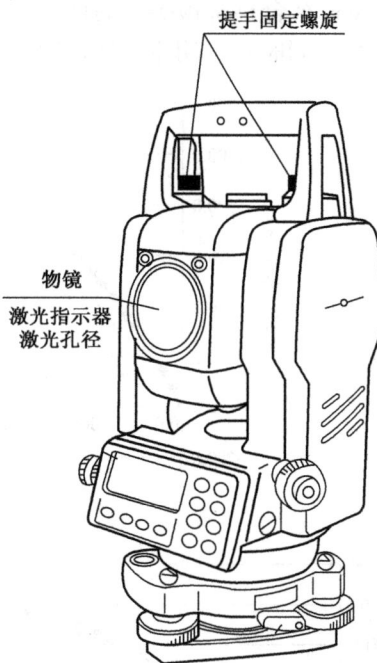

图3-17 全站仪

采用新方法就能迅速准确地得到拱圈的线形结果,大大地提高了效率,并保证了测量精度。但是值得注意的是,在采用本方法测量完后处理数据时需要注意坐标系的反向问题。当从全站仪旋转到竖直角为零时开始,后面所测点与前面所测点的坐标系是沿原点对称的,即坐标系反向。为了方便处理数据,在用excel处理数据时可以设置条件公式,当第 $n+1$ 点的纵向相对距离小于第 n 点的纵向距离时,$n+1$ 点的坐标数据反向。如不注意坐标系方向问题就可得到图3-18所示拱圈线形,反之即可得到正确的拱圈线形,如图3-19所示。

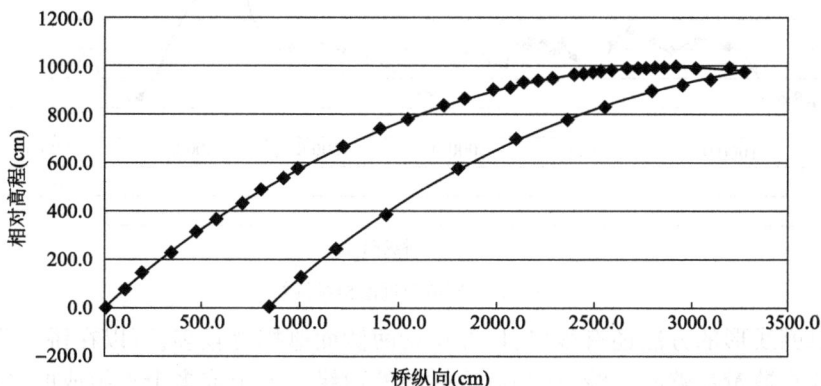

图3-18 不注意坐标系方向问题所得拱圈线形

根据实测所得线形纵向坐标,结合本桥的拱轴系数及矢跨比可求得与实测数据相对应的各点的相对高程值,如图3-20所示。将实测值与理论值进行对比可得如图3-21所示相对偏差,从图中可以看出本桥主拱圈大部分点为正偏差。考虑到在施工时本桥跨中的预拱度取值为12cm,结合拱桥预拱度的计算方法可以看出本桥拱圈服役期间未见明显下挠现象,工作状态良好。同时也说明本方法的可操作性和可靠性。

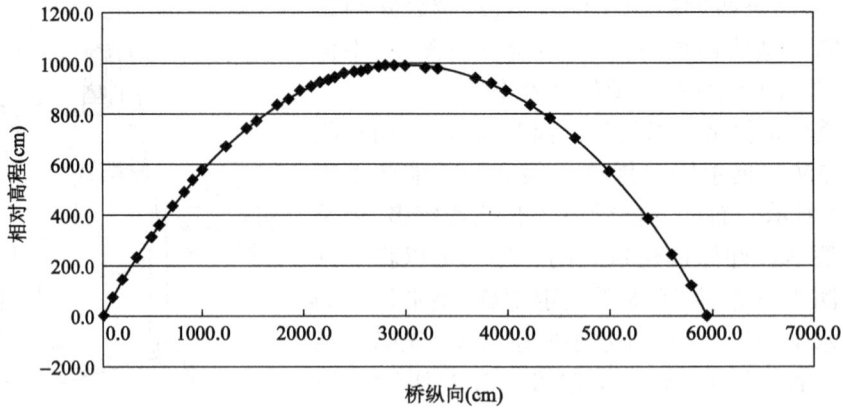

图 3-19 修正坐标系方向后所得拱圈线形

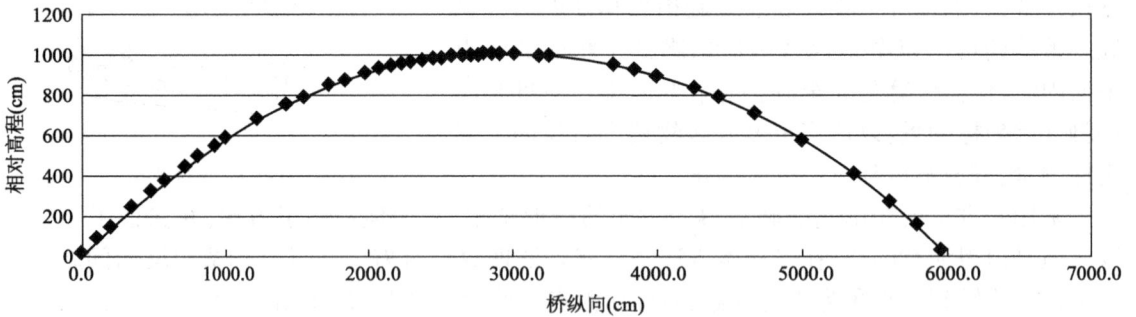

图 3-20 理论拱圈线形

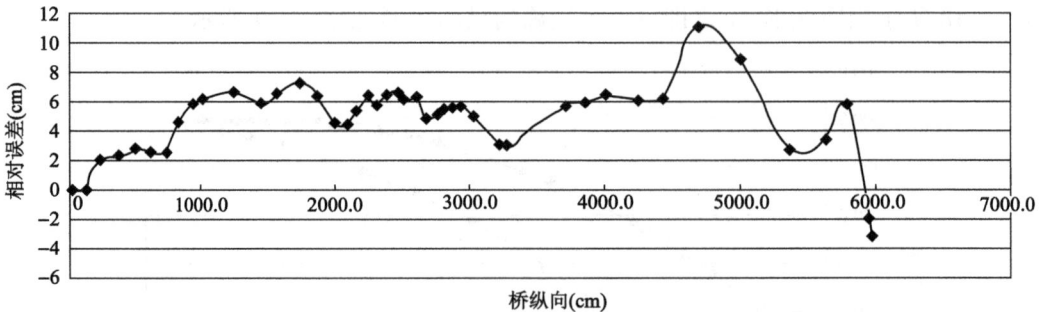

图 3-21 实测与理论相对偏差

测试主拱圈线形的方法还有很多,比如桥梁两侧面遮挡物较多,可以在桥下测量从拱脚到对岸拱脚的任意数量足够的曲线,在测试主拱圈外边缘的三个或多个点组成的平面,将以上曲线投影到平面上也可以得到主拱圈线形。

现场调查中重要的一环就是测试孔选择。测试孔选择建议结合结构受力特性、操作便捷性和病害位置等因素综合考虑。当碰到损伤缺陷突出的桥跨不是受力最不利的情况时,建议受力最不利桥跨,病害严重且受力较大的桥跨均进行荷载试验。当建设单位有特殊要求时,建议结合建设单位建议、结构受力特性和操作便捷性来综合考虑。

3.1.3 计算分析与方案编制

计算分析:测试孔选择之后,方案编制之前应进行详细的计算分析。计算分析必须要客观、科学,逼近真实情况。对于新桥可以根据施工图、施工监控结果建立有限元分析模型。对于旧桥的计算分析,务必要慎重。就算是有施工图纸资料,也需要根据现场调查和现场测试结果来建模。线形、恒载、边界条件、材料特性发生变化的,务必要考虑实际情况。对于加固改造的桥梁计算分析,要分清楚情况。对于加宽桥,中间有伸缩缝或只是桥面连续的,新旧桥需分开计算;对于增大截面加固的桥梁,目前只能按照变形协调的组合截面来计算;对于粘贴钢板等加固的桥梁,截面刚度最好将钢板等换算进去。

方案编制:方案编制的要求就是必须要涵盖报告中除了结果数据以外的所有内容,包括工程概况,检测依据,检测人员与设备,检测内容,静载测试截面及测点布置、测试工况、相应的计算值,动载测试截面及测点布置、测试工况、相应的计算值。

计算分析完成后最好在 excel 中列出各个工况分级荷载下加载值、加载效率、应变和挠度计算值,绘制好图表;然后在 CAD 中绘制加载车分级加载的平面布置图,最后结合设计说明在 word 中完成各要素的编写与组织。常见桥梁的测试截面、测点布置和加载车平面布置最好收集在一起,便于快速编制方案。

3.1.3.1 试验工况及测试截面

计算分析和方案编制中重要的工作就是测试截面及试验工况的确定。

桥梁静载试验应按照桥梁结构的最不利受力原则和代表性原则确定试验工况及测试截面。测试截面选择时,通常根据桥梁结构的内力包络图,按照最不利受力原则选定试验控制截面。但特殊情况下还要根据应力包络图、位移包络图等,按照最不利(或较不利)原则来选定控制截面。

务必明确各种结构形式的主要受力类型和传力路径:

梁桥以受弯为主,桁架结构的杆件以受轴力为主,其整体截面受弯的表现形式是上下弦杆的拉压形成的。明白了结构的传力路径,选择结构的控制截面就相对容易。

梁桥活载通过桥面作用在梁上,梁的荷载再传递给墩台,那么其控制截面就选择正弯矩最大、负弯矩最小和剪力最大的位置就可以了。

下承式拱桥,活载通过桥道系传递给主拱圈,主拱圈再传递给拱座等,那么其控制截面先选择主拱圈正弯矩最大、负弯矩最小的位置,梁式拱上建筑还需要选择桥面板。

悬索桥,活载通过主梁传递给吊杆和塔,吊杆传递给主缆,主缆传递给主塔和锚碇,那么其控制截面先选择主缆拉力、挠度和位移比较大的位置,主塔塔顶和塔脚,再选主梁的弯矩和挠度比较大的位置。

等截面梁桥,可直接根据内力最不利来选择控制截面,但是对于变截面的梁桥宜综合内力最不利、应力最不利,同时考虑位移最不利来选择控制截面。可参考文章《基于内力控制兼顾应力挠度控制的荷载试验布载方法分析》中的实例。

对于斜拉桥、悬索桥,主梁、主塔、拉索、主缆、吊杆均为主要受力构件,其控制截面的选择应根据内力、应力、位移等结构响应最不利(或较不利)原则来选取。故对于斜拉桥、悬索桥,応力局部指标和位移整体指标均应考虑。不仅要选择主梁(含桥面板局部)、主塔内力最不利(或较不利)的截面测试应力,还要选择主梁、主缆挠度最不利(或较不利)截面测试挠度,选择塔顶截面测试偏位,梁端测试纵向位移,拉索、主缆、吊杆最不利(或较不利)截面测试索力等。

常见桥梁静载试验工况及测试截面宜按表3-1确定。其中,主要工况为必做工况,附加工况可视具体情况确定。测试最大正弯矩产生的应变时,宜同时测试该截面的位移。

根据测试截面选择原则,建议斜拉桥和悬索桥静载试验工况及测试截面如表3-2所示。

常见桥梁静载试验工况及测试截面　　　　　　　　表3-1

桥型	试验工况		测试截面
简支梁桥	主要工况	跨中截面主梁最大正弯矩工况	跨中截面
	附加工况	1.L/4截面主梁最大正弯矩工况; 2.支点附近主梁最大剪力工况	1.L/4截面; 2.梁底距支点h/2截面内侧向上45度斜线与截面形心线相交位置
连续梁桥	主要工况	1.主跨支点位置最大负弯矩工况; 2.主跨跨中截面最大正弯矩工况; 3.边跨主梁最大正弯矩工况	1.主跨(中)支点截面; 2.主跨最大弯矩截面; 3.边跨最大弯矩截面
	附加工况	主跨(中)支点附近主梁最大剪力工况	计算确定具体截面位置
悬臂梁桥	主要工况	1.墩顶支点截面最大负弯矩工况; 2.锚固孔跨中最大正弯矩工况	1.墩顶支点截面; 2.锚固孔最大正弯矩截面
	附加工况	1.墩顶支点截面最大剪力工况; 2.挂孔跨中最大正弯矩工况; 3.挂孔支点截面最大剪力工况; 4.悬臂端最大挠度工况	1.计算确定具体截面位置; 2.挂孔跨中截面; 3.挂孔梁底距支点h/2截面向上45度斜线与挂孔截面形心线相交位置; 4.悬臂端截面
三铰拱桥	主要工况	1.拱顶最大剪力工况; 2.拱脚最大水平推力工况	1.拱顶两侧1/2梁高截面; 2.拱脚截面
	附加工况	1.L/4截面最大正弯矩和最大负弯矩工况; 2.L/4截面正负挠度绝对值之和最大工况	1.主拱L/4截面; 2.主拱L/4截面及3L/4截面
两铰拱桥	主要工况	1.拱顶最大正弯矩工况; 2.拱脚最大水平推力工况	1.拱顶截面; 2.拱脚截面
	附加工况	1.L/4截面最大正弯矩和最大负弯矩工况; 2.L/4截面正负挠度绝对值之和最大工况	1.主拱L/4截面; 2.主拱L/4截面及3L/4截面
无铰拱桥	主要工况	1.拱顶最大正弯矩及挠度工况; 2.拱脚最大负弯矩工况; 3.系杆拱桥跨中附近吊杆(索)最大拉力工况	1.拱顶截面; 2.拱脚截面; 3.典型吊杆(索)
	附加工况	1.拱脚最大水平推力工况; 2.L/4截面最大正弯矩和最大负弯矩工况; 3.L/4截面正负挠度绝对值之和最大工况	1.拱脚截面; 2.主拱L/4截面; 3.主拱L/4截面及3L/4截面

续上表

桥型	试验工况		测试截面
门式刚架桥	主要工况	1.跨中截面主梁最大正弯矩工况； 2.锚固端最大或最小弯矩工况	1.跨中截面； 2.锚固端梁或立墙截面
	附加工况	锚固端截面最大剪力工况	锚固端梁截面
斜腿刚架桥	主要工况	1.跨中截面主梁最大正弯矩工况； 2.斜腿顶主梁截面最大负弯矩工况	1.中跨最大正弯矩截面； 2.斜腿顶中主梁截面或边主梁截面
	附加工况	1.边跨主梁最大正弯矩工况； 2.斜腿顶最大剪力工况； 3.斜腿脚最大或最小弯矩工况	1.边跨最大正弯矩截面； 2.斜腿顶中或边主梁截面或斜腿顶截面； 3.斜腿脚截面
T形刚构桥	主要工况	1.墩顶截面主梁最大负弯矩工况； 2.挂孔跨中截面主梁最大正弯矩工况	1.墩顶截面； 2.挂孔跨中截面
	附加工况	1.墩顶支点附近主梁最大剪力工况； 2.挂孔支点截面最大剪力工况	1.计算确定具体截面位置； 2.挂孔梁底距支点 h/2 截面向上 45 度斜线与挂孔截面形心线相交位置
连续刚构桥	主要工况	1.主跨墩顶截面主梁最大负弯矩工况； 2.主跨跨中截面主梁最大正弯矩及挠度工况； 3.边跨主梁最大正弯矩及挠度工况	1.主跨墩顶截面； 2.主跨最大正弯矩截面； 3.边跨最大正弯矩截面
	附加工况	1.墩顶截面最大剪力工况； 2.墩顶纵桥向最大水平变形工况	1.计算确定具体截面位置； 2.墩顶截面

斜拉桥和悬索桥静载试验工况及测试截面　　　　表 3-2

桥型	试验工况		测试截面
斜拉桥	主要工况	1.主梁最大挠度工况； 2.主梁最大正负弯矩工况； 3.主塔塔顶纵桥向最大水平变形与塔脚截面最大弯矩工况； 4.拉索最大拉力增量工况	1.主梁最大挠度截面； 2.主梁最大正负弯矩截面； 3.塔顶截面(变形)及塔脚最大弯矩截面； 4.典型拉索
	附加工况	1.主梁最大纵飘工况； 2.桥面板局部应力与挠度工况； 3.主梁四分点最大弯矩与挠度	1.加劲梁两端(水平变形)； 2.桥面板局部； 3.主梁四分点截面
悬索桥	主要工况	1.主梁最大挠度工况； 2.主梁最大正弯矩工况； 3.主塔塔顶纵桥向最大水平变形与塔脚截面最大弯矩工况 4.主缆最大正负挠度工况； 5.主缆锚跨索股最大张力工况； 6.吊杆(索)活载张力最大增量工况	1.主梁最大挠度截面； 2.主梁最大正弯矩； 3.塔顶截面(变形)及塔脚最大弯矩截面； 4.主缆最大正负挠度截面； 5.主缆锚固区典型索股； 6.典型吊杆(索)
	附加工况	1.加劲梁端最大纵向漂移工况； 2.主梁八分点最大弯矩与挠度； 3.桥面板局部最大应力与挠度工况	1.加劲梁两端(水平变形)； 2.主梁八分点截面； 3.桥面板局部

3.1.3.2 中载与偏载问题

《规程》中提到,静载试验工况应包括中载试验工况和偏载试验工况。对于横向支撑不对称的直桥、斜弯桥、异形桥等,应通过计算确定试验工况的加载位置及偏载的方向。

桥梁设计是由最不利工况控制的。最不利工况往往是偏载,偏载试验工况能够反映桥梁的实际内力及变形状态与设计状态的差异。考虑到桥梁运营荷载的随机性,为了反映一般情况下的桥梁受力特征,也要考虑中载试验工况。

一般情况下静载试验工况应包括中载试验工况和偏载试验工况。因为实际情况中部分桥梁单侧人行道很宽,另外一侧无人行道或人行道很窄,在这种情况下中载实施困难。应注意中载是指试验加载车车位相对于结构对称,而不是相对于车行道中心线对称。

实例一:比如某桥上部结构采用 5×30m 预应力混凝土(后张)先简支后结构连续 T 梁,下部结构 0 号、5 号(左幅)桥台采用 U 形台,基础采用扩大基础。横向布置从左至右为 4m 人行道 +7.5 车行道 +1.5m 中央分隔带 +7.5m 车行道 +4m 人行道。桥面铺装:车行道采用 8cm 厚现浇 C50 混凝土 +防水层 +10cm 厚沥青混凝土;人行道采用 3cm 厚彩色人行道砖 +2cm 厚砂浆 +8cm 厚 C30 混凝土预制板。设计荷载:公路—Ⅰ级,人群荷载:3.0kN/m²。如图 3-22 ~ 图 3-25 所示。

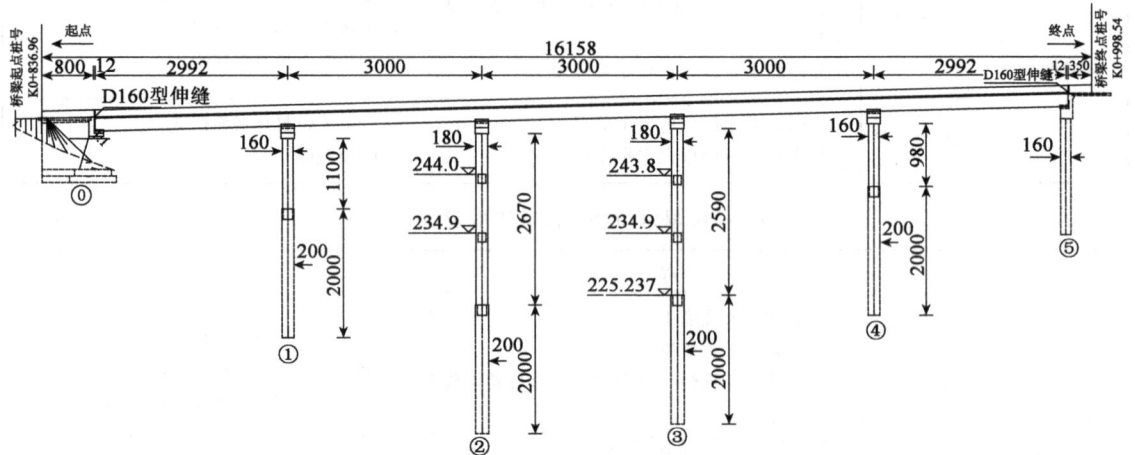

图 3-22 立面图(尺寸单位:cm)

实例二:以高速路上常见的横向五片 T 梁桥为例,两个偏载基本上可以检验每一片梁的受力特性,一中一偏可能仅检验四片梁的受力特性。在条件允许和时间充足的情况下,兼顾规范条文规定建议做两偏一中。

3.1.3.3 加固桥梁荷载试验问题

《规程》中提到,加固或改建后的桥梁当有下列情况之一时,除按本规程第 5.2.2 条确定试验工况及测试截面外,应按下述原则增加试验工况和测试截面:采用增大边梁截面法进行改造后的多梁式梁(板)桥,宜根据结构对称性增加横桥向的偏载工况;采用置换混凝土进行改造的桥梁,宜在混凝土置换区域内增加测试截面,并确定相应的试验工况;受力裂缝宽度超过设计规范限值且经过修补的结构构件,宜在典型裂缝位置增加测试截面,并确定相应的试验工况。

增加截面法加固建议在新老混凝土上均粘贴应变测点,了解新老混凝土的协调变形能力。

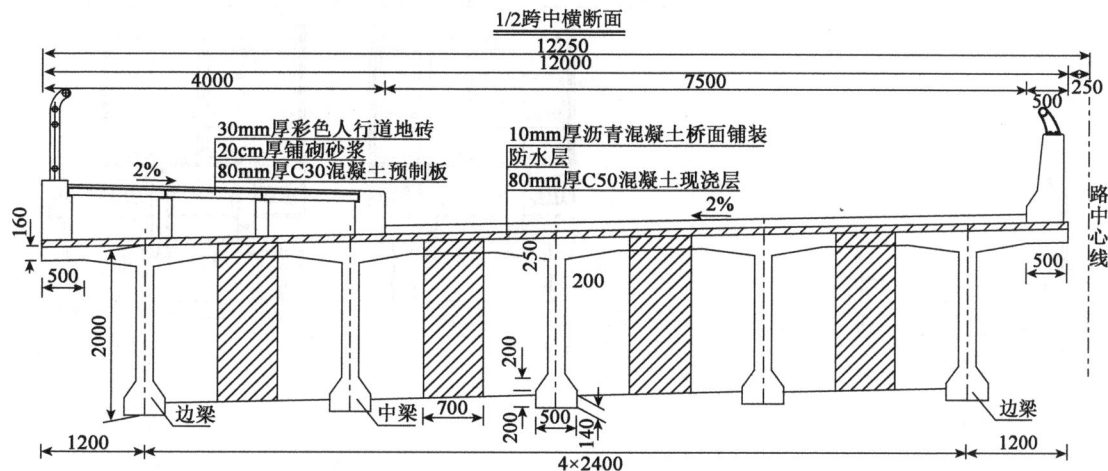

图 3-23 典型横断面图(尺寸单位:cm)

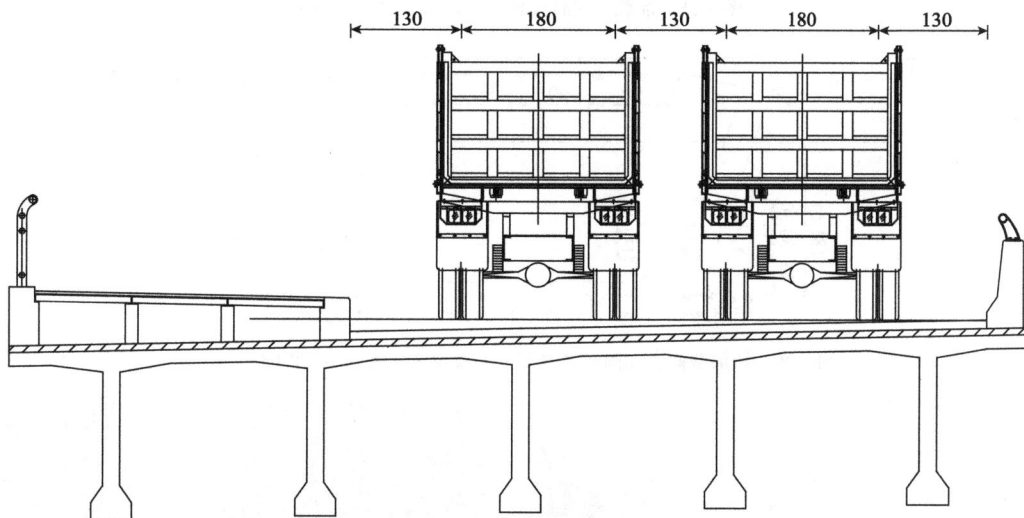

图 3-24 加载车沿车道中心线对称布置示意图(尺寸单位:cm)

实例一:如图 3-26 所示,该桥箱梁在腹板侧增加截面并在新增混凝土内张拉预应力束。荷载试验时在底板新老混凝土处均布设应变测点,在腹板新老混凝土对应位置均布设应变测点。建议粘贴钢板、预应力碳板等加固方法可在相近位置的混凝土与钢板、混凝土与碳板处均布设应变测点。

特别是西南地区石拱桥套拱法加固的工程实例特别多,如图 3-27、图 3-28 所示。

根据《公路桥梁加固设计规范》(JTG/T J22—2008)第 5.1.3 条,增大截面法加固新加混凝土与原构件混凝土变形协调、共同受力,可按加固后构件整体截面计算。根据该规范第 6.2.1 条,粘贴钢板加固法在达到受弯极限承载能力极限状态前,必须采取可靠的锚固措施,避免发生钢板与混凝土之间的黏结滑离破坏。也是需要保证共同受力的。根据该规范第 7.1.4 条,采用纤维复合材料加固时,必须将纤维复合材料与构件牢固地粘贴在一起,变形协调共同受力。

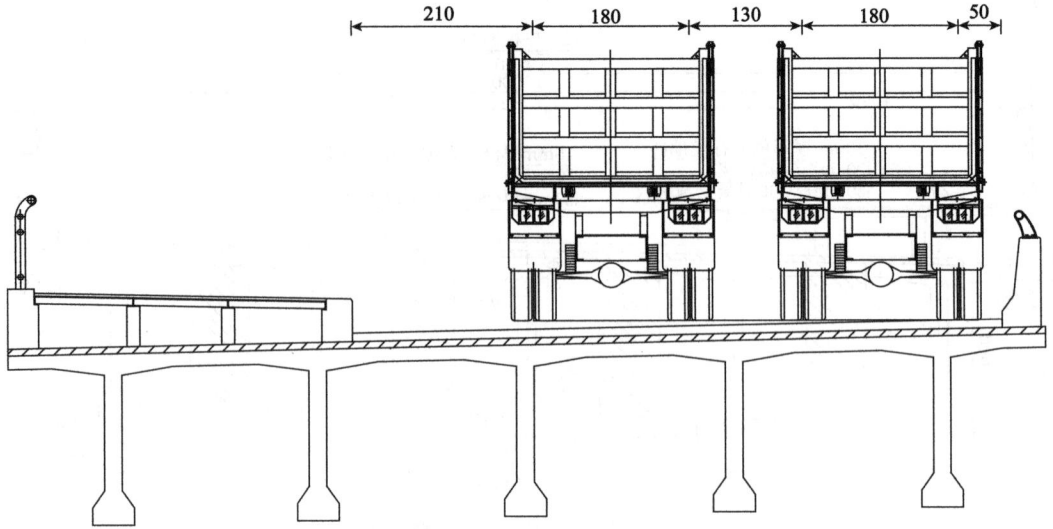

图 3-25　加载车偏载布置示意图(尺寸单位:cm)

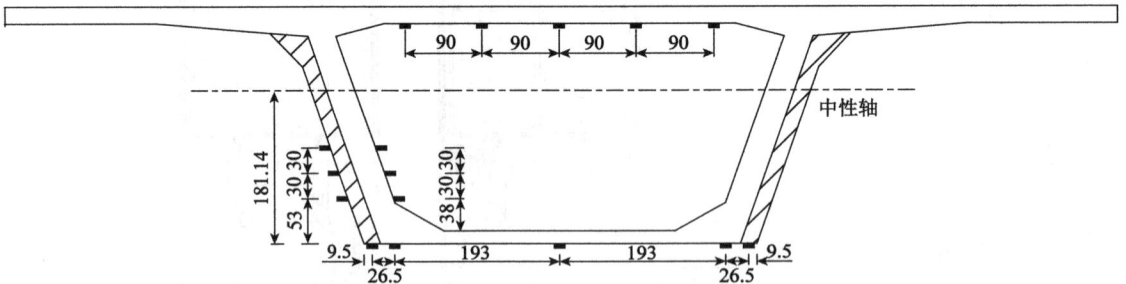

图 3-26　增加截面法加固新老混凝土处布设应变测点(尺寸单位:cm)

图 3-27　套拱法加固的石拱桥

图 3-28　拱腹上应变及挠度测点

　　根据笔者的工程经验,增大截面法加固的桥梁很难做到新老混凝土变形协调,但是在计算时只能假定新老混凝土变形协调,因此该类桥梁的荷载试验检算分析是值得研究的课题。

　　另外,粘贴钢板加固法和粘贴纤维复合材料加固法也是如此。粘贴钢板和预应力碳板的加固方式在计算模型中的考虑方法,同样具有研究价值。另外根据工程实践,粘贴钢板加固的桥梁,钢板和混凝土的也很难做到变形协调。

因此,加固桥梁的荷载试验计算和测试都宜慎重,计算时考虑多种情况,基于"执其两端而取其中"的思想来计算。比如增加截面法加固我们知道结构的响应值实际上在完全协调和不协调中间,但是我们不知道到底处于中间的哪个状态,所以只有将两种情况都进行考虑,根据实测的结果来印证计算分析结果。

《规程》中提到,加宽后桥梁试验工况和测试截面除应符合第5.2.2条的规定外,尚应针对新旧结构分别设置试验工况和测试截面,并增设横向联系试验工况。桥梁加宽后,若新旧结构自身刚度或其边界支撑刚度存在较大差异,新旧结构的荷载横向分布及横向联系的内力会较加宽前发生明显变化,在静载试验中应进行针对性的局部试验。

实际上桥梁加宽有多种方式,类似以下实例的加宽方式用得比较多。以下实例中新旧结构自身刚度存在较大差异,中间设置变形缝,桥面连续。那么该类桥梁的荷载试验计算时如何来考虑车道荷载呢?

实例二:以某桥为例,如图2-29～图3-31所示,某桥原上部构造为19.3m空腹式石砌拱桥,桥梁全长33.5m,原桥为斜交27°。桥面宽度:0.25m(栏杆) + 0.5m(人行道) + 10.3m(行车道) + 0.5m(人行道) + 0.25m(栏杆) = 11.8m(桥面全宽)。后因道路改造需要,对桥梁进行加宽处理。原有拱桥采用套拱加固,净矢高3.6m,净矢跨比为1/5.36,石砌主拱圈顶部厚0.6m,根部厚0.9m,钢筋混凝土套拱厚0.5m,宽度均为11.7m。主桥腹拱圈为石砌圆弧拱,净跨度1.8m,净矢高0.3m,净矢跨比为1/6,石砌拱圈厚0.3m,钢筋混凝土套拱厚0.2m,全桥共6个腹拱圈。改造后道路标准宽度为18.0m,桥梁位于曲线上,原桥为直线,故采用以宽代弯的方式对原桥进行加宽。在路线左侧新建1－23.5m的简支预应力钢筋混凝土梁桥加宽幅,桥位平面与原桥一致,为斜交27°。加宽宽度为7.19m,宽幅桥梁与原桥之间设置1cm的变形缝,缝内填塞油毛毡。改造后桥面宽度:1.25m(人行道) + 16.5m(行车道) + 1.25m(人行道) = 19.0m(桥面全宽)。桥面为沥青混凝土桥面铺装。下部结构均为重力式U形桥台、承台桩基础。加宽幅桥台前墙与原桥拱座前墙位置保持一致。设计荷载:公路—Ⅰ级(15通规)。

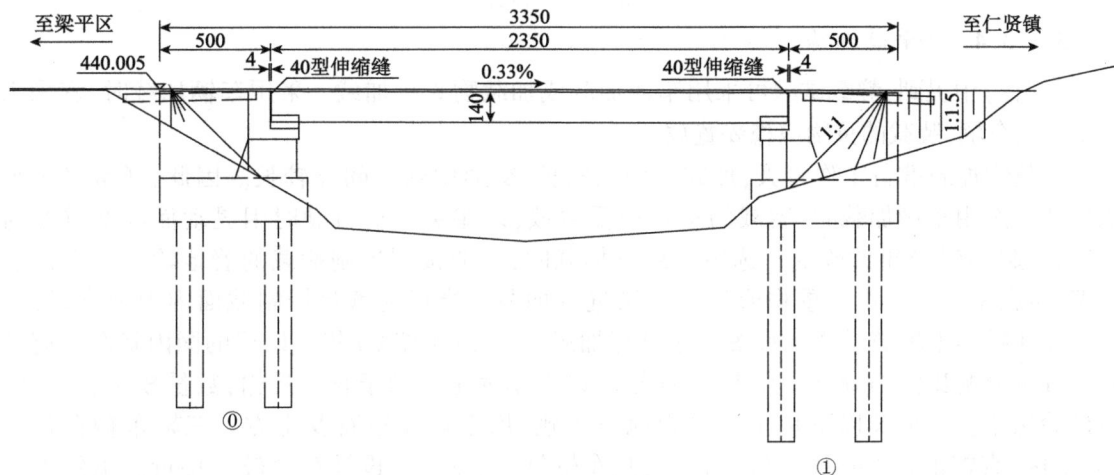

图3-29 某桥立面布置图(尺寸单位:cm)

很显然,该桥加宽后通行四个车道。加宽幅7.19m,车道部分5.94m,1个车道肯定可以布置,2个车道就无法布置。这种情况通常是根据桥上日常行车时,看横向可以压到几个车轮。显而易见加宽幅可以压到1.5个车轮,所以车道荷载取1.5倍公路—I级+人群荷载作为控制荷载。

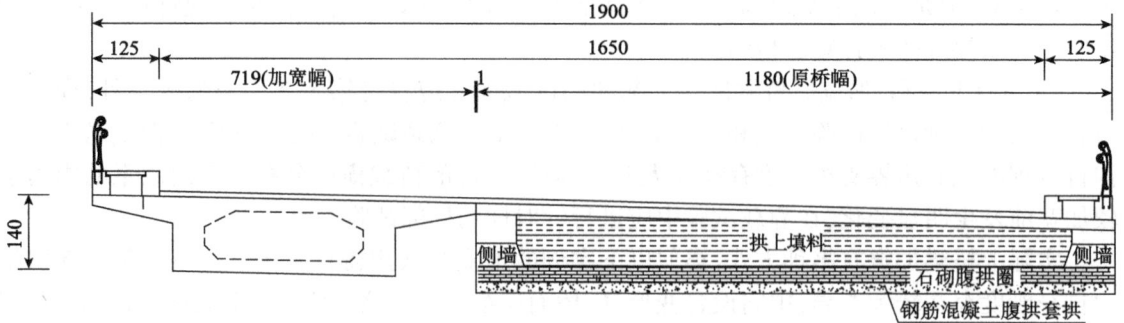

图3-30　典型横断面图(尺寸单位:cm)

图3-31　立面照

3.1.3.4　加载物选择

《规程》中提到,静载试验可采用车辆加载或加载物直接加载。采用车辆加载时,宜采用三轴载重车辆,装载的重物应稳妥置放。

加载物加载准备工作量大,加卸载周期较长,交通中断时间亦较长。因此,通常采用车辆加载。选用车辆加载时,装载的重物稳妥置放,以避免车辆行驶时因晃动而改变重物的位置,引起轴(轮)重的改变。选用加载物加载时,一般按照控制荷载的着地轮迹先搭设承载架,再在承载架上堆放重物或设置水箱进行加载。当仅为满足控制截面内力要求时,也可直接在桥面上堆放重物或设置水箱进行加载。对20世纪90年代以后的国内货车几何尺寸及轴重分配比例的调查研究表明,四轴及以上车辆主要用于长途运输,数量较少,不宜作为试验用车。三轴及以下货车主要为地方车辆,用于运输沙石及土方。三轴车辆在各省(自治区、直辖市)数量众多,较为普及,且车辆轴距、轮距与设计荷载较为接近。虽然不同品牌的三轴车轴距及轴重分布也不尽相同,但其偏差对桥梁的加载效率影响可控制在10%

以内,对荷载效率的确定影响不大。因此,推荐采用三轴车辆为试验加载车辆。当设计荷载为汽车—超20级或公路—Ⅰ级时,采用两辆三轴车辆模拟55t重车是目前国内比较常见的做法,由于车型差异及荷载效率控制值的差异,通常根据车型及荷载效率适当调整两车之间的间距。

选用车辆加载时,装载的重物稳妥置放,一则是为了避免车辆行驶时因晃动而改变重物的位置引起轴(轮)重的改变;二则是重物在车厢内移动可能冲击驾驶室,造成人员机具损伤。

推荐采用的三轴试验加载车如图3-32所示。据统计,轴距A在$130 \sim 145$cm之间,轴距B在$330 \sim 430$cm之间,轮距C一般为180cm。在理论计算加载时,可取轴距为$(140 + 380)$cm的三轴加载车。试验中测得实际加载车的轴距和轴重后再进行计算调整。为了确保桥梁局部安全,加载车辆单轴重量不应超过相关标准、规范的相关规定。《公路桥涵设计通用规范》(JTG D60—2015)中车辆荷载的单轴轴重最大为140kN,其着地宽度与长度为0.6m×0.2m。汽车荷载的局部加载及在T梁、箱梁悬臂板上的冲击系数采用0.3。故通常情况下采用三轴加载车加载时总重最好不超过350kN(前轴70kN,中后轴各140kN),特殊情况下可选用380kN三轴加载车,且单轴重不超过152kN。否则应进行局部承载能力与抗裂验算。

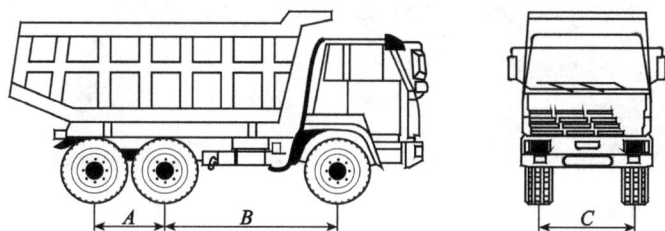

图3-32 三轴加载车

特殊情况下,特别是对于人行桥等不具备用加载车加载的,可以考虑用重物或水箱进行加载。如图3-33 ~ 图3-38所示。

图3-33 某人行拱桥

图3-34 某人行拱桥水袋加载

图 3-35　某人行吊桥

图 3-36　某人行吊桥水箱加载

图 3-37　某单梁重物加载

图 3-38　某单梁重物加载

3.2　现场实施阶段工作

《规程》中提到现场实施阶段工作应包括：现场准备；预加载试验；正式加载试验和过程监控。

（1）现场准备包括检测平台准备（如脚手架搭设）、测试截面和测点放样、贴片或者粘贴应变计、挠度测点布置（架设挠度仪或位移计、粘贴围棋棋子用水准仪测挠度等）、画载位线、找加载车、加载车称重、仪器连接与调试、交通组织等。

（2）预加载试验是非常必要的，首先可以检验试验人员是否进入有序工作状态，检验仪器及仪表是否工作正常，其次可以消除结构非弹性变形。

（3）正式加载试验。按照预定的荷载试验方案进行加载试验，并记录各测点测值和相关信息。

（4）过程监控主要是监测主要测点的实测值，并与相应加载级别的理论值进行对比，观测量值是否超限，是否有异常情况发生，一旦发现有异常情况立即停止加载，立即判定是否正常、查找原因。一般情况下，应变是可以随时监控的。挠度大多数情况下用水准仪等，如用自动化设备则需具备监测条件。

3.2.1 检测平台

检测平台务必安全可靠,才能确保安全作业。常用的试验用平台主要有吊架、吊篮、移动脚手架、落地脚手架、桥检车、人字梯等。一般情况下吊架端部采用三角钢管架固定在护栏上,中部采用钢丝绳固定在梁体上,或采用钢管支撑在马蹄或横隔板上。常用的试验用平台如图3-39~图3-48所示。

图3-39 试验用吊架(一)

图3-40 试验用吊架(二)

图3-41 试验用吊架(三)

图3-42 试验用吊架(四)

图3-43 试验用吊架(五)

图3-44 试验用吊篮

图 3-45　箱内试验用移动脚手架

图 3-46　试验用移动脚手架

图 3-47　试验用落地支架

图 3-48　试验用桥检车

3.2.2　测点放样与布设

《规程》中提到,测点放样与布设应符合下列规定:现场测点布设应事先准备详细的测点布置方案;测点布置时,如需局部调整布置方案,应做好详细记录;采用有线传输多点应变信号时,应采用电阻值相同的数据线,测点布设前应对测点及数据线进行编号;测点布设时应保证传感器与结构黏结良好,不松动、无气泡;传感器与数据线采用焊接连接时,应保证焊接良好,无夹渣;必要时,应对测点进行防潮保护;采用百分表(千分表)进行变形测量时,测试仪表基座应与结构完全脱离,并使仪表行程满足结构的变形要求。采用精密水准仪、全站仪等进行变形测量时,应在试验前设置好基准点并对测点进行编号标记;动态测点布设时,应保证传感器和结构黏结牢靠。

尽管现在有振弦式应变计或基于应变片的全桥式应变计等,但现场采用应变片还是比较常见(图 3-49)。应变片保存务必注意防潮。粘贴时应掌握下列技术环节:

(1)选择粘贴强度高(剪切强度一般不低于 3 ~ 4MPa),电绝缘性能好,化学稳定性及工艺性好的胶。一般情况下底胶可选环氧黏结剂,粘贴可用 502 胶水等。

(2)选片:用放大镜对应变片进行检查,保证选用的应变片无缺陷和破损。同批试验室选用灵敏系数和阻值相同的应变片,采用万用表对其阻值进行测量,保证误差不大于 0.5Ω。

（3）定位：先初步画出贴片位置，用砂布或砂轮机将贴片位置打磨平整，钢材光洁度达▽3～▽5，用脱脂棉球蘸酒精将贴片位置清洗干净；混凝土表面打磨至无浮浆，用脱脂棉球蘸酒精清洗，涂底胶（AB组分环氧树脂）处理，底胶要涂匀、无气泡，待固化后再次用砂纸沿45°方向打磨，用脱脂棉球蘸酒精清洗。在打磨平整的部位准确画出测点的纵横中心及贴片方向，然后粘贴接线块，再用502胶水贴片。目前也有直接用环氧树脂打底然后立即贴片的情况。

（4）贴片：对于钢材表面或底胶固化的混凝土表面，用两手指握住应变片引出线侧端部放在测点上，调整应变片的位置，使其可准确定位，另一只手在其背面均匀涂抹一层胶水，然后放下胶水，在应变片上覆盖聚四氟乙烯薄膜用手指轻轻滚压，挤出多余胶水和气泡。注意不要使应变片位置移动。用手指轻压1～2min，待胶水初步固化后，即可松手。

（5）焊接引线与接线块，焊接测试线与接线块，固定测试线。测试线推荐使用四芯屏蔽线。用万用表检查测试线连接仪器端的电阻值。检查无误后可用南大硅胶封闭应变片及接线块以防潮。

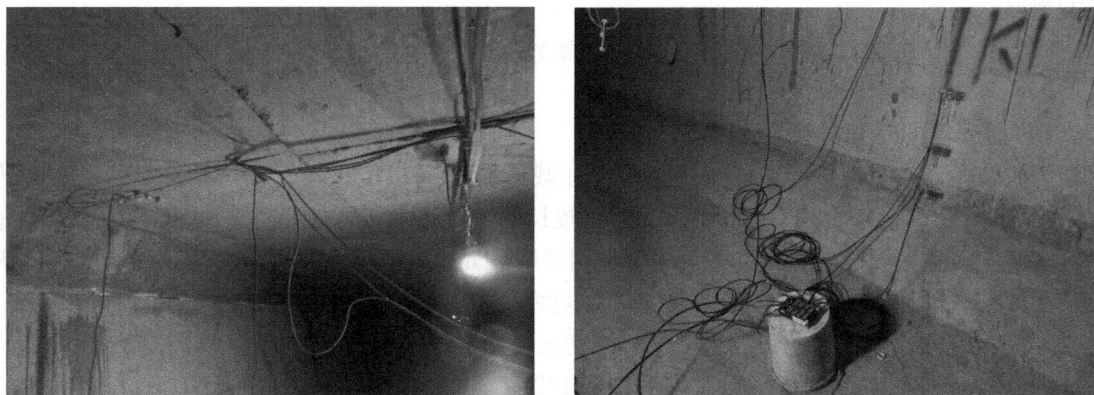

图3-49 应变片粘贴

3.2.3 试验加载

《规程》中提到，试验荷载应分级施加，加载级数宜根据试验荷载总量和荷载分级增量确定，可分成3～5级。当桥梁的技术资料不全时，应增加分级。重点测试桥梁在荷载作用下的响应规律时，可加密加载分级。

分级加载的目的主要是为了保障安全、绘制控制点应变或变位与荷载的关系曲线。《公路旧桥承载能力鉴定方法》中时"静载加载分级与控制"有更明确的规定，具体内容引用如下：

为了加载安全和了解结构应变和变位随加载内力增加的变化关系，对桥梁主要控制截面内力的加载应分级进行，而且一般安排在开始的几个加载程序中执行。附加控制截面一般只设置最大内力加载程序。

（1）分级控制的原则

①当加载分级较为方便时，可按最大控制截面内力均为4～5级。

②当使用载重车加载，车辆称重有困难时也可分成3级加载。

③当桥梁的调查和验算工作不充分,或桥况较差,应尽量增加加载分级,如限于条件加载分级较少时,应注意每级加载时,车辆荷载逐辆缓缓驶入预定加载位置,必要时可在加载车辆未到达预定加荷位置前对分次控制测点进行读数以确保试验安全。(注:假设试验加载只需要一辆加载车,可通过逐次移动加载位置直至预定载位来实现分级加载)。

④在安排分级加载时,应注意加载过程中其他截面内力亦应逐渐增加,且最大内力不应超过控制荷载作用下的最不利内力。

⑤根据具体条件决定分级加载的方法,最好每级加载后卸载,也可逐级加载到最大荷载后逐渐卸载。

(2)车辆荷载分级加载的方法

①逐渐增加加载车数量。

②先上轻车后上重车。

③加载车位于内力影响线的不同部位(注:此法可用于加载车数量少,不好用车辆数来分级的情况)。

④加载车分次装载重物(注:此法不便实施)。

以上各法亦可综合采用。

(3)加卸载的时间选择与控制

为了减少温度变化对试验造成的影响,加载试验时间以晚上10时至第2天早晨6时为宜,尤其是采用重物直接加载,加卸载周期比较长的情况下只能在夜间进行试验。对于采用车辆等加卸载迅速的试验方式,如夜间试验照明等有困难时亦可安排在白天进行试验,但在晴天或多云的天气下进行加载试验时每一加载周期所花费的时间不宜超过20min。

为控制加卸载稳定时间,应选择一个控制测点(如简支梁的跨中挠度或应变测点),在每级加载(或卸载)后立即测读一次,计算其与加载前(或卸载前)测读值之差值(S_g),然后每隔2min测读一次,计算2min前后读数的差值ΔS,并按下式计算相对读数差值m,$m = \Delta S / S_g$。

当m值小于1%或小于量测仪器的最小分辨值时即认为结构基本稳定,可进行各观测点读数。但当进行主要控制截面最大内力加载程序时荷载在桥上稳定时间应不少于5min,对尚未投入运营的新桥应适当延长加载稳定时间。

某些桥梁如拱桥,有时当拱上建筑或桥面系参与主要承重构件的受力,因连接较弱或变形缓慢,造成测点观测稳定时间较长,如结构的实测变位(或应变)值远小于计算值,则可将加载稳定时间定为20~30min。

(4)加载分级的计算

根据各加载分级按弹性阶段计算加载各测点的理论计算变位(或应变),以便对加载试验过程进行分析和控制。

计算采用的材料弹性模量,如已做材料试验则用实测值,否则可按规范选用。

《规程》中提到,加卸载过程中,应保证非控制截面内力或变形不超过控制荷载作用下的最不利值。加卸载过程中,应保证非控制截面内力或变形不超过控制荷载作用下的最不利值。这个在加载方案中就要考虑清楚。同时当加载车停在邻近桥联时,也要考虑周详的停车方案,不得让停车的桥联截面内力超限。特别是大跨度桥梁进行荷载试验时,加载车数量比较多,加载车停放不得失控,必须事先制订安全的停车方案,确保车辆有序停放。

《规程》中提到,试验加载过程中,应记录结构出现的异常响动、失稳、扭曲、晃动等异常现象,并做好处理措施。试验加载过程中难免会碰到异常响动、扭曲、晃动等异常现象。比如做连续刚构桥梁荷载试验时有时会听到"啪啪啪"类似放鞭炮的声音。钢箱梁斜拉桥荷载试验时有时会听到"嘣"的声音。碰到这种情况,首先不要慌张,立即停止加载。查看当前加载车布置情况下监控的应变数据是否异常,挠度数据是否异常,裂缝观测是否异常。以上测试数据有异常时,立即卸载,并开始检查与记录。以上观测数据无异常时,也应停止加载,找到相应的原因。前面提到的连续刚构桥梁荷载试验时"啪啪啪"类似放鞭炮的声音可能是新桥加荷后预应力与灌浆料之间摩擦所产生的声音;钢箱梁斜拉桥荷载试验时"嘣"的声音可能是钢护栏因变形过大产生的撞击声,也可能是钢锚梁处锚板间存在间隙,加荷时产生撞击声,等等。以上两种情形笔者均碰到过,数据均无异常。笔者也曾听闻试验时桁架结构杆件断裂所发出的"嘣"的事件,后查明原因是施工质量原因,混凝土节点处裂缝特别多,所幸混凝土杆件内部有预应力钢束,桥梁未垮塌。如今该桥已经更换钢桁架主梁。

《规程》中提到,加载时间间隔应满足结构反应稳定的时间要求。应在前一荷载阶段内结构反应相对稳定、进行了有效测试及记录后方可进行下一荷载试验。当进行主要控制截面最大内力(变形)加载试验时,分级加载的稳定时间应不少于5min;对尚未投入营运的新桥,首个工况的分级加载稳定时间宜不少于15min。

同一级荷载内,结构最大变形测点在最后5min内的变形增量小于第一个5min变形增量的15%,或小于量测仪器的最小分辨值时,可认为结构变形达到相对稳定。加卸载稳定时间取决于结构变形达到稳定所需的时间。若因连接较弱或变形缓慢而造成测点观测值稳定时间较长,如结构的实测变形(或应变)值远小于计算值,可适当延长加载稳定时间。

(1)传力路径比较复杂的桥梁或存在薄弱连接的桥梁数据稳定时间可以稍微长点。

(2)现在的电子设备都具备监控功能,每一级加载均可随时监控响应值。每一级加载完毕后即可立即查看度数,隔一定时间再看度数,如果相对差值和绝对差值均比较小,说明数据稳定了,读数后即可进行下一级加载。

《规程》中提到,应根据各工况的加载分级,对各加卸载过程结构控制点的应变(或变形)、薄弱部位的破损情况等进行观测与分析,与理论计算值对比。当试验过程中发生下列情况之一时,应停止加载,查清原因,采取措施后再确定是否进行试验:

(1)控制测点应变值已达到或超过计算值。

(2)控制测点变形(或挠度)超过计算值。

(3)结构裂缝的长度、宽度或数量明显增加。

(4)实测变形分布规律异常。

(5)桥体发出异常响声或发生其他异常情况。

(6)斜拉索或吊索(杆)索力增量实测值超过计算值。

桥梁控制测点如果应变值已达到或超过计算值,马上查看是否属于个别现象,还是大多数控制测点都是如此。如果是属于个例,挠度值也是属于正常范围的,那么这个测点的数据可判定为异常数据,可以继续加载;如果大多数控制测点应变值已达到或超过计算值,首先判定数据是否稳定,如果漂移很大,而挠度值也是属于正常范围的,马上查看周围测试环境是否存在强的电磁干扰;如果大多数控制测点应变值已达到或超过计算值,首先判定数据是否稳定,如果数据缓慢变化,而挠度值也是属于正常范围的,马上对比该工况加载时间范围内温度变化情况。比如传热效率高的钢结构,温度对结构的应变影响较大;如果大多数控制测点应变值已达到或超过计算值,首先判定数据是否稳定,如果数据稳定,而挠度值已接近计算值,立即停止加载,并分级卸载。如果分级卸载的监控数据与分级加载的监控数据重复性好,说明测点及测试系统是可靠的,测试环境干扰小。这种情况很有可能是结构本身有问题或者计算模型有误;对于多梁式结构,少数应变测点超限,少数挠度测点超限。这种情况下把所有梁的应变值相加,把所有梁的挠度值相加,与对应的理论值对比,如果没有超限,就说明是计算的横向刚度取值偏弱导致的。总之遇到异常情况,必须对多因素进行综合分析。应变值、挠度值、裂缝发展、测试环境、测试系统及测点、结构本身、计算等因素综合来考虑,采用排除法查找原因。

环境温度对结构应变测试的影响可以分为两个大的方面,其一是温度对应变测试仪器、应变计(应变片、应变传感器)的影响,使得应变测试结果产生误差,二是温度变化使结构产生温度应变,混淆了对荷载产生的结构应变的测试。应变仪受到环境温度变化的影响,使测试结果产生误差,称为温飘。相对而言,应变计更容易受到温度的影响,其影响包括两部分:①由于应变计材料与结构材料的线膨胀系数不同,在温度变化时两者的变形不一致,产生相对应变,它不是荷载效应,使测试结果产生误差;②应变计本身的传感特性在温度变化时会发生变化,使测试结果产生误差,例如,电阻应变片的阻值在温度变化时会改变、振弦式应变传感器的频率与应变的关系随温度的变化而变化等。

要完全消除应变仪的温飘是很困难的,可以通过选择性能等级高的仪器来尽可能地减小温飘的影响。对电阻应变测量,可采用温度补偿技术消除一部分温度对应变计的影响,当采用补偿片法时应注意,必须将补偿片贴在与结构测点同材料的构件上,且该构件应不受荷载的影响,并与被测点环境(温度)相同;对振弦式应变传感器,可在不同温度下对传感器进行标定,得到相应的频率与应变间的标定曲线,从而减小或消除温度的影响。

一般情况下,结构应变的测试,是要量测在荷载作用下测点的应变,但在环境温度发生变化时,由于材料的热胀冷缩,测点处除荷载产生的应变外,还存在温度应变或温度应力,有时温度应变或温度应力是非常显著的,特别是对钢桥而言。

对于单跨简支梁,跨度为 L,当温度均匀升高 Δt 后,长度增量为 ΔL,如果测试简支梁的轴向应变,测试的温度应变为 $\Delta L / L$。此时通过粘贴补偿片可以消除温度影响。

对于单跨两端固定梁,跨度同样为 ΔL,当温度均匀升高为 Δt 后,温度变化引起的伸长量应为 ΔL,但由于两端约束的存在,实际上梁上布设的应变计量测不到温度应变,但其温度应力是存在的。以上分析均假设温度是均匀变化,实际的温度往往是不均匀的,实际结构的温度效应与温度变化、结构形式、约束情况均有关系。

因此,一般情况下尽量选择在温度变化较小的时间进行试验。特殊情况下,建议在正式加载前,选择无阳光直接照射条件下(阴天、小雨天气或夜晚等)进行空载应变观测,同时记录各时段温度变化,绘制实测数据与温度关系曲线,修正正式试验时的应变值。切记,尽管可以用温度与应变关系曲线进行温度效应修正,对温度敏感的结构(如钢结构)进行正式试验时应选择在无阳光直接照射的条件下进行。在阳光直接照射下非均匀温度效应明显,若测试温度与应变关系曲线无法与正式试验时进行匹配。

加载试验之前的空载试验是非常必要的,基本上可以判定测点及测试系统的稳定性。如果空载各个时间间隔的测试数据变化小,且环境温度变化小,那说明测点及测试系统是稳定的。如果空载各个时间间隔的测试数据变化大,而环境温度变化小,那说明测点及测试系统不稳定或者测试环境存在强磁干扰。

另外对于大跨径结构或钢结构,试验天气不可选择时,也可以考虑通过测试的空载试验及对应温度的数据对实测数据进行修正。但是这种情况是比较理想化的,因为实际桥梁的温度场是很难测试准确的。除非技术发展,有可靠的手段可以测试桥梁的温度场。

3.3 内业资料阶段工作

3.3.1 支点沉降修正

《规程》中提到,在竖向挠度测试时,应同时测试支点的竖向变位,并按本规程第5.7.3条进行支点沉降修正。尽管第5.7.3条支点沉降修正是按照简支梁来推导的,但目前对于连续结构没有更好的支点沉降修正方法,因此建议相邻两个支点之间还是按照第5.7.3条进行修正。尽管连续结构的支点沉降用直线连起来是折线,但考虑到支点沉降数量级较小,按照第5.7.3条修正在工程上是可以接受的。

3.3.2 试验结果分析

试验结果分析应包含以下主要内容:

(1)校验系数应包括应变(应力)校验系数及挠度校验系数,主要测点静力荷载试验校验系数不大于1。

(2)处于线弹性工作状况的结构,测点实测变形(或应变)与其理论值应呈线性关系。

(3)对于常规结构,实测的结构或构件主要控制截面应变沿高度分布图应符合平截面假定。

(4)主要控制测点的相对残余变形(或应变)越小,说明结构越接近弹性工作状况。相对残余变形(或应变)不宜大于20%,当相对残余变形(或应变)大于20%时,表明桥梁结构的弹性状态不佳,应分析原因,必要时再次进行荷载试验以确定。

(5)试验荷载作用下新桥裂缝宽度应不超过《公路钢筋混凝土及预应力混凝土桥涵设计规范》(JTG 3362—2018)规定的容许值,卸载后其扩展宽度应闭合到容许值的1/3,在用桥梁的裂缝宽度不宜超过《公路桥梁承载能力检测评定规程》(JTG/T J21—2011)的规定。

(6)在试验荷载作用下,桥梁基础发生不稳定沉降变位。

《城市桥梁检测与评定技术规范》(CJJ/T 233—2015)中静力荷载试验结果评定有关条文如下:第6.4.3条当结构变位或应变校验系数大于1时,应查明原因;当结果无误时,桥梁结构的承载能力应评定为不满足要求。第6.4.4条当测点的相对残余变位或相对残余应变大于20%时,应查明原因;当结果无误时,桥梁结构的承载能力应评定为不满足要求。第6.4.5条桥梁地基与基础的评定应符合下列规定:①试验荷载作用下,墩台的沉降、水平位移及倾斜满足上部结构检算要求,卸载后变位基本恢复,可评定地基与基础在试验荷载作用下能正常工作;②试验荷载作用下,墩台的沉降、水平位移及倾斜较大,卸载后变位大部分不能恢复,应进一步对地基及基础进行探查、检算。

广东地标《城市桥梁检测技术标准》(DBJ/T 15 – 87—2011)中第 6.5.4 条桥梁结构静力荷载试验的评价指标应符合下列规定:

(1)校验系数 ξ 等于试验荷载作用下测点的实测弹性值(S_e)与相应的理论计算值(S_{stat})的比值,实测值可以是挠度、应力(应变)等,校验系数 ξ 的常值宜符合下式要求:

$$\beta < \frac{S_e}{S_{stat}} \leqslant \alpha \qquad (3\text{-}1)$$

$$Se = S_{tot} - S_p \qquad (3\text{-}2)$$

式中:S_{tot}——总实测值;

S_p——实测残余值。

β、α 的取值可按表 3-3 的规定确定。

校验系数 ξ 不应大于1。当 $\xi < \beta$ 时,应查明原因,重新检查结构的尺寸、材料性能、静力计算图式、试验荷载效率、荷载称量和量测仪器是否正常工作等,排除原因后再试验一次。

(2)残余比 δ 等于卸载后测点的实测残余值(S_p)与该测点的总实测值(S_{tot})的比值,残余比 δ 应满足:$\delta = S_p/S_{tot} \leqslant \alpha_1$。式中 α_1 的取值可按表 3-3 的规定确定。δ 越小,说明结构越接近弹性工作状况。当 δ 大于表 3-3 的规定值时,应查明原因,如确系桥梁强度不足,应酌情降低桥梁的承载能力。

桥梁校验系数常值表　　　　　　表 3-3

桥梁类型	应变(或应力)校验系数		挠度校验系数		残余比
	β	α	β	α	α_1
钢筋混凝土板桥	0.30	0.70	0.40	0.80	0.25
钢筋混凝土梁桥	0.40	0.80	0.50	0.90	0.25
预应力混凝土桥(包括钢桥)	0.50	0.90	0.60	1.00	0.20
圬工结构(包括石拱桥)	0.60	1.00	0.60	1.00	0.25

(3)在试验荷载作用下,主要挠度测点的实测值不应超过表 3-4 所列限值,裂缝宽度不应超过表 3-5 的允许值。

第 6.5.5 条规定必要时可根据实测值与理论值的关系曲线评定桥梁结构的性能状况。

标准计算活载作用下桥跨结构的挠度限值表　　　　表 3-4

桥梁类型	计算活载挠度限值	
圬工拱桥	一个桥跨范围内正、负挠度的最大绝对值之和不大于 $L/1000$	
钢筋混凝土与 预应力混凝土桥	梁桥主梁跨中	$L/600$
	梁桥主梁悬臂端	$L_1/300$
	桁架、拱	$L/800$
	斜拉桥预应力混凝土主梁	$L/500$
	悬索桥预应力混凝土主梁	$L/500$

续上表

桥梁类型	计算活载挠度限值	
钢桥	简支或连续桁架	$L/800$
	简支或连续板梁	$L/600$
	斜拉桥钢主梁	$L/400$
	悬索桥加劲梁	$L/400$

注:1. L 分别简支梁的计算跨径,桁架、拱的计算跨径,斜拉桥的中跨计算跨径,悬索桥的中跨计算跨径。

2. L_1 为悬臂长度。

3. 试验荷载作用下,如一个桥跨结构范围内有正、负挠度,则列表限值为正、负挠度的最大绝对值之和的。

桥梁结构允许裂缝宽度限值　　　　　　　　　　表 3-5

结构类别	裂缝部位		允许值(mm)	其他要求
钢筋混凝土桥梁或精轧螺纹钢筋的预应力混凝土桥梁	A 类(一般环境)、B 类(严寒、海滨环境)		0.20	
	C 类(海水环境)、D 类(侵蚀环境)		0.15	
采用钢丝或钢绞线的预应力混凝土桥梁	A 类和 B 类		0.10	
	C 类和 D 类		不允许	
砖、石、混凝土拱	拱圈横向		0.30	裂缝高小于截面高一半
	拱圈纵向(竖缝)		0.50	裂缝长小于跨径1/8
	拱波与拱肋结合处		0.20	
墩台	墩台帽		0.30	
	墩台身	经常受侵蚀环境影响 有筋	0.20	不允许贯通墩台身一半
		经常受侵蚀环境影响 无筋	0.30	
		常年有水,但无侵蚀性影响 有筋	0.25	
		常年有水,但无侵蚀性影响 无筋	0.35	
		沟或季节性有小河流	0.40	
	有冻结作用部分		0.20	

注:表中所列除特殊要求外适用于一般条件。对于潮湿和空气中含有较多腐蚀性气体等条件下的缝宽限值应要求严格一些。预应力混凝土梁指全预应力或部分预应力 A 类结构。

《公路斜拉桥设计规范》(JTG/T 3365-01—2020)第 7.2.5 条规定主梁在车道荷载(不计冲击力)作用下的最大竖向挠度:①混凝土主梁应不大于 $L/500$(L 为主跨跨径,当为不对称的独塔斜拉桥时,为较大侧的跨径,下同);②钢梁、钢组合梁和混合梁在主孔采用钢梁时应不小于 $L/400$。

《公路钢结构桥梁设计规范》(JTG D64—2015)中第 4.2.3 条规定计算竖向挠度时,应按结构力学的方法并采用不计冲击力的汽车车道荷载频遇值,频遇值系数为 1.0。计算挠度值不应超过表 3-6 规定的限值。

竖向挠度限值 表 3-6

结构形式	简支或连续桁架	简支或连续板梁	梁的悬臂端部	斜拉桥主梁	悬索桥加劲梁
限值	$L/500$	$L/500$	$L_1/300$	$L/400$	$L/250$

注:1. 表中 L 为计算跨径,L_1 为悬臂长度。

2. 当荷载作用于一个跨径内有可能引起该跨径正、负挠度时,计算挠度应为正、负挠度绝对值之和。

3. 挠度按毛截面计算。

《公路悬索桥设计规范》(JTG D65-05—2015)中第5.2.11条规定加劲梁由车道荷载频遇值引起的最大竖向挠度值不宜大于跨径的1/250,频遇系数取1。

综合《公路桥梁承载能力检测评定规程》(JTG/T J21—2011)、《大跨径混凝土桥梁的试验方法》、《城市桥梁检测与评定技术规范》(CJJ/T 233—2015)、广东地标《城市桥梁检测技术标准》(DBJ/T 15-87—2011)中对静载试验结果的评价,结合本规范建议将静载试验结果评价修改如下:

当出现下列情况之一时,应判定桥梁承载能力不满足要求:

(1)校验系数宜满足常值范围,但不应大于1。

(2)测点的相对残余变位或相对残余应变小于20%。

(3)对常规结构,主要控制截面应变沿高度分布应符合平截面假定,主要测点实测值与荷载关系曲线应呈线性关系。

(4)试验荷载作用下裂缝宽度不应超过设计标准的许可值,并且卸载后应闭合到小于容许值的1/3。原有的其他裂缝(施工的,收缩的和温度裂缝),受载后也不应超过标准容许宽度。

(5)在试验荷载作用下,主要挠度测点的实测值不应超过表3-7所列限值。

(6)在试验荷载作用下,桥梁基础发生不稳定沉降变位。

标准计算活载作用下桥跨结构的挠度限值表 表 3-7

桥梁类型	计算活载挠度限值	
圬工拱桥	一个桥跨范围内正、负挠度的最大绝对值之和不大于 $L/1000$	
钢筋混凝土 与预应力混凝土桥	梁桥主梁跨中	$L/600$
	梁桥主梁悬臂端	$L_1/300$
	桁架、拱	$L/800$
	斜拉桥预应力混凝土主梁	$L/500$
	悬索桥预应力混凝土主梁	$L/250$
钢桥	简支或连续桁架	$L/500$
	简支或连续板梁	$L/500$
	梁的悬臂端部	$L_1/300$
	斜拉桥主梁	$L/400$
	悬索桥主梁	$L/250$

注:1. L 分别为简支梁的计算跨径,桁架、拱的计算跨径,斜拉桥的主跨计算跨径,悬索桥主跨的计算跨径。

2. L_1 为悬臂长度。

3. 在试验荷载作用下,如一个桥跨结构范围内有正、负挠度,则表所列限值为正、负挠度的最大绝对值之和。

第4章 荷载试验关键问题分析

<<<

编写本章的目的主要是针对荷载试验中常用的若干问题进行解释与梳理,供广大读者参考。

4.1 控制值及荷载组合

《规程》中提到,静载试验应根据试验目的确定试验控制荷载。当静载试验为交(竣)工验收荷载试验时,应以设计荷载作为控制荷载;否则,应以目标荷载作为控制荷载。

4.1.1 控制值的概念

设计荷载包含的面广,各相关规范对控制荷载的定义如下。

《大跨径混凝土桥梁的试验方法》对控制值 S 的定义如下:设计标准活荷载作用下,检测部位变位或力的计算值(不计冲击系数),该规范明确了控制荷载是设计活载的标准值。

《公路旧桥承载能力鉴定方法》(试行)第四章第三节中明确说明:为了保证荷载试验的效果,必须先确定试验的控制荷载。桥梁需要鉴定承载能力的荷载可能有以下几种:a.汽车和人群(标准荷载);b.平板挂车或履带车(标准荷载);c.需通行的重型车辆。分别计算以上几种荷载对控制截面产生的最不利内力,用产生最不利内力较大的荷载作为静载试验的控制荷载。因挂车或履带车不计冲击力,所以动载试验以汽车荷载为控制荷载。该规范明确了控制荷载是设计活载的标准值或需通行的重型车辆荷载。

《城市桥梁检测与评定技术规范》(CJJ/T 233—2015)第6.2.4条第2款"常规桥梁验收性荷载试验的控制荷载应采用现行《城市桥梁设计规范》(CJJ 11)规定的汽车和人群荷载标准值;当设计另有规定时,应从其规定"。该规范中明确指明无特殊规定情况下试验控制荷载就是汽车与人群荷载标准值。

《公路桥梁承载能力检测评定规程》（JTG/T J21—2011）对控制值 S 的定义如下：检算荷载产生的同一加载截面内力、应力或变位的最不利效应计算值。第6.1.1款条文说明中提到"桥梁结构检算原则上按照桥梁设计规范进行"；第6.2.2款提到"当桥梁需要临时通过特殊重型车辆荷载时，应按实际车辆荷载进行检算"。也就是说检算荷载一般情况下按照设计规范取值，当桥梁需要临时通过特殊重型车辆荷载时，检算荷载取实际车辆荷载。

《铁路桥梁检定规范》对控制值 S 的定义如下：标准活载作用下检测部位的变位或力的计算值。第11.3.3款中提到"公铁两用桥试验荷载效率：对仅承受铁路荷载的杆件为铁路标准活载，对仅承受公路荷载的杆件为公路标准活载，对同时承受公铁荷载的杆件为铁路标准活载加75%公路标准活载"。以上规定与《铁路桥涵设计基本规范》第4.1.4条的规定保持一致。

因此，当无特殊规定情况下，控制荷载一般指汽车与人群荷载计算值；目标荷载一般指期望的汽车或车道荷载、人群荷载或需通行的重型车辆。《公路桥涵设计通用规范》（JTG D60—2015）第4.1.5条中两处提到"当某个可变作用在组合中其效应值超过汽车荷载效应时，则该作用取代汽车荷载"，因此在这种情况下可考虑用该可变作用取代汽车荷载作为静载试验的控制荷载或目标荷载。荷载组合见下面描述说明。

4.1.2 控制值理解误区

《大跨径混凝土桥梁的试验方法》对控制值 S 的定义如下：设计标准活荷载作用下，检测部位变位或力的计算值（不计冲击系数）；《公路旧桥承载能力鉴定方法》对控制值 S 的定义如下：控制荷载作用下控制截面最不利内力计算值；《公路桥梁承载能力检测评定规程》对控制值 S 的定义如下：检算荷载产生的同一加载截面内力、应力或变位的最不利效应计算值；《铁路桥梁检定规范》对控制值 S 的定义如下：标准活载作用下检测部位的变位或力的计算值；《公路桥梁荷载试验规程》对控制值 S 的定义如下：控制荷载产生的同一加载控制截面内力或变形的最不利效应计算值。

根据以上定义可以看出，控制值是控制荷载作用下检测部位的变位或力的最不利效应计算值。不管是在正载或偏载作用下对于同一检测部位来说控制值都是相同的。

关于多梁式结构控制值确定的误区：有不少检测单位在计算多梁式结构的控制值时，对于每片梁偏载的控制值和正载的控制值不相同。

例如，图4-1～图4-4所示某桥为一座 $1\times20m$ 后张法预应力钢筋混凝土空心板梁桥，桥梁

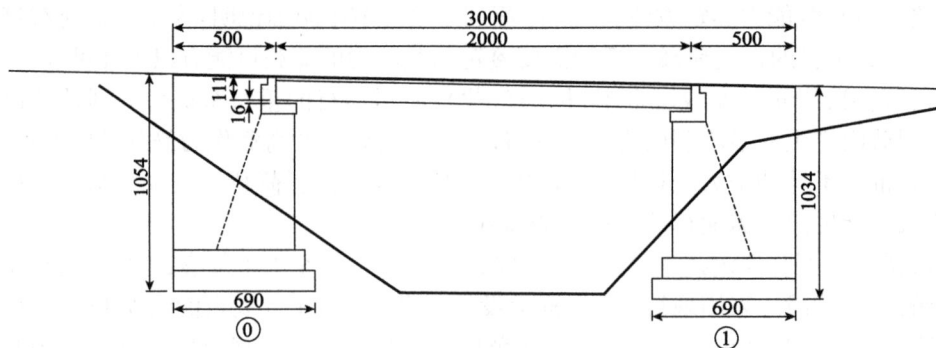

图4-1 某简支空心板桥立面图（尺寸单位：cm）

全长30.0m,全宽7.5m。上部构造为20m钢筋混凝土预应力空心板,预制板底宽1.24m,板高为0.95m。下部结构桥台采用重力式U形桥台,明挖扩大基础。桥面横坡2.0%,全桥设2.0%的纵坡。桥面现浇层采用10cm厚C50混凝土,桥面采用6cm厚沥青混凝土。

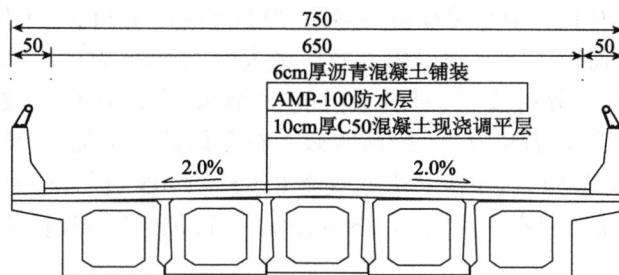

图4-2 典型横断面图(尺寸单位:cm)

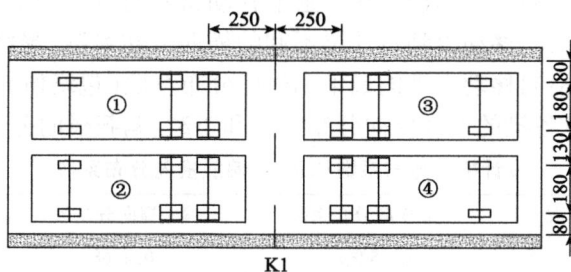

图4-3 正载加载车平面布置(尺寸单位:cm)

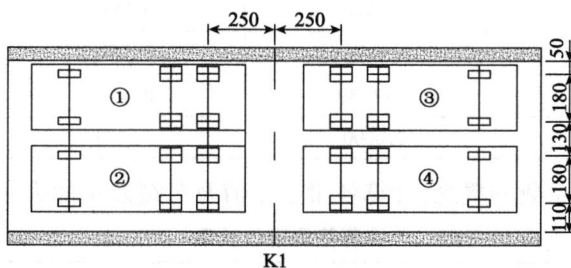

图4-4 偏载加载车平面布置(尺寸单位:cm)

其正载和偏载的控制值及加载效率如表4-1所示。

控制值及加载效率 表4-1

主梁编号	正载			偏载		
	控制弯矩 (kN·m)	试验弯矩 (kN·m)	试验效率	控制弯矩 (kN·m)	试验弯矩 (kN·m)	试验效率
1号	803.7	751.3	0.93	828.5	774.6	0.93
2号	645.2	603.2	0.93	651.4	609.0	0.93
3号	651.2	608.8	0.93	647.9	605.8	0.93
4号	645.2	603.2	0.93	637.7	596.2	0.93
5号	803.7	751.3	0.93	783.5	732.5	0.93

其计算控制值的方式如下:计算正载的控制值就是在正载车道布置情况下各梁在设计活载下的计算值,计算偏载的控制值就是在偏载车道布置情况下各梁在设计活载下的计算值。这种理解是存在一定的误区的。

本规范条文说明中指出,中小跨径桥梁多为多梁(肋)式结构,是针对单梁(肋)按照横向分布理论进行的设计,荷载试验通常以内力效应最大的梁(肋)为试验加载控制对象,兼顾其他梁的荷载效率不超限。分析表明,对多梁(肋)式结构,当设计车道数大于或等于3、在横向按照车道数进行布载时,若以0.85的荷载效率在整体截面上加载,则各单梁(肋)的荷载效率远达不到0.85;如果中梁(肋)以荷载效率0.85~1.05进行加载时,其他梁(肋)不会超过1.05,如果边梁(肋)以荷载效率0.85~1.05进行加载时,其他梁(肋)的荷载效率可能会超过1.05。

也就是说,中小跨径多梁(肋)式结构设计是按照设计横向分布系数乘以单车道计算值。设计横向分布系数是从单列车开始横向在车道上移动得到每片梁不利的横向分布系数,逐渐到最大车列数在车道上横向移动得到每片梁不利的横向分布系数,最终每片梁的设计横向分布系数就是以上各列车横向移动得到的最不利横向分布系数(包络值)。

针对以上实例,计算各梁的设计横向分布系数和正载、偏载横向分布系数如表4-2所示。

设计横向分布系数和正载、偏载横向分布系数 表4-2

编号	设计横向分布系数	正载横向分布系数	偏左横向分布系数	偏右横向分布系数
1号	0.46688	0.45289	0.46688	0.44152
2号	0.36711	0.36362	0.36711	0.35935
3号	0.36514	0.36698	0.36514	0.36514
4号	0.36711	0.36362	0.35935	0.36711
5号	0.46688	0.45289	0.44152	0.46688
合计	2.03312	2.0000	2.0000	2.0000

按照设计横向分布系数的概念,计算各梁控制值及荷载效率如表4-3所示。

控制值及荷载效率 表4-3

编号	控制值 (kN·m)	正载		偏载	
		试验弯矩(kN·m)	试验效率	试验弯矩(kN·m)	试验效率
1号	828.5	751.3	0.91	774.6	0.93
2号	651.4	603.2	0.93	609.0	0.93
3号	651.2	608.8	0.93	605.8	0.93
4号	651.4	603.2	0.93	596.2	0.92
5号	828.5	751.3	0.91	732.5	0.88

以上两车道桥梁不具代表性,下面以某个四车道简支T梁桥为例来说明。某桥上部结构为36m预应力混凝土简支T梁桥。下部结构为柱式墩,桩基础;埋置式桥台,桩基础。桥面横向布置为4.5m(人行道)+22m(机动车道)+4.5m(人行道)=31.0m。桥梁设计荷载等级为公路—Ⅰ级(04通规),人群荷载3.5kN/m²。一般横断面图如图4-5所示。桥梁通行四车道。

每列车在横向移动情况下,每片梁的最大和最小横向分布系数如表4-4所示。

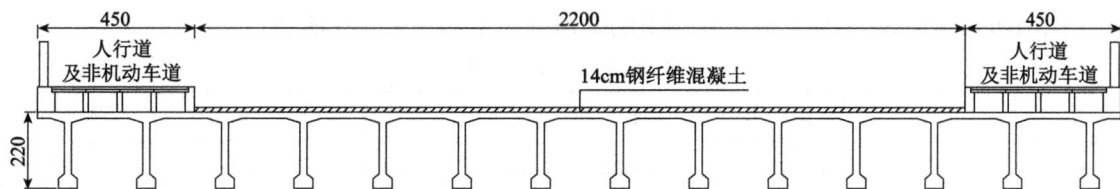

图 4-5 典型横断面图(尺寸单位:m)

横向分布系数 表 4-4

主梁	汽1列$_{max}$	汽2列$_{max}$	汽3列$_{max}$	汽4列$_{max}$	汽5列$_{max}$	汽6列$_{max}$
1 号	0.1854	0.2894	0.2616	0.2305	0.1989	0.1699
2 号	0.1853	0.3061	0.2924	0.272	0.2473	0.2216
3 号	0.1690	0.2989	0.3032	0.2972	0.2827	0.2632
4 号	0.1470	0.2816	0.3043	0.3138	0.3107	0.2985
5 号	0.1307	0.2567	0.2917	0.3174	0.3271	0.3238
6 号	0.1278	0.2499	0.2828	0.3099	0.3294	0.3369
7 号	0.1278	0.2496	0.2822	0.3086	0.3271	0.3375
8 号	0.1278	0.2496	0.2822	0.3086	0.3271	0.3375
9 号	0.1278	0.2499	0.2828	0.3099	0.3294	0.3368
10 号	0.1307	0.2567	0.2917	0.3174	0.3271	0.3237
11 号	0.1470	0.2815	0.3043	0.3138	0.3107	0.2982
12 号	0.1690	0.2987	0.3032	0.2972	0.2827	0.2629
13 号	0.1853	0.3061	0.2924	0.272	0.2473	0.2216
14 号	0.1854	0.2894	0.2616	0.2305	0.1989	0.1699

根据表 4-4 中各行的最大值可取得各梁汽车活载的设计横向分布系数,表 4-5 中列出汽车与人群设计横向系数。

设计横向分布系数 表 4-5

主梁	汽车	人群	主梁	汽车	人群
1 号	0.2894	1.4130	8 号	0.3375	0.1751
2 号	0.3061	1.1831	9 号	0.3368	0.2648
3 号	0.3032	0.9041	10 号	0.3271	0.4365
4 号	0.3138	0.6510	11 号	0.3138	0.6510
5 号	0.3271	0.4365	12 号	0.3032	0.9041
6 号	0.3369	0.2648	13 号	0.3061	1.1831
7 号	0.3375	0.1751	14 号	0.2894	1.4130

拟用四列车加载,四列加载车作用下的横向分布系数如表4-6所示。

四列车加载横向分布系数 表4-6

主梁	正载	偏左	偏右	主梁	正载	偏左	偏右
1号	0.0631	0.3440	−0.0622	9号	0.4288	0.2862	0.4562
2号	0.1436	0.4060	−0.0036	10号	0.3759	0.2116	0.4737
3号	0.2262	0.4436	0.0659	11号	0.3055	0.1375	0.4683
4号	0.3055	0.4683	0.1375	12号	0.2262	0.0659	0.4436
5号	0.3759	0.4737	0.2116	13号	0.1436	−0.0036	0.4060
6号	0.4288	0.4562	0.2862	14号	0.0631	−0.0622	0.3440
7号	0.4570	0.4160	0.3569	合计	4.0000	4.0000	4.0000
8号	0.4570	0.3569	0.4160				

设计活载作用下,单列车的汽车活载弯矩值为4832.1kN·m,1m人群的跨中弯矩值为502.8kN·m。以1号梁为例,1号梁控制值为$0.2894 \times 4832.1 + 1.4130 \times 502.8 = 2108.8$kN·m。按照设计横向分布系数的概念,计算各梁控制值及荷载效率如表4-7所示(加载车60kN + 240kN,轴距分部位4.0m + 1.4m,纵向加载车相对跨中截面对称布置,后轴距跨中2.1m)。加载车正载及偏载布置示意图如图4-6、图4-7所示。

控制值及荷载效率 表4-7

编号	控制值 (kN·m)	正载		偏载	
		试验弯(kN·m)	试验效率	试验弯矩(kN·m)	试验效率
1号	2108.8	250.1	0.12	1363.4	0.65
2号	2074.0	569.2	0.27	1608.9	0.78
3号	1919.6	896.3	0.47	1757.9	0.92
4号	1843.6	1210.5	0.66	1856.0	1.01
5号	1800.0	1489.5	0.83	1877.1	1.04
6号	1761.1	1699.3	0.96	1807.8	1.03
7号	1718.9	1811.1	1.05	1648.8	0.96
8号	1718.9	1811.1	1.05	1414.4	0.82
9号	1760.6	1699.3	0.97	1134.2	0.64
10号	1800.0	1489.5	0.83	838.4	0.47
11号	1843.6	1210.5	0.66	545.1	0.30
12号	1919.6	896.3	0.47	261.0	0.14
13号	2074.0	569.2	0.27	−14.4	−0.01
14号	2108.8	250.1	0.12	−246.4	−0.12

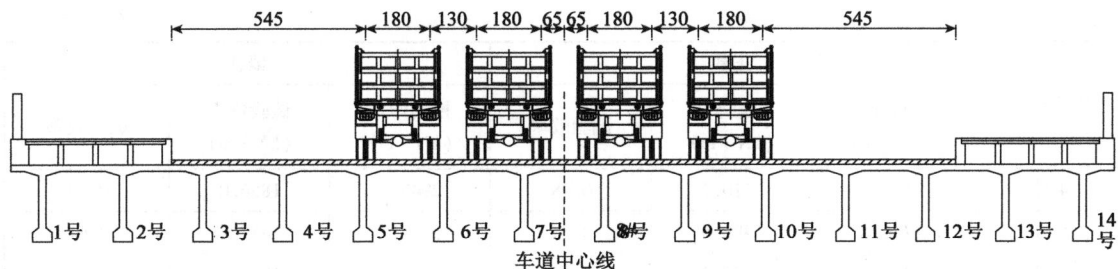

图4-6 加载车正载横向布置示意图(尺寸单位:cm)

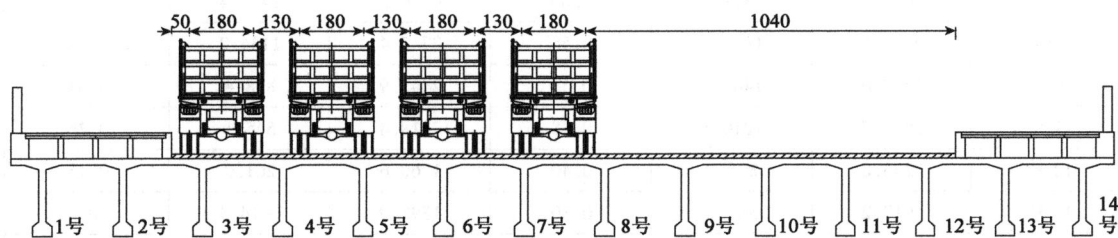

图4-7 加载车偏载横向布置示意图(尺寸单位:cm)

拟用六列车加载,六列加载车作用下的横向分布系数如表4-8所示。

六列车加载横向分布系数 表4-8

主梁	正载	偏左	偏右	主梁	正载	偏左	偏右
1号	0.1716	0.3089	0.0661	9号	0.5835	0.5344	0.6125
2号	0.2737	0.4028	0.1664	10号	0.5321	0.4612	0.5887
3号	0.3703	0.4786	0.2703	11号	0.4591	0.3707	0.5427
4号	0.4591	0.5427	0.3707	12号	0.3703	0.2703	0.4786
5号	0.5321	0.5887	0.4612	13号	0.2737	0.1664	0.4028
6号	0.5835	0.6125	0.5344	14号	0.1716	0.0661	0.3089
7号	0.6099	0.6116	0.5853	合计	6.0000	6.0000	6.0000
8号	0.6099	0.5853	0.6116				

假设正载和偏载控制值不同,以正载1号梁为例,1号梁控制值为 $0.1716 \times 4832.1 + 1.4130 \times 502.8 = 1539.4$ kN·m;偏载1号梁为例,1号梁控制值为 $0.3089 \times 4832.1 + 1.4130 \times 502.8 = 2202.9$ kN·m。控制值及荷载效率见表4-9。

控制值及荷载效率 表4-9

主梁编号	正载			偏载		
	控制弯矩 (kN·m)	试验弯矩 (kN·m)	试验效率	控制弯矩 (kN·m)	试验弯矩 (kN·m)	试验效率
1号	1539.4	250.1	0.16	2202.9	1363.4	0.62
2号	1917.2	569.2	0.30	2541.4	1608.9	0.63
3号	2243.8	896.3	0.40	2767.0	1757.9	0.64

主梁编号	正载			偏载		
	控制弯矩（kN·m）	试验弯矩（kN·m）	试验效率	控制弯矩（kN·m）	试验弯矩（kN·m）	试验效率
4 号	2545.5	1210.5	0.48	2949.5	1856.0	0.63
5 号	2790.6	1489.5	0.53	3064.2	1877.1	0.61
6 号	2952.5	1699.3	0.58	3092.6	1807.8	0.58
7 号	3035.1	1811.1	0.60	3043.5	1648.8	0.54
8 号	3035.1	1811.1	0.60	2916.5	1414.4	0.48
9 号	2952.5	1699.3	0.58	2715.4	1134.2	0.42
10 号	2790.6	1489.5	0.53	2447.9	838.4	0.34
11 号	2545.5	1210.5	0.48	2118.4	545.1	0.26
12 号	2243.8	896.3	0.40	1760.6	261.0	0.15
13 号	1917.2	569.2	0.30	1398.9	−14.4	−0.01
14 号	1539.4	250.1	0.16	1029.9	−246.4	−0.24
合计	34048.4	15852.1	—	34048.4	15852.1	—

由表 4-9 可以看出，按照这种方式加载车用得多了，反而每片梁达不到效率。本质上讲这种方式就是按照整体截面来控制。显而易见，当车道数大于三车道时这种方式是不合适的。

4.1.3　各规范关于荷载组合的说法

《公路桥梁荷载试验规程》对控制值 S 的定义如下：控制荷载产生的同一加载控制截面内力或变形的最不利效应计算值。第 5.4.1 款中提到"当静载试验为交竣工验收试验时，应以设计荷载作为控制荷载；否则应以目标荷载作为控制荷载"。《公路桥梁荷载试验规程》中对桥梁荷载试验的荷载组合没有说得很明确。但是《公路桥梁荷载试验规程》的上行规范是《公路桥梁承载能力检测评定规程》，既然上行规范中表达了：检算荷载一般情况下按照设计规范取值，当桥梁需要临时通过特殊重型车辆荷载时，检算荷载取实际车辆荷载，那么下行规范应严格执行。桥梁荷载试验检验的是结构的弹性工作状态，那么试验的荷载组合就必须按照正常使用极限状态荷载组合来进行。

《大跨径混凝土桥梁的试验方法》中点明 S 表示设计标准活荷载，即 $S = LLL + PLL$（LLL 表示 Lane Live Load，包含冲击系数；PLL 表示 Pedestrian Live Load）。荷载试验是检验结构在弹性工作状态下的强度和刚度指标，《大跨径混凝土桥梁的试验方法》指明的用活荷载的标准值是与 85 规范相适应的。

《公路桥涵设计通用规范》（JTG D60—2004）中第 4.1.2 条指出"正常使用极限状态按短期效应（频遇）组合设计时，应采用频遇值作为可变作用的代表值；按长期效应（准永久）组合设计时，应采用准永久值作为可变作用的代表值"。活载部分的 $S_{sd} = 0.7LLL + PLL$（LLL 表示 Lane Live Load，不包含冲击系数；PLL 表示 Pedestrian Live Load）。

《公路桥涵设计通用规范》(JTG D60—2015)中第4.1.6条指出正常使用极限状态频遇组合,活载部分的 $S_{fd}=0.7LLL+0.4PLL$(LLL 表示 Lane Live Load,不包含冲击系数;PLL 表示 Pedestrian Live Load)。

本规范对于活载(或活载替代值)的荷载组合是没有说清楚的。目前大多数单位还是沿用《大跨径混凝土桥梁的试验方法》的做法,设计活载=汽车(车道)标准值+人群标准值或挂车标准值。

《公路桥涵设计通用规范》(JTJ 021—1989)和《公路钢筋混凝土及预应力混凝土桥涵设计规范》(JTJ 023—1985)中正常使用极限状态下荷载组合为标准组合。标准组合主要用来验算一般情况下构件的挠度、裂缝等使用极限状态问题。在组合中可变荷载采用标准值,即超越概率为5%的上分位置,荷载分项系数取为1.0。

《公路桥涵设计通用规范》(JTG D60—2004)中正常使用极限状态下荷载组合为新引进的频遇组合。可变荷载的频遇组合等于可变荷载标准值乘以频遇值系数,其值是这样选取的:考虑了可变荷载在结构设计基准期内超越其值的次数或大小的时间与总的次数或时间相比在10%左右。即90%情况下是不会超越的。如果汽车活载考虑冲击系数,那么90%以上情况下是不会超越的。

《公路桥涵设计通用规范》(JTG D60—2004)中频遇组合中作用短期效应组合,汽车荷载(不计冲击力)频遇值系数为0.7,人群荷载频遇值系数为1.0;频遇组合中作用长期效应组合,汽车荷载(不计冲击力)频遇值系数为0.4,人群荷载频遇值系数为0.4。《公路桥涵设计通用规范》(JTG D60—2015)中频遇组合中汽车荷载(不计冲击力)频遇值系数为0.7,人群荷载频遇值系数为1.0。在此规范中原《公路桥涵设计通用规范》(JTG D60—2004)频遇组合中作用长期效应组合为准永久组合。

《建筑结构荷载规范》(GB 50009—2012)第3.2.7款"对于正常使用极限状态,应根据不同的设计要求,采用荷载的标准组合、频遇组合或准永久组合"。

本规范明确提出,桥梁荷载试验的目的是通过加载试验,记录桥梁在荷载作用下的结构反应,为桥梁结构技术状况及承载能力评定和日后养护、维修、加固的决策提供科学依据和支持。但是荷载试验是怎么评价的呢?将实测值与理论计算值进行比较,验证结构是线弹性工作状态。为什么结构的线弹性工作状态是最重要的呢?大家看,我们的钢材标准强度是在本构关系上线弹性工作部分的上限;混凝土也是如此。也就是只有结构处于线弹性工作状态才是可控的。

所以实际上准确地讲,桥梁荷载试验的目的是通过在线弹性情况下(正常使用状态)试验加载,记录桥梁在荷载作用下的结构反应,验证物理模型(实际桥梁)与数值分析模型之间的符合性,进而为桥梁结构技术状况及承载能力评定和日后养护、维修、加固的决策提供科学依据和支持。

那么,既然《建筑结构荷载规范》(GB 50009—2012)第3.2.7款"对于正常使用极限状态,应根据不同的设计要求,采用荷载的标准组合、频遇组合或准永久组合"。那么笔者认为一般情况下桥梁荷载试验的活载组合可以按照标准组合或频遇组合。按照标准组合:$S=LLL+PLL$ 或 LV(LLL 表示 Lane Live Load,包含冲击系数;PLL 表示 Pedestrian Live Load;LV 表示大件车 Large Vehicle)。

按照频遇组合:$S = 0.7LLL + 0.4PLL$(LLL 表示 Lane Live Load,包含冲击系数;表示 Pedestrian Live Load)。报告中应注明标准组合还是频遇组合。

实例一:《公路桥涵设计通用规范》(JTG D60—2015)中有个单车道系数1.2,对于单车道小跨桥梁,设计活载 $S = 1.2 \times LLL \times (1 + \mu) + PLL$,采用超重加载车(影响局部安全)才可能达到荷载效率0.85。

以某8m钢筋混凝土简支空心板桥为例,如图4-8、图4-9所示,桥梁全长18.0m,全宽6.0m,上部构造为 $1 \times 8m$ 钢筋混凝土简支空心板,空心板底宽5.16m,顶宽6.0m,板高为0.6m;下部采用重力式 U 形桥台,明挖扩大基础。桥面铺装采用10~15cm 厚 C40 混凝土。桥面布置为0.5m(护栏) + 5.0m(行车道) + 0.5m(护栏) = 6.0m。设计荷载:公路—Ⅱ级。

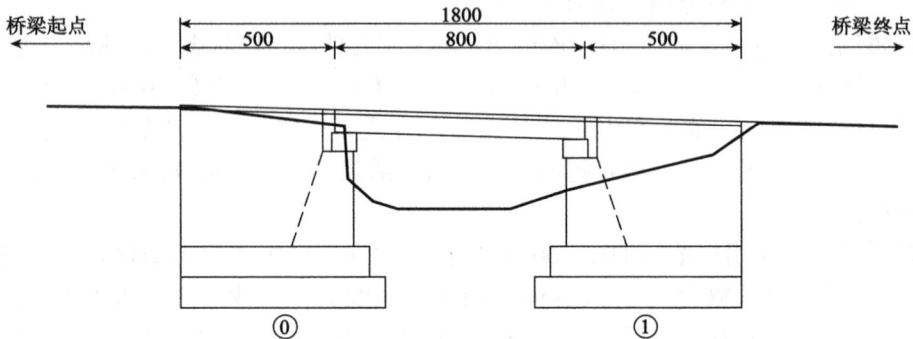

图4-8 某钢筋混凝土简支空心板立面图(尺寸单位:cm)

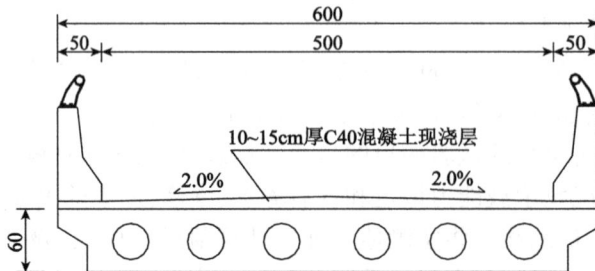

图4-9 某钢筋混凝土简支空心板典型断面图(尺寸单位:cm)

跨中车道荷载计算弯矩为769.2kN·m(计冲击),不考虑1.2的车道系数跨中车道荷载计算弯矩为641.0kN·m,最后迫不得已选择控制值为641.0kN·m,采用45t(前轴9t,中后轴36t,轴距为3.8 + 1.4m)的三轴加载车来加载。而新的限载要求三轴货车限载27t,最后勉强做完试验。

对于以上实例,跨中车道荷载计算弯矩为769.2kN·m(计冲击,考虑1.2的车道系数)。按照频遇组合为769.2 × 0.7 = 538.4kN·m。采用38t(前轴7.6t,中后轴30.4t,轴距为3.8 + 1.4m)的三轴加载车来加载,跨中荷载效率可达到463.6/538.4 = 0.86。

实例二:一些小跨径拱桥,人行道又较宽时,因影响线加载区段窄,荷载组合按照标准组合其荷载效率达到0.85是比较困难的。

以某拱桥为例,如图 4-10 所示,主拱为钢筋混凝土板式结构,主拱净跨 28m,拱圈 45cm,拱矢跨比 1/9.33,桥面全宽 16m:1.5m(人行道外侧)+3.0m(人行道及栏杆)+7.0m(车行道)+3.0m(人行道及栏杆)+1.5m(人行道外侧)。设计荷载:城市—A 级,人群荷载 4.0kN/m²。对于拱顶正弯工况,因影响线区域受限,只能加两辆加载车,同时在人行道侧加 700cm×250cm×120cm 的水箱,拱顶截面加载值为 515.1kN·m(含水箱),按照标准组合拱顶截面控制值为 626.5kN·m,荷载效率为 0.82。控制值计算如表 4-10 所示。

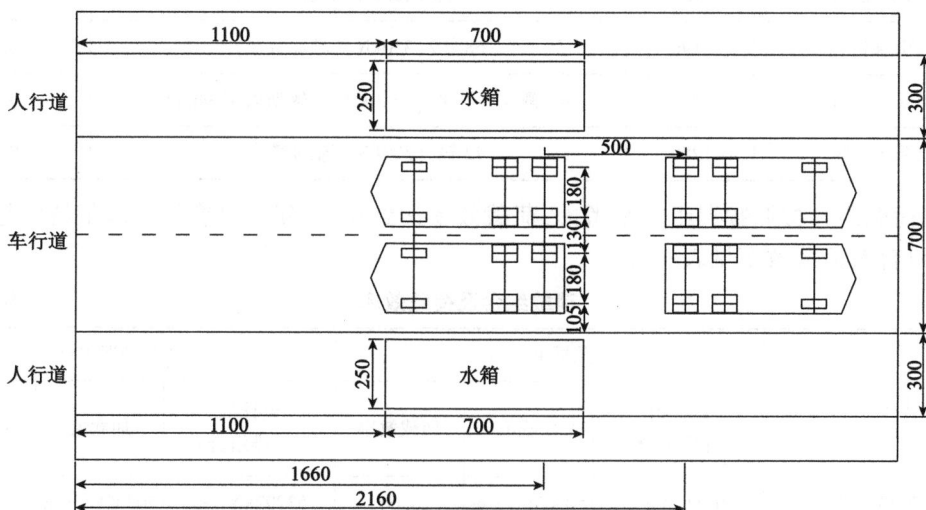

图 4-10　拱顶正弯工况加载平面布置图(尺寸单位:cm)

注:水箱高 1.2m。

控制值计算　　　　表 4-10

截面	计算值(kN·m)				标准组合(kN·m)		频遇组合(kN·m)	
	车道max	人群max	车道min	人群min	控制值max	控制值min	控制值max	控制值min
拱脚	850.1	222.5	-1286.7	-240.1	1072.5	-1526.8	684.0	-996.7
1/4	624.5	88.2	-348.7	-90.0	712.7	-438.7	472.4	-280.1
拱顶	560.3	66.2	-169.5	-48.8	626.5	-218.3	418.7	-138.2

结合表中数据可以看出,对于拱顶正弯工况,如果控制值采用频遇组合,控制值为 418.7kN·m,仅用两辆加载车拱顶截面加载值为 391.4,荷载效率可达到 0.93。

实例三:对于大跨径悬索桥索塔最大拉力工况、塔底最大弯矩工况及塔顶最大偏位工况,如果荷载组合按照标准组合来考虑荷载效率达到 0.85 以上几乎就是加载车满布。此种情况在实际运营过程中的可能性很小,因此荷载效率取值可以考虑低点。

一般情况下对交(竣)工验收荷载试验,静载荷载试验效率宜介于 0.85~1.05 之间;其他情况下,宜介于 0.95~1.05 之间。特殊情况下,以单跨双铰悬索桥为例,主缆最大拉力工况是活载满布,此工况静载效率达到 0.85 是比较难的。在相关文献中所能收集到的大跨径悬索桥最大用车辆工况的荷载效率如表 4-11 所示。对于此种情况在报告中应予以说明,即在实际运营过程中出现重车满布的可能性很小,因此荷载效率取值偏低。

大跨径悬索桥荷载效率引用　　　　　　　　　　表 4-11

桥名	跨径(m)	主缆最大拉力工况用车量	荷载效率
重庆鱼嘴长江大桥	616	48 辆/(354kN 三轴加载车)	0.84
贵州清水江大桥	1130	80 辆/(400kN 三轴加载车)	0.84
云南某桥	1196	68 辆/(350kN 三轴加载车)	0.64
宜昌长江大桥	960	40 辆/(28 辆红岩 380kN,12 辆斯太尔 340kN)	0.52
武汉阳逻大桥	1280	72 辆/(300kN 三轴加载车)	0.69

如果荷载组合按照频遇组合来考虑,荷载效率达到 0.85 就相对容易。以某特大悬索桥为例,荷载组合及荷载效率见表 4-12。

荷载组合及荷载效率　　　　　　　　　　表 4-12

工况	按照标准组合			按照频遇组合		
	设计值(标准组合)	加载值	加载效率	设计值(标准组合)	加载值	加载效率
东岸塔底最大弯矩	76131kN·m	50305kN·m	0.66	53292kN·m	50305kN·m	0.94
西岸塔底最大弯矩	137552kN·m	90976kN·m	0.66	96286kN·m	90976kN·m	0.94
东岸塔顶最大纵向位移	197mm	130mm	0.66	138mm	130mm	0.94
西岸塔顶最大纵向位移	-189mm	-125mm	0.66	-132mm	-125mm	0.94

在实际运营过程中出现重车满布的可能性很小,结合表 4-12 可以看出,笔者认为按照频遇组合是合适的。

4.2　普通混凝土开裂刚度

钢筋混凝土结构纵向钢筋应变测点如图 4-11 所示。为什么钢筋混凝土实测钢筋应变值一般比较小?我们计算钢筋应变值时先计算开裂刚度 I_{cr},这个开裂刚度是根据力的平衡原理计算出来的,完全开裂后钢筋的拉力与混凝土的压力形成平衡,根据这个原理求得受压区高度 x,进而求得 I_{cr},这个是理论意义上的开裂刚度 I_{tcr}(Theoretical Crack Inertia)。求得 I_{cr} 以后再根据材料力学公式计算荷载作用下的钢筋应力。根据计算过程,I_{cr} 的计算与结构经历的受力过程没有关系,是根据力平衡原理计算出来的一个定值。而混凝土结构实际的开裂刚度 I_{rcr}(Real Crack Inertia)与结构受力有关。举两个极端的例子,如果钢筋混凝土桥上一直走的是蚂蚁,那么 I_{rcr} 还等于 I_{tcr} 吗?此时 $I_{rcr}=I_g$。如果钢筋混凝土桥上一直走的是超重车辆,那么 $I_{rcr}=I_{tcr}$。也就是说 $I_{tcr} \leq I_{rcr} \leq I_g$(毛截面刚度)。

图 4-11　钢筋混凝土结构纵向钢筋应变测点

4.2.1　国内规范的规定

公路桥涵设计规范(试行)(1980 年)第 4.4 条第四款:"当计算以受弯为主的构件变形及超静定结构内力时,其计算刚度取 $1/1.5E_hI_h$(I_h 为混凝土全截面惯性矩)。"

《公路钢筋混凝土及预应力混凝土桥涵设计规范》(JTJ 023—1985)第 4.2.2 条:"钢筋混凝土受弯构件计算变形时的截面刚度:对于简支梁等静定结构采用 $0.85E_hI_{01}$,其中 E_h 为混凝土的弹性模量,I_{01} 为开裂截面的换算惯性矩;对于超静定结构采用 $0.67E_hI_0$,其中 I_0 为构件换算截面的惯性矩。"本条前半段"简支梁等静定结构采用 $0.85E_hI_{01}$"是沿用的铁路桥涵设计规范,后半段"超静定结构采用 $0.67E_hI_0$"是沿用试行版规范,构件换算截面的惯性矩 I_0 就是在混凝土全截面惯性矩基础上考虑了钢筋的换算惯性矩,基本上与混凝土全截面惯性矩相当。为什么铁路桥涵设计规范计算变形采用 $0.85E_hI_{01}$,主要是考虑了混凝土开裂后还存在疲劳问题,因此在开裂刚度的基础上再乘以一个折算系数。

《公路钢筋混凝土及预应力混凝土设计规范》(JTG D62—2004)第 6.5.2 条规定:

钢筋混凝土受弯构件的刚度可按下式计算:

$$B = \frac{B_0}{\left(\dfrac{M_{cr}}{M_s}\right)^2 + \left[1 - \left(\dfrac{M_{cr}}{M_s}\right)^2\right]\dfrac{B_0}{B_{cr}}} \tag{4-1}$$

$$M_{cr} = \gamma f_{tk} W_0 \tag{4-2}$$

式中:B——开裂构件等效截面的抗弯刚度;

B_0——全截面的抗弯刚度,$B_0 = 0.95E_cI_0$;

B_{cr}——全截面的抗弯刚度,$B_{cr} = E_cI_{cr}$;

M_{cr}——开裂弯矩;

γ——构件受拉区混凝土塑性影响系数。

以上公式的推导来源于东南大学有关研究资料。将一根带裂缝的受弯构件视为一根不等刚度的构件[图 4-12a)],裂缝处刚度最小,两裂缝之间刚度最大。图 4-12b)实线表示截面刚

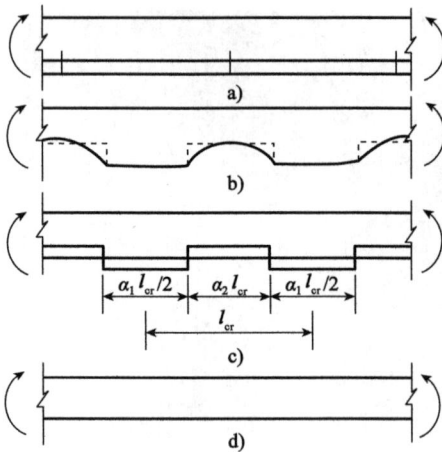

图 4-12 构件截面等效示意图

度变化规律。为便于分析,取一个长度为 l_{cr} 的裂缝区段,近似地分解为 $\alpha_1 l_{cr}$ 整体截面区段和 $\alpha_2 l_{cr}$ 开裂截面区段[图 4-12c)]。根据经验分析,α_1 和 α_2 与开裂弯矩 M_{cr} 和截面上所受的弯矩 M_s 的比值有关,可按下式确定:

$$\alpha_1 = \left(\frac{M_{cr}}{M_s}\right)^2 \tag{4-3}$$

$$\alpha_2 = 1 - \left(\frac{M_{cr}}{M_s}\right)^2 \tag{4-4}$$

把图 4-12c)变刚度构件等效为图 4-12d)等刚度构件,采用结构力学方法,按在端部弯矩作用下构件转角相等的原则,可求得等刚度受弯构件的等效刚度 B。如下式:

$$\frac{l_{cr}M_s}{B} = \frac{\left(\frac{M_{cr}}{M_s}\right)^2 l_{cr}M_s}{B_0} + \frac{\left[1 - \left(\frac{M_{cr}}{M_s}\right)^2\right]l_{cr}M_s}{B_{cr}}$$

$$\frac{1}{B} = \frac{\left(\frac{M_{cr}}{M_s}\right)^2}{B_0} + \frac{1 - \left(\frac{M_{cr}}{M_s}\right)^2}{B_{cr}}$$

$$\frac{1}{B} = \frac{\alpha}{B_0} + \frac{1-\alpha}{B_{cr}}$$

$$\alpha = \left(\frac{M_{cr}}{M_s}\right)^2$$

4.2.2 美国 AASHTO 规范规定

美国 ACI 混凝土及 AASHTO 桥梁设计规范关于混凝土开裂后的等效刚度计算如下,构件弯矩与曲率图如图 4-13 所示。

$$M_{cr} + M - M_{cr} = M \quad \frac{M}{EI} = C$$

$$EI_g C_1 + EI_{cr}(C - C_1) = EI_{eff}C$$

$$I_{eff} = I_g \frac{C_1}{C} + I_{cr}\left(1 - \frac{C_1}{C}\right) \quad \frac{C_1}{C} = \left(\frac{M_{cr}}{M}\right)^3$$

$$I_{eff} = I_g\left(\frac{M_{cr}}{M}\right)^3 + I_{cr}\left[1 - \left(\frac{M_{cr}}{M}\right)^3\right]$$

$$M_{cr} = f_r \frac{I_g}{y_t}$$

即:

$$I_e = \alpha I_g + (1-\alpha)I_{cr}$$

$$\alpha = \left(\frac{M_{cr}}{M_s}\right)^2$$

其物理意义如图 4-14 所示。

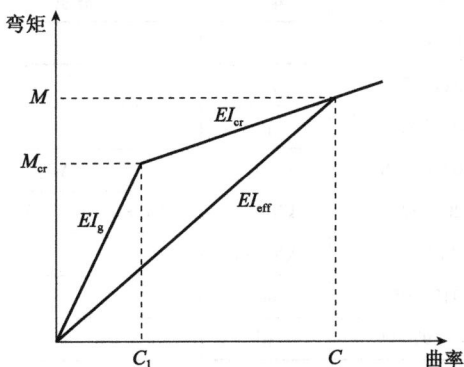

图 4-13 构件弯矩与曲率图

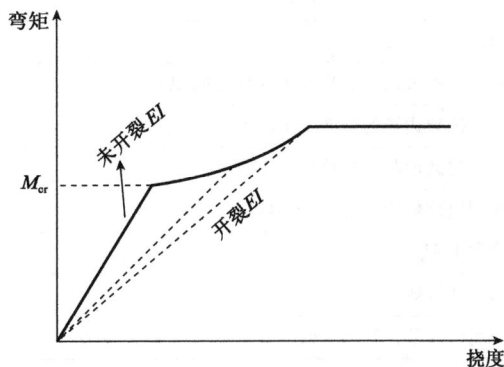

图 4-14 构件弯矩与挠度图

显然,美国相关规范为串联模型,我国相关规范为并联模型。

4.2.3 计算实例

某桥上部结构为 1-10m 钢筋混凝土空心板,下部结构采用重力式桥台,基础采用扩大基础。桥面布置:0.5m(防撞墙)+4.8m(车行道)+0.5m(防撞墙)=5.8m。设计荷载为公路—Ⅱ级(15 通规)。跨中横断面图如图 4-15 所示,等效刚度计算示例见表 4-13。

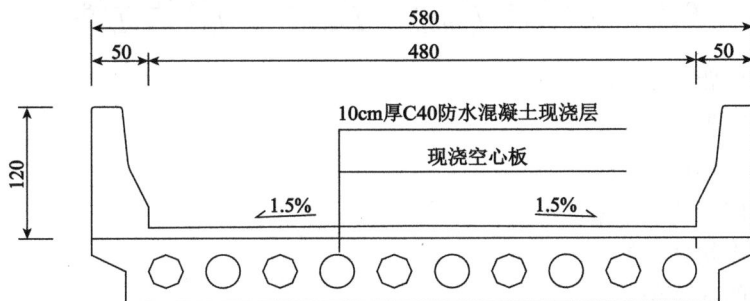

图 4-15 某桥跨中横断面图(尺寸单位:cm)

等效刚度计算示例 表 4-13

项目	数值	单位	备注
混凝土抗拉强度标准值 f_{tk}	2.51	MPa	主梁为 C40 混凝土
毛截面刚度 I_g	0.283394	m^4	
毛截面从中性轴到最外侧受拉纤维的距离 y	0.471278	m	
毛截面中性轴以下面积	1.2281193	m^2	
毛截面中性轴以下面积距离下缘距离	0.127871	m	
开裂截面刚度	0.086070804	m^4	
自重及二期恒载作用下弯矩值 $M_{恒}$	3304.19	kN·m	
活载作用下弯矩值 $M_{活}$	1668.09	kN·m	

项目	数值	单位	备注
活载冲击系数 μ	0.2996		
毛截面中性轴以下面积对中性轴的面积矩 S	0.421744764	m^3	
毛截面抗裂边缘的弹性抵抗距 W	0.601330849	m^3	
构件受拉区混凝土塑性影响系数 γ	1.402704568		$2S/W$
按作用短期效应组合计算的弯矩值	4202.67	$kN \cdot m$	$M_{恒} + 0.7M_{活}/(1+\mu)$
开裂弯矩 M_{cr}	2117.2	$kN \cdot m$	
开裂构件等效截面的抗弯刚度	0.104544055	m^4	
按照美国规范计算的等效刚度	0.111297647	m^4	

4.3 石拱桥综合弹模问题

为什么石拱桥应变值不好测试？假定砌缝饱满,石料材质均匀的情况下,综合弹性模量推导如下:

北京交通大学季文玉教授关于砌体弹性模量的推导为:

$$\varepsilon = \frac{\Delta l_f + \Delta l_k}{l_1} = \frac{\Delta l_f/n\delta_f}{l_1/n\delta_f} + \frac{\Delta l_k/mh_2}{l_1/mh_2} = \frac{n\delta_f}{l_1}\varepsilon_f + \frac{mh_2}{l_1}\varepsilon_k \quad (4\text{-}5)$$

式中: l_1——测量标距(mm);

Δl_f——灰缝变形(mm);

Δl_k——块体变形(mm);

n——标距内灰缝条数;

m——标距内块体条数;

ε_f——灰缝的应变值;

ε_k——块体的应变值;

δ_f——灰缝的厚度(mm);

h_2——块体的厚度(mm)。

由于石材的强度和弹性模量远远大于砂浆的强度和弹性模量,也就是说砌体灰缝的变形将远大于石材的变形,所以可以认为砌体标距内的变形主要为灰缝的变形,故:

$$\varepsilon = \frac{n\delta_f}{l_1}\varepsilon_f \quad (4\text{-}6)$$

即:

$$\frac{\sigma}{E} = \frac{n\delta_f}{l_1}\frac{\sigma_f}{E_f} \quad (4\text{-}7)$$

式中: σ_f——灰缝的应力。

假设砌体与灰缝的截面相同,则有:

$$\sigma = \sigma_{\mathrm{f}} \tag{4-8}$$

即：

$$E = \frac{l_1}{n\delta_{\mathrm{f}}}E_{\mathrm{f}} \tag{4-9}$$

一般情况下，$l_1 = n\delta_{\mathrm{f}} + (n+1)h_2$，则：

$$E = \frac{n\delta_{\mathrm{f}} + (n+1)h_2}{n\delta_{\mathrm{f}}}E_{\mathrm{f}} = \left(1 + \frac{n+1}{n}\frac{h_2}{\delta_{\mathrm{f}}}\right)E_{\mathrm{f}} \tag{4-10}$$

当 $n \to \infty$ 时，$\dfrac{n+1}{n} = 1$，即：

$$E = \left(1 + \frac{h_2}{\delta_{\mathrm{f}}}\right)E_{\mathrm{f}} \tag{4-11}$$

重庆交通大学王刚在其硕士论文中推导过程为：

$$E = \frac{(n+1)h_2 + n\delta_{\mathrm{f}}}{\dfrac{(n+1)h_2}{E_{\mathrm{k}}} + \dfrac{n\delta_{\mathrm{f}}}{E_{\mathrm{f}}}} = \frac{(n+1)h_2 + n\delta_{\mathrm{f}}}{(n+1)h_2\dfrac{E_{\mathrm{f}}}{E_{\mathrm{k}}} + n\delta_{\mathrm{f}}}E_{\mathrm{f}} = \frac{h_2 + \dfrac{n}{n+1}\delta_{\mathrm{f}}}{h_2\dfrac{E_{\mathrm{f}}}{E_{\mathrm{k}}} + \dfrac{n}{n+1}\delta_{\mathrm{f}}}E_{\mathrm{f}} \tag{4-12}$$

式中：E_{k}——块体的弹性模量。

当 $n \to \infty$ 时，$\dfrac{n}{n+1} = 1$，即：

$$E = \frac{1 + \dfrac{\delta_{\mathrm{f}}}{h_2}}{\dfrac{E_{\mathrm{f}}}{E_{\mathrm{k}}} + \dfrac{\delta_{\mathrm{f}}}{h_2}}E_{\mathrm{f}} \tag{4-13}$$

通常情况下 E_{k} 与 E_{f} 相差较大（至少一个数量级），即 $\dfrac{E_{\mathrm{f}}}{E_{\mathrm{k}}}$ 为极小数，可忽略不计，即认为：$\dfrac{E_{\mathrm{f}}}{E_{\mathrm{k}}} = 0$，则：

$$E = \frac{h_2 + \delta_{\mathrm{f}}}{\delta_{\mathrm{f}}}E_{\mathrm{f}} = \left(1 + \frac{h_2}{\delta_{\mathrm{f}}}\right)E_{\mathrm{f}} \tag{4-14}$$

此式与季玉文教授推导结果一致。

引用王刚硕士论文中数据：$E_{\mathrm{k}} = 1.29 \times 10^4\,\mathrm{MPa}$，$E_{\mathrm{f}} = 1.66 \times 10^3\,\mathrm{MPa}$，$h_2 = 200\,\mathrm{mm}$，$\delta_{\mathrm{f}} = 10\,\mathrm{mm}$，则：

$$n = 2\text{ 时，} E = \frac{200 + \dfrac{2}{3} \times 10}{200 \times \dfrac{1.66 \times 10^3}{1.29 \times 10^4} + \dfrac{2}{3} \times 10} \times 1.66 \times 10^3 = 10587.5\,\mathrm{MPa};$$

$$n \to \infty \text{ 时，} E\ \frac{200 + 10}{200 \times \dfrac{1.66 \times 10^3}{1.29 \times 10^4} + 10} \times 1.66 \times 10^3 = 9754.8\,\mathrm{MPa}_{\circ}$$

王刚在硕士论文中的试验值为 $E = 9244.5\,\mathrm{MPa}_{\circ}$

根据《砌体结构设计规范》（GB 50003—2011）中，M5 号砂浆 $E = 12000\mathrm{MPa}$，M2.5 号砂浆 $E = 6750\mathrm{MPa}$，当砂浆为 M4 时 $E = 9900\mathrm{MPa}$。

根据以上推导我们发现，石拱桥荷载试验计算时，因挠度为整体梁可以用综合弹模计算，但是应变为局部梁，用综合弹模计算就有偏差。此外实际情况中砌缝很难砌筑饱满，石料材质一般均匀，导致石拱桥应变测试不可靠。部分检测单位在做石拱桥荷载试验时甚至只测试挠度不测应变，笔者认为也是可取的。

4.4　各桥型竖向一阶振型问题

为什么梁竖向一阶为正对称竖弯？而拱与悬索桥竖向一阶为反对称竖弯？根据竖向一阶振型（图 4-16），以上结构挠度最大位置在哪里就一目了然了？

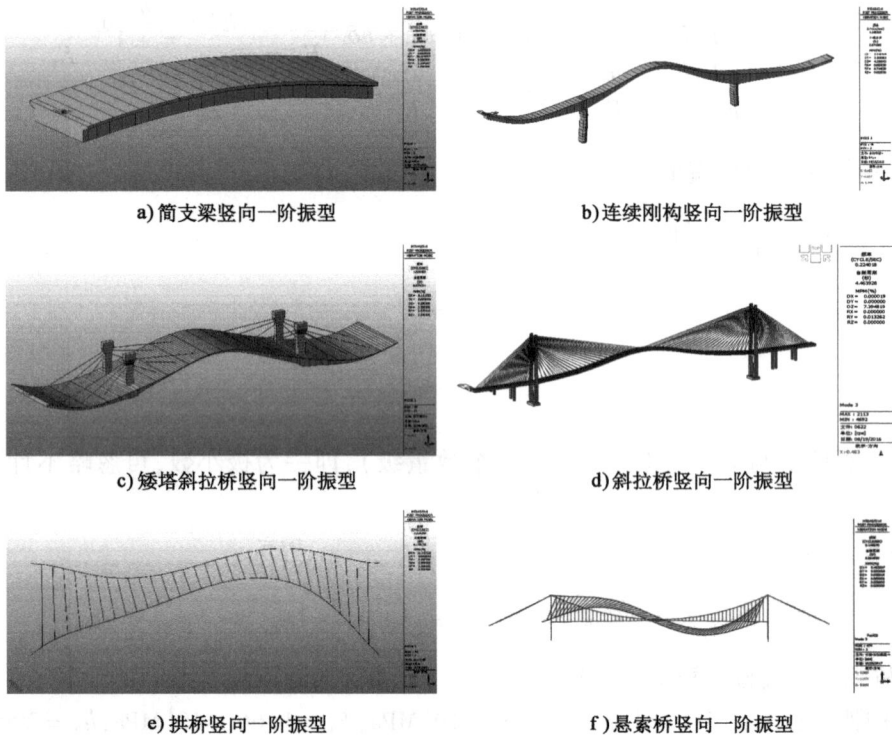

a）简支梁竖向一阶振型

b）连续刚构竖向一阶振型

c）矮塔斜拉桥竖向一阶振型

d）斜拉桥竖向一阶振型

e）拱桥竖向一阶振型

f）悬索桥竖向一阶振型

图 4-16　各桥一阶竖向振型

拱与悬索桥在结构形态上讲均为拱形结构。针对某无铰拱桥，将拱形结构无线拉伸即为固结梁，固结梁的竖向一阶振型为正对称；将拱形结构无线压缩即为悬臂柱，悬臂柱的一阶振型自然为反对称。无铰拱一般情况下呈现悬臂柱状态，故而一阶竖向振型为反对称（图 4-17）。

如果约束无铰拱拱顶水平向自由度，竖向一阶振型为正对称（图 4-18）。

悬索桥中央扣（Central Buckle）自从 1950 年在 Tacoma 新桥上使用以来，发展了三种设置方式（图 4-19）：①用三角桁架将主缆与加劲梁联结，使缆梁在跨中处相对固定，即刚性中央扣;②在跨中架设一对或多对斜吊索来建立缆梁纵向约束,即柔性中央扣;③将主缆直接与加劲梁相联结。那么中央扣会对悬索桥静力和动力特性有何影响呢?

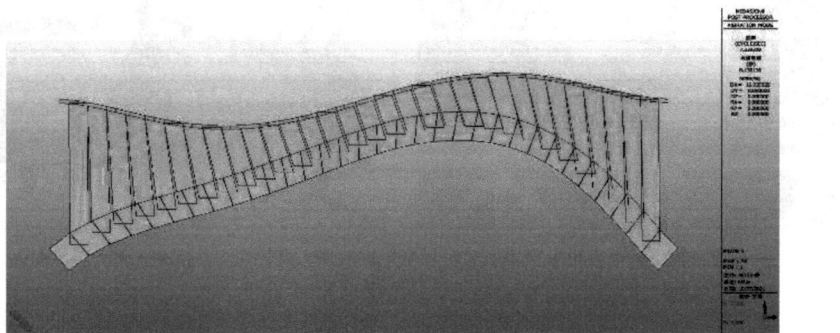

a)拱桥竖向一阶振型

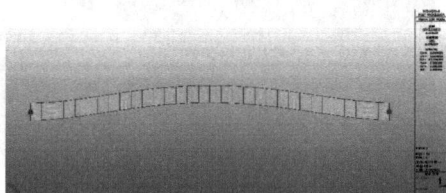

b)无限拉平拱桥变成梁后的振型

c)无限压缩拱桥变成悬臂柱后的振型

图 4-17 拱桥振型分析

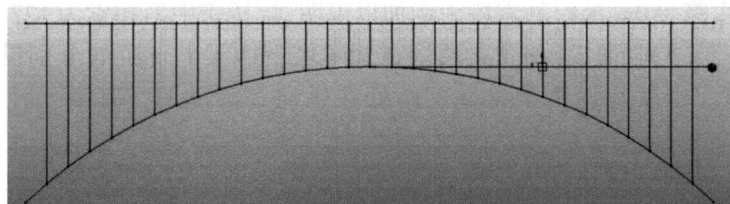

a)约束拱桥拱顶水平向自由度

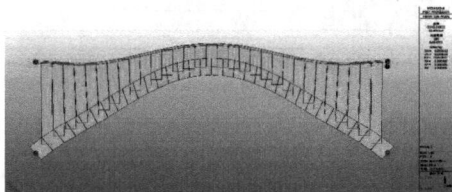

b)约束拱顶水平自由度后振型

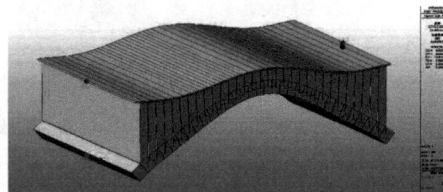

c)约束拱顶水平自由度后振型

图 4-18 约束拱顶水平向自由度后的拱桥振型分析

郑凯锋教授在其文章《悬索桥中央扣对活载挠度影响的详细计算分析方法》中提到,中央扣刚度越大,中央扣对主缆的纵向约束越强,中央扣对主缆纵向位移的约束使悬索桥活载挠度包络由 W 形逐渐变为 V 形。中央扣的设置使得结构刚度有所增加,相应各阶频率增大,其中以缆索振动为主的频率增加明显。该结论是存在一定前提的。

a)坝凌河大桥中央扣

b)清水河大桥中央扣

c)寸滩大桥中央扣

d)泸定大渡河大桥中央扣

图 4-19　悬索桥常见中央扣

实例：以某主跨 880m 单跨悬索桥为例加以说明，该桥跨中斜扣索为 127 根直径 5mm 的镀锌高强钢丝外挤双层 PE 而成，加劲梁两端在两主塔下横梁上下游处分别设置竖向抗拉压球形铸铁活动支座。也就是说主梁梁端支座处在纵向是活动的。有限元计算模型如图 4-20 所示。

a)计算模型

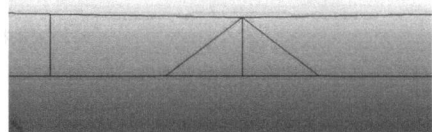

b)模型中中央扣

图 4-20　某悬索桥计算模型

分别计算以下几种情况下的挠度包络值：①删除中央扣；②有中央扣；③中央扣刚度放大 10000 倍。主梁的挠度包络值计算结果如图 4-21 所示。

由图 4-21 可以看出：①总体上三种情形主梁的挠度包络图在形状和数值上差异不大；②在 238m 和 642m 位置，即为主梁最大挠度处，有中央扣及中央扣刚度放大与无中央扣相比，挠度有毫米级的减小。

现将塔梁一端的支座纵向进行约束，再分别计算以下几种情况下的挠度包络值：①删除中央扣；②有中央扣；③中央扣刚度放大 10000 倍。主梁的挠度包络值计算结果如图 4-22 所示。

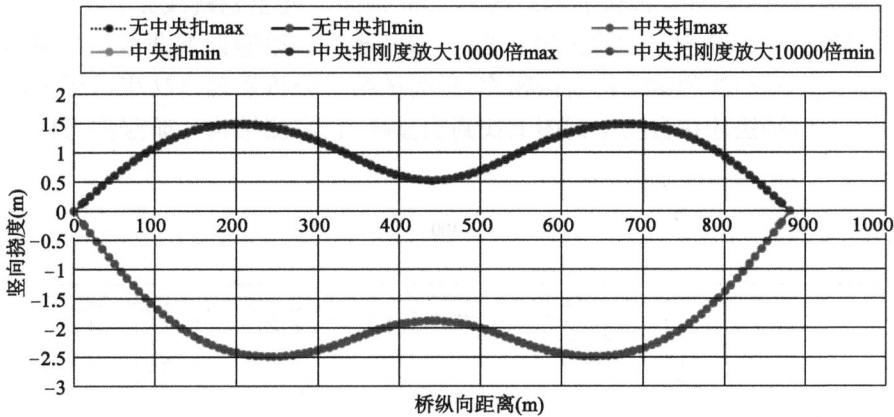

图 4-21　主梁的挠度包络值

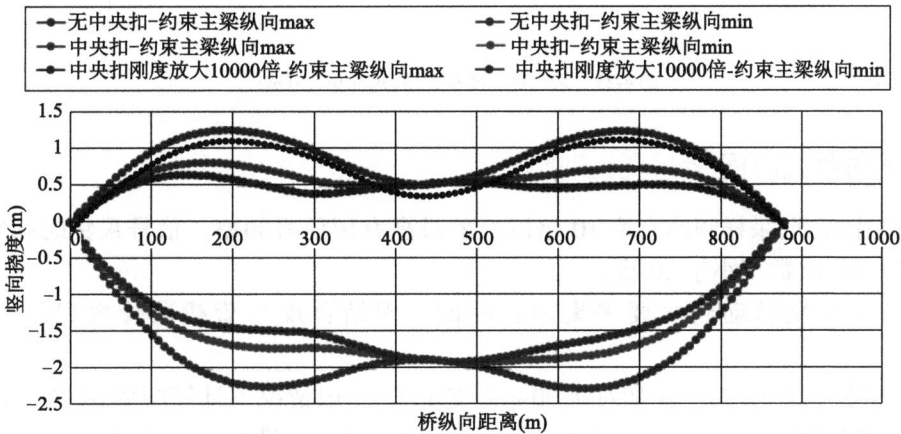

图 4-22　一端纵向约束情况下主梁的挠度包络值

由图 4-22 可以看出:①总体上三种情形主梁的挠度包络图在形状和数值上差异大;②中央扣对主缆的纵向约束越强,中央扣对主缆纵向位移的约束使悬索桥活载挠度包络由 W 型逐渐变为 V 型。

4.5　模态测试若干问题

4.5.1　激励方式

宜根据现场的实际情况、测试的精度要求和方便性,选用可行的激振方法进行自振特性试验。对于常见的 T 梁桥、小箱梁桥、空心板桥、连续刚构、斜拉桥、悬索桥、大跨径拱桥,环境激励法效果较好。但对于小跨径坼工拱桥,自振频率在 5Hz 以上时,跳车激励法测试自振特性效果较好。

以某拱桥为例(图4-23),该桥上部结构为30m钢筋混凝土悬链线无铰拱桥,下部结构为重力式片石混凝土U形桥台。主拱圈厚0.8m。该桥理论一阶竖向弯曲振动频率为9.195Hz。在现场最开始采用脉动法测试结构自振频率,对测试结果分析发现自功率谱图上均无明显峰值。后采用跳车激励法才在自功率谱图上找到明显峰值,实测结构一阶竖向弯曲振动频率为10.550Hz。

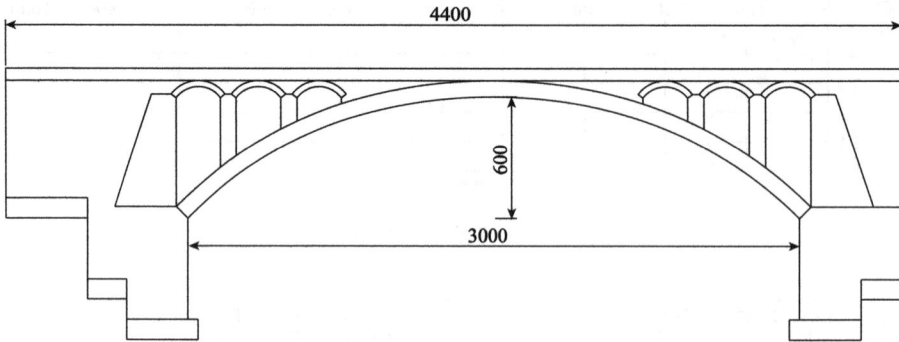

图4-23 某拱桥立面布置图(尺寸单位:cm)

4.5.2 脉动测试时间

《规程》中提到,采样频率宜取10倍以上的最高有用信号频率。信号采集时间宜保证频谱分析时谱平均次数不小于20次。

那么桥梁采集脉动到底要采集多长时间?现结合现行荷载试验规程的要求分析如下:

(1)根据公式$1/t = \Delta f$。比如对于30m简支T梁,一般情况下计算频率在3Hz左右,那么频率分辨率要达到1/100,即为0.03Hz,那么对应的采样时间最少30s。比如某桥主梁正对称横向弯曲计算频率为0.174,那么频率分辨率要达到0.174/100Hz,那么对应的采样时间最少$100/0.174/60 = 9.6$min。

(2)如果考虑频谱分析时谱平均次数不小于20次,一般按照重叠率75%计算,相当于时间要放大$20 \times (1 - 75\%) = 5$倍。那么厦漳跨海大桥北汊主桥对应的采样时间最好在$9.6 \times 5 = 48$min以上。笔者在某次现场采样时就是一组数据采集60min。

(3)同理30m简支T梁采样时间最好超过$30 \times 5 = 150$s,约等于3min。

4.6 冲击系数分析

《规程》中提到,计算冲击系数时应优先采用桥面无障碍行车下的动挠度时程曲线计算。对于小跨径桥梁的高速行车试验,当判断直接求取法误差较大时,应根据实际情况采用数字低通滤波法求取最大静挠度或应变。对特大跨径桥梁,受现场条件限制无法测定动挠度时,可采用动应变时程曲线计算冲击系数,计算方法参照以下公式,冲击系数计算图例如图4-24所示。

$$\mu = \frac{f_{dmax}}{f_{jmax}} - 1 = \frac{f_{dmax}}{\dfrac{f_{dmax} + f_{dmin}}{2}} - 1 = \frac{f_{dmax}}{f_{dmax} - \dfrac{f_{p-p}}{2}} - 1 \tag{4-15}$$

式中: f_{dmax}——最大动挠度幅值;

　　　f_{jmax}——取波形振幅中心轨迹的顶点值,或通过低通滤波求取;

　　　f_{dmin}——与 f_{dmin} 对应的波谷值;

　　　f_{p-p}——挠度动态分量的峰-峰值。

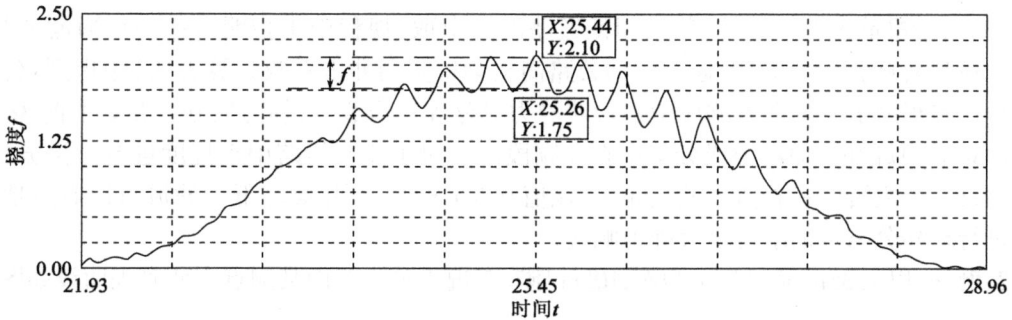

图4-24　冲击系数计算图例

　　但受现场条件限制,往往更多地采用动应变时程曲线来计算冲击系数。计算准静态分量时,笔者建议采用两点直接计算法与低通滤波法。

　　(1)对于石拱桥和部分混凝土桥梁,如果实测动力响应较小,假定冲击系数为0.10,最大动应变幅值为 $10\mu\varepsilon$,动应变噪声为 $0.3\mu\varepsilon$ 时,则噪声这一因素产生的冲击系数测试误差可达到30%左右。因此对于石拱桥和部分混凝土桥梁,实测动力响应较小,噪声相对较大时可不计算冲击系数,但应说明响应原因,指明在这种情况下求取的冲击系数可信度差,误差较大。

　　(2)对于准静态分量计算,若采用直接法求取,笔者建议采用三点法。因为两点法中存在人为选取波峰相邻的左波谷和右波谷问题,而采用三点法可以规避该问题,如图4-25所示。

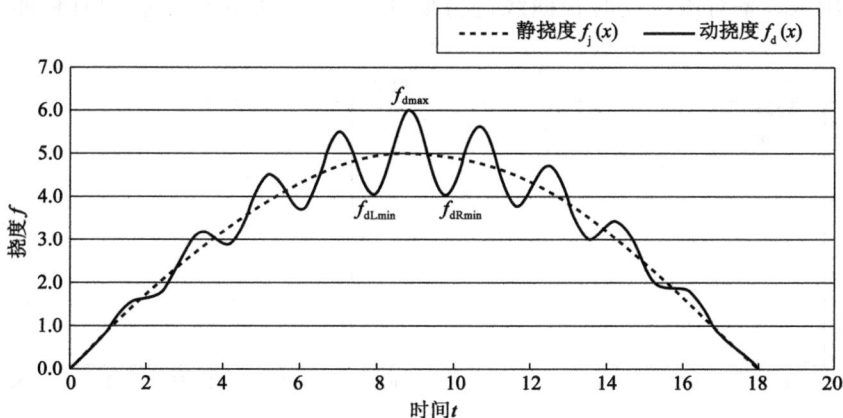

图4-25　三点法计算冲击系数

三点求取公式如下：

$$\mu = \frac{f_{\text{dmax}}}{f_{\text{jmax}}} - 1 = \frac{f_{\text{dmax}}}{\dfrac{\dfrac{f_{\text{dLmin}} + f_{\text{dmax}}}{2} + \dfrac{f_{\text{dmax}} + f_{\text{dLmin}}}{2}}{2}} - 1 = \frac{2f_{\text{dmax}} - (f_{\text{dLmin}} + f_{\text{dRmin}})}{2f_{\text{dmax}} + f_{\text{dLmin}} + f_{\text{dRmin}}} \quad (4\text{-}16)$$

式中：f_{dmax}——最大波峰处动响应值；

$\qquad f_{\text{dLmin}}$——最大波峰相邻左边波谷处动响应值；

$\qquad f_{\text{dRmin}}$——最大波峰相邻右边波谷处动响应值。

（3）对于准静态分量计算，若采用低通滤波法求取，规程中未指明合适的低通滤波频率。李伟钊在其文章《一种基于低通滤波的公路简支梁桥实测冲击系数计算方法》中提到：公路简支梁桥在跑车激励下的动力响应中包含着静力成分和动力成分，静力成分主要集中前 $3\omega_1$（广义扰动频率）频段内，而动力成分集中在高频段内。对于简支梁跨中动挠度进行频谱分析，取功率谱第一个主瓣的右谷值为截止频率，该值与 $3\omega_1$ 相当；利用频域低通滤波可以有效地对动挠度进行动静分离进而求得最大静力响应。

实例一：以某 35m 简支 T 梁为例，10km 跑车工况下跨中截面某测点应变时程曲线如图 4-26 所示。

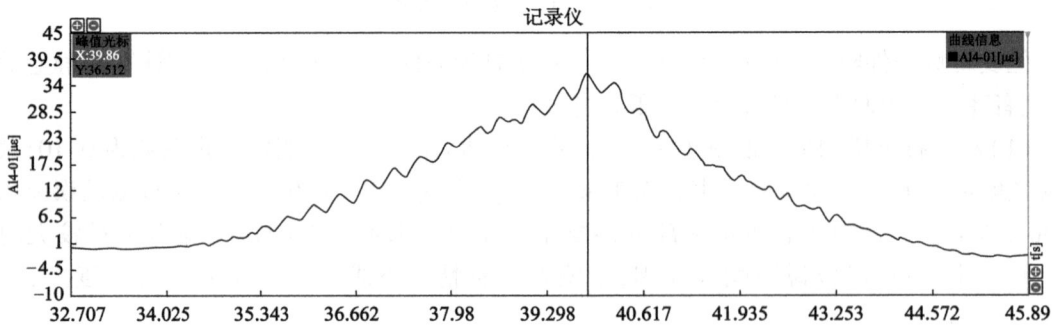

图 4-26　10km 跑车工况某测点应变时程曲线

对动应变时程曲线进行频谱分析（图 4-27），取功率谱第一个主瓣的右谷值为截止频率 1.563Hz，采用该频率对该应变时程曲线进行低通滤波，得到的滤波后的时程曲线如图 4-28 所示。

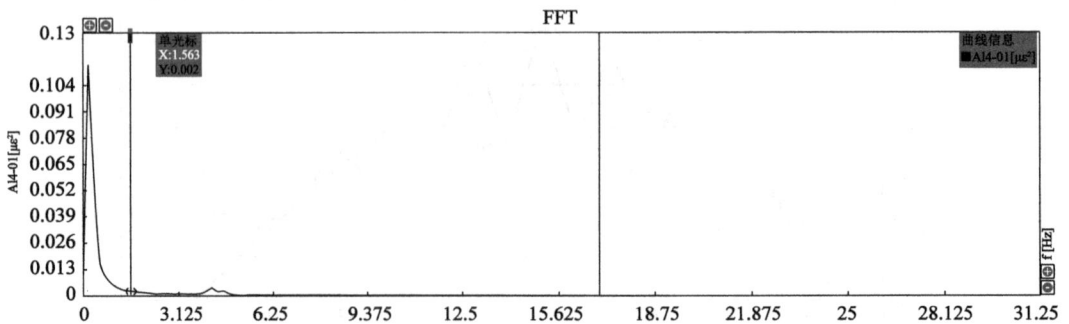

图 4-27　以上应变时程曲线频谱分析图

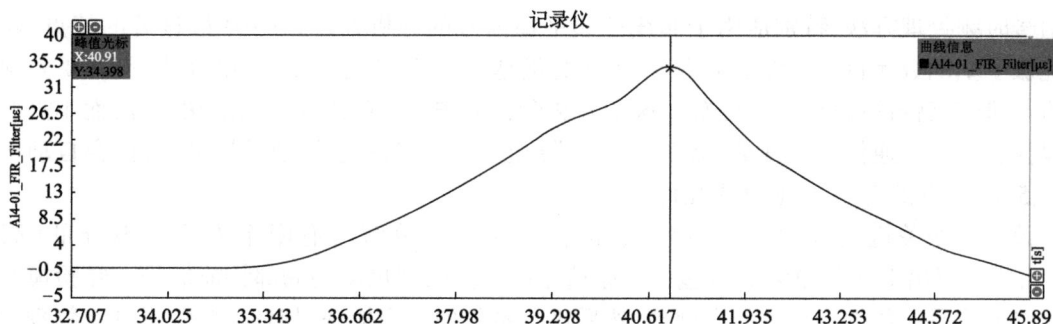

图 4-28　低通滤波后的时程曲线

根据李伟钊提供的方法计算所得的冲击系数为 36.512/34.398 = 1.061。

根据前面规范要求取左波谷和右波谷计算的冲击系数如图 4-29、图 4-30 所示。

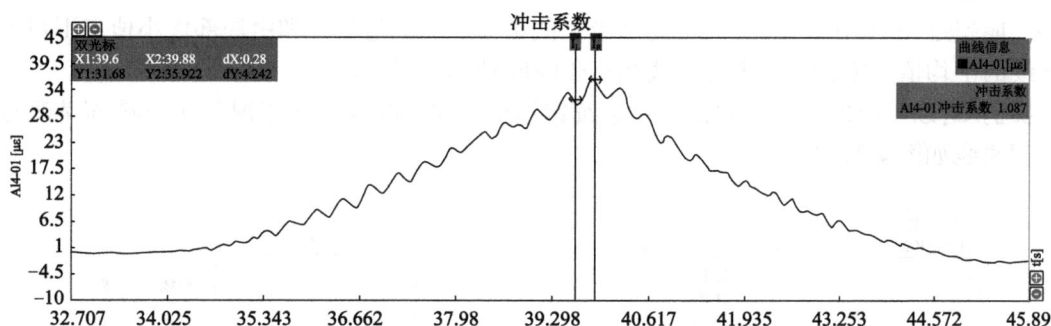

图 4-29　以上应变时程采用左波谷计算冲击系数

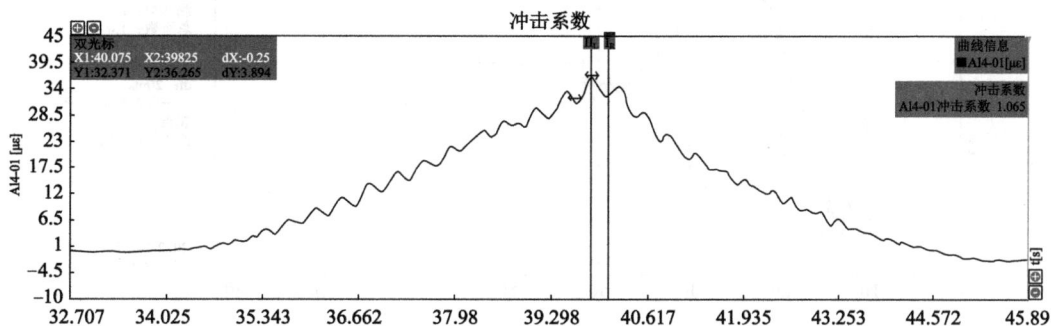

图 4-30　以上应变时程采用右波谷计算冲击系数

那么根据左波谷计算的冲击系数和右波谷计算的冲击系数可以推断得采用三点法计算的冲击系数为 2/(1/1.087 + 1/1.065) = 1.076。

(4)对于准静态分量,也可采用经验模态分解法(Empirical Mode Decomposition,EMD),也可采用滑动平均方法(Moving Average)。

有关经验模态分解法的内容可参考徐平《振动信号处理与数据分析》。经验模态分解法是 1998 年由黄锷(N. E. Huang)在美国国家宇航局与其他人创造性地提出的一种新型自适应信号时频处理方法,特别适用于非线性非平稳信号的分析处理。EMD 最显著的特点,就是其克服了基函数无自适应性的问题。EMD 的优越性在于,对于一段未知信号,不需要做预先分析与研究,就可以直接开始分解。这个方法会自动按照一些固模式按层次分好,而不需要人为设置和干预。通俗一点,EMD 就像一台机器,把一堆混在一起的硬币扔进去,他会自动按照 1 元、5 毛、1 毛、5 分、1 分地分成几份。

该方法的关键是经验模式分解,它能使复杂信号分解为有限个内涵模态分量(简称 IMF),所分解出来的各 IMF 分量包含了原信号的不同时间尺度的局部特征信号。经验模态分解法能使非平稳数据进行平稳化处理,然后进行希尔伯特变换获得时频谱图,得到有物理意义的频率。

内涵模态分量(Intrinsic Mode Functions,IMF)就是原始信号被 EMD 分解之后得到的各层信号分量。EMD 的提出人黄锷认为,任何信号都可以拆分成若干个内涵模态分量之和。而内涵模态分量有两个约束条件:在整个数据段内,极值点的个数和过零点的个数必须相等或相差最多不能超过一个;在任意时刻,由局部极大值点形成的上包络线和由局部极小值点形成的下包络线的平均值为零,即上、下包络线相对于时间轴局部对称。

实例二:以某(50 + 80 + 50)m 变高连续钢箱梁为例,20km 跑车工况下边跨截面某测点挠度时程曲线如图 4-31 所示。

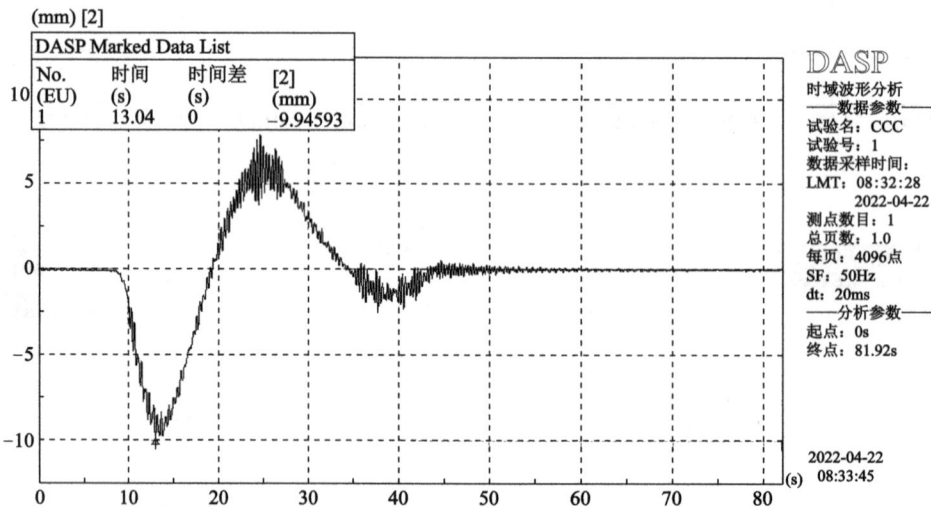

图 4-31 20km 跑车工况下测点挠度时程曲线

采用程序对该信号进行经验模态分解(图 4-32),固有模态分量及残差信号如图 4-33所示。

由图中可以看出,原信号中 t = 13.04s 时对应的最小挠度为 −9.946mm,EMD 分解后固有模态分量及残差信号对应时刻的值分别为 −0.16882mm、−0.73965mm、−0.05524mm、−4.05436mm、−1.16329mm、−1.76602mm、−0.84114mm、−1.15748mm,合计起来也为 −9.946mm。

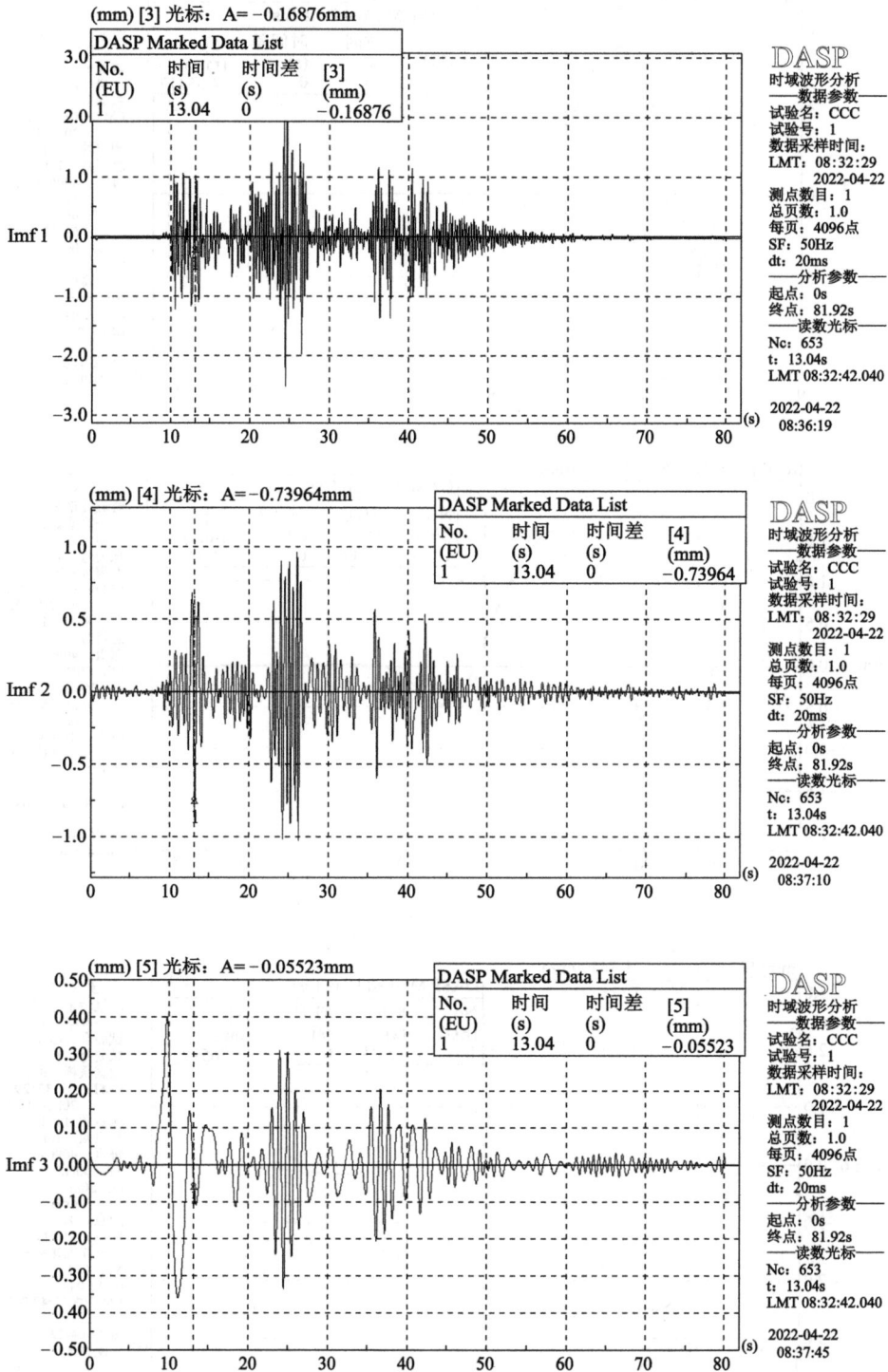

图　4-32

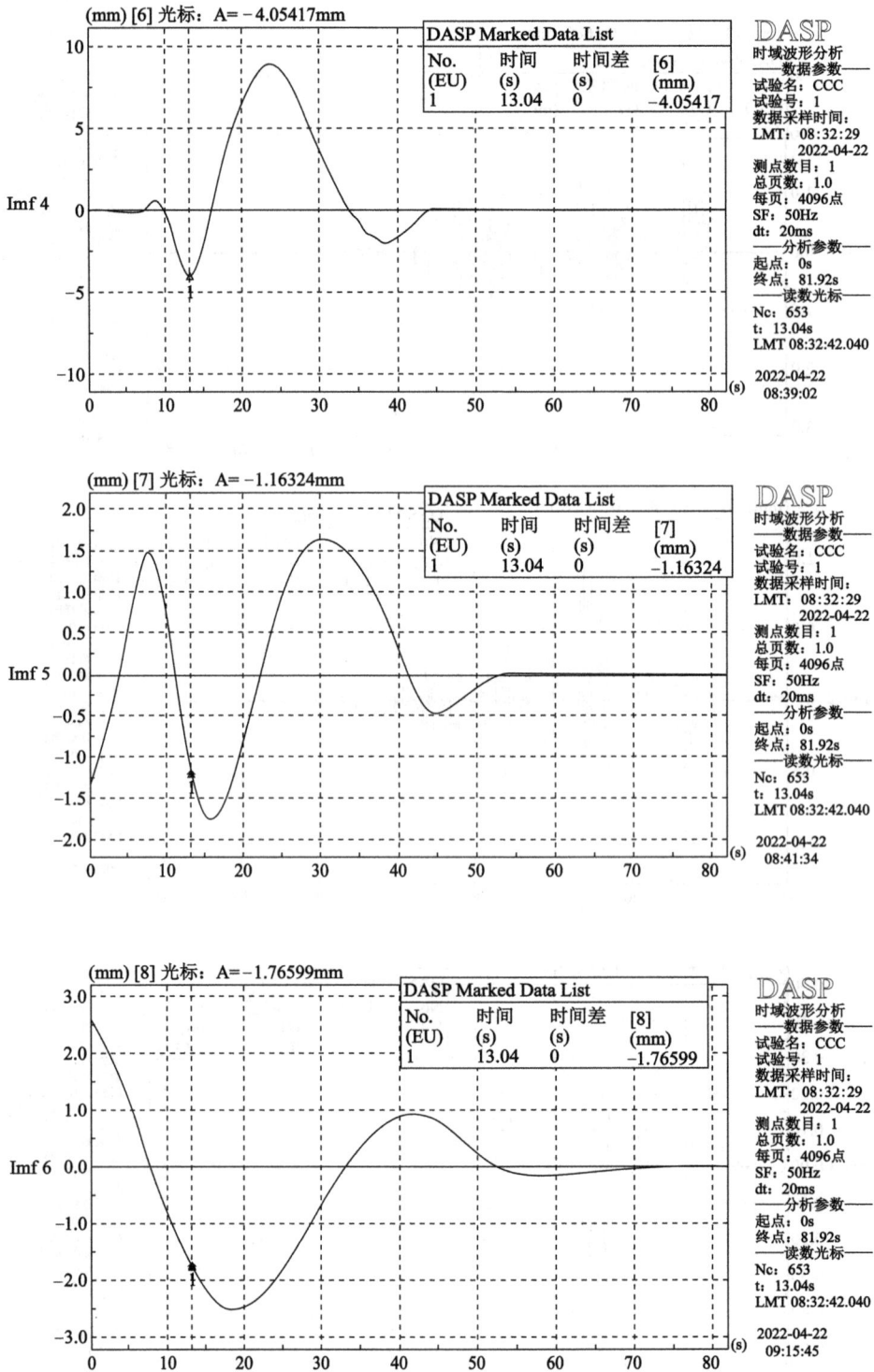

图　4-32

(mm) [9] 光标：A=-0.84112mm

DASP Marked Data List			
No. (EU)	时间 (s)	时间差 (s)	[9] (mm)
1	13.04	0	-0.84112

Imf 7

DASP
时域波形分析
——数据参数——
试验名：CCC
试验号：1
数据采样时间：
LMT：08:32:29
2022-04-22
测点数目：1
总页数：1.0
每页：4096点
SF：50Hz
dt：20ms
——分析参数——
起点：0s
终点：81.92s
——读数光标——
Nc：653
t：13.04s
LMT 08:32:42.040
2022-04-22
08:42:21

(mm) [10] 光标：A=-1.15746mm

DASP Marked Data List			
No. (EU)	时间 (s)	时间差 (s)	[10] (mm)
1	13.04	0	-1.15746

Res

DASP
时域波形分析
——数据参数——
试验名：CCC
试验号：1
数据采样时间：
LMT：08:32:29
2022-04-22
测点数目：1
总页数：1.0
每页：4096点
SF：50Hz
dt：20ms
——分析参数——
起点：0s
终点：81.92s
——读数光标——
Nc：653
t：13.04s
LMT 08:32:42.040
2022-04-22
08:42:48

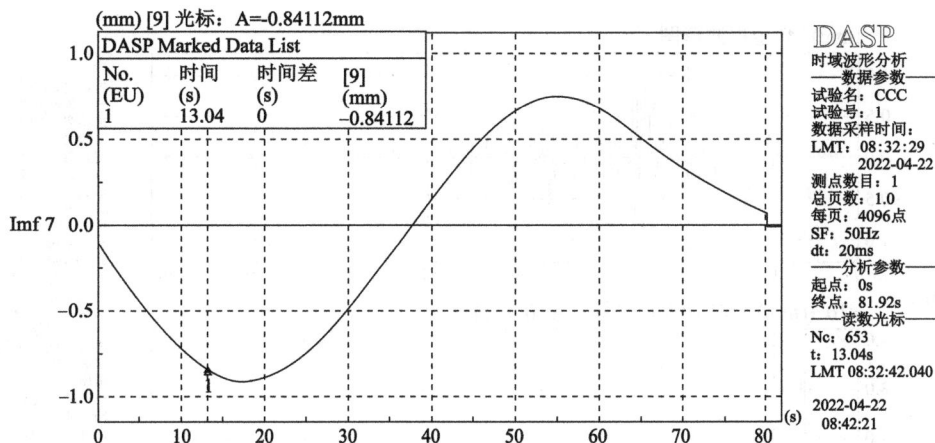

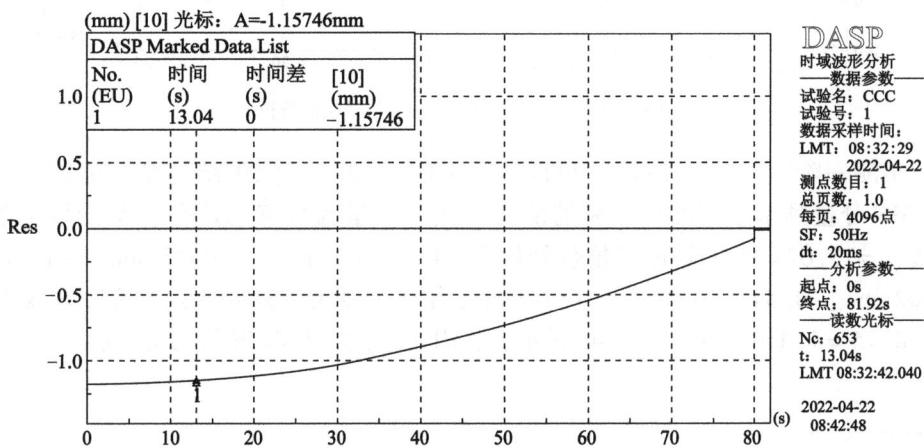

图 4-32　经验模态分解

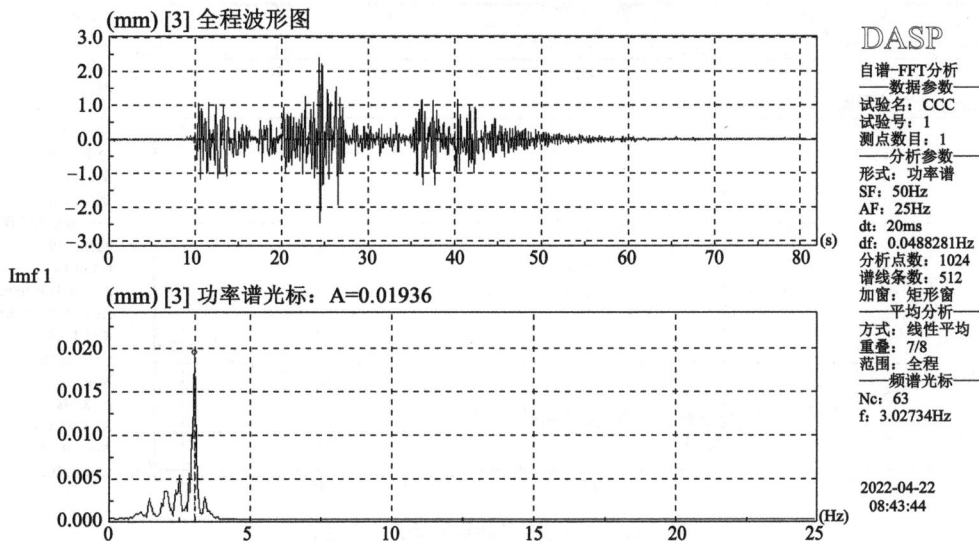

(mm) [3] 全程波形图

Imf 1

(mm) [3] 功率谱光标：A=0.01936

DASP
自谱-FFT分析
——数据参数——
试验名：CCC
试验号：1
测点数目：1
——分析参数——
形式：功率谱
SF：50Hz
AF：25Hz
dt：20ms
df：0.0488281Hz
分析点数：1024
谱线条数：512
加窗：矩形窗
——平均分析——
方式：线性平均
重叠：7/8
范围：全程
——频谱光标——
Nc：63
f：3.02734Hz
2022-04-22
08:43:44

图　4-33

113

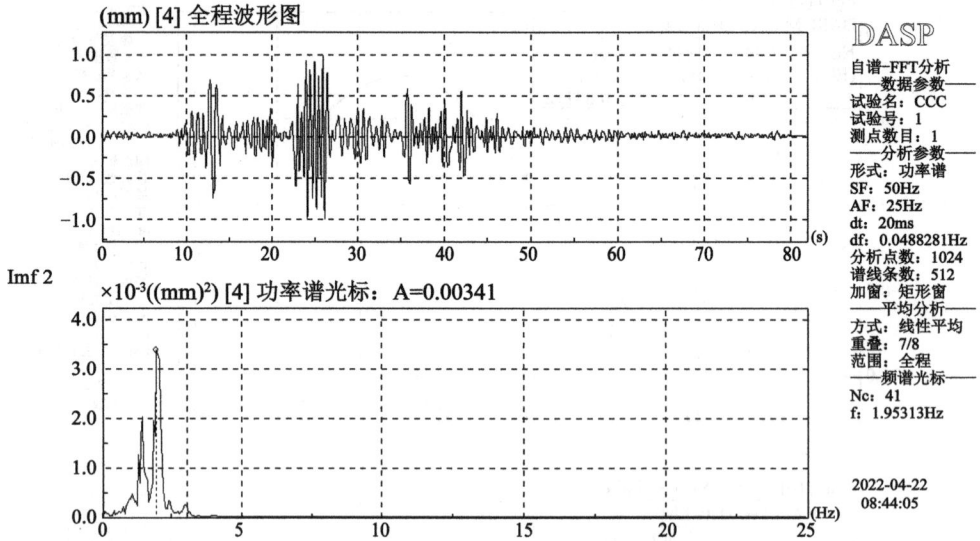

图4-33 固有模态分量1和2信号频谱分析

该桥实测一阶频率为1.98Hz。可以认为IMF分量频率大于结构基频的部分为动态响应成分,IMF分量频率小于结构基频的部分与残余分量为准静态成分。基于该准静态分量提取方法,$t=13.04s$时对应的准静态分量为$-0.05524mm$、$-4.05436mm$、$-1.16329mm$、$-1.76602mm$、$-0.84114mm$、$-1.15748mm$,合计为9.0375mm,可计算动力放大系数为$9.946/9.0375=1.101$。如图4-34所示,采用三点法计算该信号的动力放大系数为1.0929。

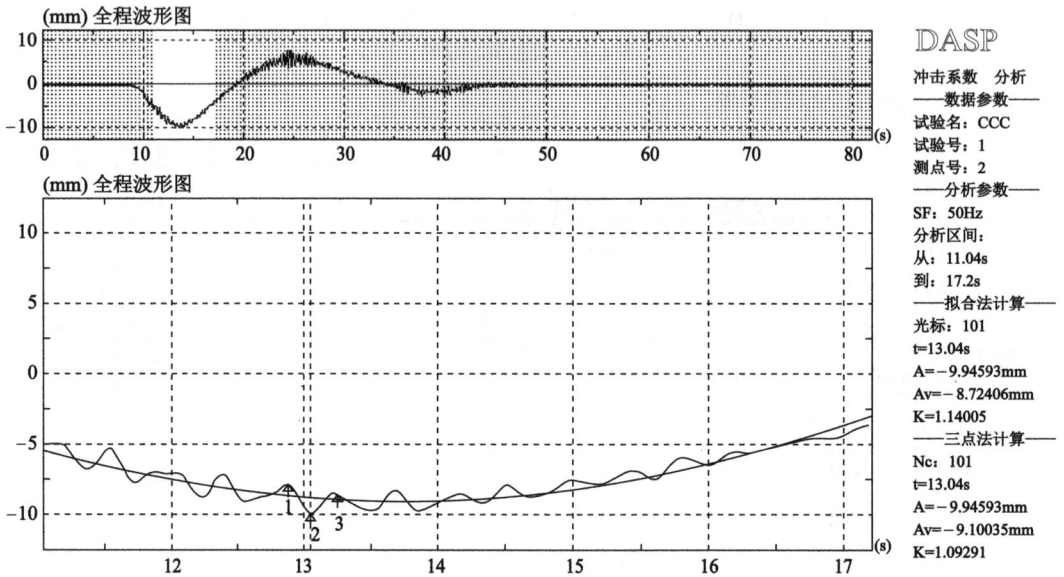

图4-34 三点法计算该信号动力放大系数

以上两方法计算出来的动力放大系数很接近,验证了该方法的可行性。

4.7 模型修正

实例一: 某25m简支T梁桥横断面如图4-35所示。

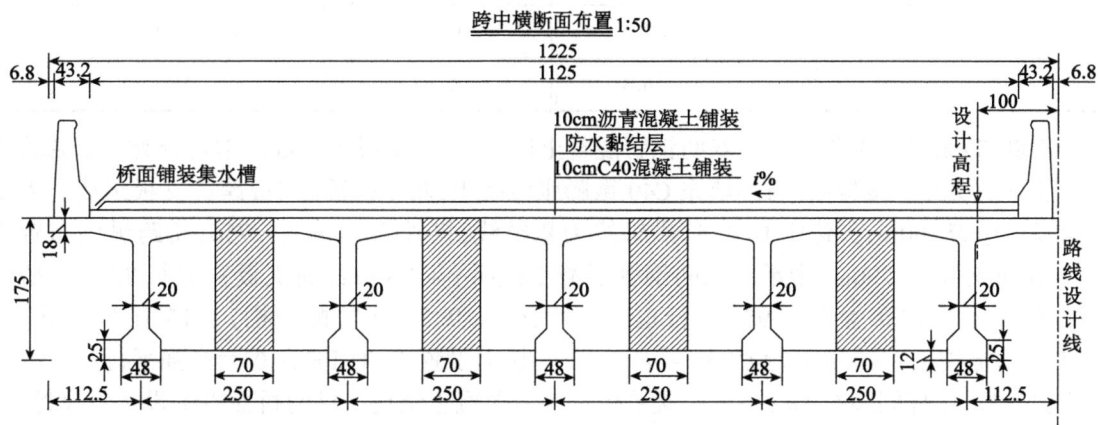

图4-35 25m简支T梁桥横断面(尺寸单位:cm)

试验荷载作用下,理论计算值见表4-14。

偏载工况下理论计算值　　　　　　　　　　　　　　　表4-14

主梁	加载值(kN·m)	控制值(kN·m)	加载效率	下缘应变(με)	挠度(mm)
1号	2388.6	2557.7	0.93	263	13.4
2号	1876.2	2009.1	0.93	205	10.4
3号	1248.4	1390.3	0.90	137	6.9
4号	611.8	2009.1	0.30	67	3.4
5号	14.4	2557.7	0.01	2	0.1

试验荷载作用下,实测值见表4-15。

偏载工况下挠度实测值　　　　　　　　　　　　　　　表4-15

主梁	初读(mm)	1级(mm)	2级(mm)	3级(mm)	卸载(mm)	弹性值(mm)
1号	0.0	3.9	5.1	6.3	0.1	6.2
2号	0.0	2.7	3.9	5.1	0.0	5.1
3号	0.0	1.6	2.6	3.6	-0.1	3.7
4号	0.0	0.8	1.6	2.3	-0.1	2.4
5号	0.0	-0.2	0.4	0.9	-0.1	1.0

根据实测横向分布系数修正偏载下的应变值和挠度值见表4-16。

根据实测横向分布系数修正应变和挠度计算值　　　　　　　　表 4-16

实测横向分布系数	下缘应变（$\mu\varepsilon$）	挠度（mm）	实测横向分布系数	下缘应变（$\mu\varepsilon$）	挠度（mm）
0.35	231	11.8	0.13	87	4.4
0.27	182	9.2	0.06	39	2.0
0.20	134	6.8			

实例二：某桥为单跨中承式双肋钢管混凝土拱,拱肋由 4 根 φ750mm 钢管分为上下弦管用钢管腹管及缀板连接构成,内部填充 C40 微膨胀混凝土,两岸引桥由 6m 跨简支板组成。大桥主跨设计净跨 190m,矢跨比 1:4.5,拱轴线为悬链线,拱轴系数 $m=1.756$,桥跨纵向布置为 $3\times6m$(简支板)$+190m$(中承式双肋钢管混凝土拱桥)$+3\times6m$(简支板),全长 233m。桥面全宽 24.1m,横向布置为 3.95(人行道 + 拉索区)$+0.35m$(防撞护栏)$+15m$(车行道)$+0.35m$(防撞护栏)$+3.95m$(拉索区 + 人行道)。桥面设置 29 对 PE 防护套高强平行钢丝冷铸墩头锚吊杆,吊杆间距 5.1m,吊杆横梁采用预应力混凝土结构。拱肋桥面以上设 7 道风撑,桥面板为跨径 6m 及 5.1m 钢筋混凝土面板。设计荷载:汽—超 20 级、挂—120,人群—$3.5kN/m^2$。

当时处于 2012 年年底,我国尚未颁布有关钢管混凝土拱桥的设计规范,其截面刚度取值多数参照钢管混凝土结构设计规程或规范。桁式钢管混凝土构件常见的刚度计算方法如表4-17 所示。

桁式钢管混凝土构件常见的刚度计算方法　　　　　　　　表 4-17

规范	抗压刚度	抗弯刚度
钢管混凝土结构设计与施工规程	$E_{sc}A_{sc}=E_sA_s+E_cA_c$	$E_{sc}I_{sc}=E_sI_s+E_cI_c$
钢管混凝土结构设计与施工规程	$E_{sc}=0.85[\rho E_s+(1-\rho)E_c]$	$E_{sc}=0.85[\rho E_s+(1-\rho)E_c]$
美国 AISC LRFD1999	$E_{sc}A_{sc}=E_sA_s+0.8E_cA_c$	$E_{sc}I_{sc}=E_sI_s+0.8E_cI_c$
福建省《钢管混凝土拱桥技术规程》	$E_{sc}A_{sc}=E_sA_s+E_cA_c$	$E_{sc}I_{sc}=E_sI_s+0.6E_cI_c$

静载试验结果表明,拱顶试验截面下缘实测应变值大于理论计算值;但各控制截面挠度均小于相应理论计算值。相应的有限元分析模型中刚度按照原设计规范《钢管混凝土结构设计与施工规程》(CECS 28—1990)进行取值。

本桥已运营十余年,存在一些病害,采用设计参数建立的有限元数值分析模型与实际对象比较存在一定的偏差。这些偏差将导致由有限元法所分析得到的结构模型结果与实测结果相比有一定出入。

本章根据外观检查结果及静载试验结果,结合国内外研究成果,对法拉大桥有限元模型进行修正,以达到正确预测结构行为的目的。模型修正主要针对刚度取值。参考《钢管混凝土结构设计与施工规程》(CECS 28—2012)、福建省《钢管混凝土拱桥技术规程》(DBJ/T 13-136—2011)及美国 AISC LRFD1999,本桥作为桁式钢管混凝土拱桥桁架部分刚度修正取值如下:

$$E_{sc}A_{sc} = E_s A_s + 0.8E_c A_c$$
$$E_{sc}I_{sc} = E_s I_s + 0.6E_c I_c$$

后来颁布的《钢管混凝土拱桥技术规范》（GB 50923—2013）第 4.3.3 条钢管混凝土拱肋整体压缩刚度 EA_{sc} 与弯曲设计刚度 EI_{sc} 应按下式计算：

$$EA_{sc} = E_s A_s + E_c A_c$$
$$EI_{sc} = E_s I_s + 0.6E_c I_c$$

第5章 荷载试验典型实例

<<<

5.1 简支空心板

一般情况下,对于简支梁桥荷载试验计算,笔者的经验采用 CAD 绘制截面,采用截面特性计算器计算边梁、中梁及横隔板的截面特性,采用小程序或桥博计算设计横向分布系数及加载横向分布系数,编制自动化 Excel 表格,直接计算加载值、加载效率、理论应变值和挠度值。然后再用 CAD 绘制加载车平面布置图。以上工作做好即可轻松完成试验方案的编制。

5.1.1 工程概况

某桥上部结构采用 $1 \times 20m$ 预应力混凝土简支空心板(图 5-1)。下部结构采用重力式 U 形桥台,明挖扩大基础。桥面铺装采用现浇 C50 混凝土。桥面布置:0.5m(护栏)+4.5m(行车道)+0.5m(护栏)=5.5m。设计荷载:公路—Ⅱ级(15 通规)。

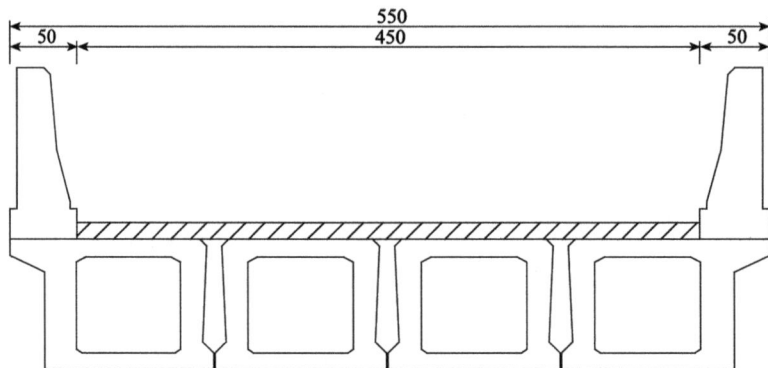

图 5-1 典型断面布置图(尺寸单位:cm)

5.1.2 试验方案

利用荷载横向分布系数对结构进行试验计算。计算在"公路—Ⅱ级"作用下各控制截面的最大内力,并根据该位置的纵向影响线,通过试验加载车进行等效加载,使加载效率满足规范要求。主梁设计横向分布系数及试验加载横向分布系数如表5-1所示。

横向分布系数计算　　　　　　表5-1

主梁编号	设计横向分布系数	试验加载横向分布		
		正载	偏左	偏右
1号	0.28187	0.2649	0.2819	0.2482
2号	0.24098	0.2351	0.2410	0.2290
3号	0.24098	0.2351	0.2290	0.2410
4号	0.28187	0.2649	0.2482	0.2819

根据结构形式、桥梁现状及现场条件,选取第1跨进行试验。依据结构受力特点及《公路桥梁荷载试验规程》(JTG/T J21-01—2015)的有关规定,经过计算分析确定以下2个试验工况(表5-2)。

工况设置统计表　　　　　　表5-2

工况编号	工况名称	控制截面	测试项目	测试目的
工况1	第1跨最大正弯矩工况正载	K1	挠度、应变	跨中承载能力、刚度及稳定性
工况2	第1跨最大正弯矩工况偏载	K1	挠度、应变	跨中承载能力、刚度及稳定性

试验截面及测点布置如下:

(1)应变及挠度测试断面

测试截面位置图如图5-2所示。

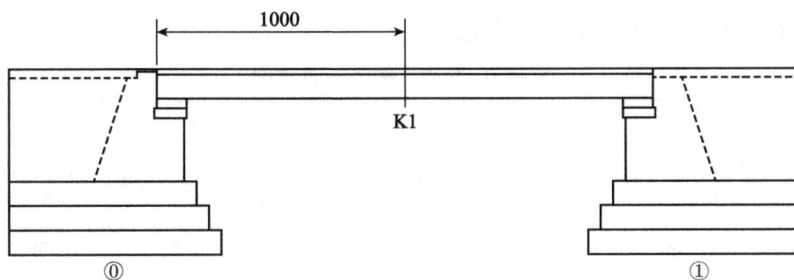

图5-2　测试截面位置图(尺寸单位:cm)

(2)应变测点

采用表面式电阻应变片进行应变测试,在K1截面布置应变测点如图5-3所示。

(3)挠度测点

结构挠度采用水准仪进行测量,K1截面挠度测点布置如图5-4所示。

采用2辆载重汽车加载,单辆载重汽车总重约350kN,轴重分布为3.8m+1.3m。

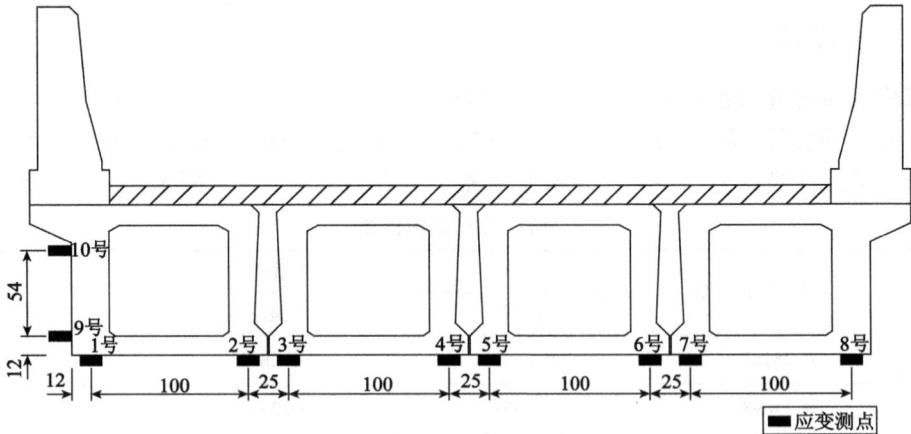

图5-3 K1截面应变测点布置图(尺寸单位:cm)

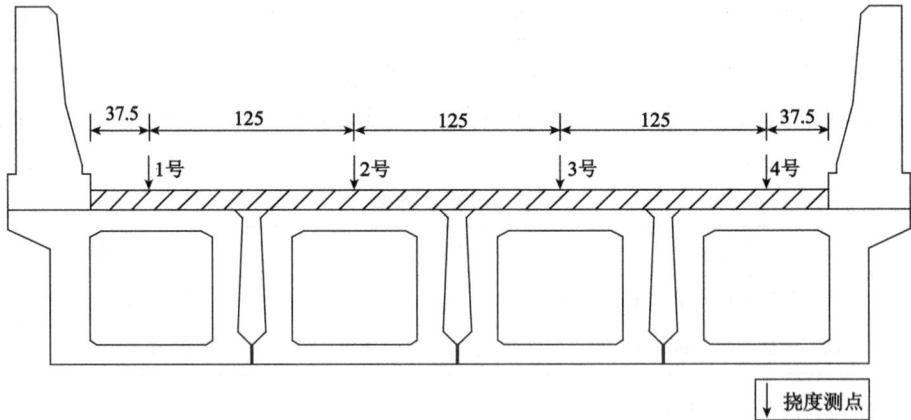

图5-4 K1截面挠度测点布置(尺寸单位:cm)

工况1、工况2分别为全桥第1跨最大正弯矩正载、偏载试验,分3级加载。控制值、加载分级及加载效率见表5-3,具体车辆布置见图5-5、图5-6。

控制值、加载分级及加载效率　　　　　　表5-3

工况名称	主梁编号	控制弯矩(kN·m)	第1级		第2级		第3级	
			试验弯矩(kN·m)	试验效率	试验弯矩(kN·m)	试验效率	试验弯矩(kN·m)	试验效率
K1截面最大正弯矩正载	1号	607.8	269.8	0.44	411.5	0.68	539.6	0.89
	2号	519.6	239.4	0.46	365.2	0.70	478.9	0.92
	3号	519.6	239.4	0.46	365.2	0.70	478.9	0.92
	4号	607.8	269.8	0.44	411.5	0.68	539.6	0.89
K1截面最大正弯矩偏载	1号	607.8	287.1	0.47	437.8	0.72	574.2	0.94
	2号	519.6	245.4	0.47	374.3	0.72	490.9	0.94
	3号	519.6	233.2	0.45	355.7	0.68	466.5	0.90
	4号	607.8	252.8	0.42	385.5	0.63	505.5	0.83

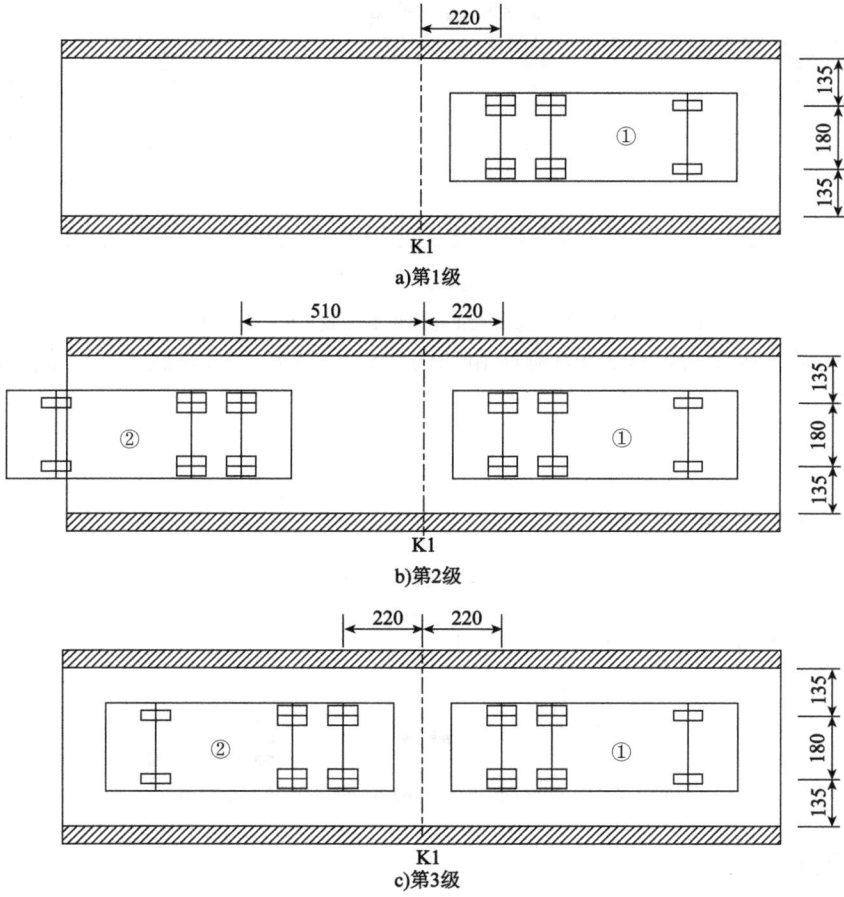

a)第1级

b)第2级

c)第3级

图5-5 工况1第1跨最大正弯矩正载加载车位(尺寸单位:cm)

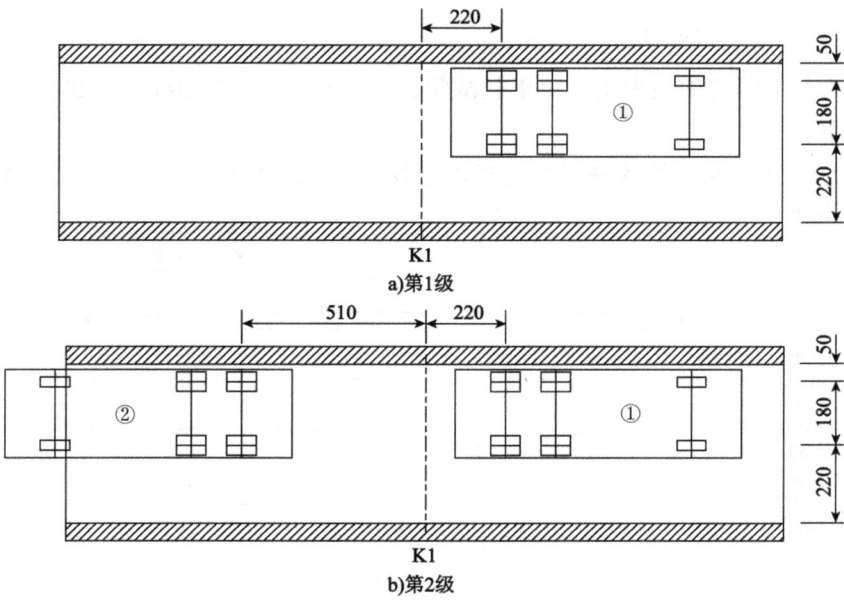

a)第1级

b)第2级

图 5-6

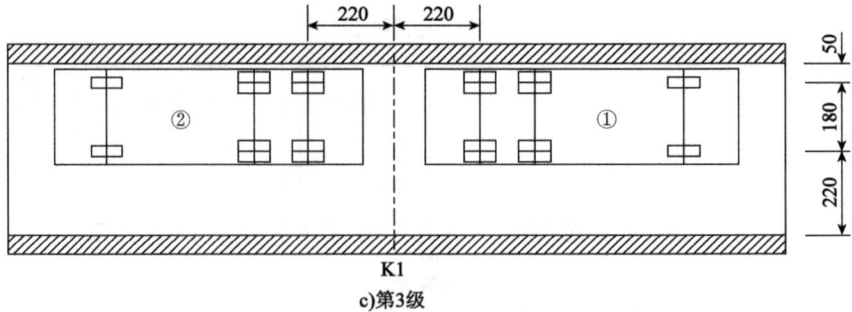

c)第3级

图 5-6　工况 2 第 1 跨最大正弯矩偏载加载车位(尺寸单位:cm)

按照简支梁结构受力特性,动力响应和动力特性测试截面选取截面 K1,截面动应变测点布置见图 5-7。

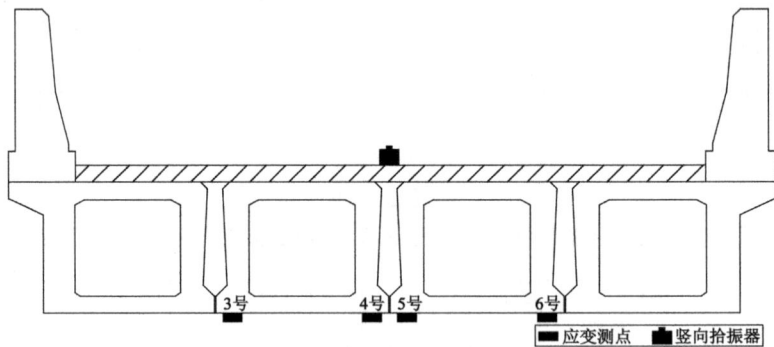

图 5-7　K1 截面动力响应和动力特性测点布置示意图

5.1.3　试验结果

为简化篇幅,本文仅列工况 1 挠度及应变测试结果。

5.1.3.1　挠度测试结果

工况 1 为第 1 跨跨中最大正弯矩正载试验,分 3 级加载,1 级卸载。控制截面为 K1 截面,试验结果如下:

图 5-8 为工况 1(第 1 跨跨中最大正弯矩正载)K1 截面上 1～4 号测点满载挠度实测值与计算值关系曲线。

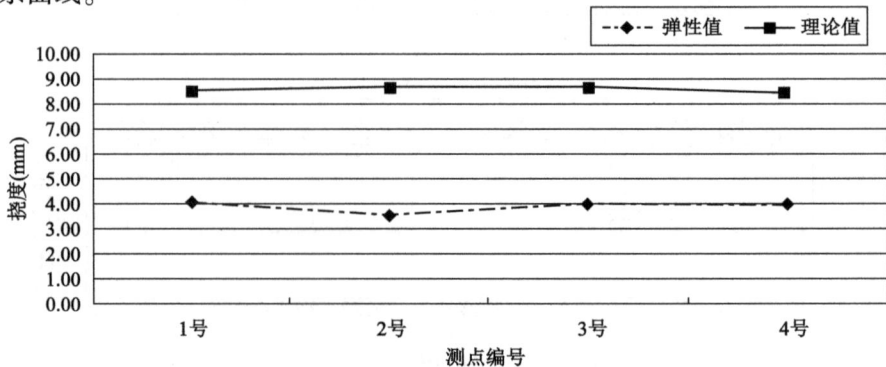

图 5-8　K1 截面正载测点挠度测试图线(满载)

由图中可以看到,主要挠度测点实测值与计算值线性关系良好,且实测值小于计算值,表明结构接近弹性工作状态。

在试验荷载作用下 K1 截面主要测点挠度计算值、实测值及校验系数、残余值及相对残余见表 5-4。

工况 1(第 1 跨跨中最大正弯矩正载)**控制截面主要测点挠度汇总表**　　表 5-4

测点编号	实测挠度①	残余变位②	相对残余变位 ③=②/①(%)	弹性挠度 ④=①-②	计算值⑤	校验系数 ⑥=④/⑤
1 号	4.10	0.10	2.44	4.00	8.54	0.47
2 号	3.62	0.12	3.31	3.50	8.73	0.40
3 号	4.08	0.11	2.70	3.97	8.73	0.45
4 号	4.11	0.12	2.92	3.99	8.54	0.47

表 5-4 数据表明工况 1(第 1 跨跨中最大正弯矩正载)在试验荷载下,实测桥跨最大挠度为 4.11mm,主要测点挠度校验系数介于 0.40~0.47 之间,小于 1,说明桥跨结构竖向刚度满足要求;卸载后相对残余变形在 20% 范围内,桥跨结构处于弹性工作状态。

5.1.3.2　应变测试结果

图 5-9 分别为工况 1(第 1 跨跨中最大正弯矩正载)K1 截面上 1~8 号测点满载应变实测值与计算值关系曲线。

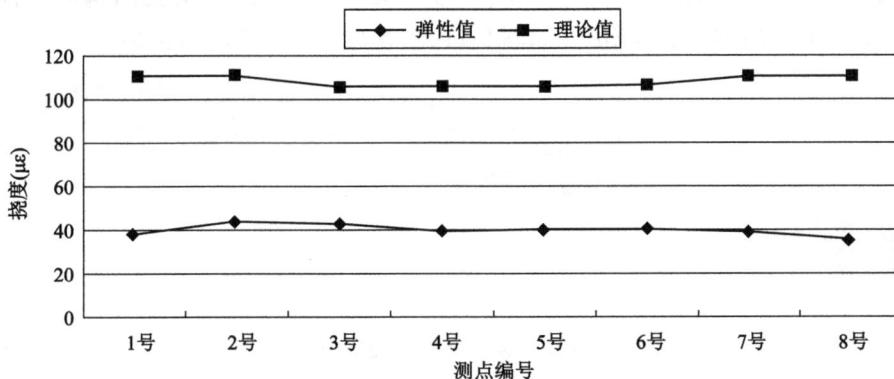

图 5-9　K1 截面正载测点应变测试图线(满载)

由图中可以看到,主要应变测点实测值与计算值线性关系良好,且实测值小于计算值,表明结构接近弹性工作状态。

在试验荷载作用下 K1 截面主要测点应变计算值、实测值及校验系数见表 5-5。

工况 1(第 1 跨跨中最大正弯矩正载)**控制截面主要测点应变汇总表**　　表 5-5

位置	测点编号	实测应变①	残余应变②	相对残余应变 ③=②/①(%)	弹性应变 ④=①-②	计算值⑤	校验系数 ⑥=④/⑤
底板	1 号	39	-1	-2.56	39	111	0.35
底板	2 号	45	0	0.00	45	111	0.41

位置	测点编号	实测应变①	残余应变②	相对残余应变③=②/①(%)	弹性应变④=①-②	计算值⑤	校验系数⑥=④/⑤
底板	3 号	43	−1	−2.33	43	106	0.41
底板	4 号	40	0	0.00	40	106	0.38
底板	5 号	41	0	0.00	41	106	0.39
底板	6 号	41	1	2.44	41	106	0.39
底板	7 号	39	0	0.00	39	111	0.35
底板	8 号	37	0	0.00	37	111	0.33
腹板	9 号	42	1	2.38	42	84	0.50
腹板	10 号	−13	−1	7.69	−13	−35	0.37

表 5-5 数据表明工况 1(第 1 跨跨中最大正弯矩正载)在试验荷载下,实测桥跨最大应变为 $43\mu\varepsilon$,主要测点应变校验系数介于 0.33～0.50 之间,小于 1,说明桥跨结构强度满足要求;卸载后相对残余变形在 20% 范围内,桥跨结构处于弹性工作状态。

5.1.3.3 自振特性测试结果

通过对自然激励响应测得数据的辨识,以及有限元计算分析,得到结构的竖向频率,如图 5-10 所示,实测频域曲线、时域信号如图 5-11、图 5-12 所示;结果如表 5-6 所示。

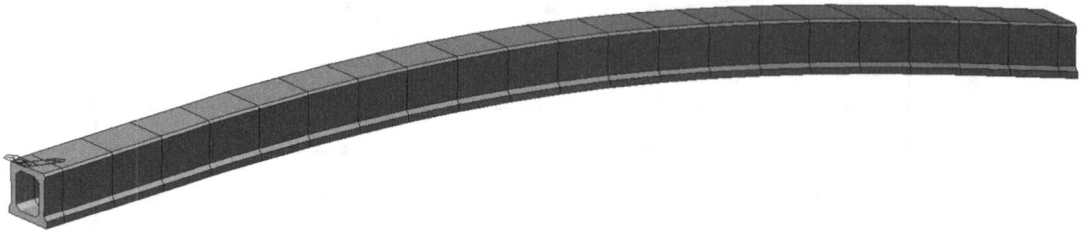

图 5-10 竖向一阶振型(4.42Hz)

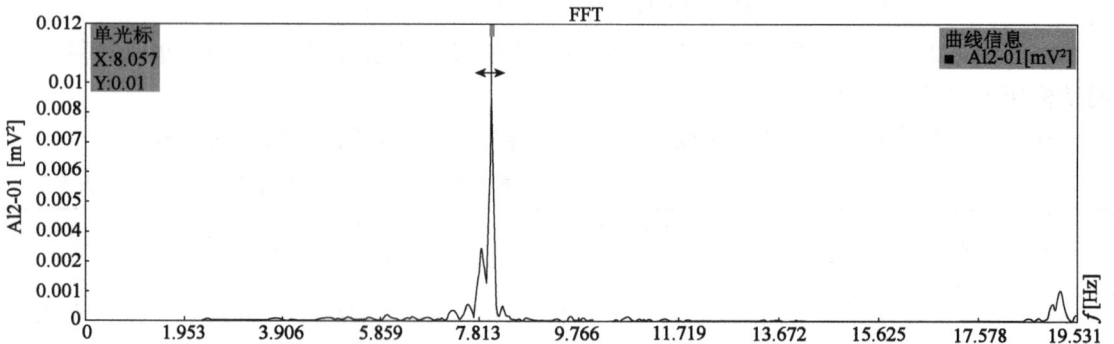

图 5-11 实测竖向振动频域曲线

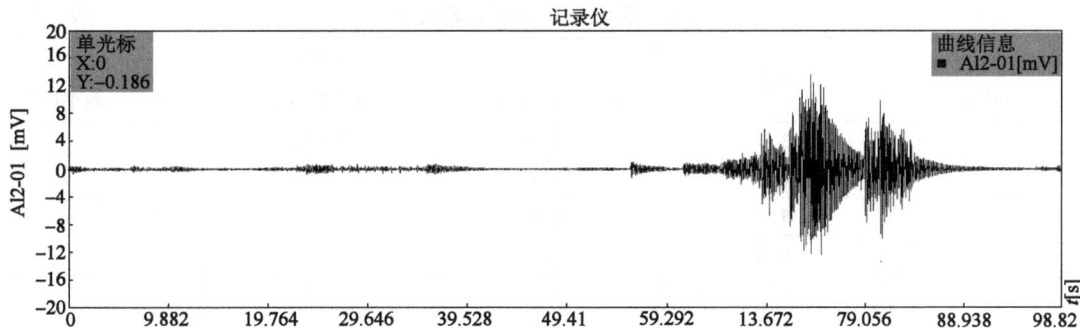

图 5-12　实测竖向振动时域信号

结构模态参数汇总表　　　　　　　　　　　　　　　　表 5-6

阶次	频率（Hz）		实测阻尼比（％）
	计算值	实测值	
1 阶	4.42	8.05	0.695

5.1.3.4　动力响应测试结果

采用 1 辆试验车,匀速通过试验桥跨。试验车辆分别以 5km/h、10km/h 速度通过试验桥跨。行车时 K1 截面振动时程曲线如图 5-13、图 5-14 所示,实测相应冲击系数见表 5-7。

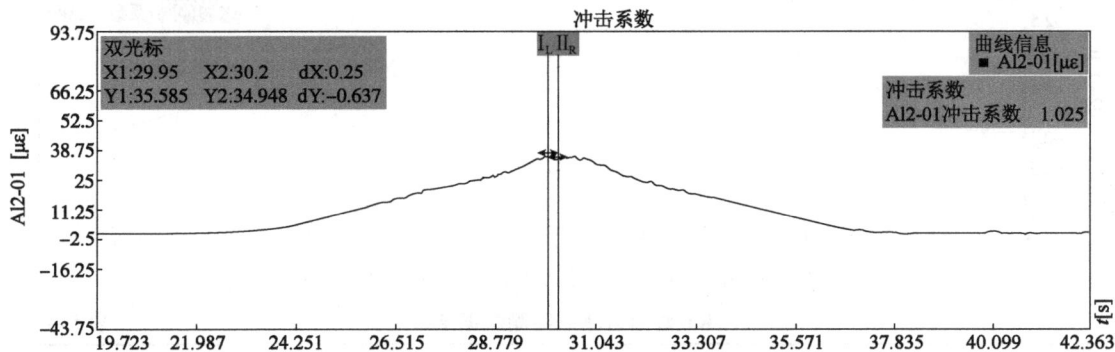

图 5-13　行车 5km/h 跨中振动时程代表曲线(3 号测点)

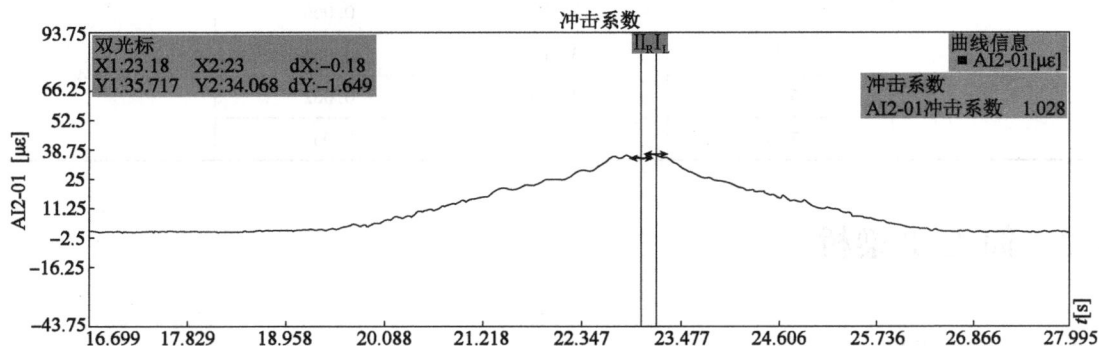

图 5-14　行车 10km/h 跨中振动时程代表曲线(3 号测点)

K1 截面各测点实测数据结果　　　　　　　　　　　　　　　　表 5-7

行车速度 （km/h）	测点	K1 截面		
		最大动应变（με）	冲击系数 μ	冲击系数平均值
5	3 号	35.59	0.025	0.023
	4 号	34.17	0.029	
	5 号	35.01	0.020	
	6 号	33.20	0.019	
10	3 号	35.72	0.028	0.025
	4 号	34.00	0.024	
	5 号	34.63	0.022	
	6 号	32.59	0.025	

刹车试验在无任何障碍的情况下,采用 1 辆载重汽车以设定的车速匀速行驶至测试截面 K1 紧急刹车,采用无线动态信号采集分析系统采集试验数据,测定桥跨结构在刹车制动力作用下的动态反应,利用动应变计算结构的冲击系数。刹车时 K1 截面振动时程曲线如图 5-15 所示。实测数据见表 5-8。

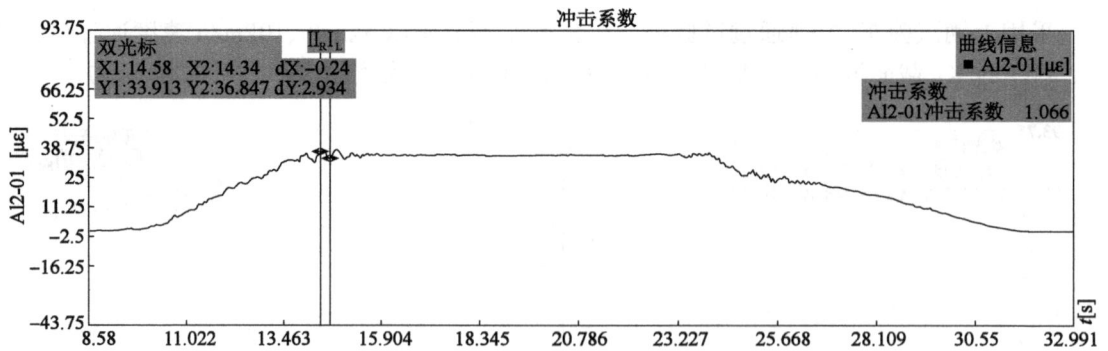

图 5-15　10km/h 刹车跨中振动时程代表曲线(3 号测点)

K1 截面各测点实测数据结果　　　　　　　　　　　　　　　　表 5-8

刹车速度 （km/h）	测点	K1 截面		
		最大动应变（με）	冲击系数 μ	冲击系数平均值
10	2 号	33.91	0.066	0.064
	3 号	36.06	0.066	
	5 号	37.28	0.062	
	7 号	35.18	0.063	

5.2　简支 T 梁桥

5.2.1　工程概况

某桥上部结构采用 3×20m 预应力混凝土 T 梁。如图 5-16、图 5-17 所示,梁高 1.5m,主梁间距2.1m,横向共计四片梁。下部结构桥墩采用双柱墩配桩基础;桥台采用重力式桥台配扩大基础。桥面布置:0.5m(防护栏)+6.9m(车行道)+0.5m(防护栏)=7.9m。设计荷载:公路—Ⅱ级(15通规)。

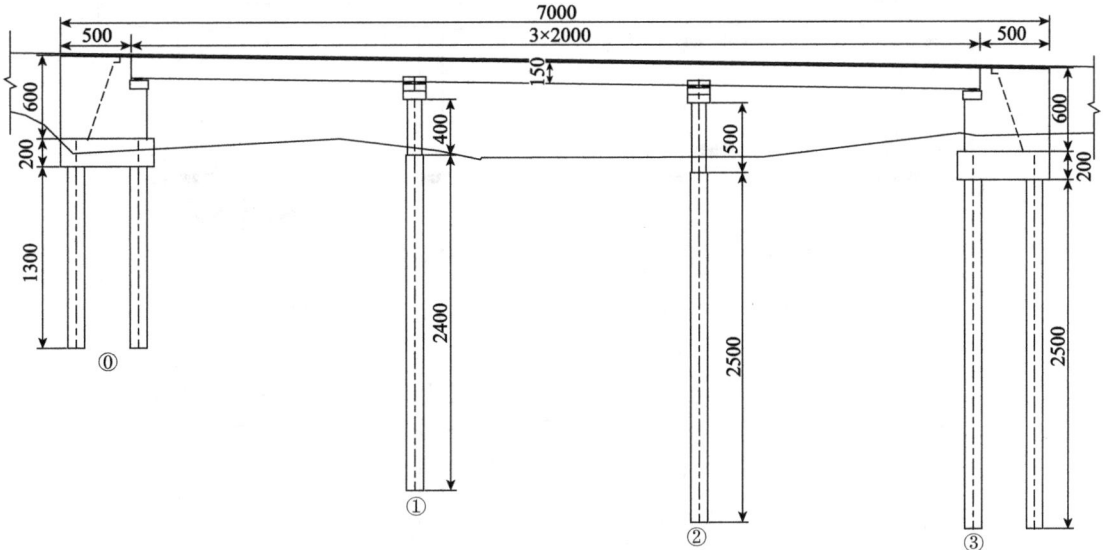

图5-16　桥型布置图(尺寸单位:cm)

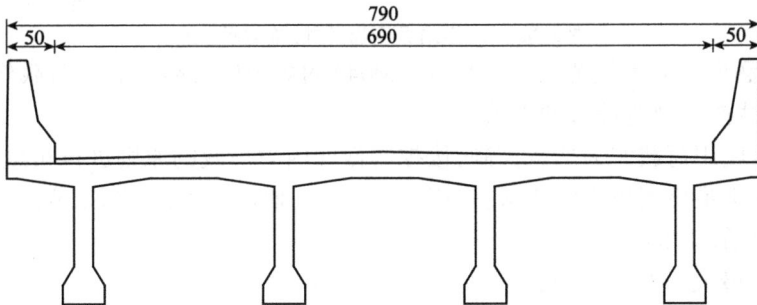

图5-17　横断面图(尺寸单位:cm)

5.2.2　试验方案

根据建设单位委托,选取该桥的第一跨进行荷载试验,应变(应力)控制截面布设1个,挠度控制截面布设1个。主要测试截面位置如图5-18所示。应变及挠度布置平面示意图如图5-19、图5-20所示。

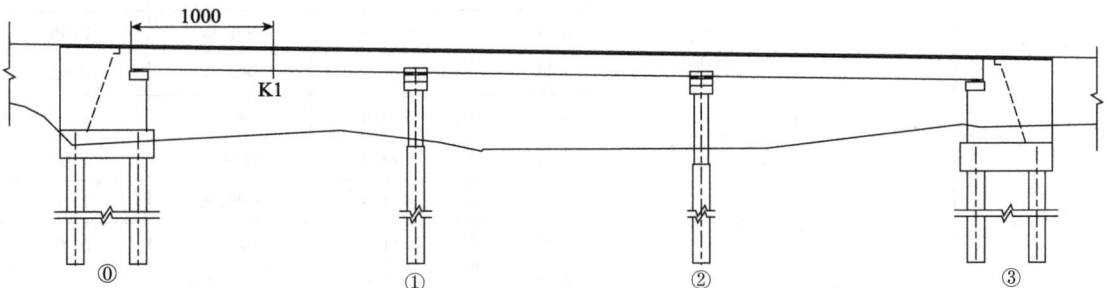

图5-18　测试控制截面布置图(尺寸单位:cm)

127

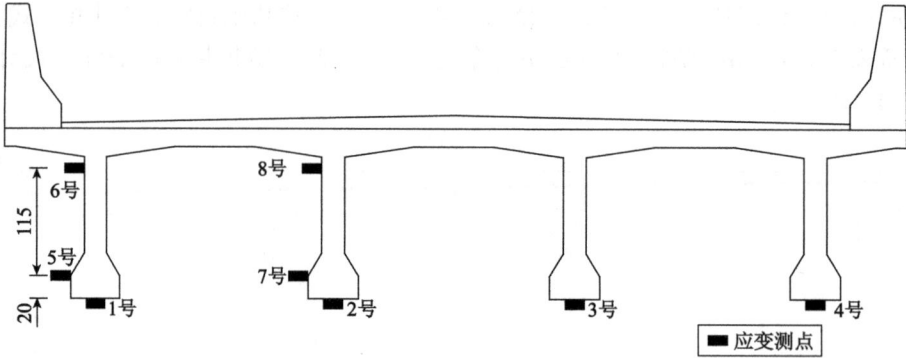

图 5-19　各工况应变测试断面测点布置图(尺寸单位:cm)

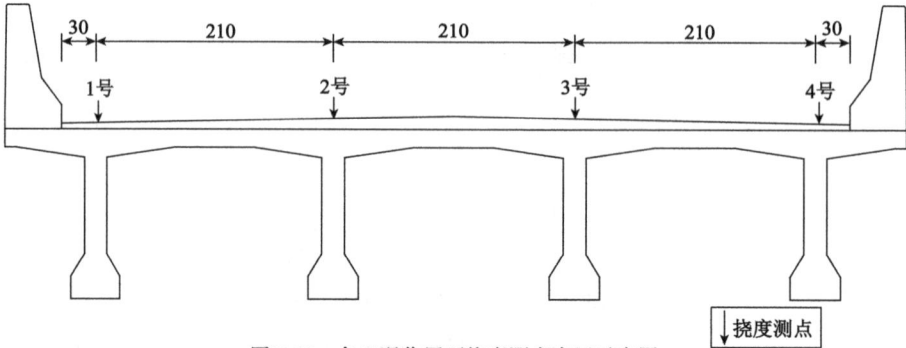

图 5-20　各工况作用下挠度测点布置示意图

按《公路桥涵设计通用规范》(JTG D60—2004)的规定以公路—Ⅱ级荷载作为桥梁控制荷载,其中汽车荷载按照规范计入冲击效应。

以设计正常使用荷载作为加载控制,按控制截面内力等效的原则进行布载,并使用控制截面试验荷载效率满足检测规程的要求,采用 4 台 38t 三轴重车进行等效布载。

试验工况包括(表5-9):

(1)K1 截面最大正弯矩中载;

(2)K1 截面最大正弯矩偏载。

试验荷载效率　　　　　　　　　　表 5-9

测试控制截面编号	截面位置	试验跨	主梁编号	试验荷载下的计算值(kN·m)	标准荷载下的计算值(kN·m)	试验荷载效率
				①	②	①/②
K1 截面	跨中	工况 1(中载)	1 号	1140.6	940.0	—
			2 号	1034.4	998.0	0.96
			3 号	1034.4	998.0	0.96
			4 号	1140.6	940.0	—
K1 截面	跨中	工况 2(偏载)	1 号	1140.6	1191.5	1.04
			2 号	1034.4	1080.6	1.04
			3 号	1034.4	912.8	0.88
			4 号	1140.6	691.1	—

加载车辆布置中载见图5-21,偏载见图5-22。

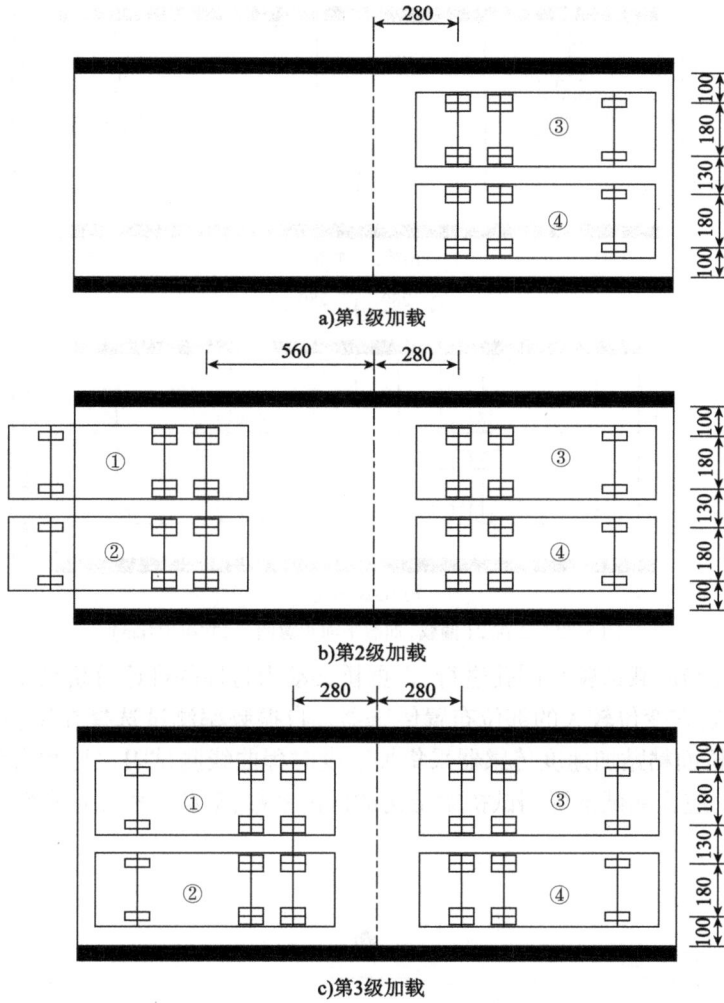

a)第1级加载

b)第2级加载

c)第3级加载

图 5-21　工况1(中载)加载平面示意图(尺寸单位:cm)

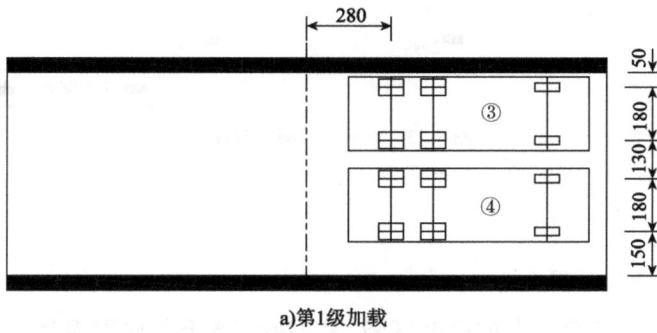

a)第1级加载

图　5-22

b)第2级加载

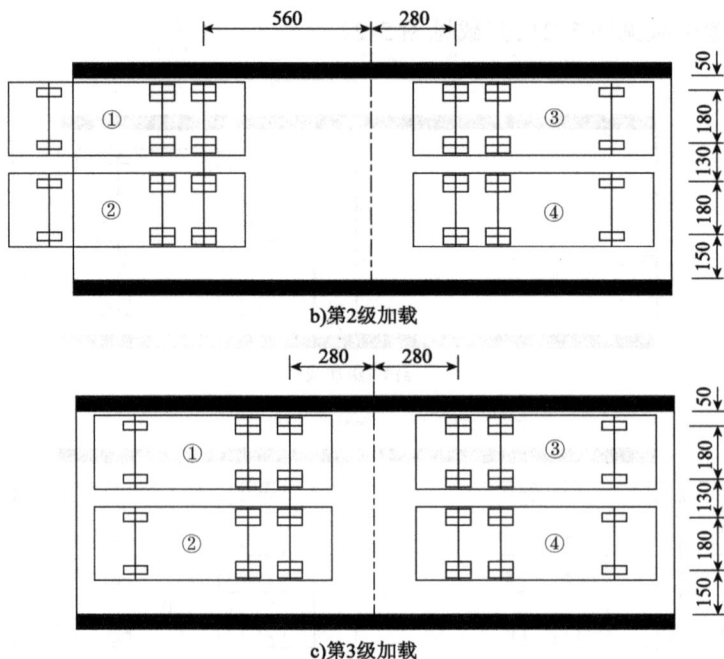

c)第3级加载

图5-22　工况2(偏载)加载平面示意图(尺寸单位:cm)

动载试验选择与静载试验相同孔进行,根据桥梁动力特性的理论分析结果,按照理论计算得出的振型大致形状,在变位较大的部位布置传感器。自振频率测试选择在试验孔的K1截面,如图5-18所示。在桥面粘贴加速度传感器采集加速度时程曲线测试阻尼比和自振频率,在梁底布设应变测点通过动应变测试系统测试桥梁结构的冲击系数,动载试验测点布置,如图5-23所示。

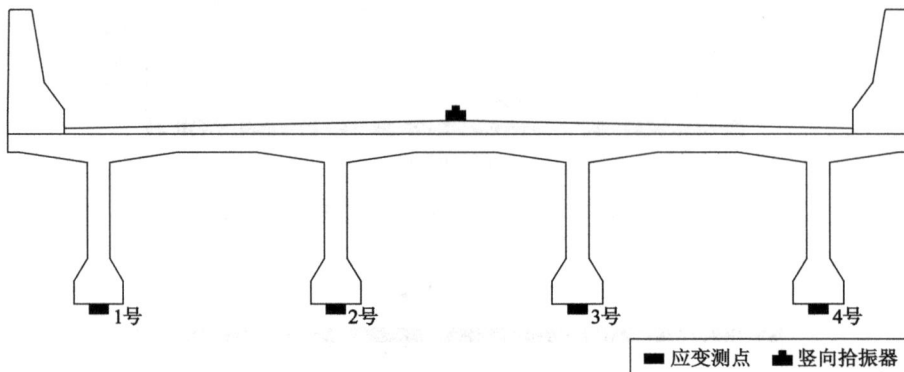

■ 应变测点　　■ 竖向拾振器

图5-23　动载试验测点布置图

5.2.3　试验结果

5.2.3.1　挠度测试结果

现场对某桥进行了2个工况的静载试验,采用精密水准仪检测控制截面的挠度,各试验荷载工况作用下,各主要测点的挠度检测结果见表5-10。

根据计算挠度及挠度的实测结果,计算各控制测点的挠度校验系数及相对残余变形,以检验实际结构的刚度及变形规律与设计状态的符合程度。试验荷载满载作用下,控制测点的实测值与理论值的比较见表 5-10。

试验跨测点挠度检测结果 表 5-10

工况	测点位置	实测弹性变形 (mm)	理论值 (mm)	校验系数	实测总变形 (mm)	实测残余变形 (mm)	相对残余变形 (%)
工况 1 (中载)	1 号	3.10	5.72	0.54	3.10	0.00	0.0
	2 号	3.10	5.84	0.53	3.10	0.00	0.0
	3 号	2.70	5.84	0.46	2.80	0.10	3.6
	4 号	2.70	5.72	0.47	3.00	0.30	10.0
工况 2 (偏载)	1 号	3.50	7.25	0.48	3.90	0.40	10.3
	2 号	3.10	6.32	0.49	3.20	0.10	3.1
	3 号	3.00	5.34	0.56	3.20	0.20	6.2
	4 号	1.90	4.20	0.45	2.30	0.40	17.4

为分析试验荷载满载作用下梁体跨中截面的变形规律,将各测点的挠度的实测结果绘制成如图 5-24、图 5-25 所示的横向分布曲线,并与理论分布曲线进行比较,图中挠度向下为正。

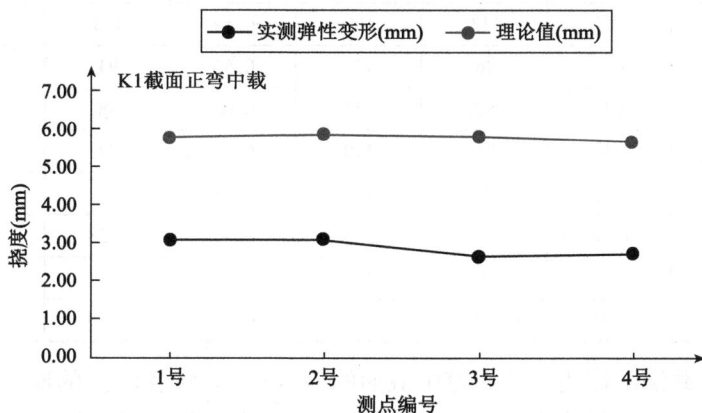

图 5-24 工况 1(中载)挠度实测值与理论值对比曲线图

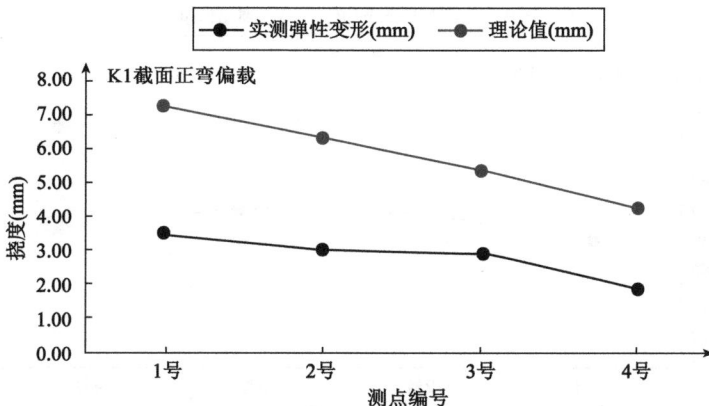

图 5-25 工况 2(偏载)挠度实测值与理论值对比曲线图

5.2.3.2 应变测试结果

现场对某桥进行了 2 个工况的静载试验,采用电阻式应变仪检测控制截面的应变,各试验荷载工况作用下,各主要测点的应变检测结果见表 5-11,试验荷载满载作用下,控制测点的实测值与理论值的比较见表 5-11。

试验跨测点应变检测结果 表 5-11

测试工况	测试项目	测点号	实测弹性应变($\mu\varepsilon$)	理论值($\mu\varepsilon$)	校验系数	实测总应变($\mu\varepsilon$)	实测残余应变($\mu\varepsilon$)	相对残余应变(%)
工况 1 (中载)	静态应变($\mu\varepsilon$)	1 号	79	150	0.53	79	0	0.0
		2 号	99	157	0.63	100	1	1.0
		3 号	100	157	0.64	99	−1	−1.0
		4 号	87	150	0.58	85	−2	−2.4
		5 号	60	120	0.50	60	0	0.0
		6 号	−26	−55	0.47	−27	−1	3.7
		7 号	66	126	0.52	67	1	1.5
		8 号	−25	−52	0.48	−27	−2	7.4
工况 2 (偏载)	静态应变($\mu\varepsilon$)	1 号	113	190	0.59	113	0	0.0
		2 号	96	170	0.56	94	−2	−2.1
		3 号	87	144	0.60	88	1	1.1
		4 号	72	110	0.65	72	0	0.0
		5 号	80	152	0.53	81	1	1.2
		6 号	−36	−70	0.51	−38	−2	5.3
		7 号	70	136	0.51	71	1	1.4
		8 号	−29	−57	0.51	−30	−1	3.3

为分析试验荷载满载作用下梁体跨中截面的应变规律,将各测点的应变的实测结果绘制成如图 5-26、图 5-27 所示的横向分布曲线,并与理论分布曲线进行比较。

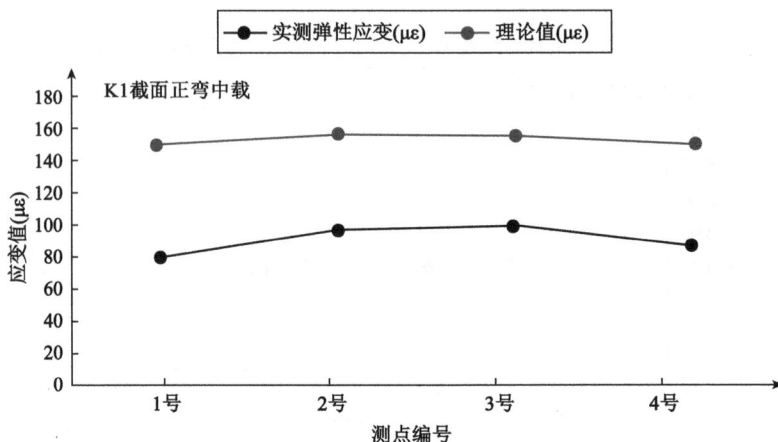

图 5-26 工况 1(中载)应变实测值与理论值对比曲线图

132

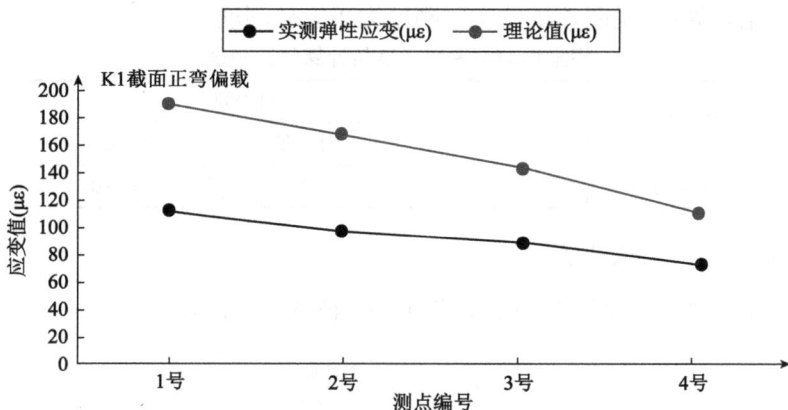

图 5-27　工况 2（偏载）应变实测值与理论值对比曲线图

5.2.3.3　自振特性测试结果

该桥采用行车激振试验方法实测其加速度时程曲线,实测加速度时程曲线和实测自振频率分析图如图 5-28、图 5-29 所示。

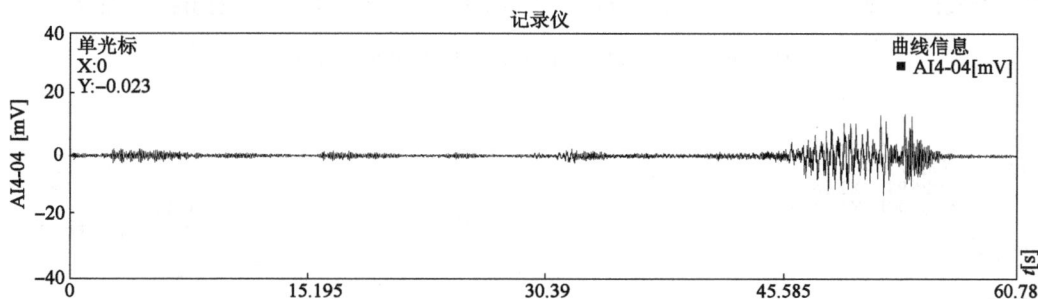

图 5-28　桥梁振动速度实测时程曲线

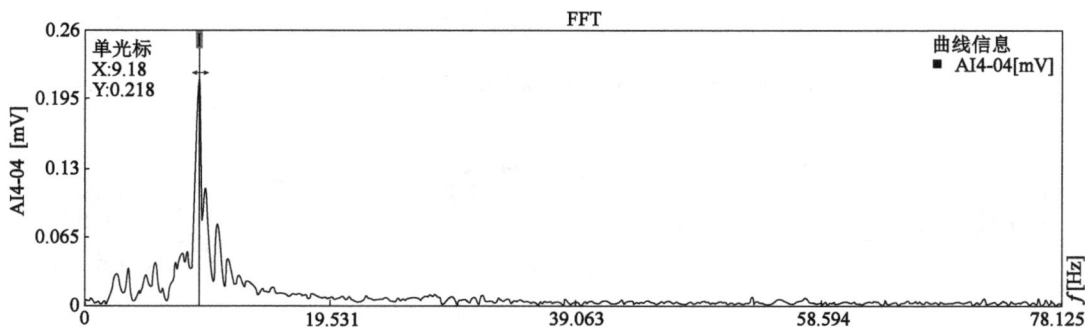

图 5-29　桥梁实测频域曲线($f_1 = 9.18\text{Hz}$,阻尼 1.204%)

该桥在行车激振试验中实测加速度时程曲线未见异常,实测自振频率为 9.180Hz,自振频率实测值 f_{mi} 与理论计算值 f_{di} 的比值为 1.46（表 5-12）,根据《公路桥梁承载能力检测评定规程》(JTG/T J21—2011)中第 5.9.2 条的相关规定,该桥梁自振频率评定标度为 1。本桥的基频实测值大于理论计算值,说明该桥的实际刚度大于设计刚度。

桥梁振动频率实测值与计算值比较表 表 5-12

测试位置	激振方式	自振频率（Hz）			
		阶次	计算值	实测值	频率比
跨中截面	行车激振	1	6.288	9.180	1.46

5.2.3.4 动力响应测试结果

行车试验的实测动态应变时程曲线如图 5-30 ~ 图 5-33 所示。

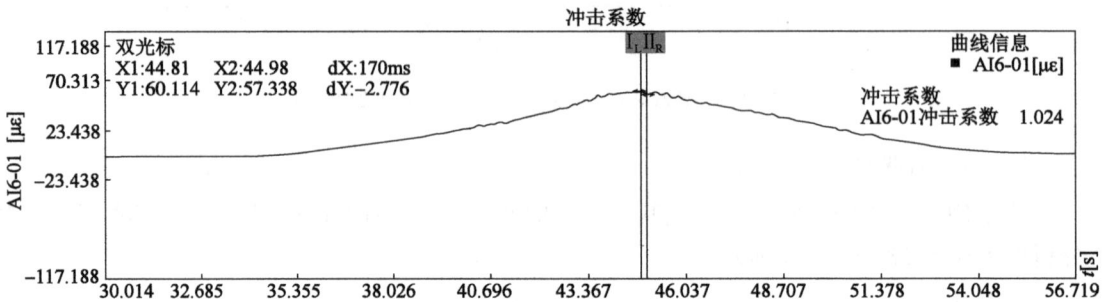

图 5-30 试验跨 10km/h 行车动应变典型测点时程曲线图

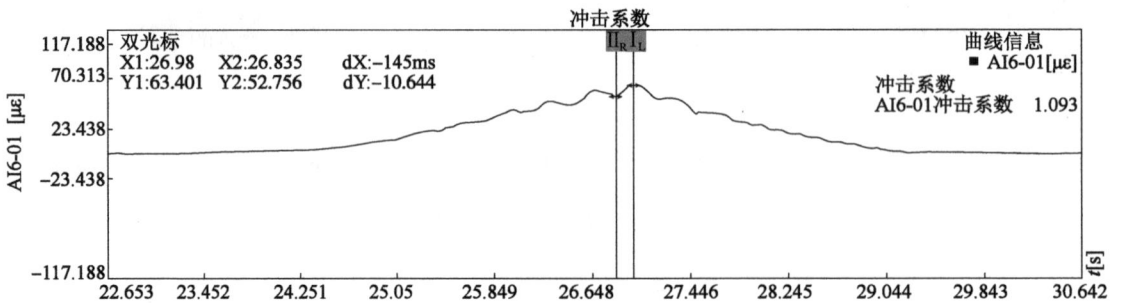

图 5-31 试验跨 20km/h 行车动应变典型测点时程曲线图

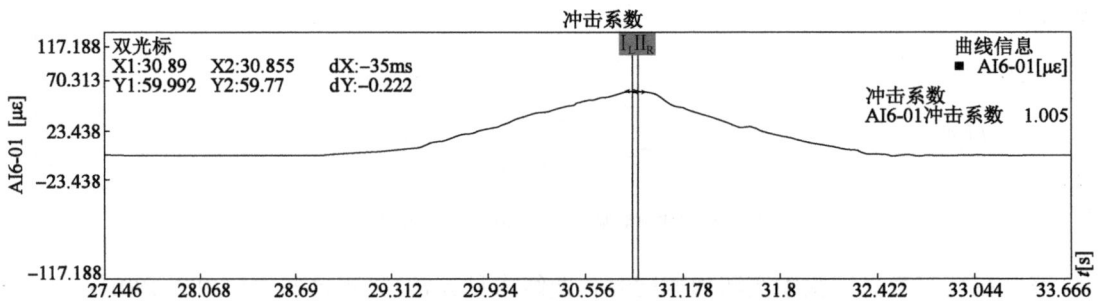

图 5-32 试验跨 30km/h 行车动应变典型测点时程曲线图

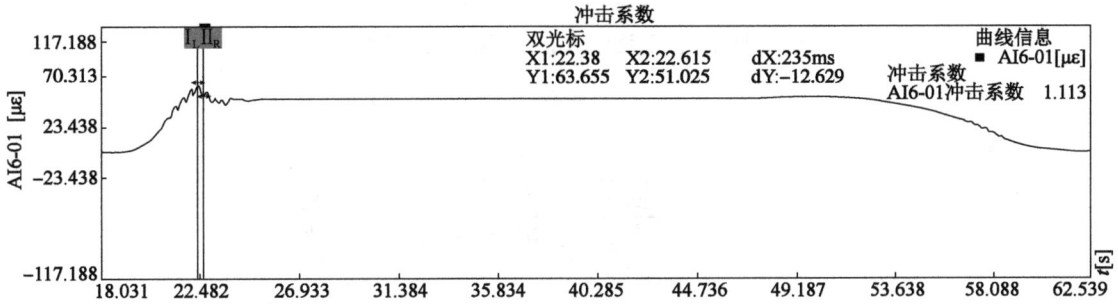

图 5-33　试验跨 20km/h 刹车动应变典型测点时程曲线图

动应变实测时程曲线未见异常。根据动应变实测时程曲线计算 K1 截面所在桥跨结构的冲击系数计算值为 0.051（表 5-13），小于理论冲击系数 0.309，满足规范要求。

各车速下冲击系数值表　　　　　　　　　　　　　　　　表 5-13

试验截面	测试项目	冲击系数				计算取值
		1 号测点	2 号测点	3 号测点	4 号测点	
K1 截面	10km/h 跑车	0.024	0.010	0.019	0.024	0.051
	20km/h 跑车	0.093	0.088	0.073	0.085	
	30km/h 跑车	0.005	0.014	0.032	0.021	
	20km/h 刹车	0.113	0.074	0.056	0.085	

5.3　连续刚构桥

5.3.1　工程概况

某连续刚构桥桥长 352m，桥宽 13m。如图 5-34、图 5-35 所示，上部结构为 90m + 150m + 90m 预应力混凝土变截面连续刚构桥，根部梁高 8.5m，跨中梁高 3.5m，主梁高按 1.8 次抛物线变化。下部结构桥墩采用钢筋混凝土多边形桥墩。A0 桥台采用重力式 U 形桥台，A3 桥台采用重力式 U 形桥台加桩基础。桥面铺装采用 17cm 等厚铺装，双层铺装结构。基层为 8cm 厚 C40 钢筋混凝土整平层，面层为 9cm 沥青混凝土。设计标准如下：

（1）桥面布置：3.0（人行道）+ 7.0（车行道）+ 3.0（人行道）= 13m；

（2）设计荷载：汽车荷载城—A 级，人群荷载 2.4kN/m^2。

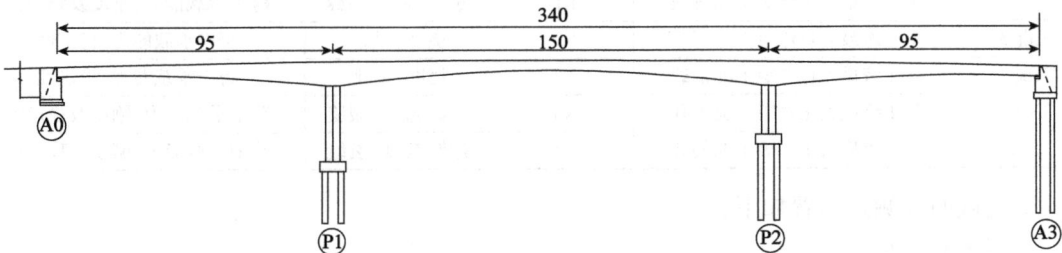

图 5-34　某连续刚构桥立面布置图（尺寸单位：m）

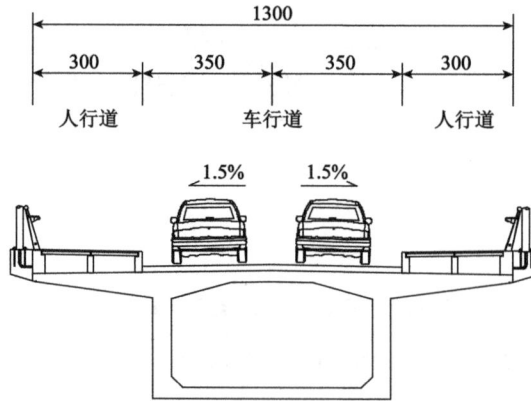

图 5-35　某连续刚构桥典型断面布置图(尺寸单位:cm)

5.3.2　试验方案

利用桥梁专用有限元计算分析软件 MIDAS Civil 对结构进行试验设计。计算在城—A 级,人群荷载 2.4kN/m² 作用下各控制截面的最大内力,并根据该位置的纵向影响线,通过试验加载车进行等效加载,使加载效率满足规范要求。

预应力混凝土主梁均采用 C55 混凝土,桥墩墩身采用 C50 混凝土。计算结构模型如图 5-36 所示。

图 5-36　计算结构模型

根据结构形式、桥梁现状及现场条件,选取第 1、2 跨进行试验。依据结构受力特点及《公路桥梁荷载试验规程》(JTG/T J21-01—2015)的有关规定,经过计算分析确定以下 6 个试验工况,见表 5-14。

工况设置统计表　　　　　　　　　　表 5-14

工况编号	工况名称	控制截面	测试项目	测试目的
工况 1	第 1 跨最大正弯矩工况正载	K1	挠度、应变、裂缝	跨中承载能力、刚度及稳定性
工况 2	第 1 跨最大正弯矩工况偏载	K1	挠度、应变、裂缝	跨中承载能力、刚度及稳定性
工况 3	第 2 跨最大负弯矩工况正载	K2	挠度、裂缝	跨中承载能力、稳定性
工况 4	第 2 跨最大负弯矩工况偏载	K2	挠度、裂缝	跨中承载能力、稳定性
工况 5	第 2 跨最大正弯矩工况正载	K3	挠度、应变、裂缝	跨中承载能力、刚度及稳定性
工况 6	第 2 跨最大正弯矩工况偏载	K3	挠度、应变、裂缝	跨中承载能力、刚度及稳定性

试验截面及测点布置如下:

(1)测试截面

测试截面位置图如图 5-37 所示。

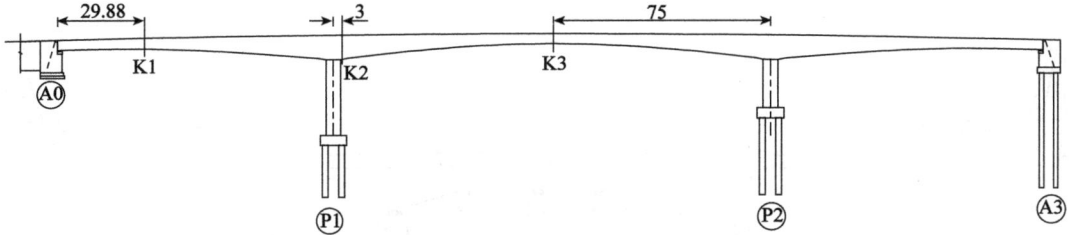

图5-37　测试截面位置图(尺寸单位:m)

(2)应变测点

采用表面式电阻应变片进行应变测试,在K1~K3截面布置应变测点如图5-38~图5-40所示。

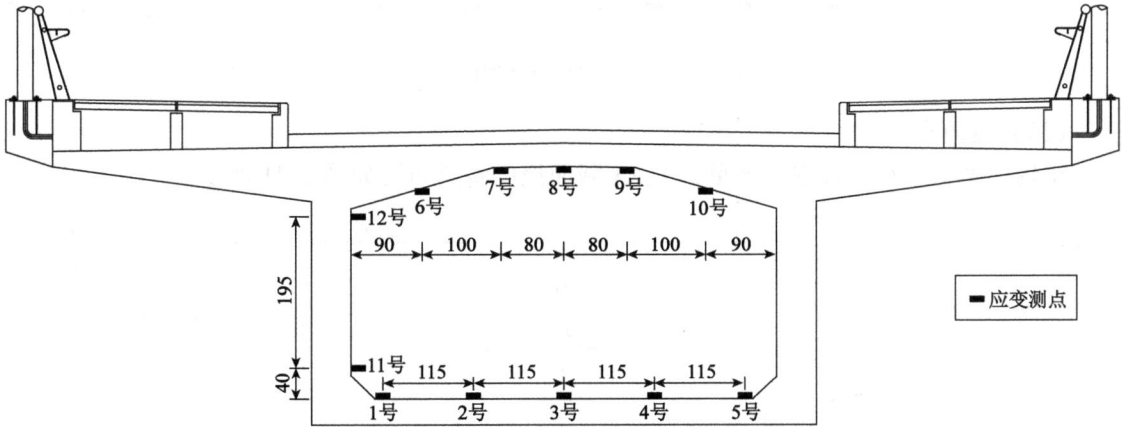

图5-38　K1截面应变测点布置图(尺寸单位:cm)

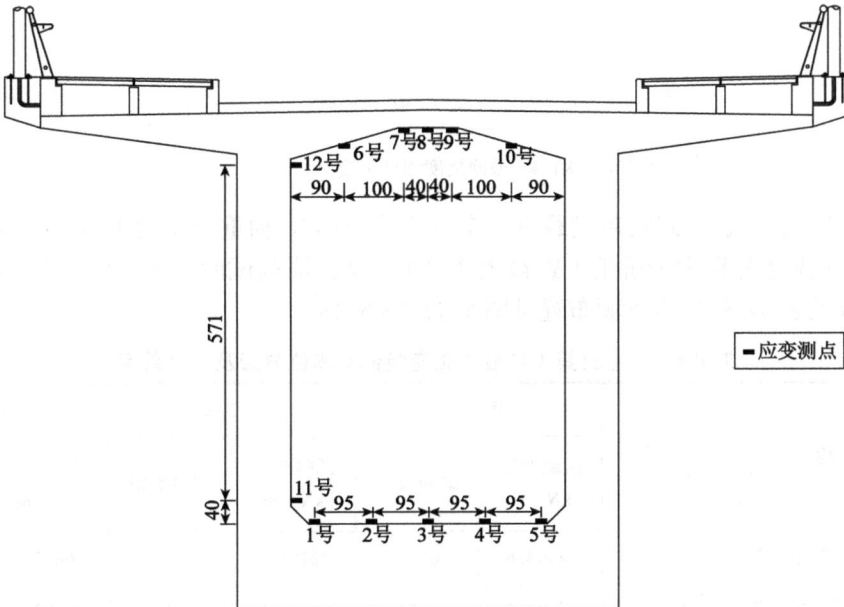

图5-39　K2截面应变测点布置图(尺寸单位:cm)

137

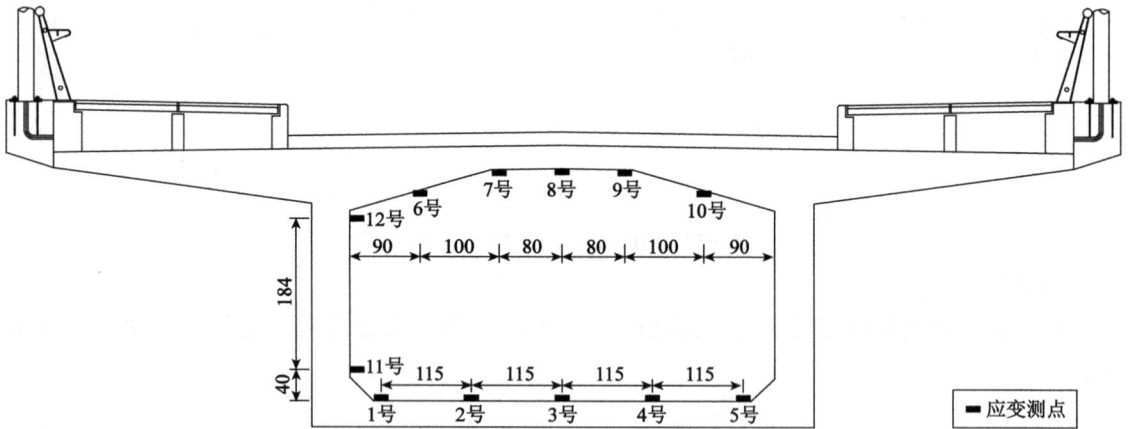

图 5-40　K3 截面应变测点布置图(尺寸单位:cm)

(3)挠度测点

结构挠度采用水准仪进行测量,K1、K3 截面挠度测点布置如图 5-41 所示。

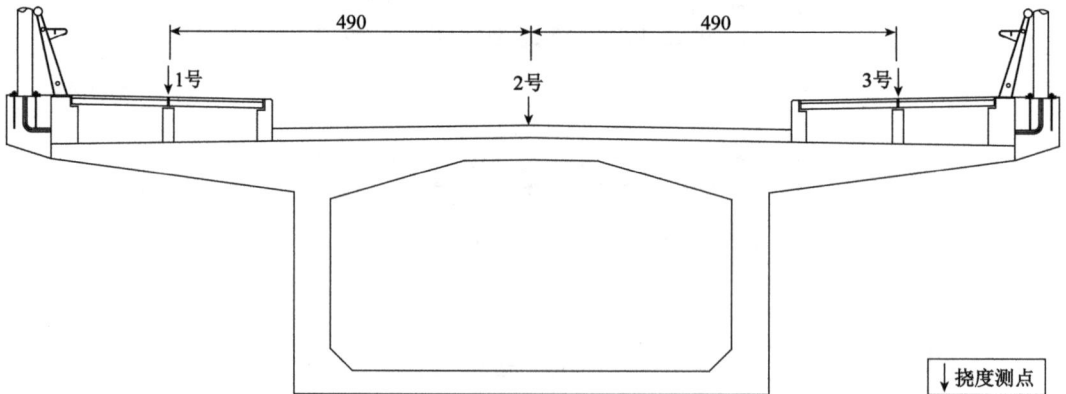

图 5-41　K1、K3 截面挠度测点布置(尺寸单位:cm)

采用 10 辆载重汽车加载,单辆载重汽车总重约 380kN,轴重分布为 3.8m + 1.4m。

工况 1、工况 2 分别为全桥第 1 跨最大正弯矩正载、偏载试验,分 3 级加载。各级加载内力、效率系数见表 5-15,具体车辆布置见图 5-42、图 5-43。

工况 1(工况 2)第 1 跨最大正弯矩试验车位分级及加载效率　　表 5-15

工况名称	控制弯矩(kN·m)	第 1 级		第 2 级		第 3 级	
		试验弯矩(kN·m)	试验效率	试验弯矩(kN·m)	试验效率	试验弯矩(kN·m)	试验效率
K1 截面最大正弯矩正载	27371.5	14704.6	0.54	22454.6	0.82	26693.2	0.98
K1 截面最大正弯矩偏载	27371.5	14704.6	0.54	22454.6	0.82	26693.2	0.98

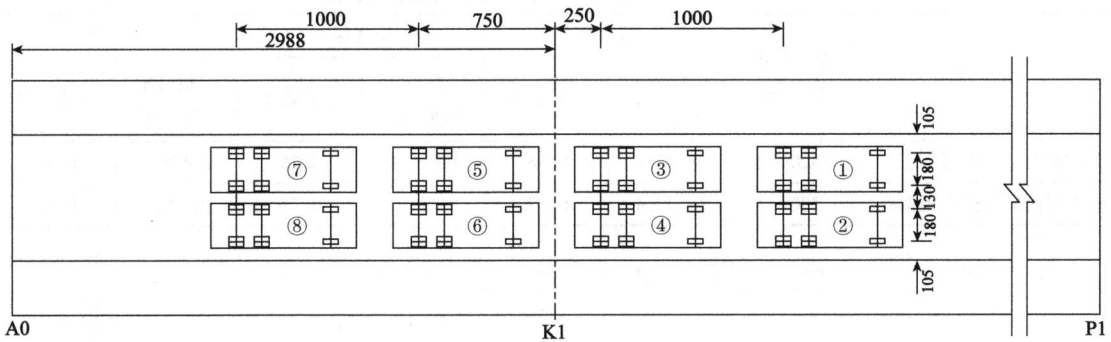

1级加载：①+②+③+④；

2级加载：①+②+③+④+⑤+⑥；

3级加载：①+②+③+④+⑤+⑥+⑦+⑧。

图5-42 工况1第1跨最大正弯矩正载加载车位(尺寸单位:cm)

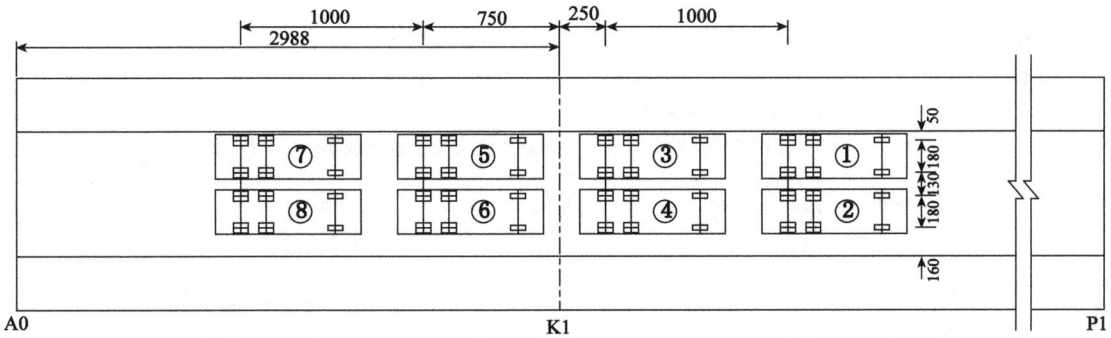

1级加载：①+②+③+④；

2级加载：①+②+③+④+⑤+⑥；

3级加载：①+②+③+④+⑤+⑥+⑦+⑧。

图5-43 工况2第1跨最大正弯矩偏载加载车位(尺寸单位:cm)

工况3、工况4分别为全桥第2跨最大负弯矩正载、偏载试验,分3级加载(表5-16);工况5、工况6分别为全桥第2跨最大正弯矩正载、偏载试验,分3级加载(表5-17)。具体车辆布置见图5-44、图5-45。

工况3(工况4)第2跨最大负弯矩试验车位分级及加载效率 表5-16

工况名称	控制弯矩 (kN·m)	第1级		第2级		第3级	
		试验弯矩 (kN·m)	试验效率	试验弯矩 (kN·m)	试验效率	试验弯矩 (kN·m)	试验效率
K2 截面最大负弯矩正载	−95750.4	−29914.4	0.31	−47971.2	0.50	−82268.4	0.86
K2 截面最大负弯矩偏载	−95750.4	−29914.4	0.31	−47971.2	0.50	−82268.4	0.86

工况 5（工况 6）第 2 跨最大正弯矩试验车位分级及加载效率 表 5-17

工况名称	控制弯矩（kN·m）	第 1 级		第 2 级		第 3 级	
		试验弯矩（kN·m）	试验效率	试验弯矩（kN·m）	试验效率	试验弯矩（kN·m）	试验效率
K3 截面最大正弯矩正载	23209.2	13442.4	0.58	17373.1	0.75	20978.5	0.90
K3 截面最大正弯矩偏载	23209.2	13442.4	0.58	17373.1	0.75	20978.5	0.90

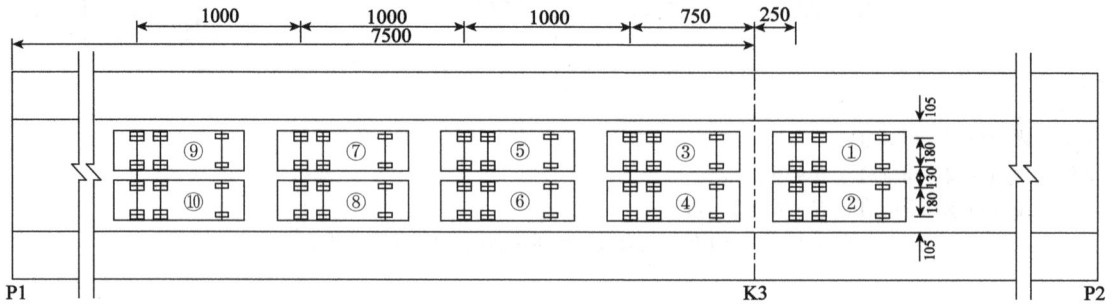

1 级加载：①＋②＋③＋④；

2 级加载：①＋②＋③＋④＋⑤＋⑥；

3 级加载：①＋②＋③＋④＋⑤＋⑥＋⑦＋⑧＋⑨＋⑩。

图 5-44 工况 3＋工况 5 第 2 跨最大负弯矩与最大正弯矩正载加载车位(尺寸单位：cm)

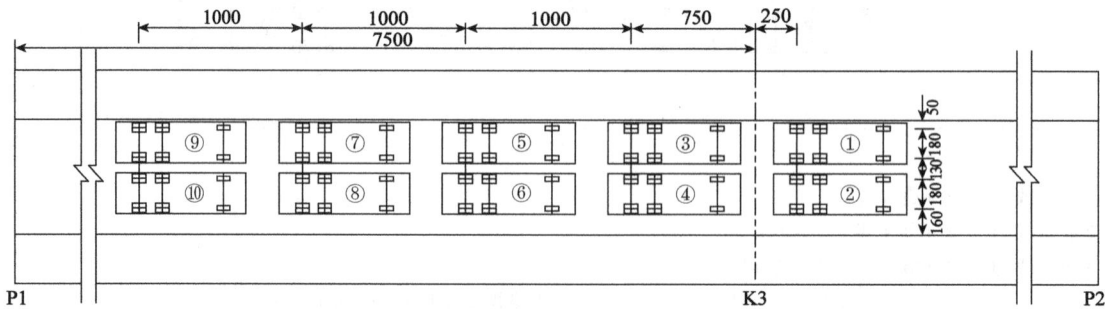

1 级加载：①＋②＋③＋④；

2 级加载：①＋②＋③＋④＋⑤＋⑥；

3 级加载：①＋②＋③＋④＋⑤＋⑥＋⑦＋⑧＋⑨＋⑩。

图 5-45 工况 4＋工况 6 第 2 跨最大负弯矩与最大正弯矩偏载加载车位(尺寸单位：cm)

按照连续刚构结构受力特性,动力特性测试截面选取截面 D1～D13,动载试验测试截面布置见图 5-46,动力特性测点布置见图 5-47。

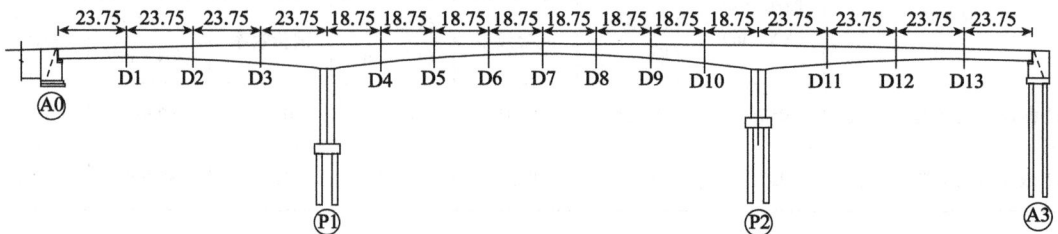

图 5-46 动力特性测试截面位置示意图(尺寸单位：cm)

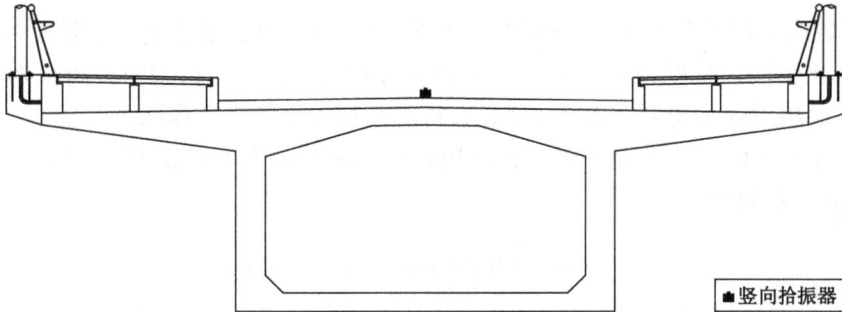

图 5-47　D1 ~ D13 截面动力特性测点布置示意图

5.3.3　试验结果

为简化篇幅,本节仅列工况 5 及工况 6 挠度及应变测试结果。

5.3.3.1　挠度测试结果

工况 5 为第 2 跨跨中最大正弯矩正载试验,分 3 级加载,1 级卸载。控制截面为 K3 截面,试验结果如下:

图 5-48 为工况 5(第 2 跨跨中最大正弯矩正载)K3 截面上 1 号、2 号、3 号测点满载挠度实测值与计算值关系曲线。

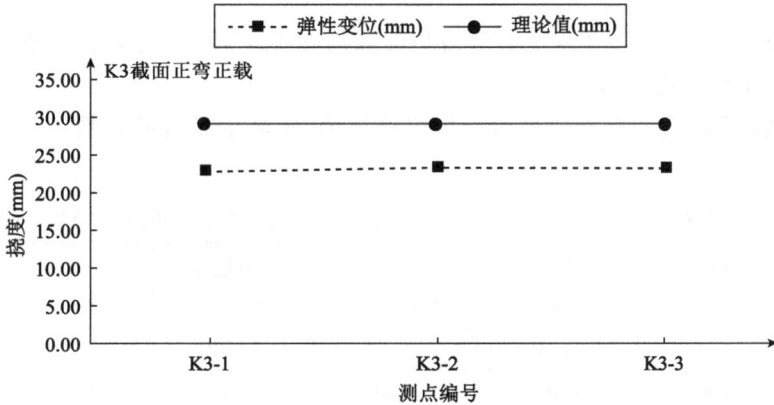

图 5-48　K3 截面正载测点挠度测试图线(满载)

由图中可以看到,主要挠度测点实测值与计算值线性关系良好,且实测值小于计算值,表明结构接近弹性工作状态。

在试验荷载作用下 K3 截面主要测点挠度计算值、实测值及校验系数、残余值及相对残余见表 5-18。

工况 5(第 1 跨跨中最大正弯矩正载)控制截面主要测点挠度汇总表　　表 5-18

测点编号	实测挠度①	残余变位②	相对残余变位③ = ②/①(%)	弹性挠度④ = ①-②	计算值⑤	校验系数⑥ = ④/⑤
1 号	23.40	0.50	2.14	22.90	29.20	0.78
2 号	23.50	0.10	0.43	23.40	29.20	0.80
3 号	23.60	0.30	1.27	23.30	29.20	0.80

表 5-18 数据表明工况 5(第 1 跨跨中最大正弯矩正载)在试验荷载下,实测桥跨最大挠度为 23.60mm,主要测点挠度校验系数介于 0.78 ~ 0.80 之间,小于 1,说明桥跨结构竖向刚度满足要求;卸载后相对残余变形在 20% 范围内,桥跨结构处于弹性工作状态。

图 5-49 为工况 6(第 2 跨跨中最大正弯矩偏载)K3 截面上 1 号、2 号、3 号测点满载挠度实测值与计算值关系曲线。

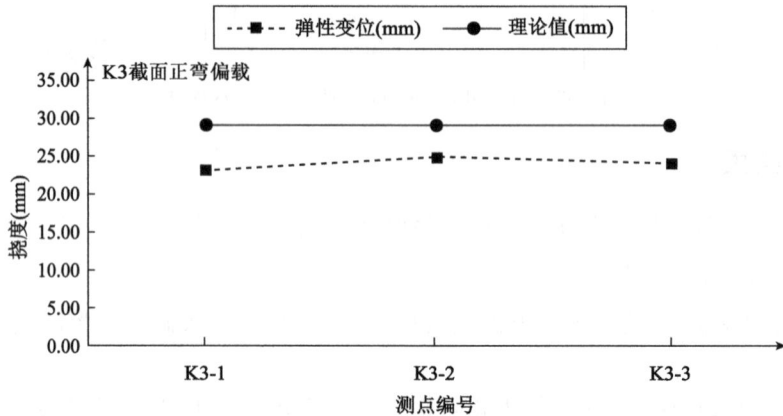

图 5-49　K3 截面偏载测点挠度测试图线(满载)

由图中可以看到,主要挠度测点实测值与计算值线性关系良好,且实测值小于计算值,表明结构接近弹性工作状态。

在试验荷载作用下 K3 截面主要测点挠度计算值、实测值及校验系数、残余值及相对残余见表 5-19。

工况 6(第 2 跨跨中最大正弯矩偏载)控制截面主要测点挠度汇总表　　表 5-19

测点编号	实测挠度①	残余变位②	相对残余变位③ = ②/①(%)	弹性挠度④ = ① - ②	计算值⑤	校验系数⑥ = ④/⑤
1 号	23.00	− 0.40	− 1.74	23.40	29.20	0.80
2 号	24.80	0.00	0.00	24.80	29.20	0.85
3 号	23.30	− 0.50	− 2.15	23.80	29.20	0.82

表 5-19 数据表明工况 6(第 1 跨跨中最大正弯矩偏载)在试验荷载下,实测桥跨最大挠度为 24.80mm,主要测点挠度校验系数介于 0.80 ~ 0.85 之间,小于 1,说明桥跨结构竖向刚度满足要求;卸载后相对残余变形在 20% 范围内,桥跨结构处于弹性工作状态。

5.3.3.2　应变测试结果

图 5-50 分别为工况 5(第 2 跨跨中最大正弯矩正载)K3 截面上 1 ~ 10 号测点满载应变实测值与计算值关系曲线。

由图中可以看到,主要应变测点实测值与计算值线性关系良好,且实测值小于计算值,表明结构接近弹性工作状态。

在试验荷载作用下 K3 截面主要测点应变计算值、实测值及校验系数见表 5-20。

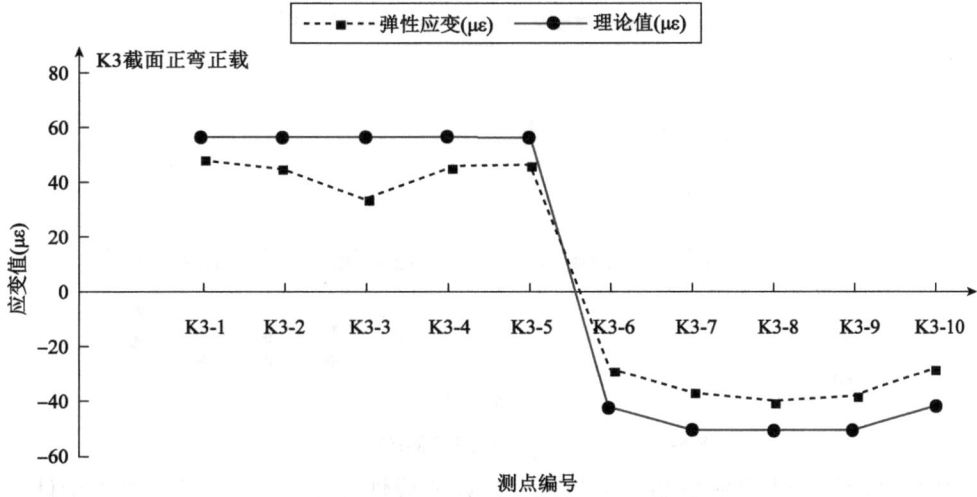

图 5-50 K3 截面正载测点应变测试图线(满载)

工况 5(第 3 跨跨中最大正弯矩正载)**控制截面主要测点应变汇总表** 表 5-20

位置	测点编号	实测应变 ①	残余应变 ②	相对残余应变 ③=②/①(%)	弹性应变 ④=①−②	计算值 ⑤	校验系数 ⑥=④/⑤
底板	1 号	52	3	5.77	49	56	0.88
底板	2 号	48	3	6.25	45	56	0.80
底板	3 号	36	2	5.56	34	56	0.61
底板	4 号	51	6	11.76	45	56	0.80
底板	5 号	55	9	16.36	46	56	0.82
顶板	6 号	−24	4	−16.67	−28	−41	0.68
顶板	7 号	−34	2	−5.88	−36	−51	0.71
顶板	8 号	−37	2	−5.41	−39	−51	0.76
顶板	9 号	−36	1	−2.78	−37	−51	0.73
顶板	10 号	−24	3	−12.50	−27	−41	0.66
腹板	11 号	30	1	3.33	29	41	0.71
腹板	12 号	−13	0	0.00	−13	−28	0.46

表 5-20 数据表明工况 5(第 1 跨跨中最大正弯矩正载)在试验荷载下,实测桥跨最大应变为 $55\mu\varepsilon$,主要测点应变校验系数介于 0.61~0.88 之间,小于 1,说明桥跨结构强度满足要求;卸载后相对残余变形在 20% 范围内,桥跨结构处于弹性工作状态。

图 5-51 分别为工况 6(第 2 跨跨中最大正弯矩偏载)K3 截面上 1~10 号测点满载应变实测值与计算值关系曲线。

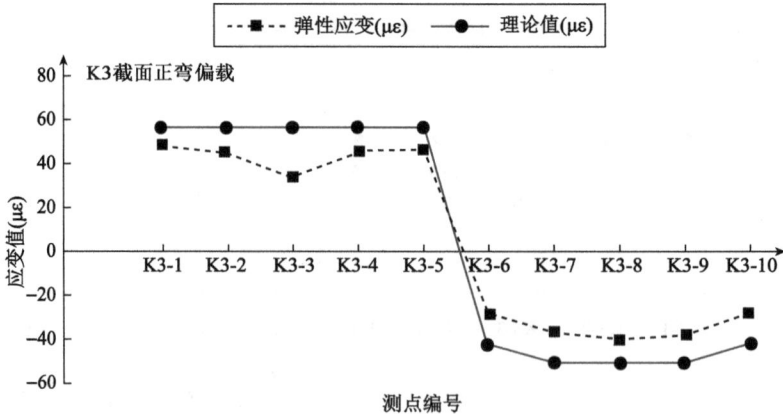

图 5-51　K3 截面偏载测点应变测试图线(满载)

由图中可以看到,主要应变测点实测值与计算值线性关系良好,且实测值小于计算值,表明结构接近弹性工作状态。

在试验荷载作用下 K3 截面主要测点应变计算值、实测值及校验系数见表 5-21。

工况 6(第 2 跨跨中最大正弯矩偏载)控制截面主要测点应变汇总表　　　　表 5-21

位置	测点编号	实测应变 ①	残余应变 ②	相对残余应变 ③=②/①(%)	弹性应变 ④=①-②	计算值 ⑤	校验系数 ⑥=④/⑤
底板	1 号	52	2	3.85	50	56	0.89
底板	2 号	48	2	4.17	46	56	0.82
底板	3 号	37	2	5.41	35	56	0.63
底板	4 号	48	3	6.25	45	56	0.80
底板	5 号	50	3	6.00	47	56	0.84
顶板	6 号	-27	1	-3.70	-28	-41	0.68
顶板	7 号	-36	1	-2.78	-37	-51	0.73
顶板	8 号	-40	1	-2.50	-41	-51	0.80
顶板	9 号	-35	1	-2.86	-36	-51	0.71
顶板	10 号	-23	2	-8.70	-25	-41	0.61
腹板	11 号	31	1	3.23	30	41	0.73
腹板	12 号	-12	1	-8.33	-13	-28	0.46

表 5-21 数据表明工况 6(第 1 跨跨中最大正弯矩偏载)在试验荷载下,实测桥跨最大应变为 52με,主要测点应变校验系数介于 0.63 ~ 0.89 之间,小于 1,说明桥跨结构强度满足要求;卸载后相对残余变形在 20% 范围内,桥跨结构处于弹性工作状态。

5.3.3.3　自振特性测试结果

通过对自然激励响应测得数据的辨识,以及有限元计算分析,得到结构的竖向频率,如图 5-52 ~ 图 5-54 所示,实测典型时域信号如图 5-55 所示,实测前三阶竖向振型如图 5-56 ~ 图 5-58所示;结果如表 5-22 所示。

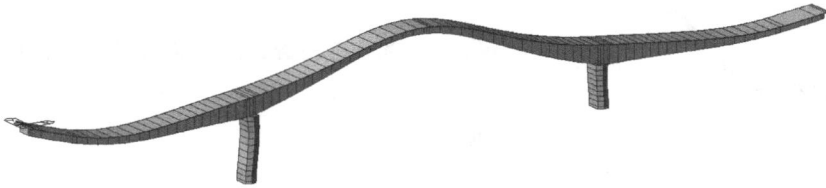

图5-52 竖向一阶振型(1.148Hz)

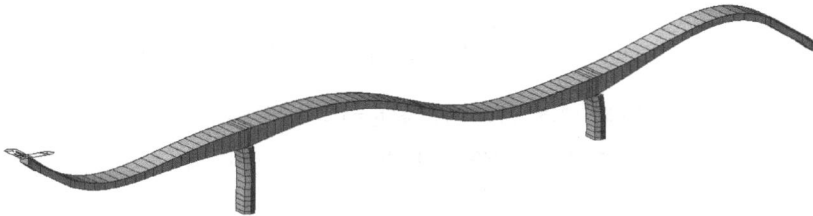

图5-53 竖向二阶振型(1.378Hz)

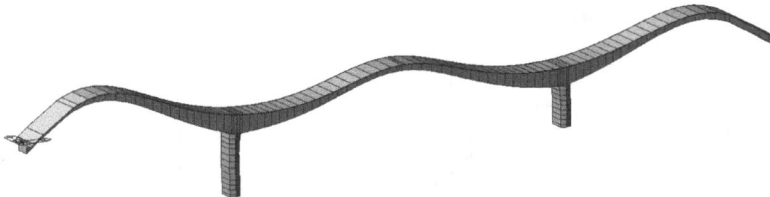

图5-54 竖向三阶振型(1.684Hz)

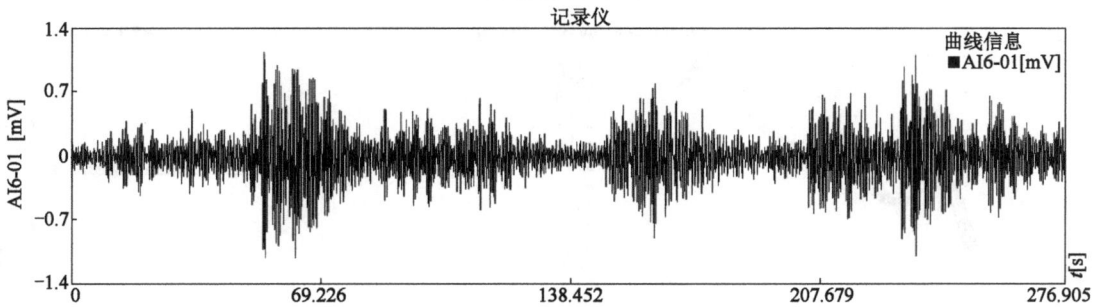

图5-55 典型实测竖向振动时域信号

三维视图　　　　　　　　　　　　　频率:1.235 阻尼比(%):0.551　　俯视图　　　　　　　　　　　　　频率:1.235 阻尼比(%):0.551

正视图　　　　　　　　　　　　　频率:1.235 阻尼比(%):0.551　　侧视图　　　　　　　　　　　　　频率:1.235 阻尼比(%):0.551

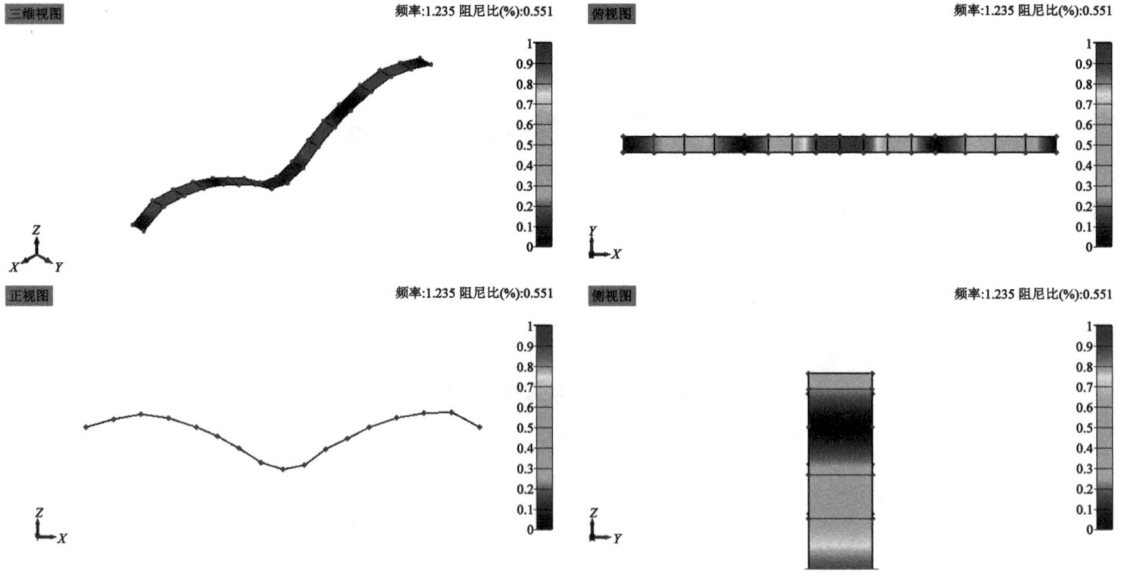

图 5-56　实测竖向一阶振型($f_1 = 1.235\text{Hz}$)

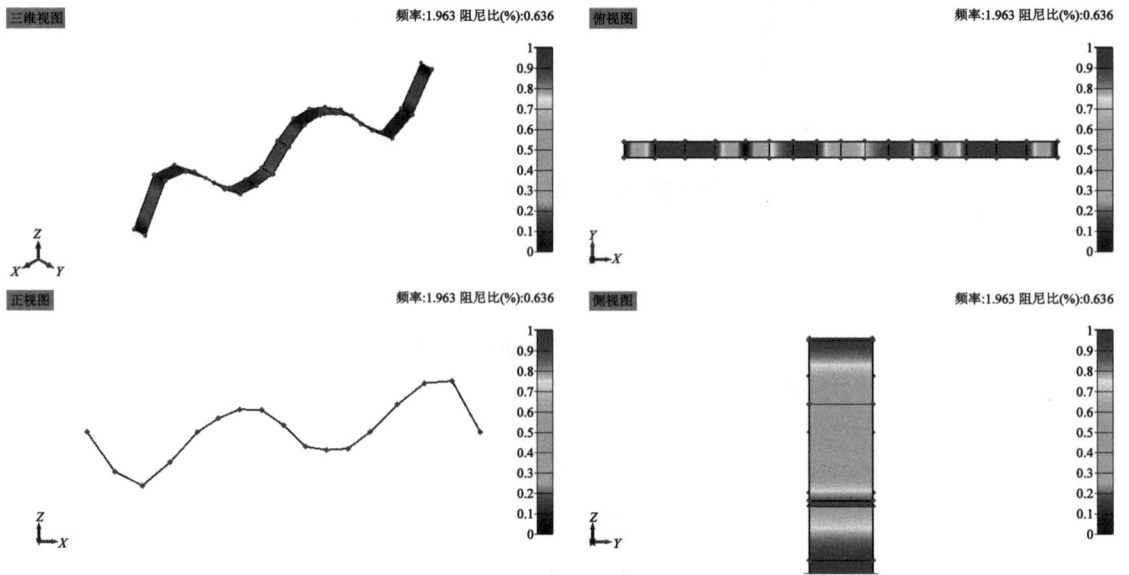

三维视图　　　　　　　　　　　　　频率:1.963 阻尼比(%):0.636　　俯视图　　　　　　　　　　　　　频率:1.963 阻尼比(%):0.636

正视图　　　　　　　　　　　　　频率:1.963 阻尼比(%):0.636　　侧视图　　　　　　　　　　　　　频率:1.963 阻尼比(%):0.636

图 5-57　实测竖向二阶振型($f_2 = 1.963\text{Hz}$)

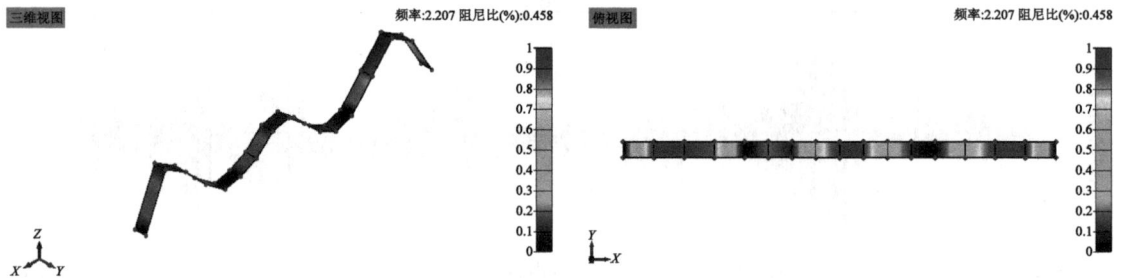

三维视图　　　　　　　　　　　　　频率:2.207 阻尼比(%):0.458　　俯视图　　　　　　　　　　　　　频率:2.207 阻尼比(%):0.458

图　5-58

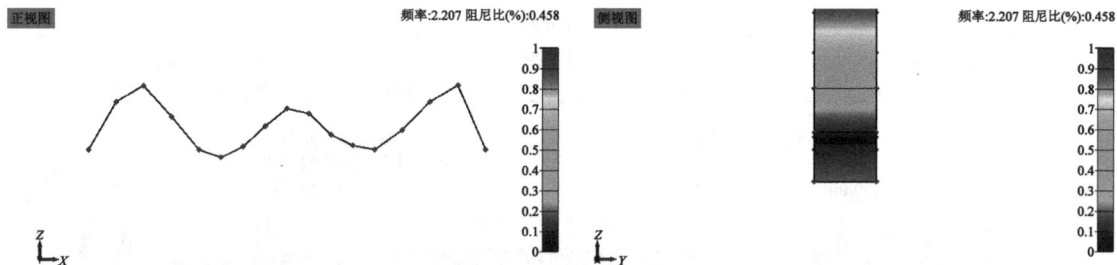

频率:2.207 阻尼比(%):0.458

图 5-58 实测竖向三阶振型($f_3 = 2.207\text{Hz}$)

结构模态参数汇总表　　　　　表 5-22

阶次	频率（Hz）		实测阻尼比
	计算值	实测值	（%）
1 阶	1.148	1.235	0.551
2 阶	1.378	1.963	0.636
3 阶	1.684	2.207	0.548

桥梁测试联前 3 阶竖向自振频率实测值分别为 1.235Hz、1.963Hz、2.207Hz,相应理论计算值分别为 1.148Hz、1.378Hz、1.684Hz,实测值大于相应理论计算值,结构刚度良好。

5.4　钢箱拱桥

5.4.1　工程概况

如图 5-59 ~ 图 5-61 所示,某钢箱拱桥计算跨径 245m,矢高 54.444m,拱轴线为矢跨比为 1/4.5,拱轴系数 $m = 1.2$ 的悬链线。拱肋为平行线,拱肋中心间距 12.6m,吊杆区单侧宽 2.05m。拱肋采用变高度箱型截面,宽 2.0m,高 2.5 ~ 4.5m。风撑共计 10 道,采用等高度箱型截面。吊索为整束挤压成型钢绞线吊杆,纵向间距 10m,全桥共 20 对。主桥桥面系采用钢纵、横梁与混凝土桥面板形成的组合梁格构体系。

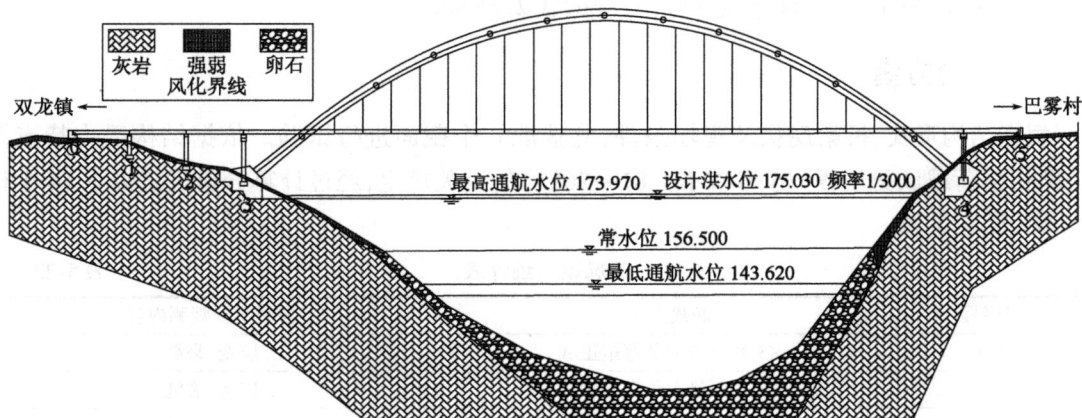

图 5-59　桥梁立面布置图(单位:cm)

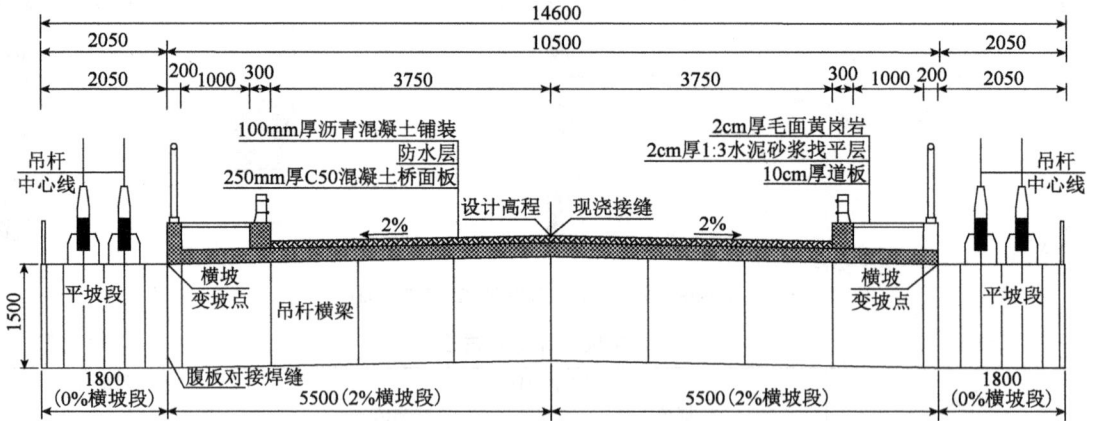

图 5-60　吊杆处横断面图(尺寸单位:cm)

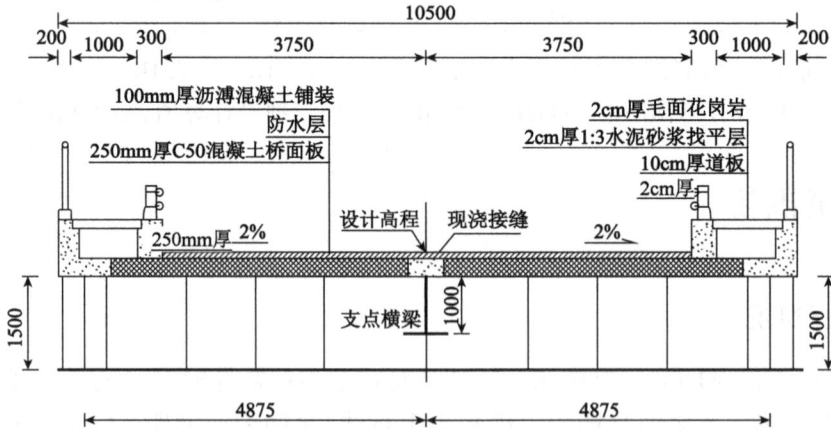

图 5-61　拱间横梁处横断面图(尺寸单位:cm)

主桥桥面宽度:2.05m(吊杆区) +1.5m(人行道及护栏) +2 ×3.75m(行车道) +1.5m(人行道及护栏) +2.05m(吊杆区) =14.6m。

设计荷载:公路—Ⅰ级(15 通规),人群荷载 2.5kN/m²。

5.4.2　试验方案

根据结构形式、桥梁现状及现场条件,共选取 6 个截面进行试验。依据结构受力特点及《公路桥梁荷载试验规程》(JTG/T J21-01—2015)的有关规定,经过计算分析确定以下 14 个试验工况,见表5-23。

工况设置统计表   表5-23

工况序号	静载工况	静载主要观测内容
工况 1	K5 截面最大负弯矩正载	应变、裂缝
工况 2	K5 截面最大负弯矩偏载	应变、裂缝
工况 3	K5 截面最大正弯矩正载	应变、裂缝
工况 4	K5 截面最大正弯矩偏载	应变、裂缝

工况序号	静载工况	静载主要观测内容
工况 5	K6 截面最大正弯矩正载	应变、挠度、裂缝
工况 6	K6 截面最大正弯矩偏载	应变、挠度、裂缝
工况 7	K6 截面最大负弯矩正载	应变、挠度、裂缝
工况 8	K6 截面最大负弯矩偏载	应变、挠度、裂缝
工况 9	K7 截面最大正弯矩正载	应变、挠度、裂缝
工况 10	K7 截面最大正弯矩偏载 + 7 号吊杆索力	应变、挠度、裂缝、索力
工况 11	K8 截面最大正弯矩正载 + 10 号吊杆索力	应变、挠度、裂缝、索力
工况 12	K8 截面最大正弯矩偏载 + 10 号吊杆索力	应变、挠度、裂缝、索力
工况 13	K9 截面最大正弯矩正载	应变、裂缝
工况 14	K10 截面最大正弯矩正载	应变、裂缝

试验测试截面及测点布置如下：

（1）应变测试截面

应变测试截面位置示意图如图 5-62 所示。

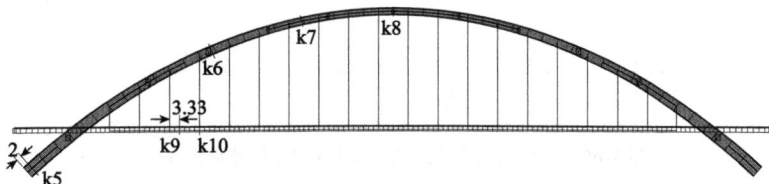

图 5-62　应变测试截面位置示意图

（2）应变测点

采用表面式电阻应变片进行应变测试，K5 ~ K8 截面布置应变测点如图 5-63 所示，K9 截面布置应变测点如图 5-64 所示，K10 截面布置应变测点如图 5-65 所示。

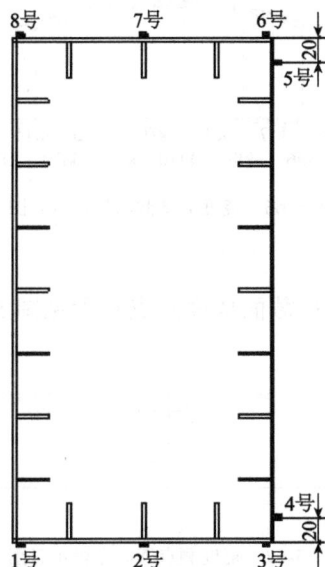

图 5-63　K5 ~ K8 截面应变测点布置示意图（尺寸单位：cm）

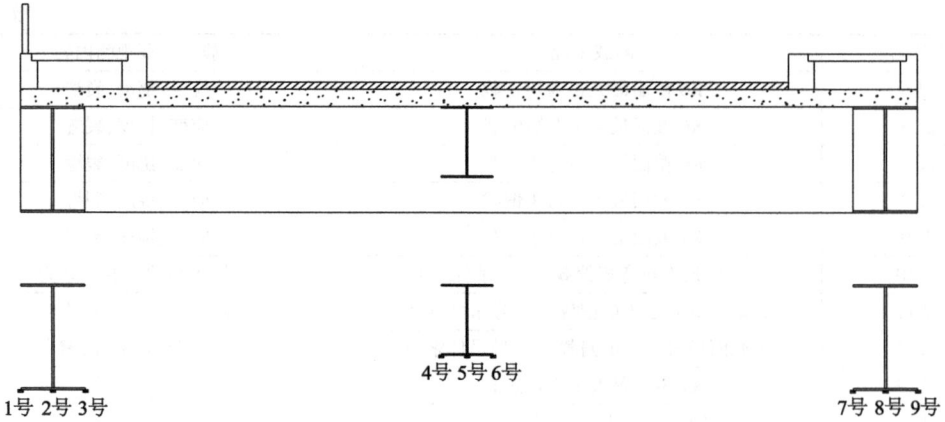

图 5-64　K9 截面应变测点布置示意图(尺寸单位:cm)

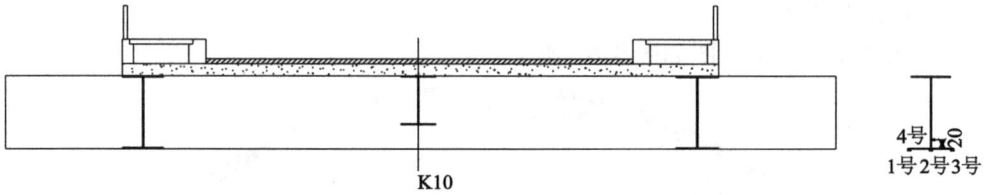

图 5-65　K10 截面应变测点布置示意图(尺寸单位:cm)
注:K10 选在 4 号吊杆横梁中部。

(3)挠度测试截面

按照桥梁结构受力特性,挠度测试截面选在桥面吊杆对应位置 Kf1 ~ Kf20,各截面的位置见图 5-66。

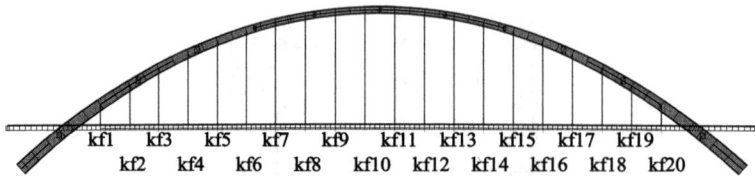

图 5-66　挠度测试截面位置示意图

(4)挠度测点布置

结构挠度采用水准仪进行测量,截面挠度测点布置见图 5-67。

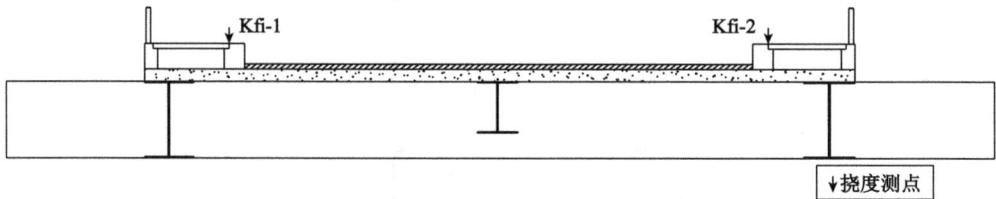

图 5-67　挠度测点横向布置示意图

采用 8 辆载重标准三轴汽车加载,单辆载重汽车总重为 380kN。

各级加载内力、试验效率见表5-24～表5-28。

试验荷载效率　　　　　　　　　　表5-24

工况名称	位置	控制弯矩（kN·m）	第1级		第2级		第3级		第4级	
			试验弯矩（kN·m）	试验效率	试验弯矩（kN·m）	试验效率	试验弯矩（kN·m）	试验效率	试验弯矩（kN·m）	试验效率
K5 截面最大负弯矩正载	左拱肋	-23460.2	-6017.2	0.26	-12542.9	0.53	-18956.5	0.81	-24520.9	1.05
	右拱肋	-23460.2	-6017.2	0.26	-12542.9	0.53	-18956.5	0.81	-24520.9	1.05
K6 截面最大正弯矩正载	左拱肋	7520.5	2638.5	0.35	4809.1	0.64	6215.7	0.83	6939.3	0.92
	右拱肋	7520.5	2638.5	0.35	4809.1	0.64	6215.7	0.83	6939.3	0.92
K5 截面最大负弯矩偏载	左拱肋	-23460.2	-5423.9	0.23	-12114.4	0.52	-18760.5	0.80	-24609.1	1.05
	右拱肋	-23460.2	-5307.0	0.23	-11669.2	0.50	-17851.3	0.76	-23133.4	0.99
K6 截面最大正弯矩偏载	左拱肋	7520.5	2654.7	0.35	4872.9	0.65	6297.1	0.84	7022.7	0.93
	右拱肋	7520.5	2535.6	0.34	4658.9	0.62	6047.7	0.80	6769.1	0.90

试验荷载效率　　　　　　　　　　表5-25

工况名称	位置	控制弯矩（kN·m）	第1级		第2级		第3级	
			试验弯矩（kN·m）	试验效率	试验弯矩（kN·m）	试验效率	试验弯矩（kN·m）	试验效率
K7 截面最大正弯矩正载	左拱肋	6625.5	2149.1	0.32	4333.8	0.65	6103.3	0.92
	右拱肋	6625.5	2149.1	0.32	4333.8	0.65	6103.3	0.92
K7 截面最大正弯矩偏载	左拱肋	6625.5	2244.2	0.34	4514.5	0.68	6326.9	0.95
	右拱肋	6625.5	2054.4	0.31	4153.8	0.63	5880.5	0.89

工况名称	位置	索力增量控制值（kN）	第1级		第2级		第3级	
			试验索力增量（kN）	试验效率	试验索力增量（kN）	试验效率	试验索力增量（kN）	试验效率
K7 截面最大正弯矩偏载7号吊杆索力	左拱肋	131.60	49.25	0.37	98.20	0.75	124.45	0.95
	右拱肋	131.60	35.55	0.27	70.55	0.54	90.30	—

试验荷载效率　　　　　　　　　　表5-26

工况名称	位置	控制弯矩（kN·m）	第1级		第2级		第3级	
			试验弯矩（kN·m）	试验效率	试验弯矩（kN·m）	试验效率	试验弯矩（kN·m）	试验效率
K8 截面最大正弯矩正载	左拱肋	4287.9	1486.8	0.35	3100.2	0.72	4369.7	1.02
	右拱肋	4287.9	1486.8	0.35	3100.2	0.72	4369.7	1.02
K8 截面最大正弯矩偏载	左拱肋	4287.9	1451.0	0.34	3129.3	0.73	4441.4	1.04
	右拱肋	4287.9	1361.9	0.32	2910.9	0.68	4137.7	0.96

续上表

工况名称	位置	索力增量控制值(kN)	第1级		第2级		第3级	
			试验索力增量(kN)	试验效率	试验索力增量(kN)	试验效率	试验索力增量(kN)	试验效率
K8 截面最大正弯矩正载10号吊杆索力	左拱肋	128.55	29.50	0.23	73.15	0.57	110.75	0.86
	右拱肋	128.55	29.50	0.23	73.15	0.57	110.75	0.86
K8 截面最大正弯矩偏载10号吊杆索力	左拱肋	128.55	29.50	0.23	80.45	0.63	123.95	0.96
	右拱肋	128.55	22.50	0.18	58.90	0.46	90.65	—

试验荷载效率 表 5-27

工况名称	位置	控制弯矩(kN·m)	第1级		第2级		第3级		第4级	
			试验弯矩(kN·m)	试验效率	试验弯矩(kN·m)	试验效率	试验弯矩(kN·m)	试验效率	试验弯矩(kN·m)	试验效率
K5 截面最大正弯矩正载	左拱肋	21531.0	4944.1	0.23	10099.8	0.47	15118.6	0.70	19620.0	0.91
	右拱肋	21531.0	4945.0	0.23	10101.5	0.47	15120.9	0.70	19622.7	0.91
K6 截面最大负弯矩正载	左拱肋	-5729.9	-1292.5	0.19	-2777.1	0.41	-4390.5	0.65	-6036.7	0.90
	右拱肋	-5729.9	-1292.5	0.19	-2777.1	0.41	-4390.6	0.65	-6036.8	0.90
K5 截面最大正弯矩偏载	左拱肋	21531.0	5016.9	0.23	10262.2	0.48	15384.8	0.71	19999.7	0.93
	右拱肋	21531.0	4872.2	0.23	9939.3	0.46	14855.1	0.69	19243.5	0.89
K6 截面最大负弯矩偏载	左拱肋	-5729.9	-1294.6	0.19	-2785.4	0.42	-4411.0	0.66	-6077.3	0.91
	右拱肋	-5729.9	-1290.4	0.19	-2768.7	0.41	-4370.1	0.65	-5996.4	0.89

试验荷载效率 表 5-28

工况名称	控制弯矩(kN·m)	试验弯矩(kN·m)	试验效率
边纵梁(左)正弯正载	804.7	703.0	0.87
中纵梁正弯正载	235.4	210.1	0.89
边纵梁(右)正弯正载	804.7	703.0	0.87
4 号吊横梁正弯正载	404.3	331.3	0.82
边纵梁(左)正弯偏载	804.7	778.0	0.97
中纵梁正弯偏载	235.4	206.5	0.88
边纵梁(右)正弯偏载	804.7	628.2	—
4 号吊横梁正弯偏载	404.3	341.2	0.84

静力试验加载共有 9 种加载工况,见表 5-29。

静载试验加载工况及车辆数量 表 5-29

序号	静载工况	加载车数量(台)	序号	静载工况	加载车数量(台)
1	K5 截面负弯 + K6 截面正弯(正载)	8	6	K8 截面正弯(偏载)	6
2	K5 截面负弯 + K6 截面正弯(偏载)	8	7	K5 截面正弯 + K6 截面负弯(正载)	8
3	K7 截面正弯(正载)	6	8	K5 截面正弯 + K6 截面负弯(偏载)	8
4	K7 截面正弯(偏载)	6	9	K9 截面正弯 + K10 截面正弯(正载)	4
5	K8 截面正弯(正载)	6			

静力试验各工况荷载布置如图 5-68 ~ 图 5-76 所示。

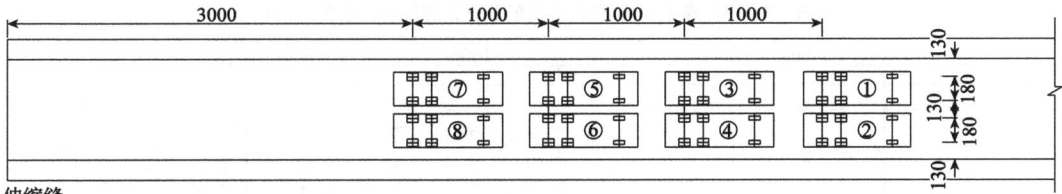

第1级：①+②；
第2级：①+②+③+④；
第3级：①+②+③+④+⑤+⑥；
第4级：①+②+③+④+⑤+⑥+⑦+⑧。

图 5-68　K5 截面负弯 + K6 截面正弯正载加载车平面布置图(尺寸单位:cm)

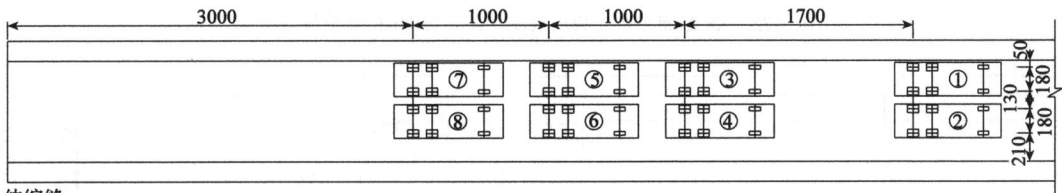

第1级：①+②；
第2级：①+②+③+④；
第3级：①+②+③+④+⑤+⑥；
第4级：①+②+③+④+⑤+⑥+⑦+⑧。

图 5-69　K5 截面负弯 + K6 截面正弯偏载加载车平面布置图(尺寸单位:cm)

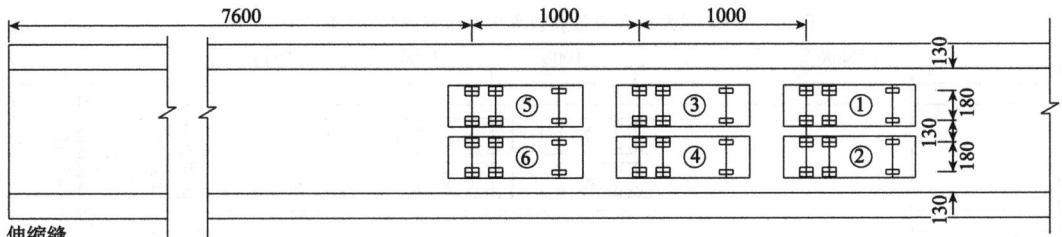

第1级：①+②；
第2级：①+②+③+④；
第3级：①+②+③+④+⑤+⑥。

图 5-70　K7 截面正弯正载加载车平面布置图(尺寸单位:cm)

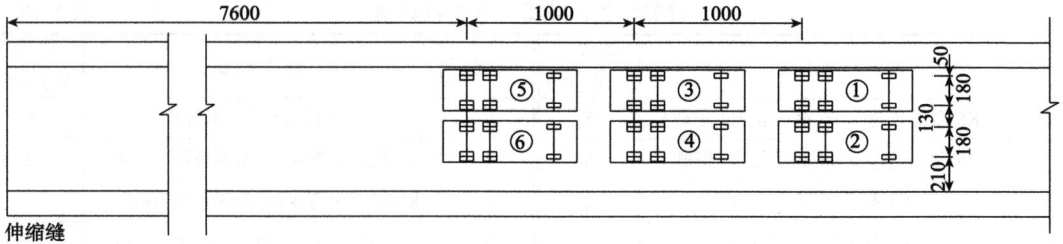

第1级：①+②；
第2级：①+②+③+④；
第3级：①+②+③+④+⑤+⑥。

图 5-71   K7 截面正弯偏载加载车平面布置图(尺寸单位:cm)

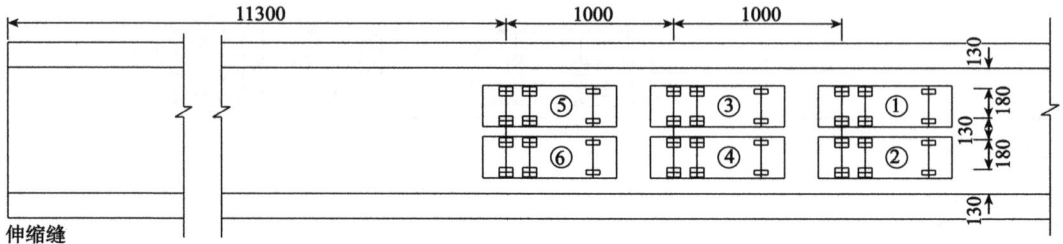

第1级：①+②；
第2级：①+②+③+④；
第3级：①+②+③+④+⑤+⑥。∞

图 5-72   K8 截面正弯正载加载车平面布置图(尺寸单位:cm)

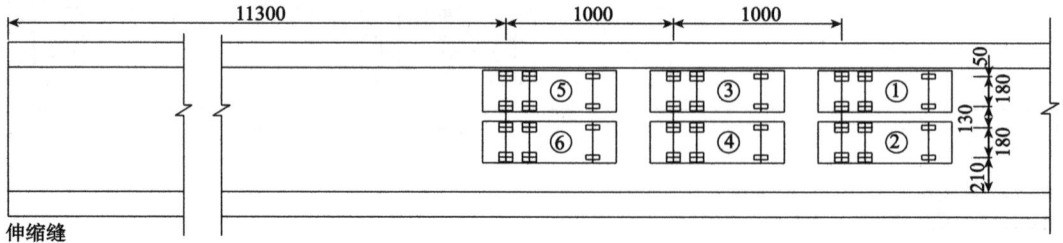

第1级：①+②；
第2级：①+②+③+④；
第3级：①+②+③+④+⑤+⑥。

图 5-73   K8 截面正弯偏载加载车平面布置图(尺寸单位:cm)

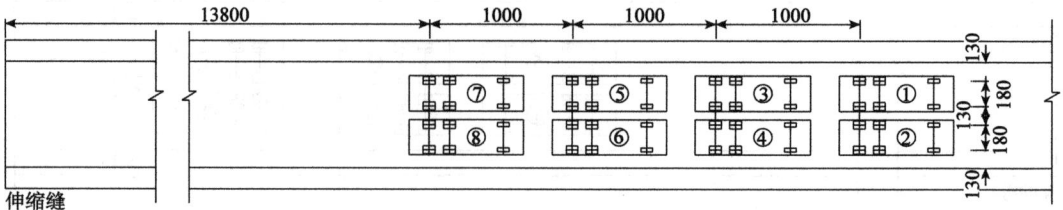

第1级：①+②；
第2级：①+②+③+④；
第3级：①+②+③+④+⑤+⑥；
第4级：①+②+③+④+⑤+⑥+⑦+⑧。

图 5-74   K5 截面正弯 + K6 截面负弯正载加载车平面布置图(尺寸单位:cm)

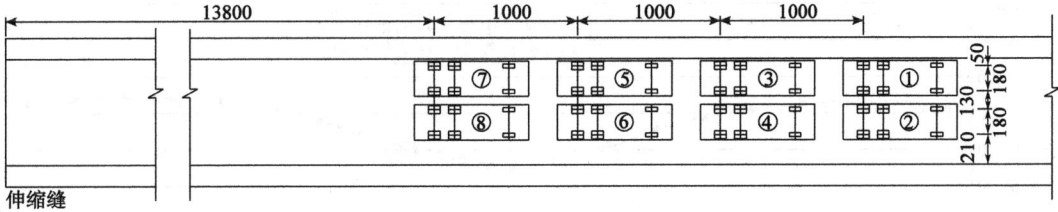

第1级：①+②；
第2级：①+②+③+④；
第3级：①+②+③+④+⑤+⑥；
第4级：①+②+③+④+⑤+⑥+⑦+⑧。

图 5-75　K5 截面正弯 + K6 截面负弯偏载加载车平面布置图(尺寸单位:cm)

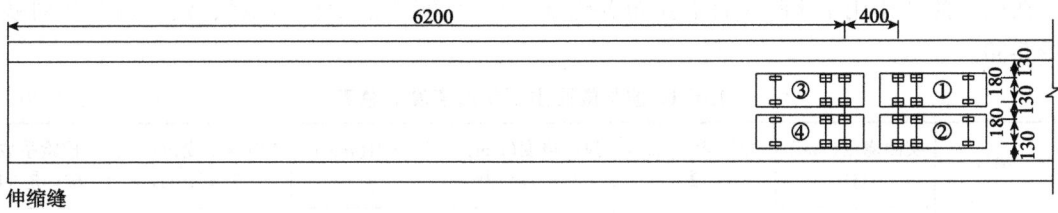

图 5-76　K9 截面正弯 + K10 截面正弯正载加载车平面布置图(尺寸单位:cm)

　　按照桥梁结构受力特性,动力特性测试截面选取截面 Kf1～Kf20 截面,动力特性测试截面及测点布置。如图 5-77、图 5-78 所示。

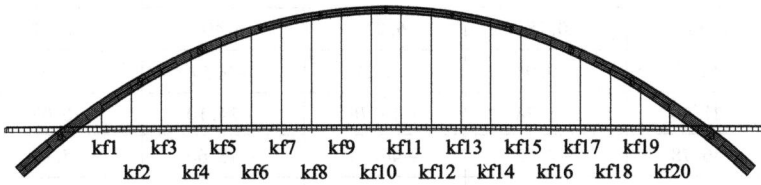

图 5-77　动力特性试验测试截面布置图

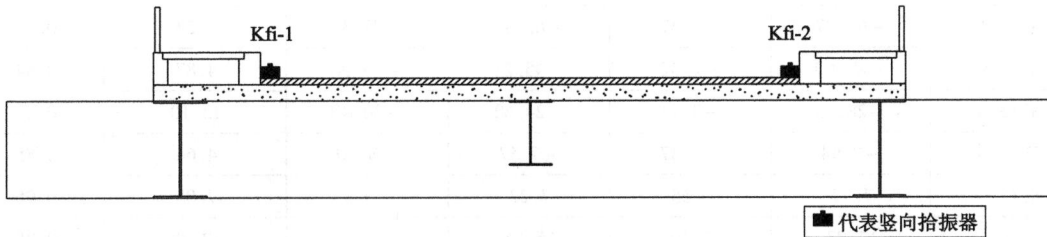

图 5-78　采集拾振器布置图

5.4.3　测试结果

　　为简化篇幅,本文仅列工况 11、工况 12 的挠度及应变测试结果。

5.4.3.1　挠度测试结果

　　图 5-79 为工况 11 作用下左右侧 1～20 号测点满载挠度实测值与计算值关系曲线。

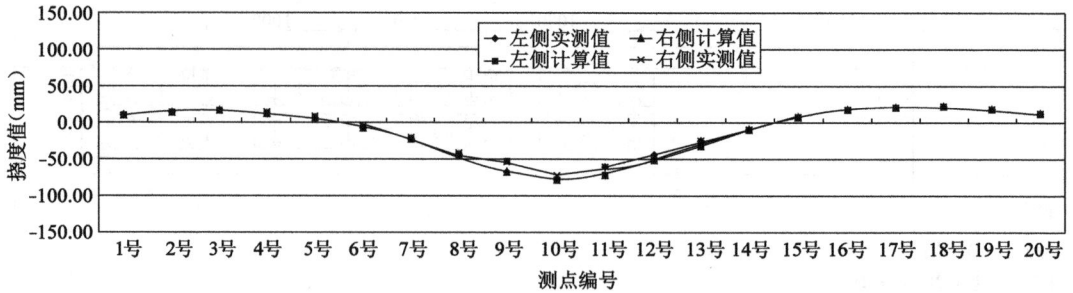

图 5-79 K8 截面最大正弯矩正载测点挠度测试图线(满载)

由图中可以看到,主要挠度测点实测值与计算值线性关系良好,且实测值小于计算值,表明结构接近弹性工作状态。

在试验荷载作用下 K8 截面主要测点挠度计算值、实测值及校验系数、残余值及相对残余见表 5-30。

工况 19 控制截面主要测点挠度汇总表 表 5-30

测点编号	实测挠度(mm) ①	残余变位(mm) ②	弹性挠度(mm) ③＝①－②	计算值(mm) ④	相对残余变位(%) ⑤＝②/①	校验系数 ⑥＝③/④
左 1 号	10.73	1.27	9.46	10.40	11.84	0.91
左 2 号	14.03	0.83	13.20	14.50	5.92	0.91
左 3 号	15.96	1.63	14.33	16.10	10.21	0.89
左 4 号	12.06	0.55	11.51	13.70	4.56	0.84
左 5 号	6.39	0.18	6.21	6.40	2.82	0.97
左 6 号	－6.15	－0.04	－6.11	－6.30	0.65	0.97
左 7 号	－21.04	－1.28	－19.76	－24.10	6.08	0.82
左 8 号	－46.78	－2.55	－44.23	－45.60	5.45	0.97
左 9 号	－54.68	－1.06	－53.62	－66.20	1.94	0.81
左 10 号	－75.85	－1.16	－74.69	－77.00	1.53	0.97
左 11 号	－66.37	－3.47	－62.90	－72.30	5.23	0.87
左 12 号	－47.60	－2.32	－45.28	－53.90	4.87	0.84
左 13 号	－28.33	－3.71	－24.62	－30.40	13.10	0.81
左 14 号	－7.94	－0.37	－7.57	－8.90	4.66	0.85
左 15 号	7.77	0.55	7.22	7.60	7.08	0.95
左 16 号	17.83	2.19	15.64	18.40	12.28	0.85
左 17 号	24.43	1.97	22.46	23.40	8.06	0.96
左 18 号	20.24	1.37	18.87	23.30	6.77	0.81
左 19 号	16.71	0.69	16.02	19.30	4.13	0.83
左 20 号	11.11	0.63	10.48	13.10	5.67	0.80
右 1 号	10.96	0.98	9.98	10.40	8.94	0.96
右 2 号	14.78	0.71	14.07	14.50	4.80	0.97

测点编号	实测挠度（mm）①	残余变位（mm）②	弹性挠度（mm）③=①-②	计算值（mm）④	相对残余变位（%）⑤=②/①	校验系数⑥=③/④
右3号	17.26	1.64	15.62	16.10	9.50	0.97
右4号	11.92	0.96	10.96	13.70	8.05	0.80
右5号	5.97	0.59	5.38	6.40	9.88	0.84
右6号	-6.60	-0.61	-5.99	-6.30	9.24	0.95
右7号	-24.05	-1.88	-22.17	-24.10	7.82	0.92
右8号	-46.19	-3.33	-42.86	-45.60	7.21	0.94
右9号	-57.79	-0.86	-56.93	-66.20	1.49	0.86
右10号	-73.54	-1.16	-72.38	-77.00	1.58	0.94
右11号	-66.37	-6.36	-60.01	-72.30	9.58	0.83
右12号	-52.72	-1.51	-51.21	-53.90	2.86	0.95
右13号	-26.45	-1.22	-25.23	-30.40	4.61	0.83
右14号	-9.44	-0.90	-8.54	-8.90	9.53	0.96
右15号	7.45	0.46	6.99	7.60	6.17	0.92
右16号	17.05	0.86	16.19	18.40	5.04	0.88
右17号	24.22	2.93	21.29	23.40	12.10	0.91
右18号	22.58	2.31	20.27	23.30	10.23	0.87
右19号	17.91	0.54	17.37	19.30	3.02	0.90
右20号	12.25	1.11	11.14	13.10	9.06	0.85

表中数据表明工况11试验荷载下，实测桥跨最大向上挠度为24.43mm，最大向下挠度为-75.85mm，主要测点挠度校验系数介于0.80~0.97之间，说明桥跨结构竖向刚度满足要求；卸载后相对残余变形在介于0.65%~13.10%之间，相对残余变形均小于20%，说明桥跨结构处于弹性工作状态。

图5-80为工况12作用下左右侧1~20号测点满载挠度实测值与计算值关系曲线。

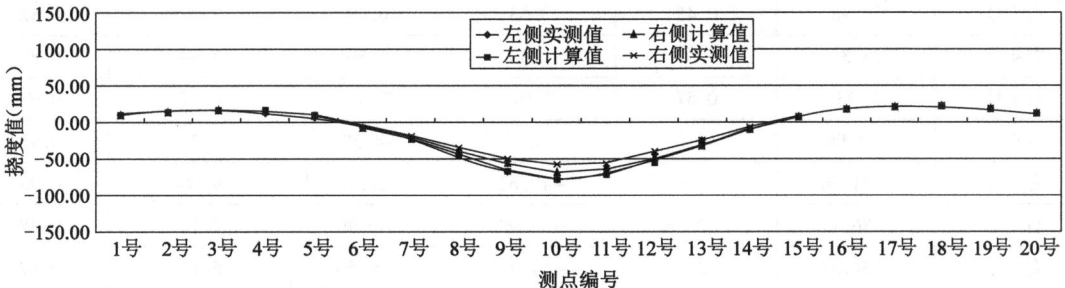

图5-80 K8截面最大正弯矩偏载测点挠度测试图线（满载）

由图中可以看到，主要挠度测点实测值与计算值线性关系良好，且实测值小于计算值，表明结构接近弹性工作状态。

在试验荷载作用下 K8 截面主要测点挠度计算值、实测值及校验系数、残余值及相对残余见表 5-31。

工况 12 控制截面主要测点挠度汇总表　　表 5-31

测点编号	实测挠度（mm）①	残余变位（mm）②	弹性挠度（mm）③＝①－②	计算值（mm）④	相对残余变位（%）⑤＝②/①	校验系数⑥＝③/④
左 1 号	10.13	0.56	9.57	11.00	5.53	0.87
左 2 号	14.07	0.12	13.95	15.50	0.85	0.90
左 3 号	14.91	0.64	14.27	17.40	4.29	0.82
左 4 号	13.77	0.61	13.16	15.30	4.43	0.86
左 5 号	7.47	0.10	7.37	8.10	1.34	0.91
左 6 号	−4.13	−0.15	−3.98	−4.80	3.63	0.83
左 7 号	−22.36	−1.25	−21.11	−23.20	5.59	0.91
左 8 号	−40.01	−2.13	−37.88	−46.20	5.32	0.82
左 9 号	−59.74	−3.24	−56.50	−68.90	5.42	0.82
左 10 号	−83.26	−8.46	−74.80	−81.30	10.16	0.92
左 11 号	−70.90	−2.79	−68.11	−77.40	3.94	0.88
左 12 号	−61.04	−5.98	−55.06	−59.20	9.80	0.93
左 13 号	−31.48	−0.69	−30.79	−34.60	2.19	0.89
左 14 号	−11.11	−0.04	−11.07	−11.90	0.36	0.93
左 15 号	5.71	0.59	5.12	5.50	10.33	0.93
左 16 号	16.18	1.90	14.28	16.80	11.74	0.85
左 17 号	21.18	0.22	20.96	22.30	1.04	0.94
左 18 号	21.99	2.10	19.89	22.60	9.55	0.88
左 19 号	16.17	0.40	15.77	19.00	2.47	0.83
左 20 号	12.37	0.50	11.87	12.90	4.04	0.92
右 1 号	9.05	0.09	8.96	10.30	0.99	0.87
右 2 号	14.55	1.76	12.79	14.70	12.10	0.87
右 3 号	13.98	0.45	13.53	16.50	3.22	0.82
右 4 号	13.35	1.02	12.33	14.50	7.64	0.85
右 5 号	7.73	0.57	7.16	7.70	7.37	0.93
右 6 号	−3.96	−0.05	−3.91	−4.30	1.26	0.91
右 7 号	−21.56	−1.94	−19.62	−21.10	9.00	0.93
右 8 号	−36.77	−0.78	−35.99	−40.90	2.12	0.88
右 9 号	−54.57	−2.80	−51.77	−59.50	5.13	0.87
右 10 号	−60.96	−3.27	−57.69	−69.50	5.36	0.83
右 11 号	−64.04	−5.70	−58.34	−66.30	8.90	0.88
右 12 号	−45.15	−3.08	−42.07	−51.30	6.82	0.82

测点编号	实测挠度(mm) ①	残余变位(mm) ②	弹性挠度(mm) ③＝①－②	计算值(mm) ④	相对残余变位(%) ⑤＝②/①	校验系数 ⑥＝③/④
右 13 号	−27.46	−1.53	−25.93	−30.50	5.57	0.85
右 14 号	−9.85	−0.29	−9.56	−10.50	2.94	0.91
右 15 号	4.72	0.15	4.57	5.50	3.18	0.83
右 16 号	15.05	1.77	13.28	16.20	11.76	0.82
右 17 号	19.49	0.02	19.47	21.40	0.10	0.91
右 18 号	19.57	1.78	17.79	21.70	9.10	0.82
右 19 号	15.87	0.85	15.02	18.10	5.36	0.83
右 20 号	10.63	0.42	10.21	12.30	3.95	0.83

　　表中数据表明工况 12 试验荷载下,实测桥跨最大向上挠度为 21.99mm,最大向下挠度为 −83.26mm,主要测点挠度校验系数介于 0.82～0.94 之间,说明桥跨结构竖向刚度满足要求;卸载后相对残余变形在介于 0.10%～12.10% 之间,相对残余变形均小于 20%,说明桥跨结构处于弹性工作状态。

5.4.3.2　应变测试结果

　　图 5-81 分别为工况 11 作用下左 1～左 8 号、右 1～右 8 号测点满载应变实测值与计算值关系曲线。

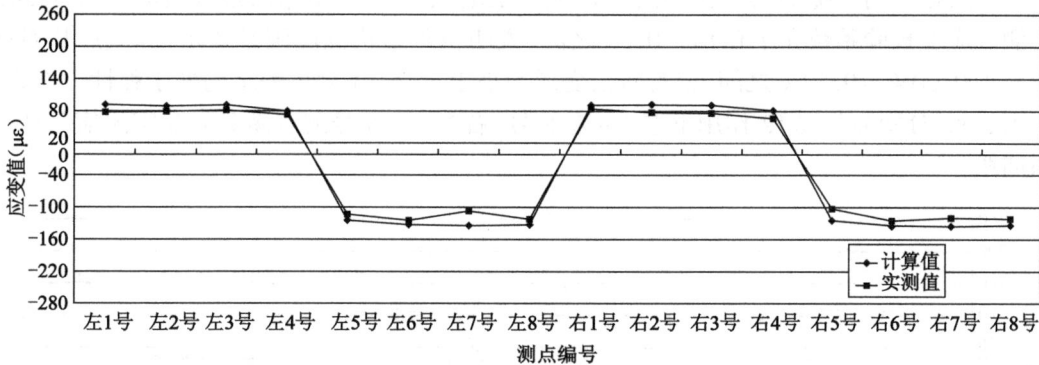

图 5-81　K8 截面正载测点应变测试图线(满载)

　　由图中可以看到,主要应变测点实测值与计算值线性关系良好,且实测值小于计算值,表明结构接近弹性工作状态。

　　在工况 11 荷载作用下 K8 截面主要测点应变计算值、实测值及校验系数见表 5-32。

工况 11 控制截面主要测点应变汇总表　　　　　　表 5-32

位置	测点编号	总应变(με) ①	残余应变(με) ②	弹性应变(με) ③＝①－②	计算值(με) ④	相对残余应变(%) ⑤＝②/①	校验系数 ⑥＝③/④
左拱肋	左 1 号	84	8	76	89	9.52	0.85
左拱肋	左 2 号	86	8	78	89	9.30	0.88

位置	测点编号	总应变($\mu\varepsilon$) ①	残余应变($\mu\varepsilon$) ②	弹性应变($\mu\varepsilon$) ③=①−②	计算值($\mu\varepsilon$) ④	相对残余应变(%) ⑤=②/①	校验系数 ⑥=③/④
左拱肋	左3号	85	4	81	89	4.71	0.91
左拱肋	左4号	79	6	73	79	7.59	0.92
左拱肋	左5号	−115	−4	−111	−125	3.48	0.89
左拱肋	左6号	−134	−10	−124	−135	7.46	0.92
左拱肋	左7号	−113	−4	−109	−135	3.54	0.81
左拱肋	左8号	−126	−3	−123	−135	2.38	0.91
右拱肋	右1号	84	0	84	89	0.00	0.94
右拱肋	右2号	81	4	77	89	4.94	0.87
右拱肋	右3号	80	4	76	89	5.00	0.85
右拱肋	右4号	72	6	66	79	8.33	0.83
右拱肋	右5号	−110	−7	−103	−125	6.36	0.82
右拱肋	右6号	−125	−1	−124	−135	0.80	0.92
右拱肋	右7号	−121	−1	−120	−135	0.83	0.89
右拱肋	右8号	−123	−3	−120	−135	2.44	0.89

表中数据表明工况 11 试验荷载下,实测截面最大正应变为 $86\mu\varepsilon$,最大负应变为 $-134\mu\varepsilon$,主要测点应变校验系数介于 0.81~0.94 之间,说明桥跨结构强度满足要求;卸载后相对残余变形介于 0.00%~9.52% 之间,相对残余变形均小于 20%,说明桥跨结构处于弹性工作状态。

图 5-82 分别为工况 12 作用下左 1~左 8 号、右 1~右 8 号测点满载应变实测值与计算值关系曲线。

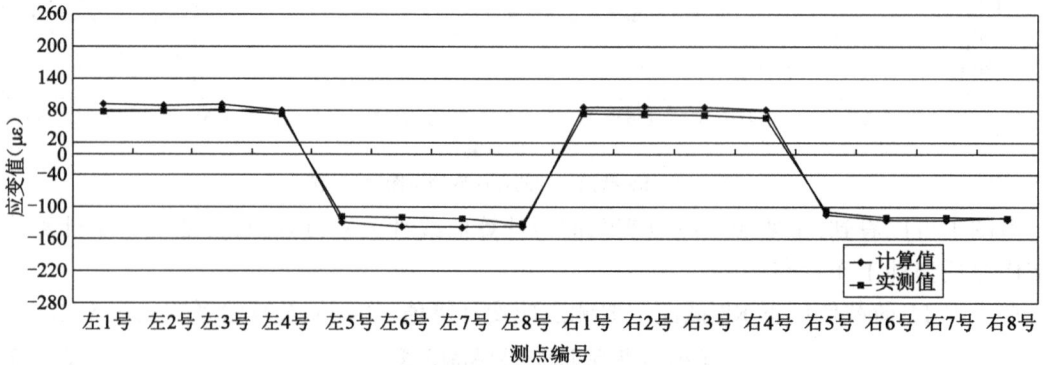

图 5-82 K8 截面偏载测点应变测试图线(满载)

由图中可以看到,主要应变测点实测值与计算值线性关系良好,且实测值小于计算值,表明结构接近弹性工作状态。

在工况 12 荷载作用下 K8 截面主要测点应变计算值、实测值及校验系数见表 5-33。

工况12 控制截面主要测点应变汇总表　　表5-33

位置	测点编号	总应变(με) ①	残余应变(με) ②	弹性应变(με) ③=①-②	计算值(με) ④	相对残余应变(%) ⑤=②/①	校验系数 ⑥=③/④
左拱肋	左1号	85	5	80	89	5.88	0.90
左拱肋	左2号	78	2	76	89	2.56	0.85
左拱肋	左3号	90	7	83	89	7.78	0.93
左拱肋	左4号	73	0	73	79	0.00	0.93
左拱肋	左5号	-126	-7	-119	-129	5.56	0.92
左拱肋	左6号	-121	0	-121	-139	0.00	0.87
左拱肋	左7号	-124	-3	-121	-139	2.42	0.87
左拱肋	左8号	-135	-2	-133	-139	1.48	0.96
右拱肋	右1号	81	6	75	86	7.41	0.87
右拱肋	右2号	73	2	71	86	2.74	0.83
右拱肋	右3号	74	3	71	86	4.05	0.83
右拱肋	右4号	68	1	67	77	1.47	0.87
右拱肋	右5号	-111	-3	-108	-117	2.70	0.93
右拱肋	右6号	-123	-3	-120	-126	2.44	0.95
右拱肋	右7号	-130	-9	-121	-126	6.92	0.96
右拱肋	右8号	-125	-4	-121	-126	3.20	0.96

表5-33数据表明工况12试验荷载下,实测截面最大正应变为$90\mu\varepsilon$,最大负应变为$-135\mu\varepsilon$,主要测点应变校验系数介于0.83～0.96之间,说明桥跨结构强度满足要求;卸载后相对残余变形介于0.00%～7.78%之间,相对残余变形均小于20%,说明桥跨结构处于弹性工作状态。

5.4.3.3　索力测试结果

测试吊杆参数如表5-34～表5-36所示。

工况11 测试吊杆参数表　　表5-34

吊杆编号	吊杆位置	L(吊杆长度,m)	ρ(索的线密度,kg/m)
10号吊杆	右侧外	37.328	9.79
	右侧内	37.328	9.79
	左侧外	37.350	9.79
	左侧内	37.350	9.79

工况11 作用下吊杆张力增量与理论计算值的比较　　表5-35

吊杆编号	吊杆位置	空载下实测频率(Hz)	空载下实测索力值(kN)	满载下实测频率(Hz)	满载下实测索力值(kN)	实测索力增量 ΔT₂(kN)	计算索力增量 ΔT₂(kN)	校验系数 η (ΔT₁/ΔT₂)
10号吊杆	右侧外	2.783	422.533	3.031	501.166	78.633	110.75	0.71
	右侧内	2.785	423.222	3.029	500.747	77.525	110.75	0.70
	左侧外	2.755	414.558	2.995	489.868	75.310	110.75	0.68
	左侧内	2.767	418.245	3.016	496.878	78.633	110.75	0.71

161

工况 12 作用下吊杆张力增量与理论计算值的比较   表 5-36

吊杆编号	吊杆位置	空载下实测频率(Hz)	空载下实测索力值(kN)	满载下实测频率(Hz)	满载下实测索力值(kN)	实测索力增量 ΔT_2(kN)	计算索力增量 ΔT_2(kN)	校验系数 η($\Delta T_1/\Delta T_2$)
10 号吊杆	右侧外	2.783	422.533	2.993	488.708	66.175	90.65	0.73
	右侧内	2.785	423.222	3.014	495.742	72.520	90.65	0.80
	左侧外	2.755	414.558	3.059	511.239	96.681	123.95	0.78
	左侧内	2.767	418.245	3.055	509.968	91.723	123.95	0.74

5.4.3.4 自振特性测试结果

通过对自然激励响应测得数据的辨识,以及有限元计算分析,得到结构的竖向频率,如图 5-83 ~ 图 5-85 所示,实测频域曲线、时域信号如图 5-86、图 5-87 所示,结构模态参数汇总如表 5-37 所示。

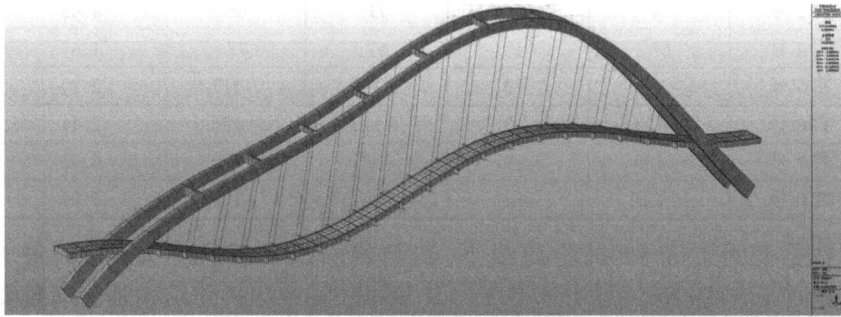

图 5-83　竖向一阶振型(0.486Hz)

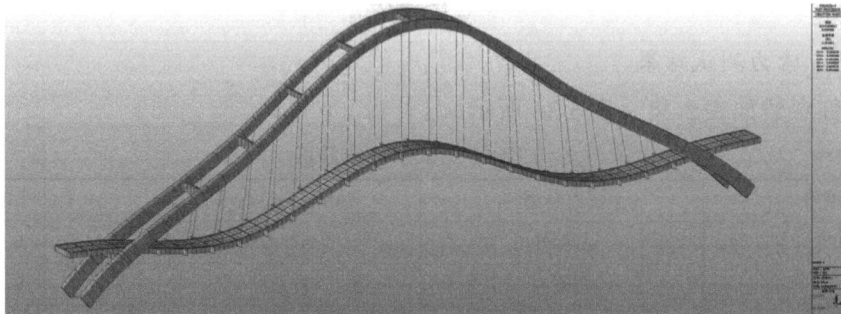

图 5-84　竖向二阶振型(0.840Hz)

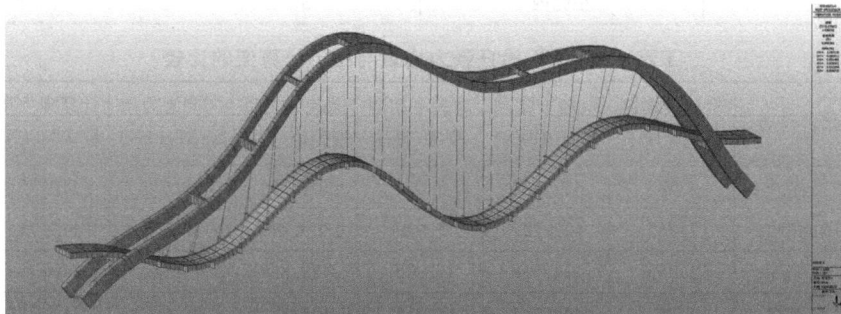

图 5-85　竖向三阶振型(1.436Hz)

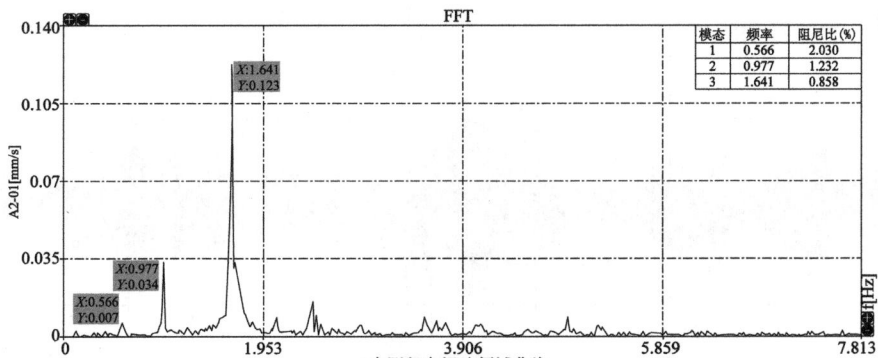

a)实测竖向振动频域曲线

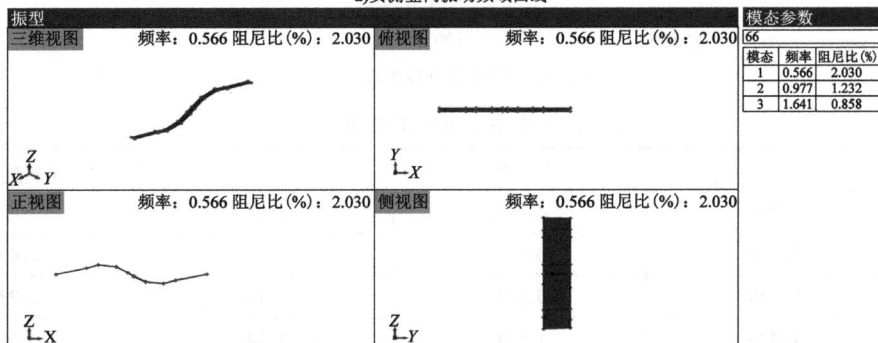

b)实测一阶振型图

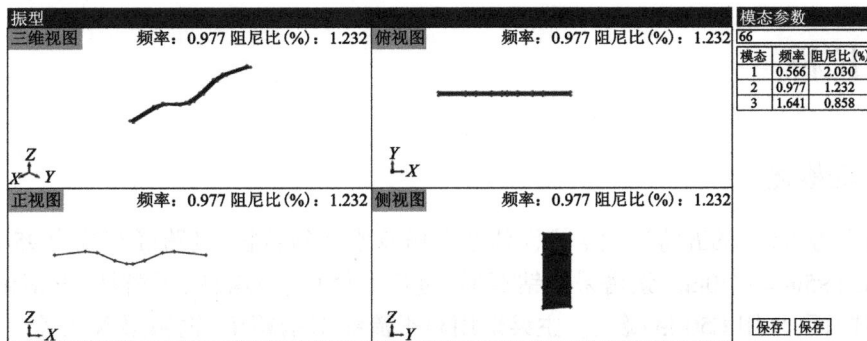

c)实测二阶振型图

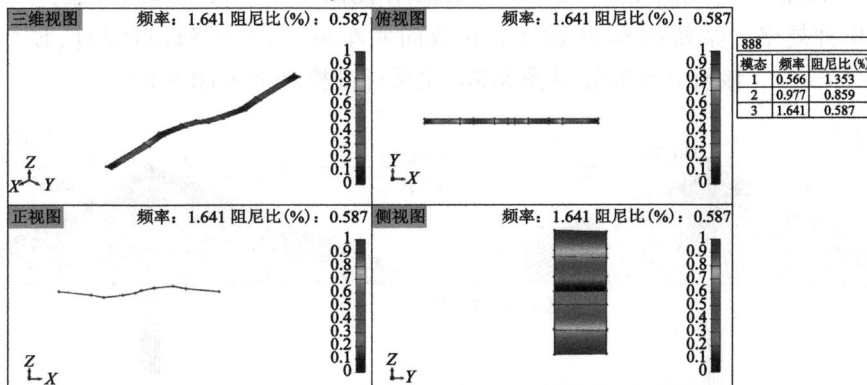

d)实测三阶振型图

图 5-86　实测竖向振动频域曲线及振型图

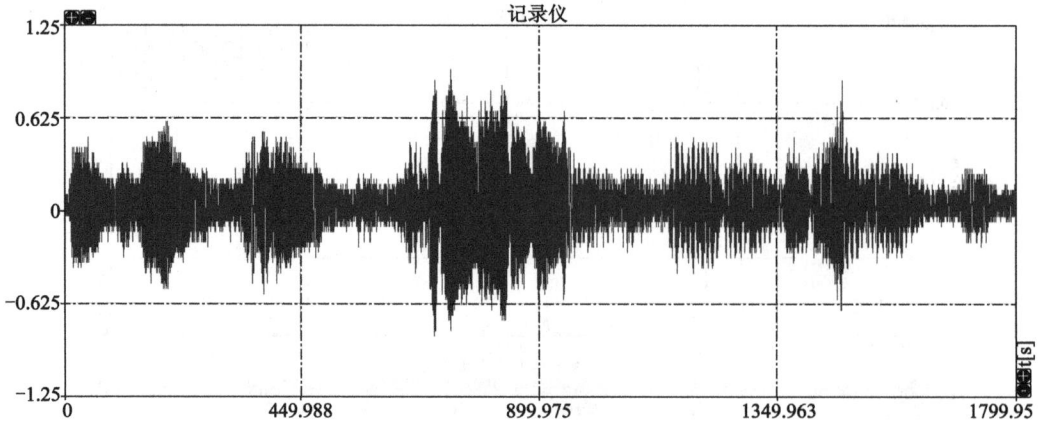

图 5-87　实测竖向振动时域信号

结构模态参数汇总表　　　　　　　表 5-37

阶次	频率(Hz)			实测阻尼比（%）
	计算值	实测值	比值	
1 阶	0.486	0.566	1.16	2.030
2 阶	0.840	0.977	1.16	1.232
3 阶	1.436	1.641	1.14	0.587

5.5　斜拉桥

5.5.1　工程概述

　　某桥为主跨780m 的五跨连续半漂浮体系双塔双索面斜拉桥,其跨径布置为95m + 230m + 780m + 230m + 95m = 1430m。索塔采用钻石形,包括上塔柱、中塔柱、下塔柱、下横梁。塔柱采用空心箱型断面,采用 C50 混凝土。主梁采用扁平流线型钢箱梁,钢箱梁含风嘴全宽38m,不含风嘴宽34.108m,中心线高度 3.5m。斜拉索采用1670MPa 平行钢丝斜拉索,全桥共 200 根斜拉索,共 8 种规格。某桥按车速100km/h 双向六车道高速公路标准设计,设计荷载为公路—Ⅰ级(六车道)。该桥立面布置见图 5-88,主梁标准横断面见图 5-89。

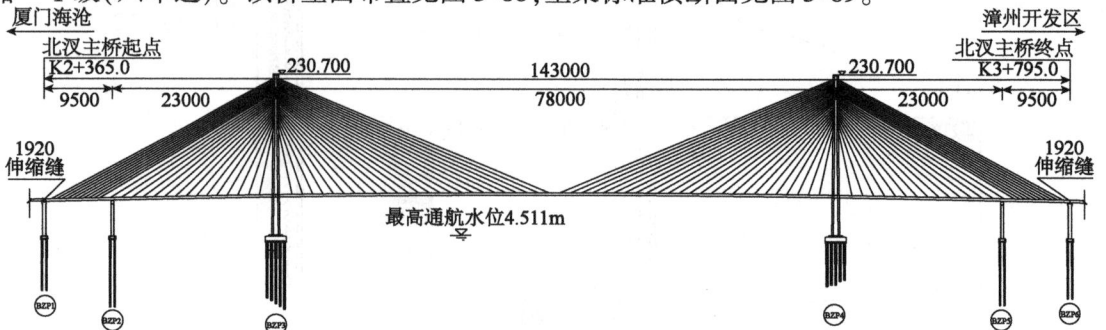

图 5-88　某桥桥型布置图(尺寸单位:cm)

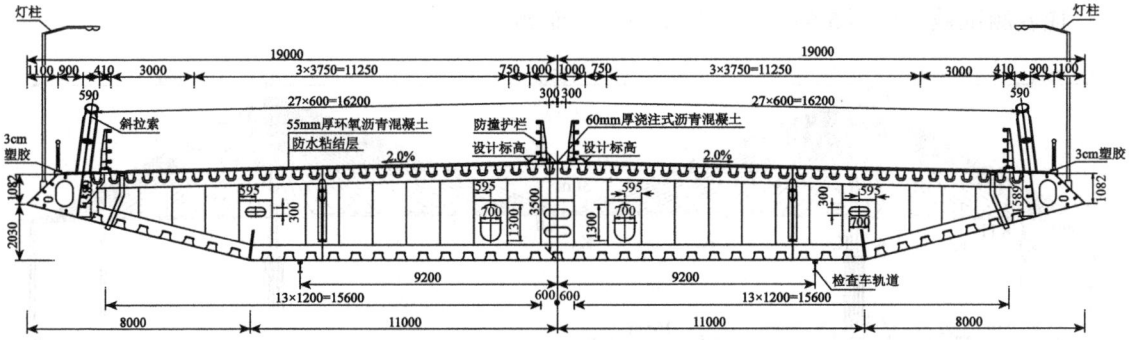

图 5-89 某桥箱梁横断面图(尺寸单位:mm)

5.5.2 试验方案

某桥为 $(95+230+780+230+95)\,\mathrm{m}$ 的五跨连续半漂浮体系双塔双索面斜拉桥。本次荷载试验计算采用桥梁结构专用程序 MIDAS Civil 对结构进行分析。其有限元模型如图 5-90 所示。

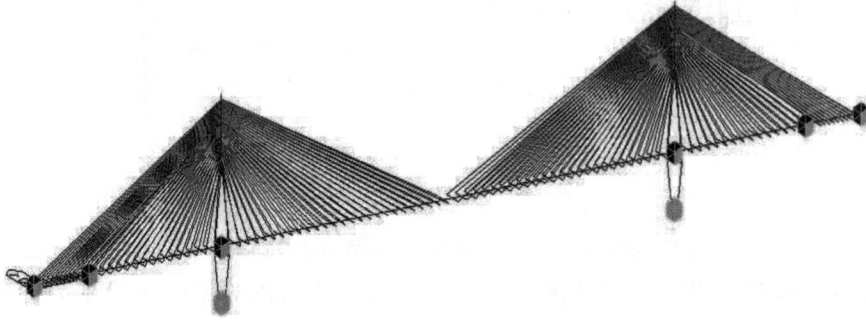

图 5-90 有限元模型

针对试验桥跨的结构特点,选取 12 个截面作为测试控制截面,如表 5-38 所示。

控制截面和测试内容 表5-38

截面编号	控制截面	测试内容
K0	主跨跨中截面	主梁挠度
K1	主跨最大正弯矩截面	应变、主梁挠度、索力增量
K2	主跨 $L/4$ 截面	主梁应力、挠度
K3	支点负弯矩截面	主梁应力
K4	次边跨 $3L/4$ 截面	主梁应力、挠度
K5	次边跨最大正弯矩截面	主梁应力、挠度、索力增量
K6	南塔与桥面交界处的主塔截面	主塔应力、裂缝
K7	南塔顶截面	塔顶水平偏位
K8	辅助墩顶处主梁截面	主梁应力
K9	边跨最大正弯矩截面	主梁应力、挠度、索力增量
K10	梁端截面	梁端纵桥向位移
K11	拉索最大索力截面	索力增量、锚拉板局部应力

应变测试截面如图 5-91 所示,挠度测试截面如图 5-92 所示。

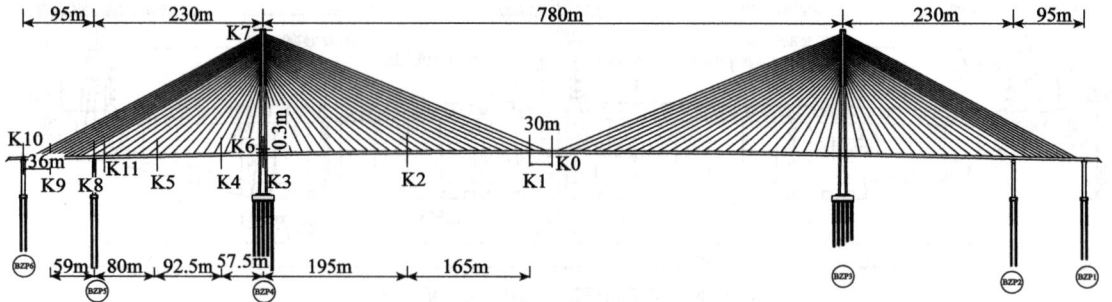

图 5-91 静载试验控制截面纵向布置示意图(尺寸单位:m)

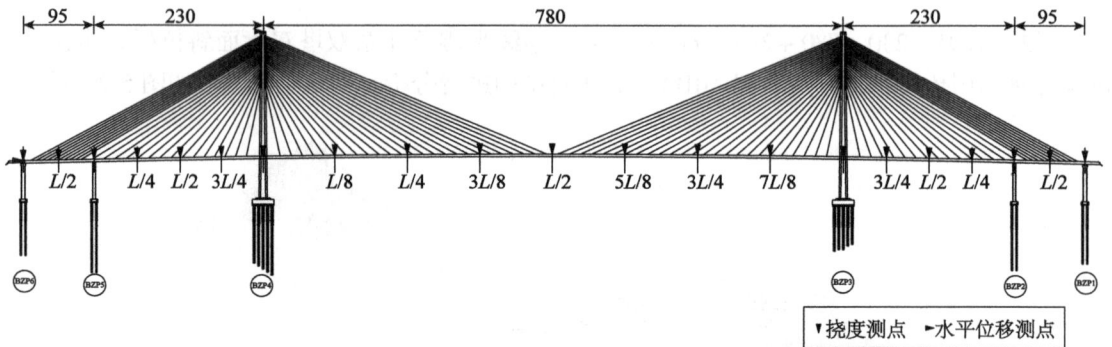

图 5-92 静载试验挠度测试截面纵向布置示意图(尺寸单位:m)

在箱梁顶底板及 U 肋布设应变测点。由于边跨与锚跨钢箱梁中布设了大面积配重用的混凝土预制块及铁块,因此测点布设突出纵桥向受力特征,适当调整至可及部位布设。如图 5-93 ~ 图 5-101 所示。

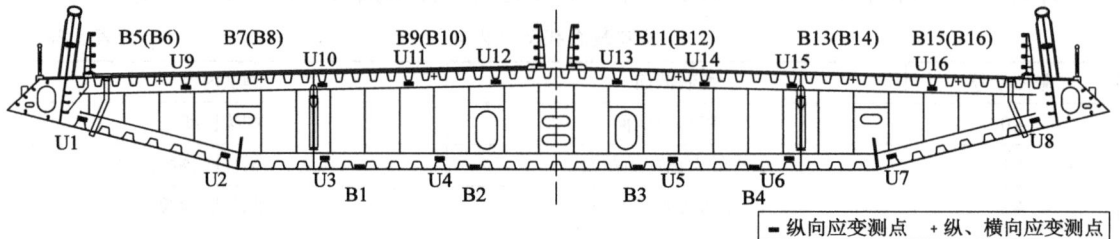

图 5-93 K1 试验截面测点布置示意图

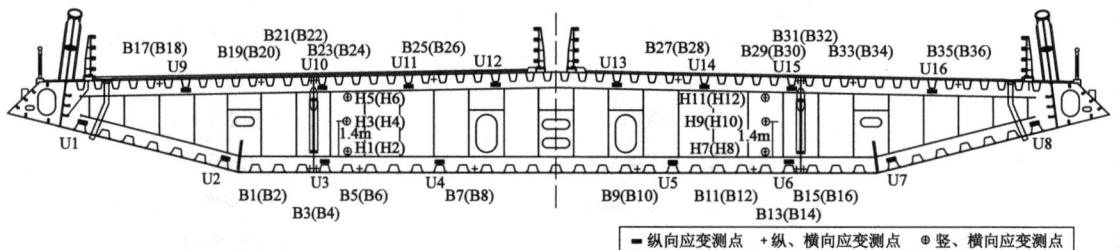

图 5-94 K2 试验截面测点布置示意图

166

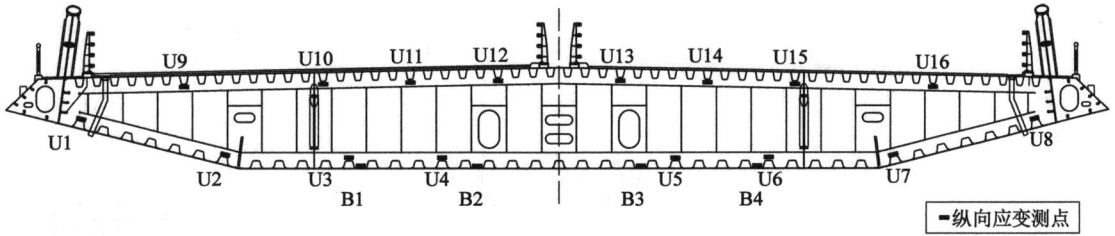

图 5-95 K3 试验截面测点布置示意图

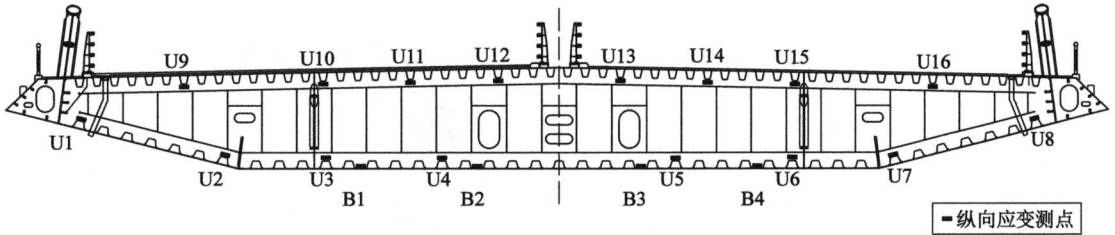

图 5-96 K4 试验截面测点布置示意图

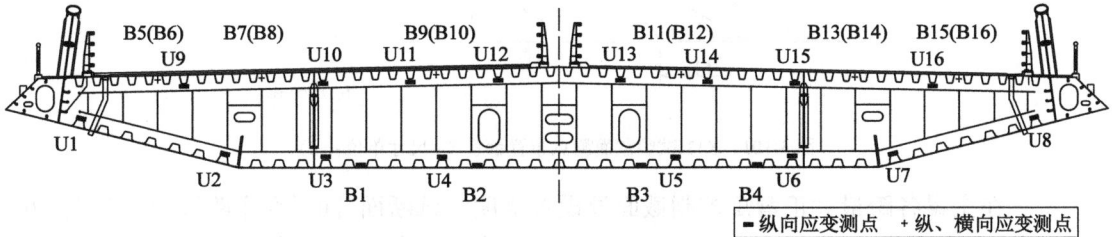

图 5-97 K5 试验截面测点布置示意图

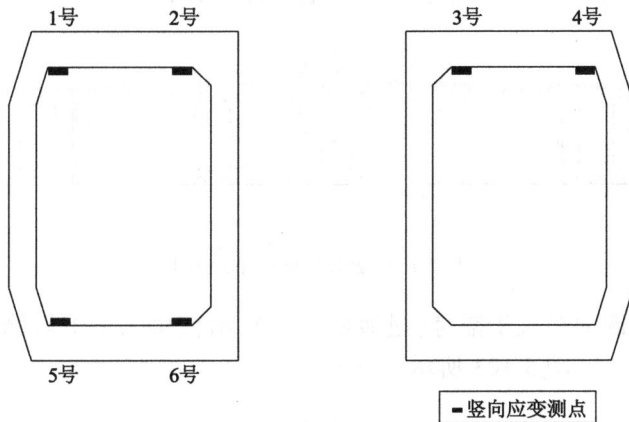

图 5-98 K6 试验截面测点布置示意图

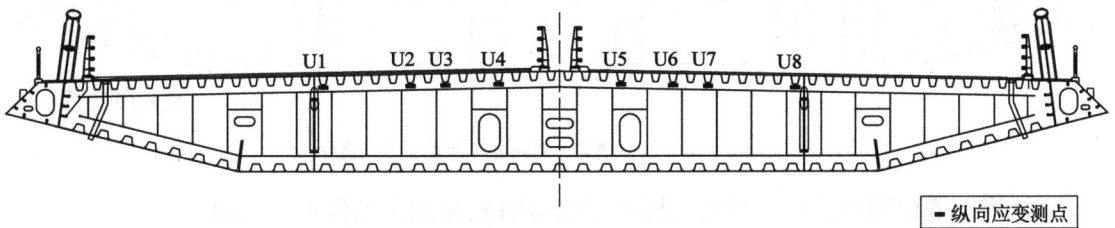

图 5-99 K8 试验截面测点布置示意图

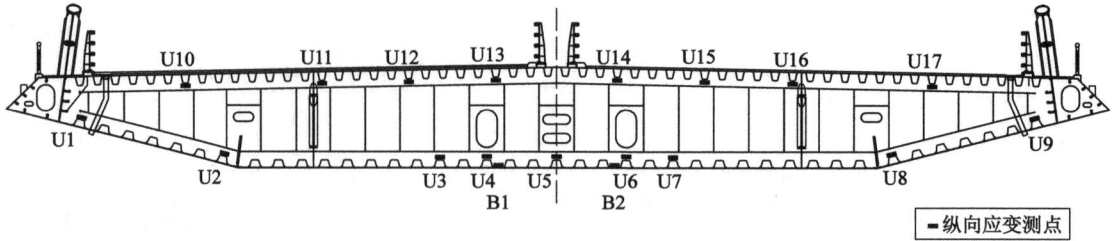

图 5-100　K9 试验截面测点布置示意图

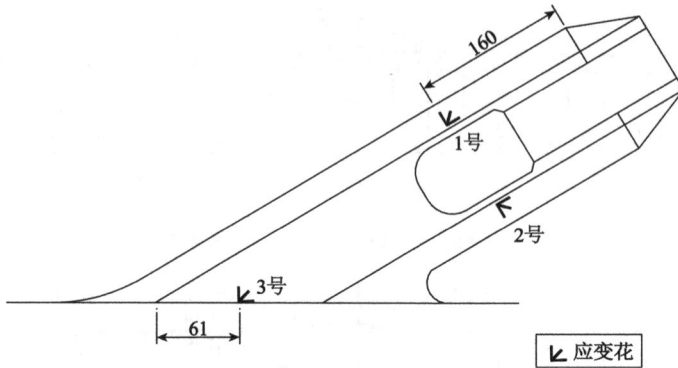

图 5-101　K11 试验截面测点布置示意图(尺寸单位:cm)

　　在主梁各跨最大正弯矩控制截面处设置挠度测试断面,同时在主跨增设 8 分点,边跨增设 2 分点,次边跨增设 4 分点布置挠度测试截面,挠度测点布置在桥面上下游侧。某桥挠度测试截面纵向位置如图 5-92 所示,横向布置示意如图 5-102 所示。

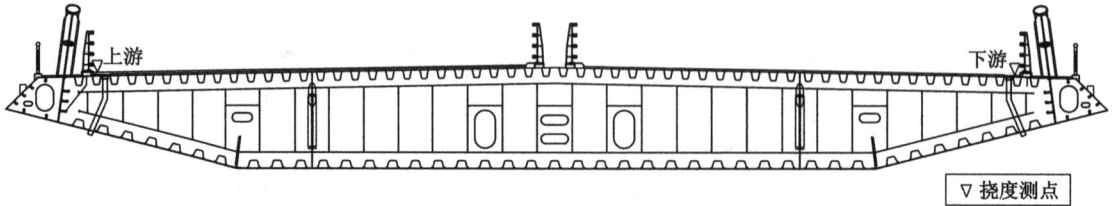

图 5-102　挠度测点布置示意图

　　主梁纵桥向测试断面布置于锚跨(过渡墩位置),沿横桥向上下游侧各布设一个测点,采用钢尺进行变位测量。如图 5-103 所示。

图 5-103　K10 试验截面纵桥向变位测点布置示意图

　　索塔塔顶变位测点设置于塔顶纵桥向(图 5-104),采用全站仪进行观测。

在各测试工况下,对典型截面(边跨、次边跨与中跨最大正弯截面)附近的三对拉索以及最大拉力工况的拉索进行索力增量测试。

在主梁测试截面及主塔测试截面布设温度计,对测试截面的温度场进行测试。

加载车的选择需考虑试验方便快捷,本次试验选择加载车为350kN级3轴载重汽车。本次选择的加载车轴距纵向分布示意图如图 5-105 所示。

为保证试验过程的安全和试验的准确性,在试验前对各辆加载车进行准确装载称重,使单车重量控制在 (350 ± 10) kN 以内,后轴重量控制在 (280 ± 10) kN 以内。

根据试验内容和计算分析结果,确定某桥进行以下 18 个试验工况。

(1)南次边跨主梁 $3L/4$ 截面(K4)正弯对称加载;

(2)南次边跨主梁最大正弯矩截面(K5)对称加载;

图 5-104　K7 试验截面塔顶变位测点布置示意图

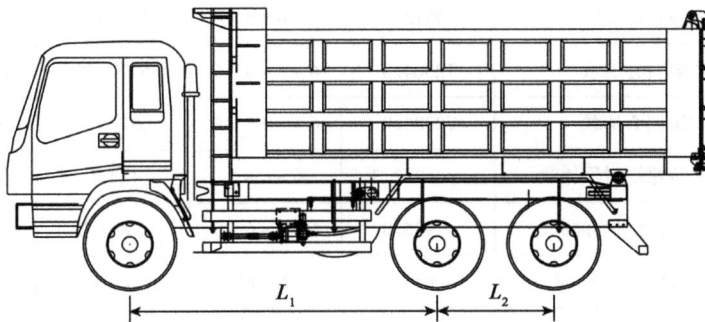

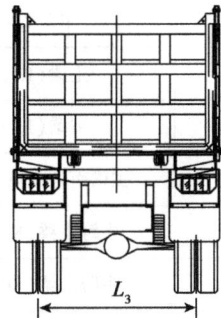

图 5-105　加载车轴距纵向分布示意图

(3)南次边跨主梁最大正弯矩截面(K5)偏心加载;

(4)南次边跨主梁最大挠度对称加载;

(5)南次边跨主梁最大挠度偏心加载;

(6)780m 主跨 $L/4$ 截面(K2)正弯对称加载;

(7)780m 跨主梁最大正弯矩截面(K1)对称加载;

(8)780m 跨主梁最大正弯矩截面(K1)偏心加载;

(9)主梁南塔支点(K3)最大负弯矩对称加载;

(10)780m 主跨主梁最大竖向挠度(K0)对称加载;

(11)780m 主跨主梁最大竖向挠度(K0)偏心加载;

(12)主梁最大纵向位移加载(K10);

(13)南边跨主梁最大正弯截面(K9)对称加载;

(14)南边跨主梁最大正弯截面(K9)偏心加载;

(15)P5 墩顶处主梁最大负弯矩截面(K8)对称加载;

(16)拉索最大拉力加载(K11);

(17)南塔中塔柱底(K6)最大弯矩加载;

(18)南塔塔顶(K7)最大纵向位移加载。

某桥试验荷载由 6 车道的公路—Ⅰ级设计荷载控制,参考《大跨径混凝土桥梁的试验方法》,本次静力荷载试验荷载效率取值范围为 $0.80 < \eta \leqslant 1.05$。荷载效率总结如表 5-39 所示。

某桥加载情况表　　　　　　表 5-39

序号	工况名称	控制值	用车数	加载值	效率
1	边跨主梁 $3L/4$ 截面(K4)对称加载	33892.8	6+6+6	33281.8	0.98
2	边跨主梁最大正弯矩截面(K5)对称加载	48866.9	6+6+6+6	50381.8	1.03
3	边跨主梁最大正弯矩截面(K5)偏心加载	48866.9	6+6+6+6	50381.8	1.03
4	边跨主梁最大挠度对称加载	−192.0	6+6+6+6	−177.6	0.93
5	边跨主梁最大挠度偏心加载	−192.0	6+6+6+6	−177.6	0.93
6	主跨 $L/4$ 截面(K2)对称加载	39712.2	6+6	39910.8	1.01
7	主梁(K1)最大正弯矩对称加载	72304.0	6+6+6+6	69773.4	0.97
8	主梁(K1)最大正弯矩偏心加载	72304.0	6+6+6+6	69773.4	0.97
9	主梁南塔支点(K3)最大负弯矩对称加载	−45232.3	6+6+6	−41251.8	0.91
10	主跨主梁(K0)最大竖向挠度对称加载	−925.0	6+6+6+6	−864.0	0.93
11	主跨主梁(K0)最大竖向挠度偏心加载	−925.0	6+6+6+6	−864.0	0.93
12	主梁最大纵向位移加载	201.0	6+6+6+6+6+6+6	179.1	0.89
13	南边跨主梁最大正弯截面(K9)对称加载	50250.8	6+6+6	50803.5	1.01
14	南边跨主梁最大正弯截面(K9)偏心加载	50250.8	6+6+6	50803.5	1.01
15	P5 墩顶处主梁(K8)最大负弯矩对称加载	−88383.9	6+6+6+6	−83876.3	0.95
16	拉索最大拉力(K11)加载	883.6	6+6+6+6+6	897.7	1.02
17	南塔中塔柱底(K6)最大弯矩加载	175312.5	6+6+6+6+6+6+6	157080.0	0.90
18	南塔塔顶(K7)最大纵向位移加载	314.0	6+6+6+6+6+6+6	271.3	0.86
备注	弯矩单位:kN·m;轴力单位:kN;挠度单位:mm				

各试验工况纵向载位布置如图 5-106 ~ 图 5-112 所示。

(1)工况 1 + 工况 9:边跨主梁 $3L/4$ 截面(K4)正弯 + 主梁南塔支点(K3)最大负弯矩

(2)工况 2(工况 3) + 工况 4(工况 5) + 工况 15:边跨主梁(K5)最大正弯矩 + 边跨主梁最大挠度 + P5 墩顶处(K8)主梁负弯矩

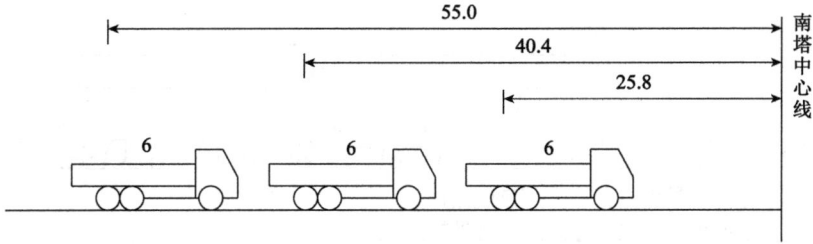

图 5-106　主梁 $3L/4$ 截面正弯 + 主梁南塔支点最大负弯矩工况(尺寸单位:m)

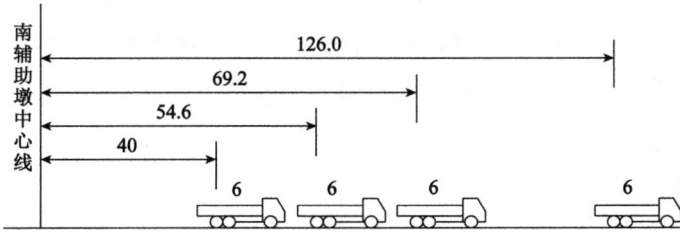

图 5-107　边跨主梁最大正弯矩 + 边跨主梁最大挠度 + P5 墩顶处主梁负弯矩工况(尺寸单位:m)

（3）工况 6：主跨 $L/4$ 截面（K2）正弯

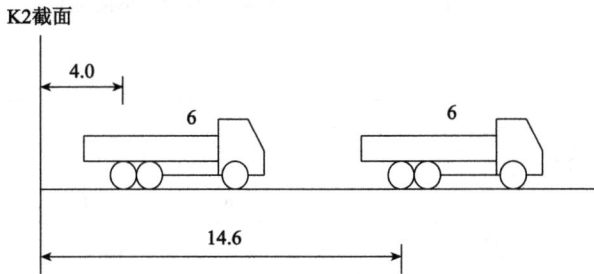

图 5-108　主跨 $L/4$ 截面加载工况(尺寸单位:m)

（4）工况 7（工况 8）+ 工况 10（工况 11）：主跨最大正弯矩（K1）+ 主跨主梁最大竖向挠度（K0）

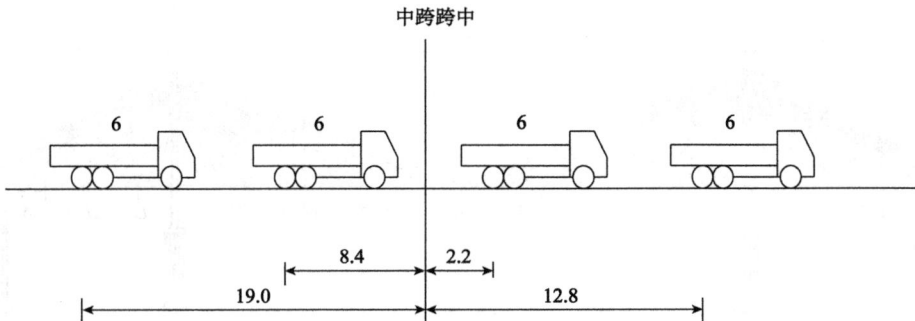

图 5-109　主跨最大正弯矩工况 + 主跨主梁最大竖向挠度(尺寸单位:m)

（5）工况 12 + 工况 17 + 工况 18：南塔中塔柱底（K6）最大弯矩 + 主梁最大纵向位移（K12）+ 南塔塔顶（K7）最大纵向位移

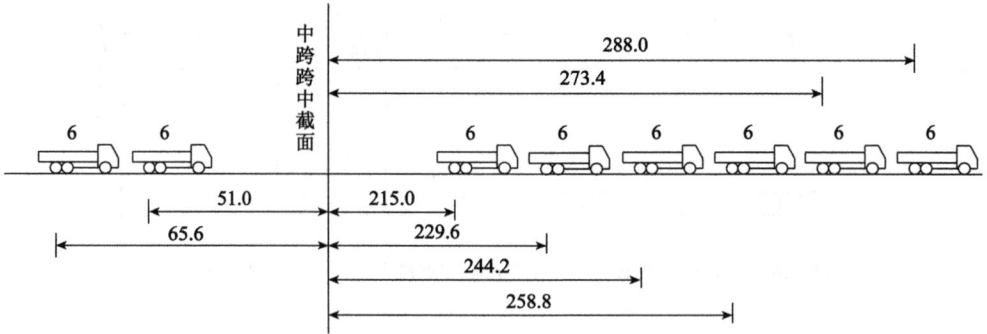

图 5-110　南塔中塔柱底最大弯矩 + 主梁最大纵向位移 + 南塔塔顶最大纵向位移工况(尺寸单位:m)

(6)工况 13(工况 14):南边跨主梁(K9)最大正弯矩

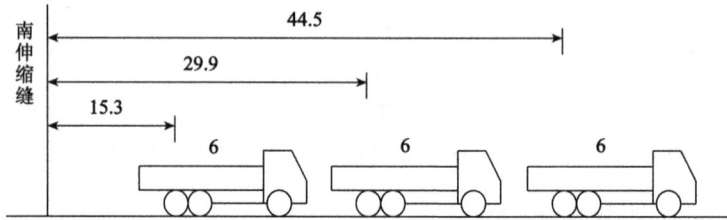

图 5-111　南边跨主梁最大正弯矩工况(尺寸单位:m)

(7)工况 16:拉索最大拉力(K11)

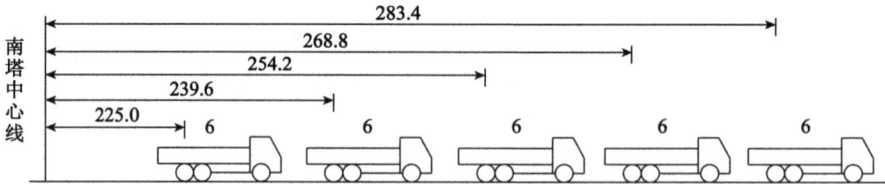

图 5-112　拉索最大拉力工况(尺寸单位:m)

为得到该桥完整的振型,需将传感器安装在结构有关部位,当桥梁结构发生振动时,记录各部位的振幅与相位,比较各测点的振幅与相位即可绘制振型曲线。针对该桥的结构特点,共选取 19 个桥面测点;桥塔 2 个测点;全桥共 21 个测点。测点布置如图 5-113、图 5-114 所示。

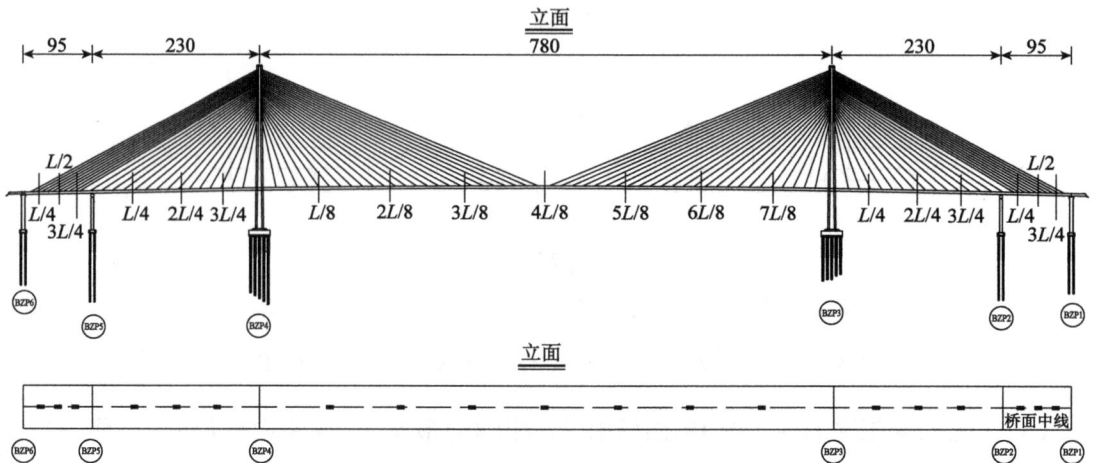

图 5-113　动力特性测试测点布置示意图(尺寸单位:m)

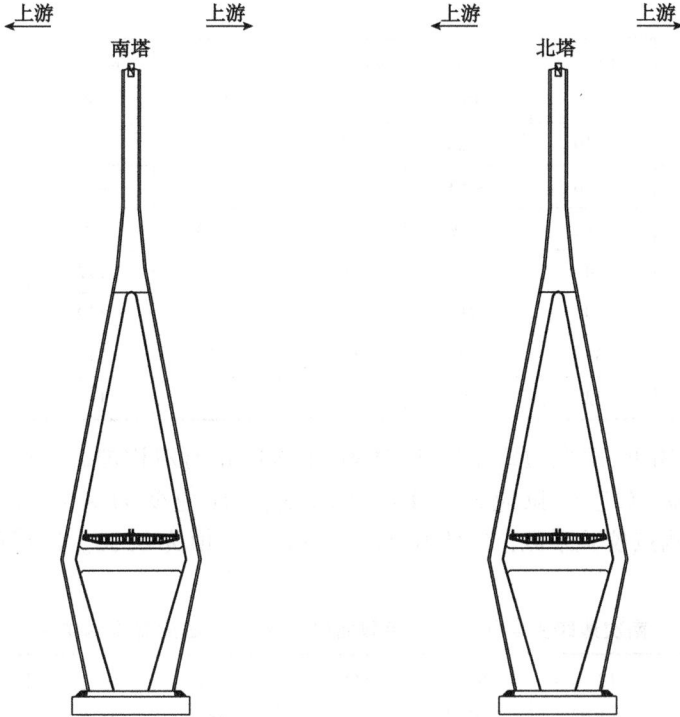

图 5-114 桥塔动力特性测试测点布置

5.5.3 试验结果

5.5.3.1 应变测试结果

在最大试验荷载作用下各控制截面应变观测结果列于表 5-40 ~ 表 5-51 中。应变符号受拉为"＋",受压为"－"。注意表中当残余值与弹性应变值符号不一致时残余值视为误差而也不列相对残余;应变测点编号参见测点布置图。

南次边跨主梁 3L/4 截面(K4)正弯对称加载工况应变观测结果　　表 5-40

测点编号	6 车 (με)	12 车 (με)	18 车 (με)	残余应变 (με)	弹性应变 (με)	理论值 (με)	校验系数	相对残余 (%)
U3	13	38	73	1	72	75	0.96	1.4
U4	12	37	49	0	49	75	0.65	0.0
U5	12	37	44	1	43	75	0.57	2.3
U6	11	32	65	2	63	75	0.84	3.1
U9	−3	−14	−35	1	−36	−57	0.63	—
U10	−6	−17	−33	2	−35	−57	0.61	—
U11	−6	−19	−30	1	−31	−57	0.54	—
U12	−6	−18	−28	2	−30	−57	0.53	—
U13	−7	−19	−32	1	−33	−57	0.58	—

测点编号	6 车 （με）	12 车 （με）	18 车 （με）	残余应变 （με）	弹性应变 （με）	理论值 （με）	校验系数	相对残余 （%）
U14	−6	−19	−26	2	−28	−57	0.49	—
U15	−6	−16	−53	2	−55	−57	0.96	—
U16	−2	−12	−29	4	−33	−57	0.58	—
B1	12	34	82	0	82	112	0.73	0.0
B2	13	39	71	1	70	112	0.63	1.4
B3	13	37	72	1	71	112	0.63	1.4
B4	10	32	78	4	74	112	0.66	5.1

在试验荷载作用下，南次边跨主梁 $3L/4$ 截面（K4）正弯对称加载工况下截面各应变测点最大拉应变为 $82\mu\varepsilon$，对应的拉应力为 $16.4MPa$；最大压应变为 $-55\mu\varepsilon$，对应的压应力为 $-11MPa$。各应变测点校验系数范围为 $0.49\sim0.96$，平均值为 0.66。卸载后的相对残余应变最大值为 5.1%。

南次边跨主梁最大正弯矩截面（K5）对称加载应变观测结果 表 5-41

测点编号	12 车 （με）	18 车 （με）	24 车 （με）	残余应变 （με）	弹性应变 （με）	理论值 （με）	校验系数	相对残余 （%）
U3	53	80	94	0	94	112	0.84	0.0
U4	60	91	109	−1	110	112	0.98	—
U5	47	70	81	0	81	112	0.72	0.0
U6	55	82	96	−1	97	112	0.87	—
U9	−24	−35	−40	−2	−38	−84	0.45	5.0
U10	−27	−39	−47	−1	−46	−84	0.55	2.1
U11	−29	−42	−52	3	−55	−84	0.65	—
U12	−30	−46	−55	1	−56	−84	0.67	—
U13	−30	−46	−54	1	−55	−84	0.65	—
U14	−27	−42	−49	0	−49	−84	0.58	0.0
U15	−26	−40	−47	1	−48	−84	0.57	—
U16	−24	−36	−41	1	−42	−84	0.50	—
B1	63	96	115	1	114	130	0.88	0.9
B2	62	95	113	1	112	130	0.86	0.9
B3	60	94	112	−2	114	130	0.88	—
B4	61	96	115	−1	116	130	0.89	—
B5	−35	−50	−61	0	−61	−104	0.59	0.0
B7	−30	−52	−71	−1	−70	−104	0.67	1.4
B9	−35	−53	−63	−3	−60	−104	0.58	4.8
B11	−35	−52	−61	−1	−60	−104	0.58	1.6
B13	−34	−48	−54	1	−55	−104	0.53	—

在试验荷载作用下,南次边跨主梁最大正弯矩截面(K5)对称加载工况下截面各应变测点最大拉应变为 116με,对应的拉应力为 23.2MPa;最大压应变为 −70με,对应的压应力为 −14MPa。各应变测点校验系数范围为 0.45~0.98,平均值为 0.69。卸载后的相对残余应变最大值为 5.0%。

南次边跨主梁最大正弯矩截面(K5)偏心加载应变观测结果 表 5-42

测点编号	12 车 (με)	18 车 (με)	24 车 (με)	残余应变 (με)	弹性应变 (με)	理论值 (με)	校验系数	相对残余 (%)
U3	44	77	93	1	92	112	0.82	1.1
U4	51	89	108	3	105	112	0.94	2.8
U5	53	88	104	0	104	112	0.93	0.0
U6	51	83	94	1	93	112	0.83	1.1
U9	−18	−31	−37	2	−39	−84	0.46	—
U10	−23	−38	−43	0	−43	−84	0.51	0.0
U11	−23	−43	−50	0	−50	−84	0.60	0.0
U12	−27	−45	−53	2	−55	−84	0.65	—
U13	−26	−45	−51	2	−53	−84	0.63	—
U14	−26	−41	−47	3	−50	−84	0.60	—
U15	−28	−41	−47	1	−48	−84	0.57	—
U16	−20	−32	−37	0	−37	−84	0.44	0.0
B1	52	89	108	0	108	130	0.83	0.0
B2	53	89	106	−2	108	130	0.83	—
B3	54	90	108	2	106	130	0.82	1.9
B4	59	95	113	1	112	130	0.86	0.9
B5	−27	−48	−57	1	−58	−104	0.56	—
B7	−36	−59	−69	2	−71	−104	0.68	—
B9	−37	−56	−64	2	−66	−104	0.63	—
B11	−32	−47	−58	0	−58	−104	0.56	0.0
B13	−29	−46	−54	−1	−53	−104	0.51	1.9

在试验荷载作用下,南次边跨主梁最大正弯矩截面(K5)偏心加载工况下截面各应变测点最大拉应变为 112με,对应的拉应力为 22.4MPa;最大压应变为 −71με,对应的压应力为 −14.2MPa。各应变测点校验系数范围为 0.44~0.94,平均值为 0.68。卸载后的相对残余应变最大值为 2.8%。

780m 主跨 *L*/4 截面(K2)正弯对称加载工况应变观测结果 表 5-43

测点编号	4 车 (με)	8 车 (με)	残余应变 (με)	弹性应变 (με)	理论值 (με)	校验系数	相对残余 (%)
U3	32	85	0	85	88	0.97	0.0
U4	24	62	−1	63	88	0.72	—
U5	37	86	−1	87	88	0.99	—

测点编号	4 车 （$\mu\varepsilon$）	8 车 （$\mu\varepsilon$）	残余应变 （$\mu\varepsilon$）	弹性应变 （$\mu\varepsilon$）	理论值 （$\mu\varepsilon$）	校验系数	相对残余 （%）
U6	29	77	1	76	88	0.86	1.3
U9	−21	−50	−1	−49	−67	0.73	2.0
U10	−23	−56	1	−57	−67	0.85	—
U11	−26	−56	0	−56	−67	0.84	0.0
U12	−25	−59	3	−62	−67	0.93	—
U13	−24	−62	0	−62	−67	0.93	0.0
U14	−23	−53	0	−53	−67	0.79	0.0
U15	−24	−63	1	−64	−67	0.96	—
U16	−19	−50	0	−50	−67	0.75	0.0
B1	30	82	6	76	97	0.78	7.3
B3	36	85	2	83	97	0.86	2.4
B5	31	69	0	69	97	0.71	0.0
B8	33	75	2	73	97	0.75	2.7
B9	33	83	1	82	97	0.85	1.2
B11	32	88	1	87	97	0.90	1.1
B14	31	82	4	78	97	0.80	4.9
B15	33	92	2	90	97	0.93	2.2
B17	−26	−62	−1	−61	−93	0.66	1.6
B19	−30	−76	−2	−74	−93	0.80	2.6
B22	−25	−64	0	−64	−93	0.69	0.0
B23	−28	−62	−2	−60	−93	0.65	3.2
B25	−28	−61	0	−61	−93	0.66	0.0
B27	−21	−56	2	−58	−93	0.62	—
B30	−28	−71	−1	−70	−93	0.75	1.4
B31	−20	−54	2	−56	−93	0.60	—
B33	−26	−66	0	−66	−93	0.71	0.0
B35	−30	−74	−1	−73	−93	0.78	1.4

在试验荷载作用下，780m 主跨 $L/4$ 截面（K2）对称加载工况下截面各应变测点最大拉应变为 90$\mu\varepsilon$，对应的拉应力为 18MPa；最大压应变为 −74$\mu\varepsilon$，对应的压应力为 −14.8MPa。各应变测点校验系数范围为 0.60 ~ 0.99，平均值为 0.79。卸载后的相对残余应变最大值为 7.3%。

780m 跨主梁最大正弯矩截面（K1）对称加载工况应变观测结果 表 5-44

测点编号	12 车 （$\mu\varepsilon$）	18 车 （$\mu\varepsilon$）	24 车 （$\mu\varepsilon$）	残余应变 （$\mu\varepsilon$）	弹性应变 （$\mu\varepsilon$）	理论值 （$\mu\varepsilon$）	校验系数	相对残余 （%）
U3	50	94	158	1	157	160	0.98	0.6
U4	23	42	69	5	64	160	0.40	7.2

测点编号	12车 (με)	18车 (με)	24车 (με)	残余应变 (με)	弹性应变 (με)	理论值 (με)	校验系数	相对残余 (%)
U5	57	95	161	5	156	160	0.98	3.1
U6	49	92	154	2	152	160	0.95	1.3
U9	−26	−50	−85	1	−86	−121	0.71	—
U10	−34	−59	−96	2	−98	−121	0.81	—
U11	−37	−65	−102	1	−103	−121	0.85	—
U12	−42	−72	−115	1	−116	−121	0.96	—
U13	−41	−70	−111	1	−112	−121	0.93	—
U14	−37	−63	−102	2	−104	−121	0.86	—
U15	−33	−59	−97	2	−99	−121	0.82	—
U16	−27	−48	−82	1	−83	−121	0.69	—
B1	62	115	181	2	179	186	0.96	1.1
B2	68	125	186	2	184	186	0.99	1.1
B3	60	114	184	6	178	186	0.96	3.3
B4	57	110	182	4	178	186	0.96	2.2
B5	−36	−67	−116	1	−117	−147	0.80	—
B7	−54	−95	−151	−5	−146	−147	0.99	3.3
B9	−53	−94	−147	−2	−145	−147	0.99	1.4
B11	−38	−70	−116	2	−118	−147	0.80	—
B13	−38	−69	−115	1	−116	−147	0.79	—
B15	−32	−64	−109	1	−110	−147	0.75	—

在试验荷载作用下,780m跨主梁最大正弯矩截面(K1)对称加载工况下截面各应变测点最大拉应变为184με,对应的拉应力为36.8MPa;最大压应变为−146με,对应的压应力为−29.2MPa。各应变测点校验系数范围为0.40~0.99,平均值为0.86。卸载后的相对残余应变最大值为7.3%。

780m跨主梁最大正弯矩截面(K1)偏心加载工况应变观测结果　　表5-45

测点编号	12车 (με)	18车 (με)	24车 (με)	残余应变 (με)	弹性应变 (με)	理论值 (με)	校验系数	相对残余 (%)
U3	80	131	160	3	157	160	0.98	1.9
U4	35	57	70	7	63	160	0.39	10.0
U5	70	127	165	6	159	160	0.99	3.6
U6	85	133	159	6	153	160	0.96	3.8
U9	−39	−65	−80	2	−82	−121	0.68	—
U10	−45	−73	−87	3	−90	−121	0.74	—
U11	−46	−78	−95	2	−97	−121	0.80	—
U12	−56	−94	−113	2	−115	−121	0.95	—

续上表

测点编号	12车 (με)	18车 (με)	24车 (με)	残余应变 (με)	弹性应变 (με)	理论值 (με)	校验系数	相对残余 (%)
U13	−55	−87	−105	1	−106	−121	0.88	—
U14	−52	−80	−98	1	−99	−121	0.82	—
U15	−49	−76	−91	1	−92	−121	0.76	—
U16	−44	−67	−80	2	−82	−121	0.68	—
B1	94	158	191	6	185	186	0.99	3.1
B2	95	161	192	7	185	186	0.99	3.6
B3	93	155	185	7	178	186	0.96	3.8
B4	97	153	183	6	177	186	0.95	3.3
B5	−55	−90	−109	1	−110	−147	0.75	—
B7	−78	−124	−147	−3	−144	−147	0.98	2.0
B9	−78	−121	−144	−3	−141	−147	0.96	2.1
B11	−67	−100	−117	2	−119	−147	0.81	—
B13	−60	−93	−110	2	−112	−147	0.76	—
B15	−57	−90	−111	2	−113	−147	0.77	—

在试验荷载作用下,780m跨主梁最大正弯矩截面(K1)偏心加载工况下截面各应变测点最大拉应变为185με,对应的拉应力为37MPa;最大压应变为−144με,对应的压应力为−28.8MPa。各应变测点校验系数范围为0.39~0.99,平均值为0.84。卸载后的相对残余应变最大值为10.0%。

主梁南塔支点(K3)最大负弯矩对称加载应变观测结果　　　表5-46

测点编号	6车 (με)	12车 (με)	18车 (με)	残余应变 (με)	弹性应变 (με)	理论值 (με)	校验系数	相对残余 (%)
U9	12	29	47	3	44	69	0.64	6.4
U10	15	30	44	2	42	69	0.61	4.5
U11	11	27	60	3	57	69	0.83	5.0
U12	16	33	65	3	62	69	0.90	4.6
U13	15	32	57	3	54	69	0.78	5.3
U14	14	33	51	4	47	69	0.68	7.8
U16	17	36	51	−5	56	69	0.81	—

在试验荷载作用下,主梁南塔支点(K3)最大负弯矩对称加载工况下顶板加劲肋各应变测点最大拉应变为62με,对应的拉应力为12.4MPa。各应变测点校验系数范围为0.61~0.90,平均值为0.75。卸载后的相对残余应变最大值为7.8%。

南边跨主梁最大正弯截面(K9)对称加载工况应变观测结果　　　表5-47

测点编号	6车 (με)	12车 (με)	18车 (με)	残余应变 (με)	弹性应变 (με)	理论值 (με)	校验系数	相对残余 (%)
U3	40	77	100	0	100	111	0.90	0.0

测点编号	6车 (με)	12车 (με)	18车 (με)	残余应变 (με)	弹性应变 (με)	理论值 (με)	校验系数	相对残余 (%)
U4	37	66	90	0	90	111	0.81	0.0
U5	40	71	92	4	88	111	0.79	4.3
U6	39	71	94	1	93	111	0.84	1.1
U7	35	68	89	1	88	111	0.79	1.1
U10	−26	−64	−77	1	−78	−84	0.93	0.9
U11	−30	−63	−76	1	−77	−84	0.92	—
U12	−26	−51	−67	0	−67	−84	0.80	0.0
U13	−28	−50	−65	1	−66	−84	0.79	—
U14	−26	−46	−60	0	−60	−84	0.71	0.0
U15	−26	−51	−66	0	−66	−84	0.79	0.0
U16	−26	−52	−65	1	−66	−84	0.79	—
U17	−25	−66	−77	0	−77	−84	0.92	0.0
B1	43	83	108	−1	109	133	0.82	—
B2	40	75	100	−1	101	133	0.76	—

在试验荷载作用下,南边跨主梁最大正弯截面(K9)对称加载工况下截面各应变测点最大拉应变为109με,对应的拉应力为21.8MPa;最大压应变为−78με,对应的压应力为−15.6MPa。各应变测点校验系数范围为0.71~0.93,平均值为0.82。卸载后的相对残余应变最大值为4.3%。

南边跨主梁最大正弯截面(K9)偏心加载工况应变观测结果 表5-48

测点编号	6车 (με)	12车 (με)	18车 (με)	残余应变 (με)	弹性应变 (με)	理论值 (με)	校验系数	相对残余 (%)
U3	44	84	100	1	99	111	0.89	1.0
U4	41	77	91	0	91	111	0.82	0.0
U5	43	78	91	1	90	111	0.81	1.1
U6	46	83	96	1	95	111	0.86	1.0
U7	58	84	92	1	91	111	0.82	1.1
U10	−25	−50	−61	−1	−60	−84	0.71	1.8
U11	−31	−57	−73	−1	−72	−84	0.86	1.4
U12	−29	−70	−81	1	−82	−84	0.98	—
U13	−29	−58	−68	−1	−67	−84	0.80	1.5
U14	−30	−53	−62	−1	−61	−84	0.73	1.6
U15	−34	−57	−66	−1	−65	−84	0.77	1.5
U16	−35	−57	−67	0	−67	−84	0.80	0.0
U17	−45	−58	−64	0	−64	−84	0.76	0.0

测点编号	6 车 （με）	12 车 （με）	18 车 （με）	残余应变 （με）	弹性应变 （με）	理论值 （με）	校验系数	相对残余 （%）
B1	52	92	109	1	108	133	0.81	0.9
B2	54	89	104	1	103	133	0.77	1.0

在试验荷载作用下,南边跨主梁最大正弯截面(K9)偏心加载工况下截面各应变测点最大拉应变为 108με,对应的拉应力为 21.6MPa;最大压应变为 -82με,对应的压应力为 -16.4MPa。各应变测点校验系数范围为 0.71 ~ 0.98,平均值为 0.81。卸载后的相对残余应变最大值为 1.8%。

P5 墩顶处(K8)主梁最大负弯矩截面对称加载工况应变观测结果　　　　　表 5-49

测点编号	12 车 （με）	18 车 （με）	24 车 （με）	残余应变 （με）	弹性应变 （με）	理论值 （με）	校验系数	相对残余 （%）
U1	45	76	106	0	106	140	0.76	0.0
U2	31	53	71	1	70	140	0.50	1.4
U3	27	45	59	-1	60	140	0.43	—
U4	29	46	65	0	65	140	0.46	0.0
U5	28	45	57	1	56	140	0.40	1.8
U6	28	47	61	1	60	140	0.43	1.6
U7	28	47	64	-2	66	140	0.47	—
U8	46	78	110	0	110	140	0.79	0.0

在试验荷载作用下,P5 墩顶处(K8)主梁最大负弯矩截面对称加载工况下截面各应变测点最大拉应变为110με,对应的拉应力为22MPa。各应变测点校验系数范围为0.40 ~ 0.79,平均值为0.53。卸载后的相对残余应变最大值为 1.8%。

拉索最大索力对称加载工况下锚拉板主拉应变观测结果　　　　　表 5-50

测点编号	24 车 （με）	30 车 （με）	残余应变 （με）	弹性应变 （με）	理论值 （με）	校验系数	相对残余 （%）
左侧 1	42	52	6	46	88	0.52	11.5
左侧 2	41	51	4	47	88	0.53	7.8
左侧 3	30	37	3	34	37	0.92	8.1
右侧 1	33	42	-1	43	88	0.49	—
右侧 2	24	39	-1	40	88	0.45	—
右侧 3	20	24	-2	26	37	0.70	—

在试验荷载作用下,拉索最大索力对称加载工况下锚拉板各主拉应变测点最大拉应变为 47με,对应的拉应力为 9.4MPa。各测点主拉应变校验系数范围为 0.45 ~ 0.92,平均值为 0.60。卸载后的相对残余应变最大值为 11.5%。

南塔中塔柱底（K6）最大弯矩对称加载工况应变观测结果　　　表 5-51

测点编号	18 车（με）	36 车（με）	48 车（με）	残余应变（με）	弹性应变（με）	理论值（με）	校验系数	相对残余（%）
1	−17	−33	−46	−3	−43	−64	0.67	6.5
2	−21	−38	−49	−4	−45	−64	0.70	8.2
3	−16	−32	−43	0	−43	−64	0.67	0.0
4	−13	−34	−44	−1	−43	−64	0.67	2.3
5	14	28	40	1	39	64	0.61	2.5
6	14	31	45	4	41	64	0.64	8.9

在试验荷载作用下，南塔中塔柱底（K6）最大弯矩对称加载工况下截面各应变测点最大拉应变为 45με，对应的拉应力为 1.55MPa；最大压应变为 −49με，对应的压应力为 −1.69MPa。各应变测点校验系数范围为 0.61 ~ 0.70，平均值为 0.66。卸载后的相对残余应变最大值为 8.9%。

从应变观测结果可以看出：

在试验荷载作用下，某桥试验截面各测点应变校验系数范围为 0.39 ~ 0.99，各截面应变校验系数平均值范围为 0.53 ~ 0.86，卸载后的相对残余应变最大值为 11.5%。钢构件实测最大拉应力为 37MPa，最大压应力为 −29.2MPa；索塔实测最大拉应力为 1.55MPa，最大压应力为 −1.69MPa；实测应力在正常范围内。主梁与主塔受力性能符合设计要求。

5.5.3.2　挠度测试结果

（1）控制截面挠度

在试验荷载作用下各控制截面挠度观测结果列于表 5-52 ~ 表 5-61，挠度符号向下为正，向上为负。

南次边跨主梁 3L/4 截面（K4）对称加载工况挠度观测结果　　　表 5-52

测点编号	18 车（mm）	残余变位（mm）	弹性变位（mm）	理论值（mm）	校验系数	相对残余（%）
上游	−55.8	−3.2	−52.6	−108.0	0.49	5.7
下游	−65.2	−2.4	−62.8	−108.0	0.58	3.7

南次边跨主梁最大正弯矩截面（K5）对称加载工况挠度观测结果　　　表 5-53

测点编号	12 车（mm）	18 车（mm）	24 车（mm）	残余变位（mm）	弹性变位（mm）	理论值（mm）	校验系数	相对残余（%）
上游	−95.4	−143.8	−177.6	−4.6	−173.0	−198.0	0.87	2.6
下游	−91.2	−142.6	−174.6	−5.2	−169.4	−198.0	0.86	3.0

南次边跨主梁最大正弯矩截面（K5）偏心加载工况挠度观测结果　　　表 5-54

测点编号	12 车（mm）	18 车（mm）	24 车（mm）	残余变位（mm）	弹性变位（mm）	理论值（mm）	校验系数	相对残余（%）
上游	−67.6	−129.0	−166.8	−0.4	−166.4	−198.0	0.84	0.2
下游	−101.8	−154.2	−180.6	−2.8	−177.8	−198.0	0.90	1.6

780m 主跨 *L*/4 截面（K2）对称加载工况挠度观测结果 表 5-55

测点编号	4 车（mm）	8 车（mm）	残余变位（mm）	弹性变位（mm）	理论值（mm）	校验系数	相对残余（%）
上游	−93.6	−195.8	−3.2	−192.6	−251.0	0.77	1.6
下游	−92.2	−198.4	−0.0	−198.4	−251.0	0.79	0.0

780m 跨主梁最大正弯矩截面（K1）对称加载工况挠度观测结果 表 5-56

测点编号	12 车（mm）	18 车（mm）	24 车（mm）	残余变位（mm）	弹性变位（mm）	理论值（mm）	校验系数	相对残余（%）
上游	−346.2	−521.4	−699.2	−11.0	−688.2	−859.8	0.80	1.6
下游	−356.6	−521.2	−707.4	−9.0	−698.4	−859.8	0.81	1.3

780m 跨主梁最大正弯矩截面（K1）偏心加载工况挠度观测结果 表 5-57

测点编号	12 车（mm）	18 车（mm）	24 车（mm）	残余变位（mm）	弹性变位（mm）	理论值（mm）	校验系数	相对残余（%）
上游	−400.2	−613.8	−720.0	−9.4	−710.6	−859.8	0.83	1.3
下游	−295.4	−532.4	−670.4	−5.4	−665.0	−859.8	0.77	0.8

主跨主梁（K0）最大竖向挠度对称加载工况挠度观测结果 表 5-58

测点编号	12 车（mm）	18 车（mm）	24 车（mm）	残余变位（mm）	弹性变位（mm）	理论值（mm）	校验系数	相对残余（%）
上游	−405.6	−586.6	−773.6	−5.6	−768.0	−864.0	0.89	0.7
下游	−412.4	−605.2	−785.0	−8.4	−776.6	−864.0	0.90	1.1

主跨主梁（K0）最大竖向挠度偏心加载工况挠度观测结果 表 5-59

测点编号	12 车（mm）	18 车（mm）	24 车（mm）	残余变位（mm）	弹性变位（mm）	理论值（mm）	校验系数	相对残余（%）
上游	−451.4	−686.6	−806.4	−9.2	−797.2	−864.0	0.92	1.1
下游	−327.0	−613.0	−748.4	−11.0	−737.4	−864.0	0.85	1.5

南边跨主梁最大正弯截面（K9）对称加载工况挠度观测结果 表 5-60

测点编号	6 车（mm）	12 车（mm）	18 车（mm）	残余变位（mm）	弹性变位（mm）	理论值（mm）	校验系数	相对残余（%）
上游	−19.2	−35.4	−46.0	−5.4	−40.6	−49.5	0.82	11.7
下游	−18.4	−35.2	−46.0	−1.2	−44.8	−49.5	0.91	2.6

南边跨主梁最大正弯截面（K9）偏心加载工况挠度观测结果 表 5-61

测点编号	6 车（mm）	12 车（mm）	18 车（mm）	残余变位（mm）	弹性变位（mm）	理论值（mm）	校验系数	相对残余（%）
上游	−28.4	−44.0	−48.4	−5.4	−43.0	−49.5	0.87	11.2
下游	−17.6	−36.0	−44.8	−1.0	−43.8	−49.5	0.88	2.2

在试验荷载作用下,各控制截面挠度校验系数范围为 0.49 ~ 0.92;卸载后的相对残余变位均小于20%。

(2)纵桥向挠度分布

挠度曲线如图 5-115 ~ 图 5-119 所示。

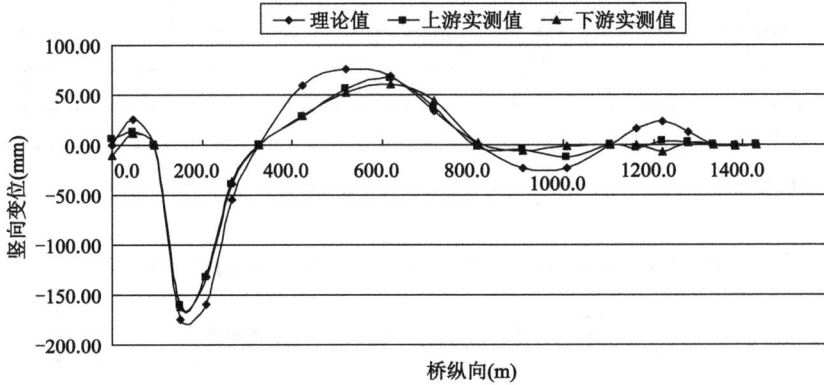

图 5-115 南次边跨主梁最大正弯矩截面(K5)对称加载工况挠度曲线

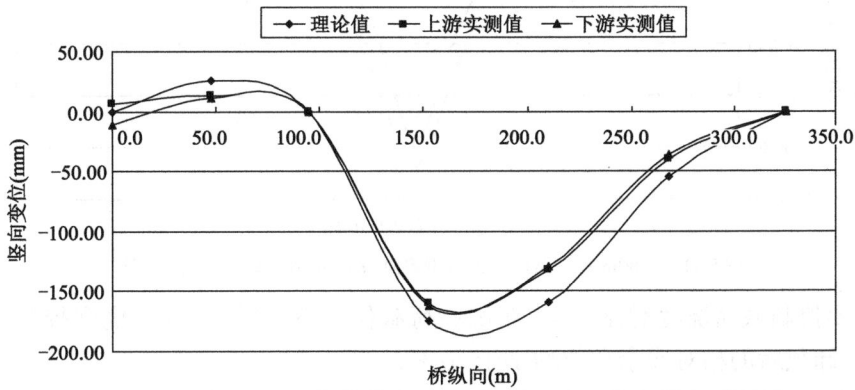

图 5-116 南次边跨主梁最大挠度对称加载工况挠度曲线

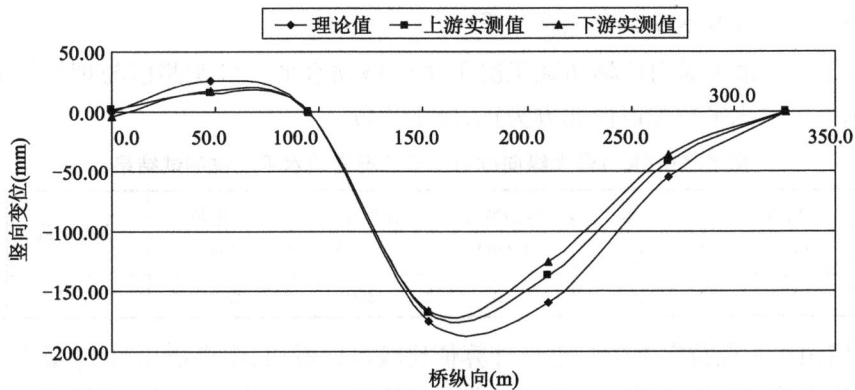

图 5-117 南次边跨主梁最大挠度偏心加载工况挠度曲线

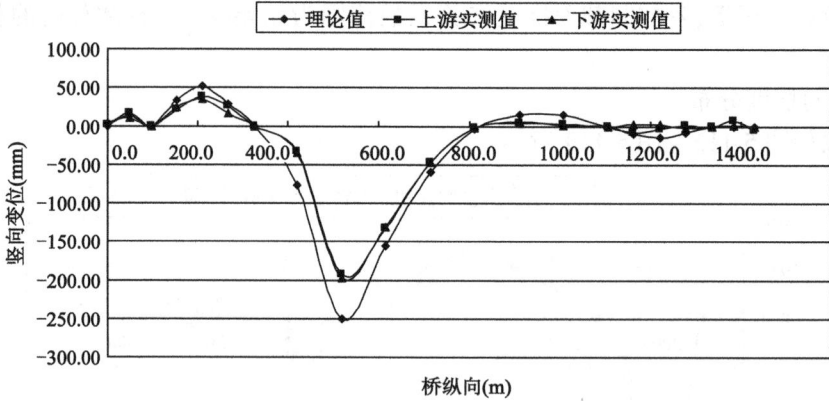

图 5-118 780m 主跨 *L*/4 截面(K2)正弯对称加载工况挠度曲线

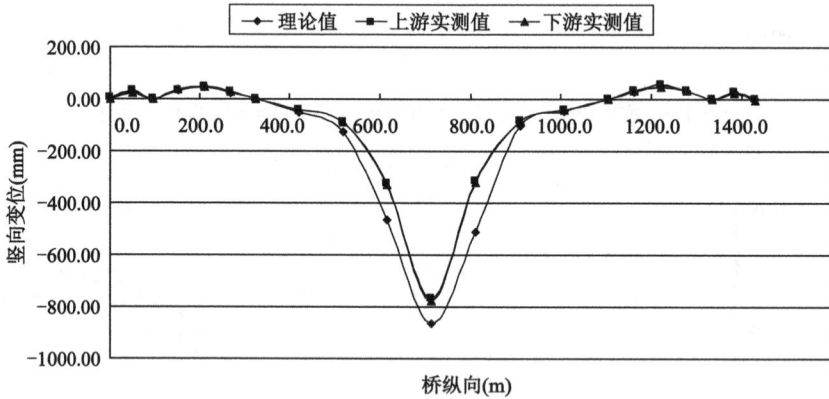

图 5-119 780m 跨主梁最大正弯矩截面(K1)对称加载工况挠度曲线

①由主要控制截面挠度对比可见,在试验荷载作用下,各控制截面挠度校验系数范围为 0.49~0.90;卸载后的相对残余变位均小于 20%。

②由主要工况挠度纵桥向分布可见,在试验荷载作用下,主梁挠曲线与理论计算挠曲线比较接近,说明主梁处于良好的弹性工作状态。

5.5.3.3 主塔塔顶水平偏位测试结果

南塔塔顶(K7)最大纵向位移加载工况下主塔塔顶水平变位实测值与理论计算值对比如表 5-62 所示。塔顶水平偏位以向北方为正,反之为负。

南塔塔顶(K7)最大纵向位移加载工况塔顶水平变位测试结果　　　表 5-62

18 车 (mm)	36 车 (mm)	48 车 (mm)	残余变位 (mm)	弹性变位 (mm)	理论值 (mm)	校验系数	相对残余 (%)
93	182	221	12	209	271.3	0.77	5.4

由主塔塔顶水平变位实测值与理论计算值比较可以看出,南塔塔顶(K7)最大纵向位移加载工况下主塔水平变位校验系数为 0.77,说明钢筋混凝土主塔水平抗弯刚度较大,满足设计要求。

5.5.3.4 主梁水平变位测试结果

各试验工况下,钢箱梁梁端会产生一定的水平变位。由于部分试验工况下主梁水平变位较小,表5-63仅列出水平变位较大的主梁最大纵向位移加载工况下的水平变位理论值与实测值的对比结果。主梁纵向位移以向北方为正,反之为负。

梁端水平变位实测值与理论值对比 表5-63

测点编号	18车（mm）	36车（mm）	48车（mm）	残余变位（mm）	弹性变位（mm）	理论值（mm）	校验系数	相对残余（%）
上游	61	141	149	20	129	179.1	0.72	13.4
下游	50	141	149	18	131	179.1	0.73	12.1

在试验荷载作用下,主梁最大纵向位移加载工况下钢箱梁梁端水平变位均小于理论计算值,水平变位校验系数范围为0.72~0.73;卸载后的相对残余变位均小于20%。加劲梁水平变位指标满足设计要求。

5.5.3.5 索力增量测试结果

在相应工况下,选择索力较大的斜拉索进行索力增量测试。根据计算结果,选取了边跨、次边跨与中跨最大正弯截面附近的三对拉索以及拉索最大拉力工况下的拉索。典型工况下索力增量实测值与计算值对比如表5-64、表5-65所示。

左侧索力增量测试结果 表5-64

工况	索编号	实测索力增量(kN)	理论索力增量(kN)	校验系数
工况2	B8	217.5	417.2	0.52
	B9	303.8	398.0	0.76
	B10	329.3	425.2	0.77
工况3	B8	288.6	417.2	0.69
	B9	341.7	398.0	0.86
	B10	389.1	425.2	0.92
工况7	Z23	515.6	609.0	0.85
	Z24	474.8	633.5	0.75
	Z25	182.9	594.7	0.31
工况8	Z23	515.7	609.0	0.85
	Z24	434.7	633.5	0.69
	Z25	439.9	594.7	0.74
工况6	Z12	244.1	365.8	0.67
	Z13	291.6	368.0	0.79
	Z14	331.2	391.0	0.85
工况16	B13	395.8	559.4	0.71
	B14	485.2	883.6	0.55
	B15	580.2	691.0	0.84

右侧索力增量测试结果   表 5-65

工况	索编号	实测索力增量(kN)	理论索力增量(kN)	校验系数
工况 2	B8	293.0	417.2	0.70
	B9	304.2	398.0	0.76
	B10	241.3	425.2	0.57
工况 3	B8	235.5	417.2	0.56
	B9	243.8	398.0	0.61
	B10	245.5	425.2	0.58
工况 7	Z23	523.8	609.0	0.86
	Z24	590.0	633.5	0.93
	Z25	390.3	594.7	0.66
工况 8	Z23	516.6	609.0	0.85
	Z24	367.5	633.5	0.58
	Z25	—	594.7	—
工况 6	Z12	321.2	365.8	0.88
	Z13	165.9	368.0	0.45
	Z14	240.1	391.0	0.61
工况 16	B13	453.5	559.4	0.81
	B14	555.5	883.6	0.63
	B15	551.2	691.0	0.80

典型工况索力增量测试结果表明,斜拉索索力增量实测值小于理论计算值,校验系数范围为 0.31 ~ 0.93。

5.5.3.6 自振特性测试结果

环境激励测的仅仅是环境振动响应的输出数据,而真正的输入情况是未知的,因此系统识别的过程是只对输出的系统识别。本桥试验数据处理与模态参数识别采用东方所 DASP2012 软件中的 PolyLSCF 方法进行识别。

实测频率与理论计算频率对比如表 5-66 所示。

主梁实测频率与理论频率对比   表 5-66

实测序次	计算阶次	振型	理论频率(Hz)	实测频率(Hz)	阻尼比(%)
1	2	主梁正对称横向弯曲	0.174	0.208	1.222
2	3	主梁正对称竖向弯曲	0.196	0.241	1.937
3	4	主梁反对称竖向弯曲	0.256	0.291	1.750
4	5	主梁反对称竖向弯曲	0.367	0.459	1.983
5	—	主梁反对称横向弯曲	—	0.520	1.076
6	10	主梁反对称竖向弯曲	0.445	0.530	2.743
7	—	主梁反对称横向弯曲	—	0.612	0.684
8	—	主梁反对称竖向弯曲	—	0.626	2.739

北汉主桥振型计算结果如图 5-120～图 5-124 所示。

图 5-120　主梁横弯($f = 0.174\mathrm{Hz}$)

图 5-121　主梁正对称竖弯($f = 0.196\mathrm{Hz}$)

图 5-122　主梁反对称竖弯($f = 0.256\mathrm{Hz}$)

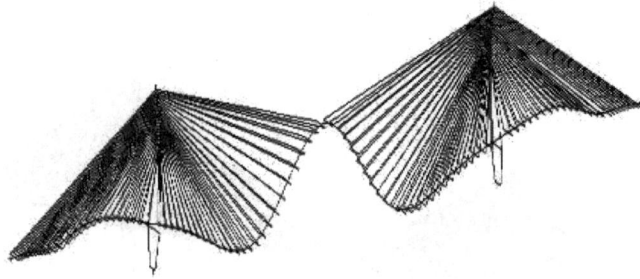

图 5-123　主梁正对称竖弯($f=0.367\,\mathrm{Hz}$)

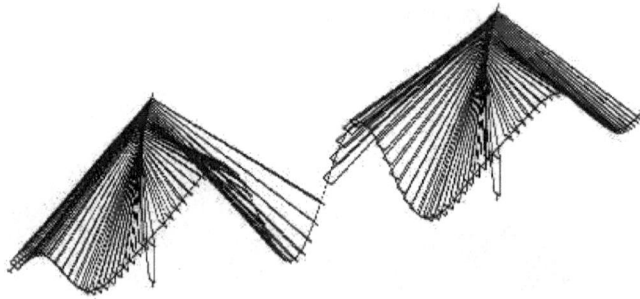

图 5-124　主梁反对称竖弯($f=0.445\,\mathrm{Hz}$)

北汉主桥振型测试结果如图 5-125 ~ 图 5-132 所示。

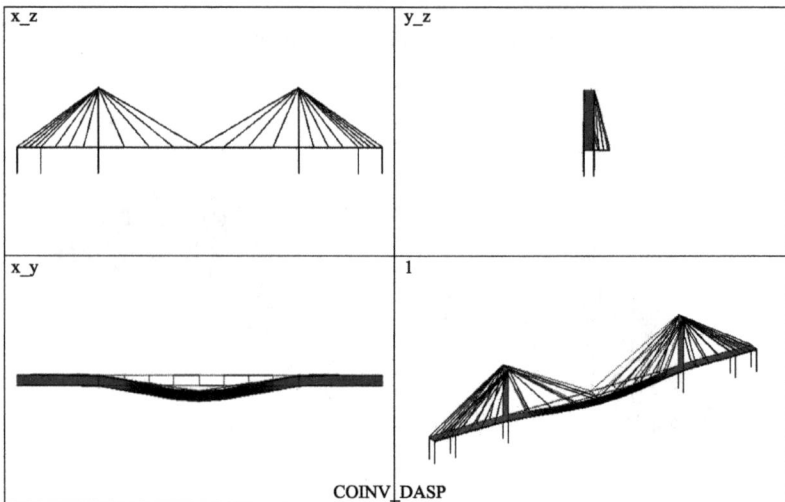

图 5-125　主梁横向一阶振型图($f=0.208\,\mathrm{Hz}$)

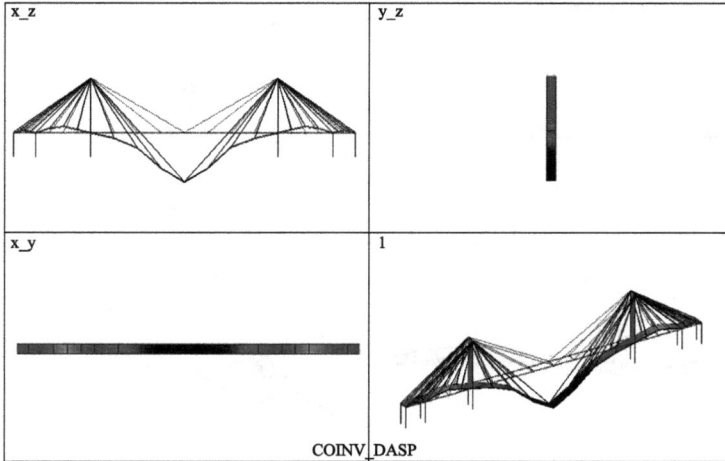

图 5-126　主梁竖向一阶振型图($f = 0.241\,\mathrm{Hz}$)

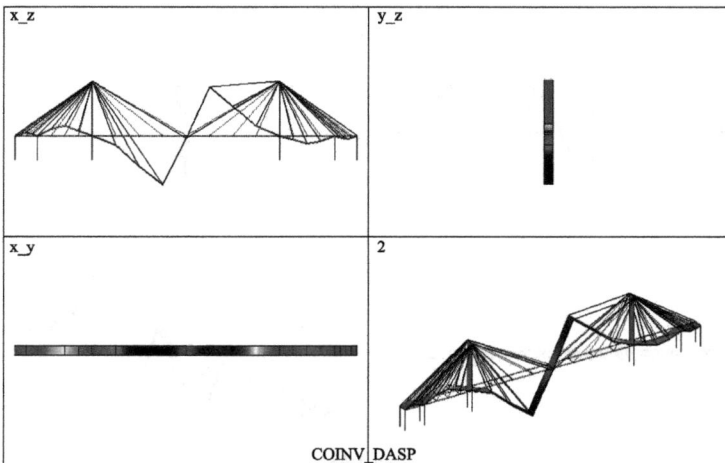

图 5-127　主梁竖向二阶振型图($f = 0.291\,\mathrm{Hz}$)

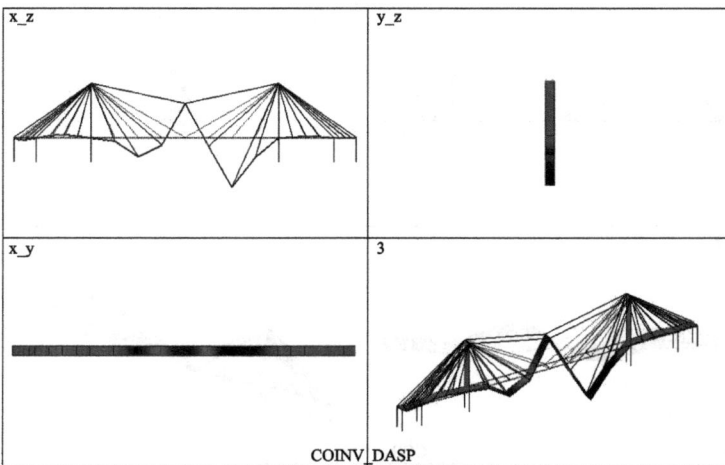

图 5-128　主梁竖向三阶振型图($f = 0.459\,\mathrm{Hz}$)

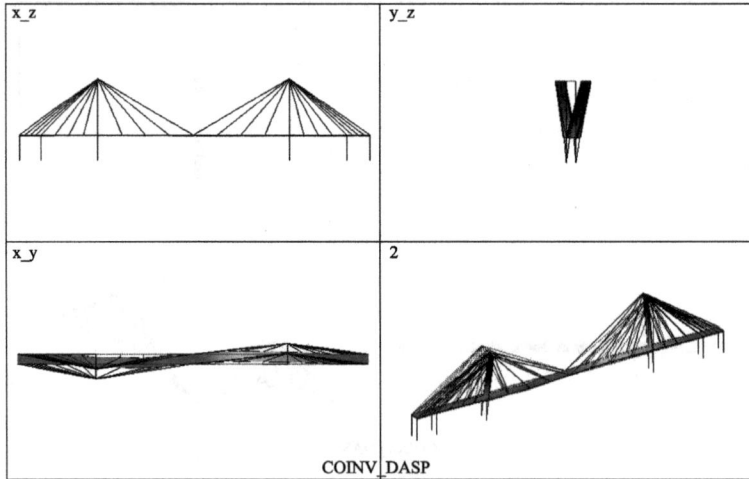

图 5-129　主梁横向二阶振型图($f=0.520\mathrm{Hz}$)

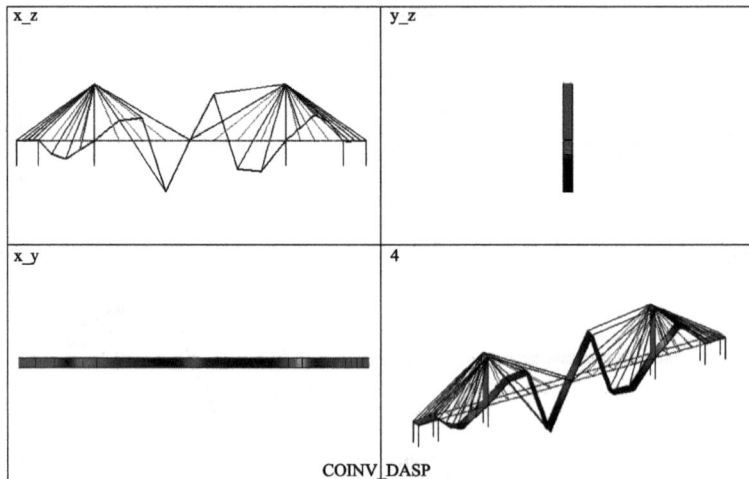

图 5-130　主梁竖向四阶振型图($f=0.530\mathrm{Hz}$)

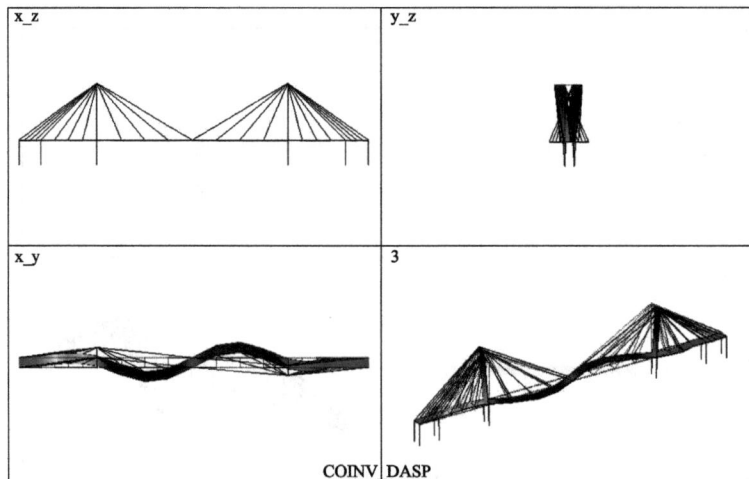

图 5-131　主梁横向三阶振型图($f=0.612\mathrm{Hz}$)

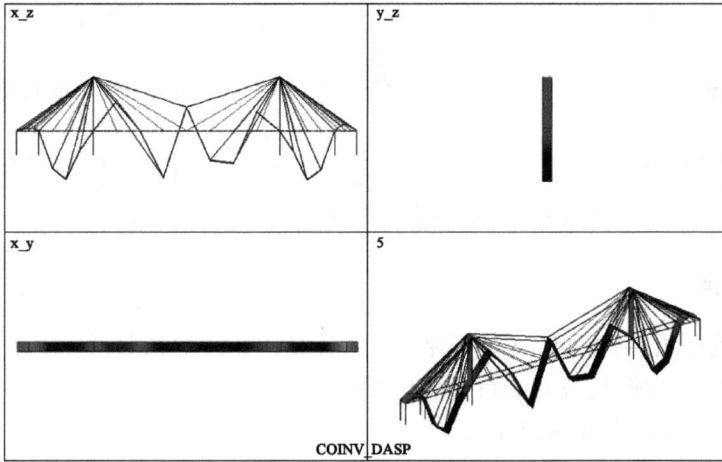

图 5-132　主梁竖向四阶振型图($f=0.626$Hz)

从以上实测自振特性参数及其对应的振型图可见：

(1)实测前 8 阶频率均在 1Hz 以内，频率很低，结构为柔性体系。

(2)实测频率均大于相应理论计算频率。

5.6　悬索桥

5.6.1　工程概况

某大桥为 808m 的单跨简支钢箱梁悬索桥，主缆计算跨径为($190+808+260$)m，矢跨比为 1:10。如图 5-133、图 5-134 所示。主梁采用钢箱梁，加劲梁高 3.0m，吊索标准间距 12.0m；主塔采用门式钢筋混凝土结构，塔基为承台桩基础；南岸锚碇采用隧道式锚碇，北岸锚碇采用框架重力式锚碇。主缆共 2 根，每根主缆中含 110 股平行钢丝索股，每股含 127 丝直径为 5.00mm、公称抗拉强度为 1770MPa 的高强度镀锌钢丝，每根主缆共 13970 丝，竖向排列成尖顶的近似正六边形。紧缆后，主缆为圆形，其直径为 652.6mm(索夹处)和 660.7mm(索夹间)。吊索采用竖直吊索形式，每个吊点 2 根顺桥向吊索，吊索材料为直径 5.00mm、公称抗拉强度为 1770MPa 的高强度镀锌钢丝，全桥吊索均采用 85 丝。荷载等级：公路—Ⅰ级(15 通规)；桥宽布置：2×($1.8+2.0+0.5$)m(检修道)$+2\times14.5$m(桥面铺装)$+2.0$m(中央分隔带)$=39.6$m。

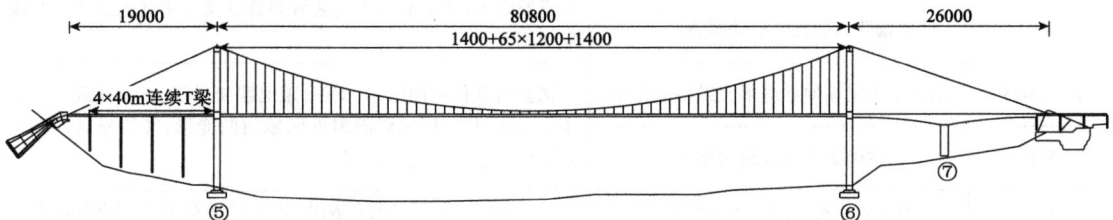

图 5-133　某悬索桥立面布置图(尺寸单位:cm)

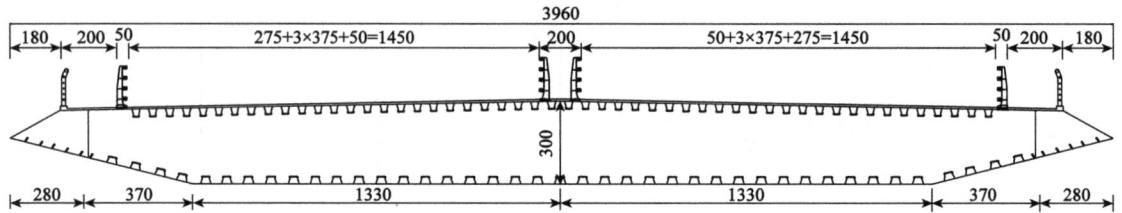

图 5-134　某悬索桥典型断面布置图(尺寸单位:cm)

5.6.2　试验方案

根据桥梁结构受力特性及计算分析结果,并与设计单位提供计算成果比较,对该桥选取 14 个断面作为整体受力控制截面进行荷载试验:

(1)南岸索塔根部弯矩截面(1-1);

(2)南岸索塔塔顶最大纵桥向位移截面(2-2);

(3)南岸主梁梁端伸缩缝最大纵桥向位移截面(3-3);

(4)主梁 $L/8$ 截面最大正弯矩截面(4-4);

(5)主缆 $L/4$ 截面最大挠度(5-5);

(6)主梁 $L/4$ 截面最大正弯矩截面(6-6);

(7)主缆 $L/2$ 截面最大挠度(7-7);

(8)主跨主梁跨中最大正弯矩及挠度截面(8-8);

(9)吊索活载张力最大增量截面(9-9);

(10)北岸锚跨索股最大张力截面(10-10);

(11)北岸索塔根部弯矩截面(11-11);

(12)北岸塔顶最大纵向位移截面(12-12);

(13)北岸主梁梁端伸缩缝最大纵桥向位移截面(13-13);

(14)主梁 $3L/4$ 截面最大正弯矩截面(14-14)。

各测试截面位置及主要测试内容见表 5-67、图 5-135。

各测试截面位置及主要测试内容　　　　　　　　　　　　表 5-67

试验截面	位置	主要测试内容
1-1、11-11	南岸、北岸索塔根部弯矩	试验荷载作用下的控制测点应变、试验荷载作用下的塔顶纵桥向位移;
2-2、12-12	南岸、北岸索塔塔顶纵桥向位移	试验荷载作用下的主缆、主梁八分点挠度、试验荷载作用下伸缩缝、支座、阻尼器变形、锚碇变形监测、试验荷载作用下锚跨索股索力、测试截面附近区域裂缝以及主梁其他部位异常现象观测
10-10	北岸锚跨索股最大张力截面	
3-3、13-13	南岸主梁梁端伸缩缝最大纵桥向位移	试验荷载作用伸缩缝、支座、阻尼器变形量、试验荷载作用下主缆 $L/4$ 挠度、测试截面附近区域扭曲变形、螺栓松动以及桥梁其他部位异常现象观测
5-5	主缆 $L/4$ 截面最大挠度	
4-4	主梁 $L/8$ 截面最大正弯矩截面	试验荷载作用下的控制测点应变、试验荷载作用下控制截面主梁挠度、试验荷载作用下吊索索力增量、测试截面附近区域扭曲变形、螺栓松动以及主梁其他部位异常现象观测
9-9	吊索活载张力最大增量截面(DG8)	

试验截面	位置	主要测试内容
6-6、14-14	主梁 $L/4$ 截面最大正弯矩截面	试验荷载作用下的控制测点应变、试验荷载作用下控制截面主梁挠度、试验荷载作用下吊索索力增量、测试截面附近区域扭曲变形、螺栓松动以及主梁其他部位异常现象观测
9-9	吊索活载张力最大增量截面（DG8、17、50）	
7-7	主缆 $L/2$ 截面最大挠度	试验荷载作用伸缩缝、支座、阻尼器变形量、试验荷载作用下吊索索力变化、试验荷载作用下主梁、主缆八分点挠度、试验荷载作用下跨中应变、测试截面附近区域扭曲变形、螺栓松动以及其他异常现象观测
8-8	主跨跨中最大正弯矩截面	试验荷载作用下的控制测点应变、试验荷载作用下控制截面主梁挠度；测试截面附近区域扭曲变形、螺栓松动以及主梁其他异常现象观测

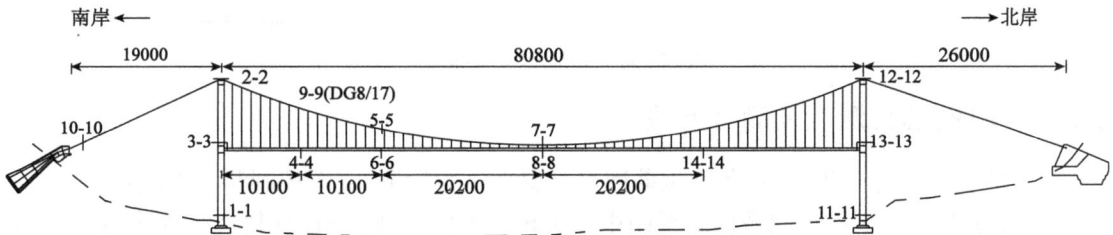

图 5-135 测试截面(尺寸单位:cm)

根据桥梁结构受力特性及计算分析结果,应力测试截面选取如下:

(1)南岸索塔弯矩截面(1-1);

(2)主梁 $L/8$ 截面(4-4);

(3)主梁 $L/4$ 截面(6-6);

(4)主跨主梁跨中最大正弯矩截面(8-8);

(5)主梁 $L3/4$ 截面(14-14);

(6)北岸索塔弯矩截面(11-11);

主梁应力控制截面钢箱梁表面应力(应变),采用在混凝土表面粘贴标距为 30mm、阻值为 120Ω 的应变片,主塔应力控制截面混凝土表面应力(应变),采用在混凝土表面粘贴标距为 80mm、阻值为 120Ω 的应变片,匹配静态测试仪进行测量。

应变测试截面及测点布置如图 5-136～图 5-138 所示。

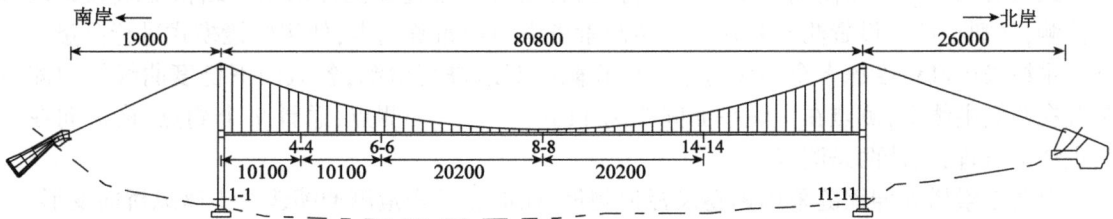

图 5-136 静态应变试验控制截面图(尺寸单位:cm)

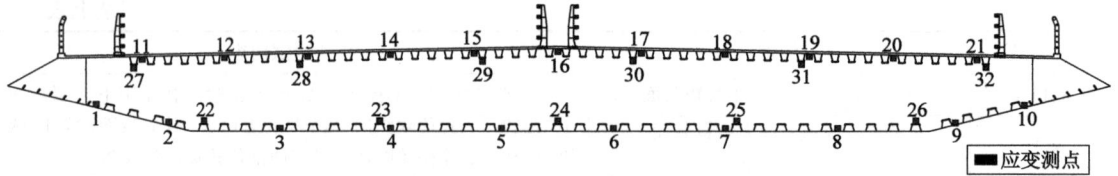

图 5-137　箱梁应变截面测点横向布置

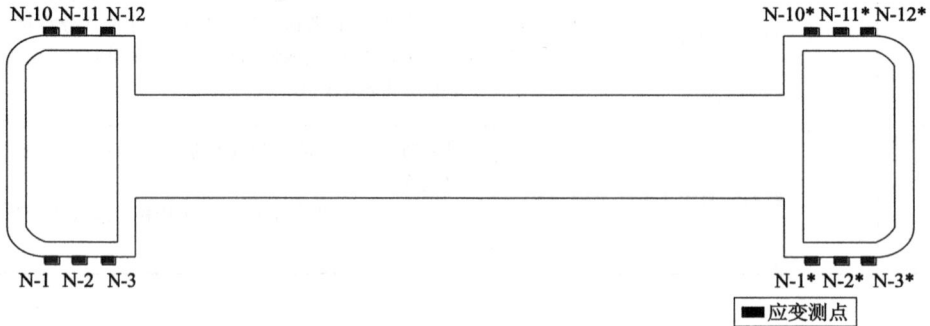

图 5-138　主塔应变测点布置

5.6.3　变形截面、测点及测试方法

对该桥变形进行检测,即对各测试截面最大变形进行检测,变形控制测点布置:

(1)在主跨箱梁试验控制截面布置图中 4-4、6-6、8-8、14-14 截面横桥向各 3 个变形测点,同时对八等分点位移曲线进行测试。

(2)索塔塔顶水平变位测点布置在两岸索塔顶部,即截面布置图中 2-2、12-12 截面,每侧索塔顶部各塔肢设置 1 个变形测点。

(3)在主缆试验控制截面布置图中 5-5、7-7 截面左、右侧主缆横桥向各布置一个测点,同时对八等分点位移曲线进行测试。

(4)南岸及北岸伸缩缝处主梁纵漂,即截面布置图中 3-3、13-13 截面,横桥向左右侧各布置三个测点,南岸索塔处支座纵向位移,对左、右侧支座滑移进行观测,两侧各布置一个测点,南岸主梁端部阻尼器纵向位移,对左、右侧阻尼器变形进行观测,两侧各布置一个测点。

主桥箱梁采用高精度徕卡全站仪对截面变形进行检测,各截面下挠度曲线纵向测点布置两岸索塔间每隔 101m 布置一个测点,总计 7 个测点;主梁横向在左、右侧及中央分隔带的位置布置,总计三条测线,主缆横向在左、右侧布置,共两条测线。纵向测线及横向测点布置详见图 5-139～图 5-143。

索塔最大偏位采用高精度全站仪进行检测,在塔顶布置反光片采用全站仪对最大偏位进行检测,分别在两岸设置测站并在两岸两侧索塔塔顶均布置测点,使用棱镜模式进行测量。

主缆采用高精度徕卡全站仪对主缆试验截面变形进行检测,各截面下挠度曲线纵向测点布置在两侧主缆上,测点在主缆平面间距为 110m 布置一个测点,总计 7 个测点,横桥向在两侧主缆上布置,共计两条测线。

对两岸索塔处伸缩缝采用钢卷尺标记测量,在加载过程量测伸缩缝及支座纵桥向变形。

对南岸索塔处支座采用钢卷尺及百分表标记测量,在加载过程量测支座纵桥向及竖向变形。

对南岸主梁端部阻尼器变形采用钢卷尺标记测量,在加载过程中测量阻尼器的纵向变形情况。

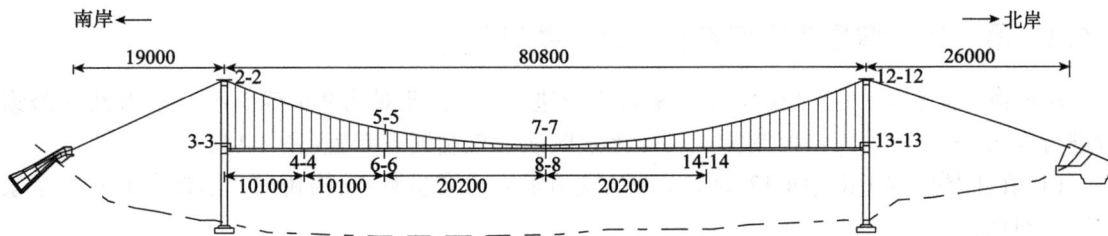

图 5-139 变形试验控制截面立面布置图(尺寸单位:cm)

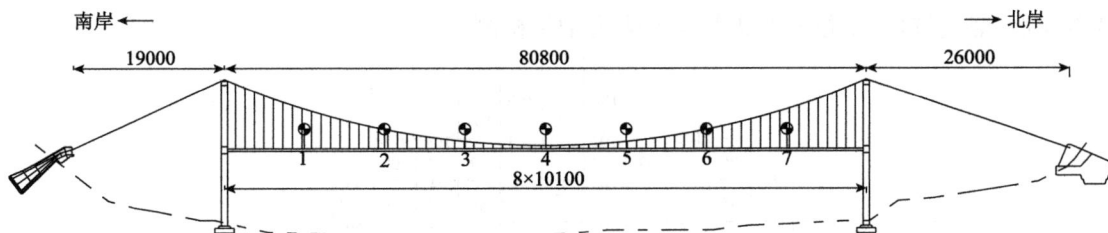

图 5-140 箱梁挠度测点纵断面布置(尺寸单位:cm)

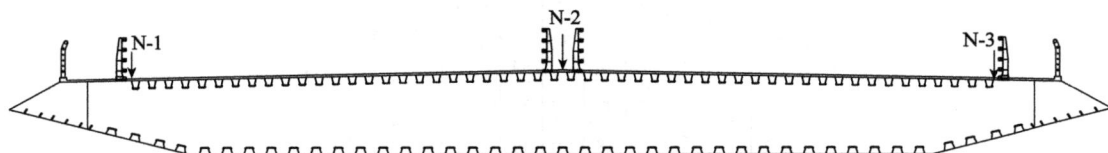

图 5-141 箱梁挠度测点横断面布置(尺寸单位:cm)

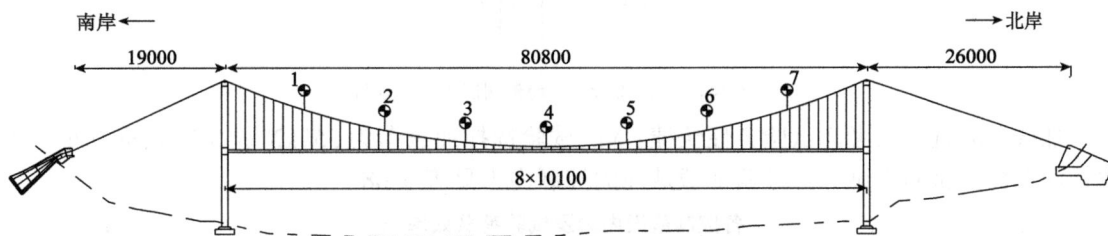

图 5-142 主缆挠度测点纵断面布置(尺寸单位:cm)

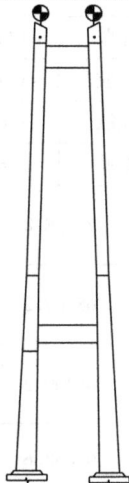

图 5-143 索塔纵向位移测点横断面布置(尺寸单位:cm)

5.6.4　吊索索力增量及锚跨索股索力增量测点

对该桥吊索索力增量及南岸锚跨索力增量进行检测,即对第 9-9 截面吊索索力及锚跨索力进行检测,吊索索力增量控制测点及锚跨索股索力控制测点布置(图 5-144):

(1)在主桥两侧 DG8、DG17、DG50 处布置吊索索力增量测点,横桥向左右侧各布置 1 个索力增量测点;

(2)在北岸锚碇内后锚室选取"十"字形索股进行锚跨索股索力增量测试测点,横向选取13 根索股,竖向选取 12 根索股进行索股索力增量检测。

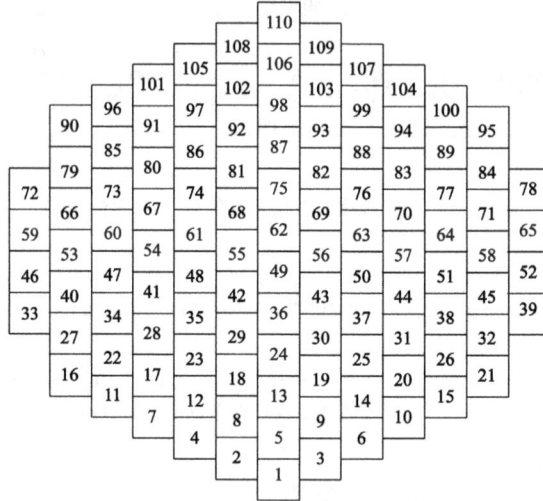

图 5-144　锚跨索股索力增量测试测点示意图

加载车的选择需考虑试验方便快捷,本次试验选择加载车为 350kN 级 3 轴载重汽车。太洪长江大桥主桥静载试验各试验加载截面的控制内力见表 5-68。

各控制截面内力及试验荷载效率表　表 5-68

测试内容	测试断面	计算弯矩（kN·m）		加载试验弯矩（kN·m）	静力试验荷载效率	加载所需车辆
南岸索塔根部弯矩	1-1	左肢	−13408.6	−12084.9	0.90	66 辆35t
		右肢	−13408.6	−12084.9	0.90	
北岸索塔根部弯矩	11-11	左肢	−11686.1	−10450.7	0.89	
		右肢	−11686.1	−10450.7	0.89	
主梁 L/8 截面最大正弯矩截面	4-4	72038.8		70872.6	0.98	
主梁 L/4 截面最大正弯矩截面	6-6	68409.2		67616.6	0.99	18 辆35t
主梁 3L/4 截面最大正弯矩截面	14-14	68409.2		69479.2	1.02	
主跨跨中最大正弯矩截面	8-8	62858.6		63686.9	1.01	

测试内容	测试断面	计算弯矩（kN·m）		加载试验弯矩（kN·m）	静力试验荷载效率	加载所需车辆
南岸索塔塔顶纵桥向位移	2-2	左肢	93.7	88.1	0.94	66辆35t
		右肢	93.7	88.1	0.94	
北岸索塔塔顶纵桥向位移	12-12	左肢	-113.2	-106.2	0.94	
		右肢	-113.2	-106.2	0.94	
主缆 L/4 截面最大挠度	5-5	左侧	-1818.2	-1705.11	0.94	36辆35t
		右侧	-1818.2	-1705.11	0.94	
主缆 L/2 截面最大挠度	7-7	左侧	-1433.7	-1374.1	0.96	36辆35t
		右侧	-1433.7	-1374.1	0.96	
南岸、北岸主梁梁端伸缩缝最大纵桥向位移	3-3、13-13	413.0		359.6	0.87	36辆35t
吊索活载张力最大增量截面（DG8、DG17）	9-9	DG8	320.0	284.8	0.89	18辆35t
		DG17	319.9	286.5	0.90	
南岸锚跨索股最大张力截面	10-10	左侧	23952.8	20360.0	0.85	66辆35t
		右侧	23952.8	20360.0	0.85	

注:应力应变测试受拉为"+",受压为"-";挠度测试竖向向上为"-",向下为"+";纵向水平位移由南岸向北岸为"+",反向为"-";伸缩缝变形量增大为"+",减小为"-"。

根据各工况的布载情况,按照用车量由少到多、车辆方向一致加载的原则拟定加载程序,各截面工况顺序现场安排如下:

工况1(18车工况):主梁 L/8 截面最大正弯矩截面(4-4)、吊索活载张力最大增量截面(DG8);

工况2(18车工况):主梁 L/4 截面最大正弯矩截面(6-6)、吊索活载张力最大增量截面(DG17);

工况3(18车工况):主梁 L/2 截面最大正弯矩截面(8-8);

工况4(18车工况):主梁 3L/4 截面最大正弯矩截面(14-14)、吊索活载张力最大增量截面(DG50);

工况5(36车工况):主缆 L/2 截面最大挠度(7-7);

工况6(36车工况):主缆 L/4 截面最大挠度(5-5)、南岸主梁梁端伸缩缝最大纵桥向位移截面(3-3);

工况7(36车工况):北岸主梁梁端伸缩缝最大纵桥向位移截面(13-13);

工况8(66车工况):南岸索塔根部弯矩截面(1-1)、南岸索塔塔顶最大纵桥向位移截面(2-2)、北岸锚跨索股最大张力截面(10-10)、北岸索塔根部弯矩截面(11-11)、北岸索塔塔顶最大纵向位移截面(12-12)。

各工况加载车布置如图5-145~图5-152所示。

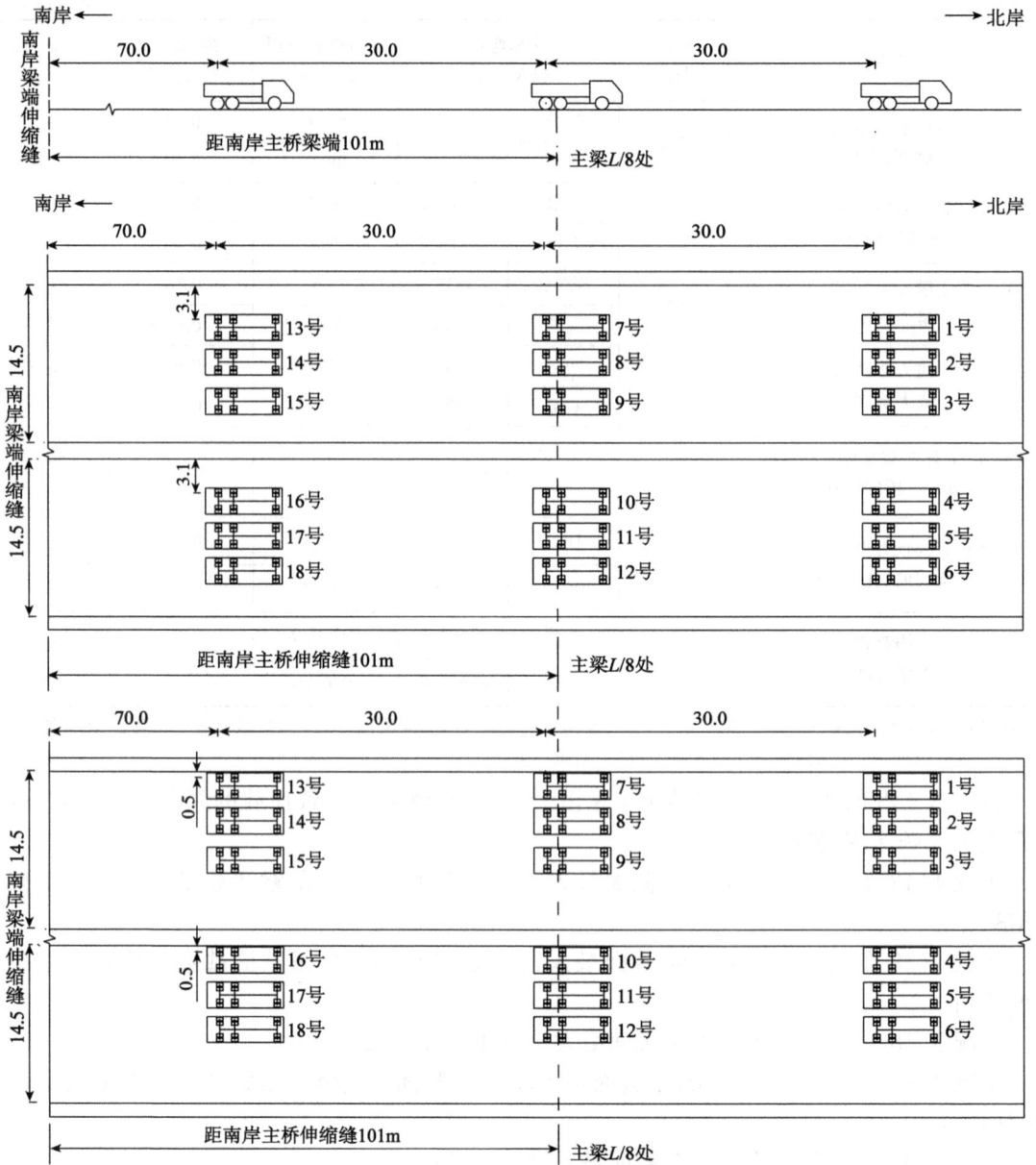

图 5-145　工况 1 正载、偏载加载车布置图(4-4 截面、DG8)（尺寸单位：m）

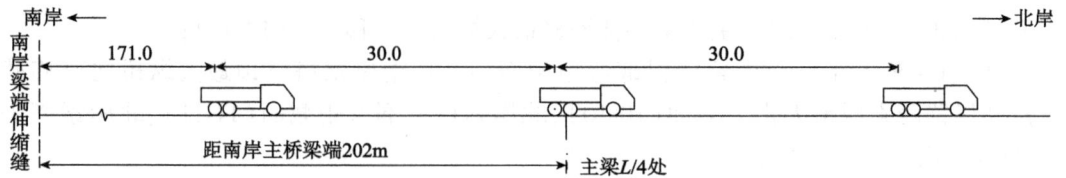

图　5-146

南岸 ← 171.0　30.0　30.0 → 北岸

3.1　13号　7号　1号
14号　8号　2号
15号　9号　3号

南岸梁端伸缩缝　14.5

3.1　16号　10号　4号
17号　11号　5号
18号　12号　6号

14.5

距南岸主桥伸缩缝202m　　主梁L/4处

南岸 ← 171.0　30.0　30.0

0.5　13号　7号　1号
14号　8号　2号
15号　9号　3号

南岸梁端伸缩缝　14.5

0.5　16号　10号　4号
17号　11号　5号
18号　12号　6号

14.5

距南岸主桥伸缩缝202m　　主梁L/4处

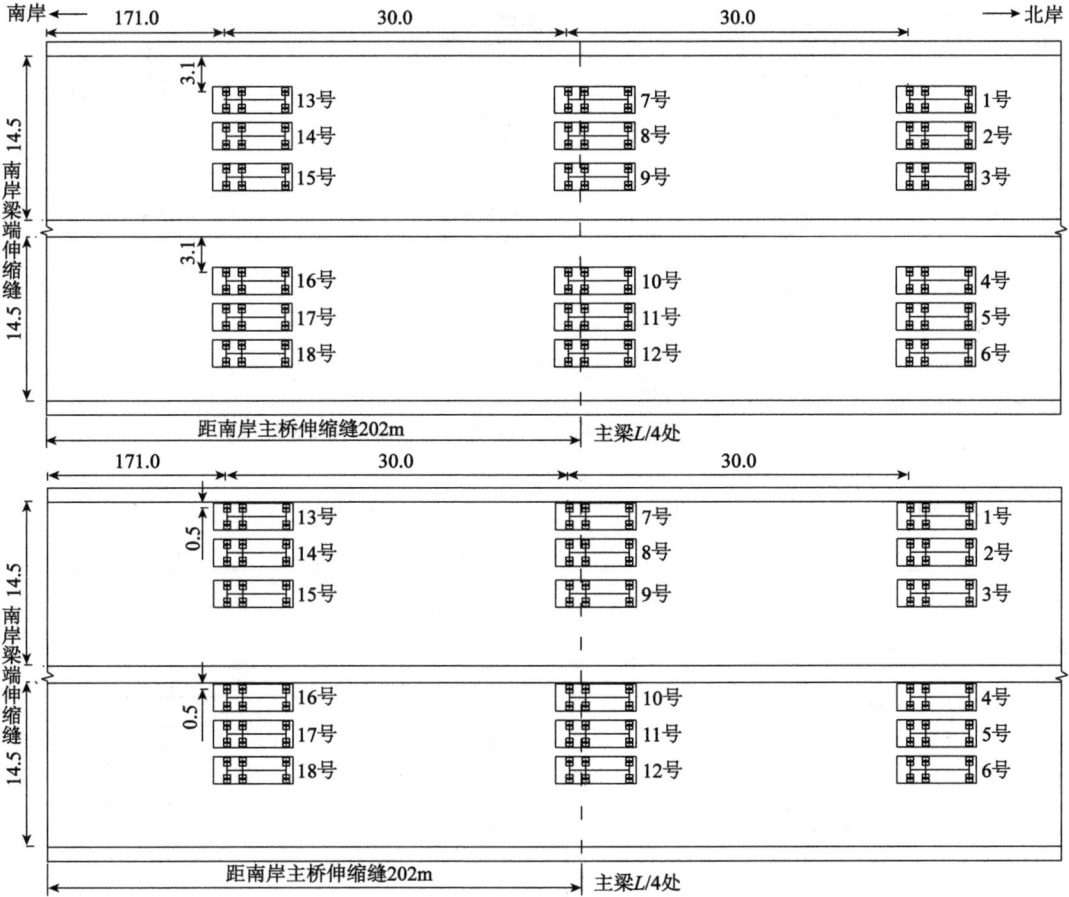

图 5-146　工况 2 正载、偏载加载车布置图(6-6 截面、DG17)（尺寸单位：m）

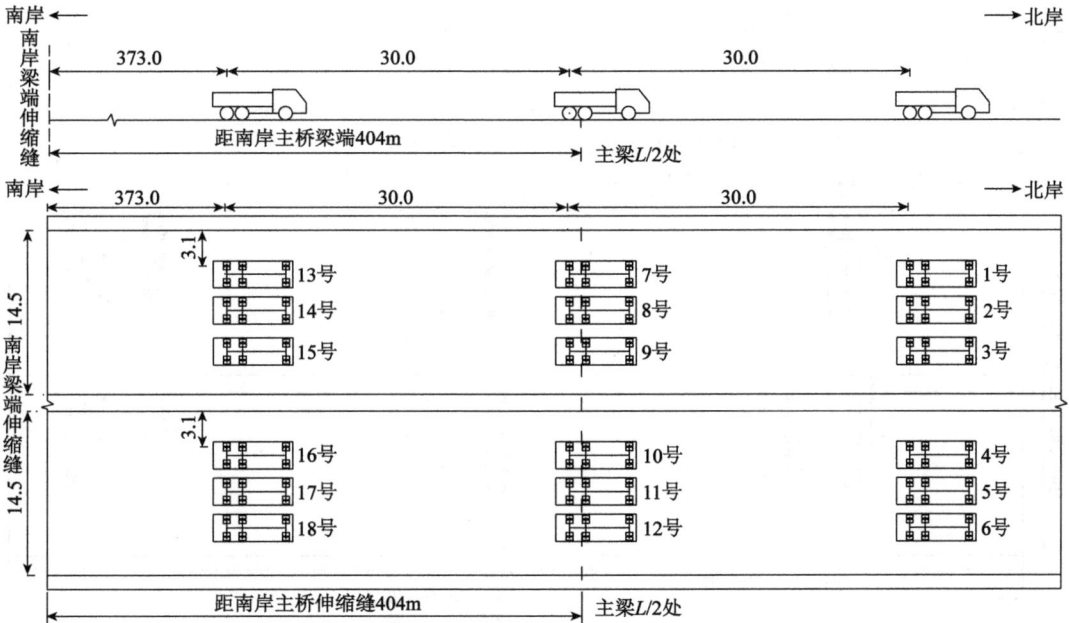

南岸 ← 南岸梁端伸缩缝　373.0　30.0　30.0 → 北岸

距南岸主桥梁端404m　　主梁L/2处

南岸 ← 373.0　30.0　30.0 → 北岸

3.1　13号　7号　1号
14号　8号　2号
15号　9号　3号

南岸梁端伸缩缝　14.5

3.1　16号　10号　4号
17号　11号　5号
18号　12号　6号

14.5

距南岸主桥伸缩缝404m　　主梁L/2处

图　5-147

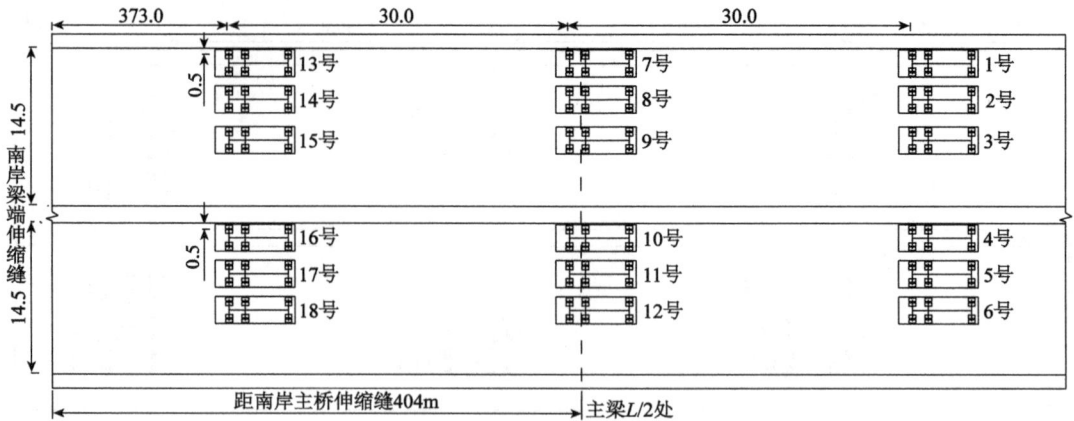

图 5-147　工况 3 正载、偏载加载车布置图(8-8 截面)(尺寸单位:m)

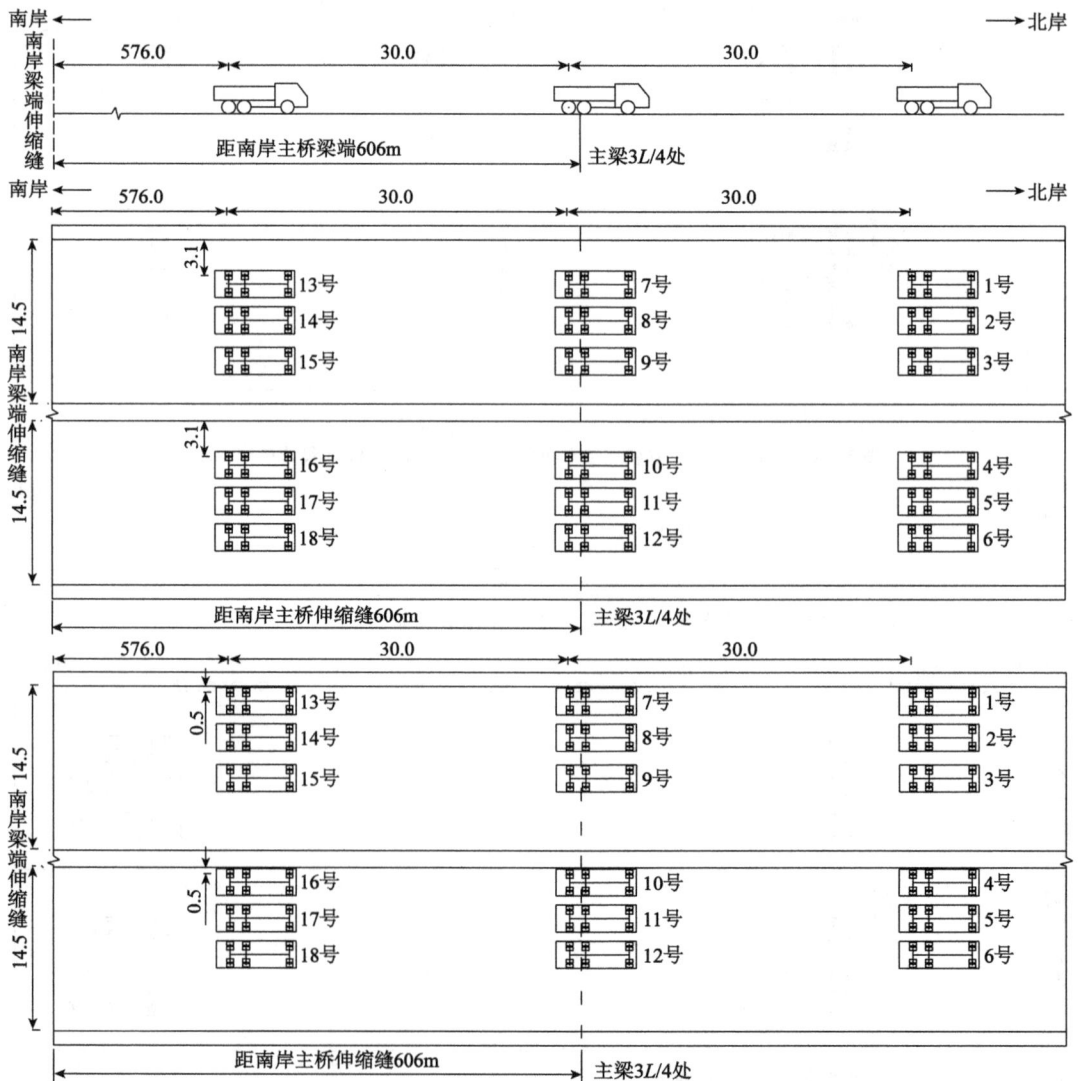

图 5-148　工况 4 正载、偏载加载车布置图(14-14 截面)(尺寸单位:m)

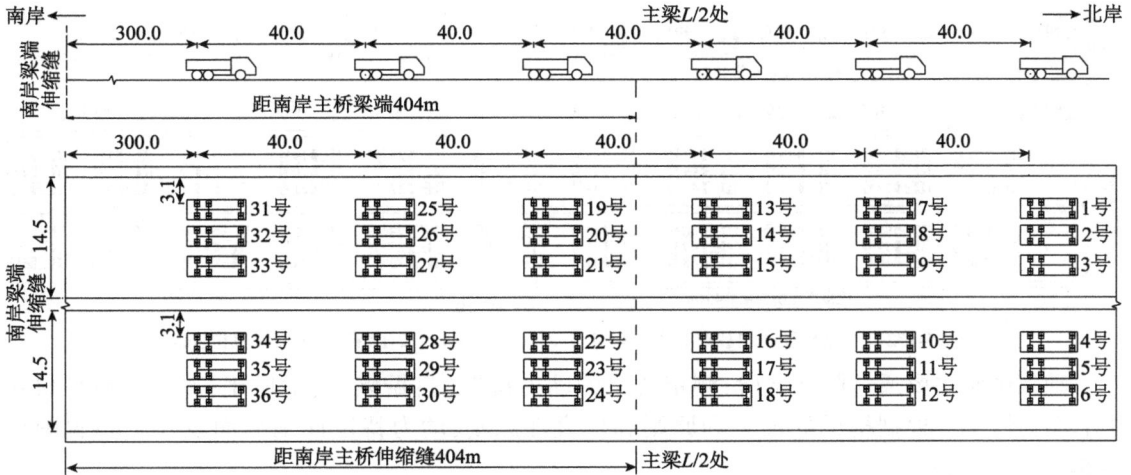

图 5-149 工况 5 正载加载车布置图(7-7 截面)(尺寸单位:m)

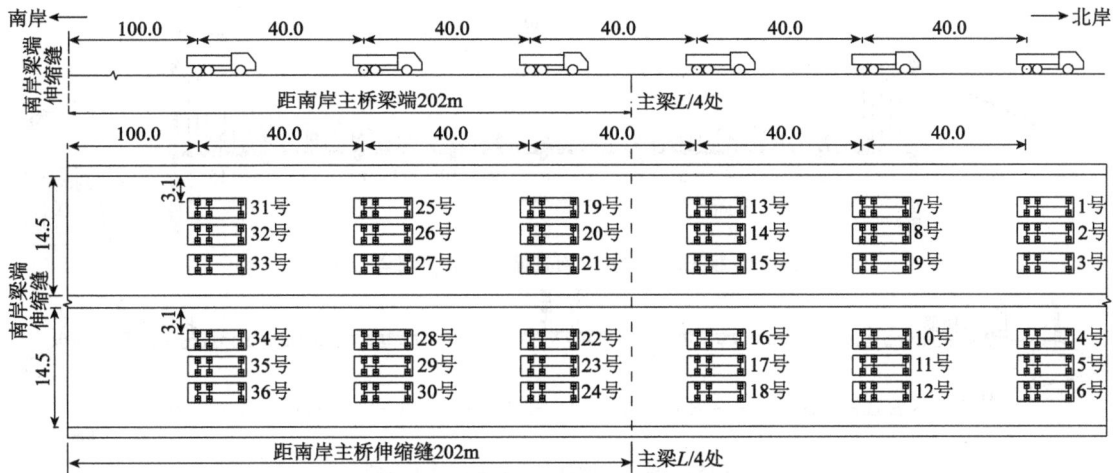

图 5-150 工况 6 正载加载车布置图(3-3 截面、5-5 截面)(尺寸单位:m)

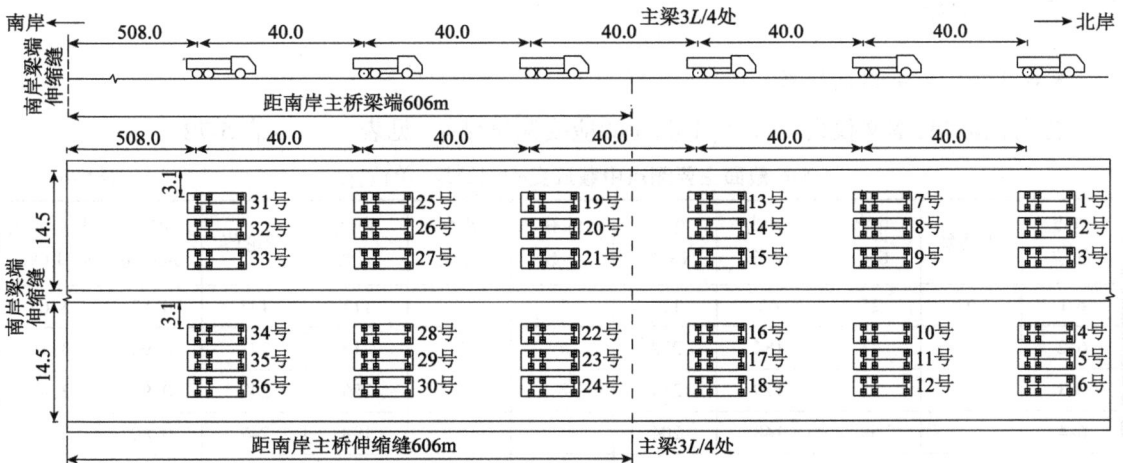

图 5-151 工况 7 正载加载车布置图(13-13 截面)(尺寸单位:m)

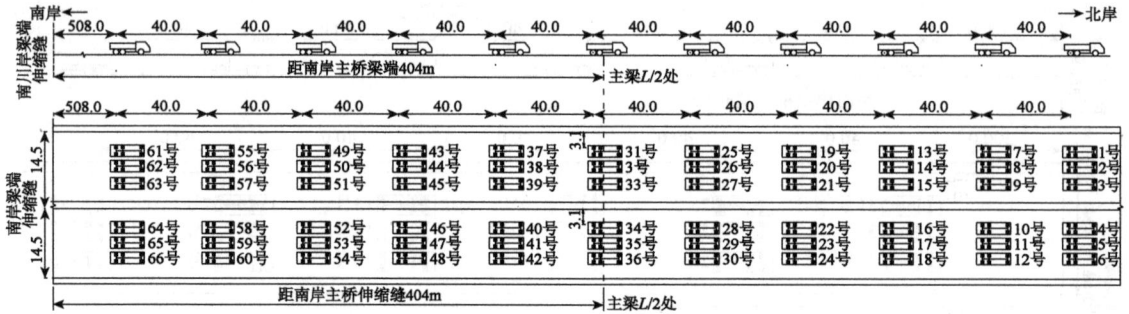

图 5-152　工况 8 正载加载车布置图(1-1、2-2、10-10、11-11、12-12 截面)(尺寸单位:m)

动载试验主要通过脉动试验,测定桥梁的动力特性(自振频率、阻尼比、振型),以评价桥梁的动力性能。根据桥梁的最不利原则和代表性原则,动力特性详细截面及测点布置图见图 5-153、图 5-154。

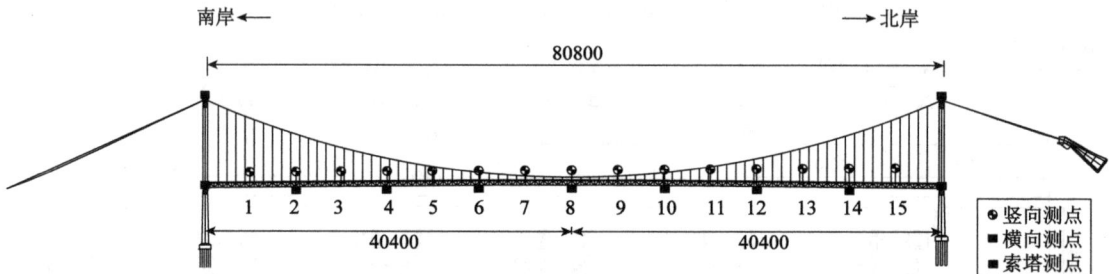

图 5-153　模态测试测点立面布置示意图(尺寸单位:cm)

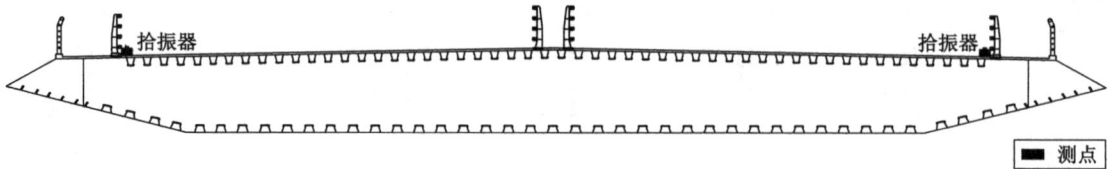

图 5-154　模态主梁测点横截面布置示意图

5.6.5　试验结果

5.6.5.1　应变测试结果

为简化篇幅,本文仅列工况 2、工况 3 的应变测试结果,见表 5-69 ~ 表 5-72。

6-6 截面主要测点中载应变检测结果(单位:με)　　　　　表 5-69

测点部位	初读数	中载6 车	中载12 车	中载18 车	卸载读数	残余应变	弹性应变	理论值	校验系数 η	相对残余应变(%)
6-1	0	25	62	124	7	7	117	143	0.82	5.65
6-2	0	41	184	222	7	7	215	223	0.96	3.15
6-3	0	52	179	234	8	8	226	247	0.91	3.42
6-4	1	58	148	204	6	5	198	247	0.80	2.46
6-5	0	57	134	187	4	4	183	247	0.74	2.14
6-6	0	57	131	187	3	3	184	247	0.74	1.60

续上表

测点部位	初读数	中载 6 车	中载 12 车	中载 18 车	卸载读数	残余应变	弹性应变	理论值	校验系数 η	相对残余应变(%)
6-7	0	56	148	205	5	5	200	247	0.81	2.44
6-8	0	47	170	222	5	5	217	247	0.88	2.25
6-9	0	29	176	217	2	2	215	223	0.96	0.92
6-10	0	19	85	141	3	3	138	143	0.97	2.13
6-11	0	−22	−107	−131	−3	−3	−128	−133	0.96	2.29
6-12	0	−27	−80	−105	0	0	−105	−140	0.75	0.00
6-13	0	−24	−84	−121	2	2	−121	−149	0.81	0.00
6-14	0	−35	−76	−111	−2	−2	−109	−157	0.69	1.80
6-15	0	−39	−100	−136	−5	−5	−131	−165	0.79	3.68
6-16	0	−40	−105	−141	−3	−3	−138	−174	0.79	2.13
6-17	0	−39	−102	−137	−2	−2	−135	−165	0.82	1.46
6-18	0	−35	−74	−106	1	1	−106	−157	0.68	0.00
6-19	0	−37	−85	−116	−8	−8	−108	−149	0.72	6.90
6-20	0	−39	−111	−138	−2	−2	−136	−140	0.97	1.45
6-21	0	−22	−106	−129	0	0	−129	−133	0.97	0.00
6-22	1	38	83	123	6	5	117	210	0.56	4.10
6-23	1	46	32	80	0	−1	80	210	0.38	0.00
6-24	0	55	18	72	3	3	69	210	0.33	4.17
6-25	0	48	22	70	0	0	70	210	0.33	0.00
6-26	0	41	81	121	8	8	113	210	0.54	6.61
6-27	0	−11	−32	−46	12	12	−46	−93	0.49	0.00
6-28	0	−26	−74	−97	5	5	−97	−108	0.90	0.00
6-29	0	−32	−58	−68	4	4	−68	−125	0.54	0.00
6-30	0	−32	−59	−72	5	5	−72	−125	0.58	0.00
6-31	0	−26	−33	−57	6	6	−57	−108	0.53	0.00
6-32	0	−19	−43	−55	3	3	−55	−93	0.59	0.00

6-6 截面主要测点偏载应变检测结果(单位:$\mu\varepsilon$)　　　　表 5-70

测点部位	初读数	偏载 6 车	偏载 12 车	偏载 18 车	卸载读数	残余应变	弹性应变	理论值	校验系数 η	相对残余应变(%)
6-1	0	63	122	157	2	2	155	165	0.94	1.27
6-2	0	76	151	222	3	3	219	249	0.88	1.35
6-3	0	79	157	231	0	0	231	267	0.87	0.00
6-4	0	70	145	201	−3	−3	201	259	0.78	0.00
6-5	0	61	144	183	−4	−4	183	251	0.73	0.00

续上表

测点部位	初读数	偏载 6车	偏载 12车	偏载 18车	卸载读数	残余应变	弹性应变	理论值	校验系数 η	相对残余应变(%)
6-6	0	59	147	180	−3	−3	180	243	0.74	0.00
6-7	0	55	150	198	−1	−1	198	234	0.85	0.00
6-8	0	70	157	212	−2	−2	212	226	0.94	0.00
6-9	0	67	138	190	0	0	190	197	0.96	0.00
6-10	0	21	66	106	0	0	106	122	0.87	0.00
6-11	0	−39	−84	−125	−3	−3	−122	−153	0.80	2.40
6-12	0	−35	−69	−108	0	0	−108	−157	0.69	0.00
6-13	0	−46	−42	−94	14	14	−94	−162	0.58	0.00
6-14	0	−46	−73	−117	−3	−3	−114	−166	0.69	2.56
6-15	0	−48	−81	−138	−5	−5	−133	−170	0.78	3.62
6-16	0	−48	−82	−141	−3	−3	−138	−174	0.79	2.13
6-17	0	−33	−77	−122	2	2	−122	−160	0.76	0.00
6-18	0	−41	−75	−116	0	0	−116	−148	0.78	0.00
6-19	0	−40	−82	−114	−2	−2	−112	−135	0.83	1.75
6-20	0	−40	−82	−123	−3	−3	−120	−123	0.98	2.44
6-21	0	−40	−75	−104	0	0	−104	−113	0.92	0.00
6-22	0	39	88	116	0	0	116	242	0.48	0.00
6-23	0	28	64	78	−1	−1	78	226	0.35	0.00
6-24	0	20	51	64	−2	−2	64	210	0.30	0.00
6-25	0	23	45	65	−4	−4	65	195	0.33	0.00
6-26	0	42	85	120	1	1	119	179	0.66	0.83
6-27	0	−26	−42	−57	4	4	−57	−107	0.53	0.00
6-28	0	−4	−66	−103	1	1	−103	−117	0.88	0.00
6-29	0	−2	−87	−100	−1	−1	−99	−125	0.79	1.00
6-30	0	−11	−63	−89	0	0	−89	−116	0.77	0.00
6-31	0	−5	−42	−60	0	0	−60	−92	0.65	0.00
6-32	0	−22	−81	−58	−1	−1	−57	−79	0.72	1.72

8-8 截面主要测点中载应变检测结果(单位：με) 表 5-71

测点部位	初读数	中载 6车	中载 12车	中载 18车	卸载读数	残余应变	弹性应变	理论值	校验系数 η	相对残余应变(%)
8-1	0	33	87	121	5	5	116	133	0.87	4.13
8-2	0	47	183	207	4	4	203	207	0.98	1.93
8-3	0	59	164	211	3	3	208	229	0.91	1.42
8-4	0	54	137	184	5	5	179	229	0.78	2.72

测点部位	初读数	中载6车	中载12车	中载18车	卸载读数	残余应变	弹性应变	理论值	校验系数 η	相对残余应变（%）
8-5	0	66	144	197	5	5	192	229	0.84	2.54
8-6	0	66	143	196	4	4	192	229	0.84	2.04
8-7	0	66	153	202	5	5	197	229	0.86	2.48
8-8	0	52	157	200	4	4	196	229	0.86	2.00
8-9	0	41	151	203	5	5	198	207	0.96	2.46
8-10	0	23	87	122	3	3	119	133	0.89	2.46
8-11	0	−13	−93	−117	5	5	−117	−125	0.94	0.00
8-12	0	−20	−75	−97	−3	−3	−94	−131	0.72	3.09
8-13	0	−30	−80	−106	−4	−4	−102	−139	0.73	3.77
8-14	0	−25	−71	−104	−3	−3	−101	−147	0.69	2.88
8-15	0	−30	−85	−117	−5	−5	−112	−155	0.72	4.27
8-16	0	−33	−99	−132	−7	−7	−125	−162	0.77	5.30
8-17	0	−29	−80	−104	−6	−6	−98	−155	0.63	5.77
8-18	0	−22	−62	−80	−4	−4	−76	−147	0.52	5.00
8-19	0	−13	−58	−76	−3	−3	−73	−139	0.53	3.95
8-20	0	−12	−72	−85	−5	−5	−80	−131	0.61	5.88
8-21	0	—	—	—	—	—	—	−125	—	—
8-22	0	60	78	140	3	3	137	195	0.70	2.14
8-23	0	67	61	110	4	4	106	195	0.54	3.64
8-24	0	67	41	95	4	4	91	195	0.47	4.21
8-25	0	55	40	83	3	3	80	195	0.41	3.61
8-26	0	—	—	—	—	—	—	195	—	—
8-27	0	−6	−38	−55	−3	−3	−52	−87	0.60	5.45
8-28	0	−18	−30	−53	−2	−2	−51	−102	0.50	3.77
8-29	0	−22	−28	−51	−1	−1	−50	−117	0.43	1.96
8-30	0	−23	−23	−52	−2	−2	−50	−117	0.43	3.85
8-31	0	−19	−34	−46	−2	−2	−44	−102	0.43	4.35
8-32	0	−11	−35	−46	−3	−3	−43	−87	0.49	6.52

8-8 截面主要测点偏载应变检测结果（单位：με） 表5-72

测点部位	初读数	偏载6车	偏载12车	偏载18车	卸载读数	残余应变	弹性应变	理论值	校验系数 η	相对残余应变（%）
8-1	0	67	108	147	1	1	146	153	0.95	0.68
8-2	0	75	144	212	1	1	211	231	0.91	0.47
8-3	−1	71	137	203	0	1	203	248	0.82	0.49

测点部位	初读数	偏载6车	偏载12车	偏载18车	卸载读数	残余应变	弹性应变	理论值	校验系数 η	相对残余应变(%)
8-4	−1	62	121	180	−9	−8	180	241	0.75	0.00
8-5	0	63	123	184	0	0	184	233	0.79	0.00
8-6	0	63	123	185	0	0	185	225	0.82	0.00
8-7	0	64	127	191	−2	−2	191	218	0.88	0.00
8-8	0	61	122	185	−2	−2	185	210	0.88	0.00
8-9	0	67	135	176	−1	−1	176	183	0.96	0.00
8-10	1	52	85	105	1	0	104	113	0.92	0.00
8-11	0	−43	−86	−127	2	2	−127	−143	0.89	0.00
8-12	0	−37	−70	−106	4	4	−106	−147	0.72	0.00
8-13	0	−43	−77	−111	2	2	−111	−151	0.74	0.00
8-14	0	−42	−82	−117	4	4	−117	−155	0.75	0.00
8-15	0	−44	−86	−128	2	2	−128	−159	0.81	0.00
8-16	0	−49	−95	−141	0	0	−141	−162	0.87	0.00
8-17	0	−36	−74	−115	3	3	−115	−150	0.77	0.00
8-18	0	−37	−68	−105	5	5	−105	−138	0.76	0.00
8-19	0	−35	−68	−102	4	4	−102	−126	0.81	0.00
8-20	0	−35	−69	−108	3	3	−108	−115	0.94	0.00
8-21	—	—	—	—	—	—	—	−106	—	—
8-22	0	78	152	221	3	3	218	224	0.97	1.36
8-23	0	31	60	84	2	2	82	210	0.39	2.38
8-24	0	22	46	68	0	0	68	195	0.35	0.00
8-25	0	26	48	70	0	0	70	181	0.39	0.00
8-26	—	—	—	—	—	—	—	166	—	—
8-27	0	−32	−54	−76	0	0	−76	−101	0.75	0.00
8-28	0	−6	−52	−63	1	1	−63	−109	0.58	0.00
8-29	—	—	—	—	—	—	—	−117	—	—
8-30	0	−10	−32	−65	0	0	−65	−108	0.60	0.00
8-31	0	−9	−14	−36	0	0	−36	−86	0.42	0.00
8-32	0	−20	−39	−59	2	2	−59	−74	0.80	0.00

5.6.5.2 挠度测试结果

为简化篇幅,本文仅列工况2、工况3、工况18的挠度测试结果。

试验荷载作用下,桥跨挠度实测结果见表5-73～表5-83,满载实测值与满载计算值的比较图、主要测点挠度值与荷载的关系曲线见图5-155～图5-165。(说明:表中" + "表示下挠,表中" – "表示上挠)。

4-4 截面中载加载挠度检测结果（单位：mm） 表5-73

测点部位	初读数	中载6车	中载12车	中载18车	卸载	残余变形	弹性变形	理论值	校验系数 η	相对残余变形（%）
4-1	0.0	234.8	482.5	693.7	−16.7	−16.7	693.7	825.1	0.84	0.00
4-2	0.0	216.8	489.5	702.7	0.3	0.3	702.4	825.1	0.85	0.04
4-3	0.0	243.8	566.5	725.7	−13.7	−13.7	725.7	825.1	0.88	0.00

4-4 截面偏载加载挠度检测结果（单位：mm） 表5-74

测点部位	初读数	偏载6车	偏载12车	偏载18车	卸载	残余变形	弹性变形	理论值	校验系数 η	相对残余变形（%）
4-1	0.0	225.8	513.5	748.7	−5.7	−5.7	748.7	948.8	0.79	0.00
4-2	0.0	212.8	441.5	714.7	−16.7	−16.7	714.7	825.1	0.87	0.00
4-3	0.0	218.8	479.5	635.7	3.3	3.3	632.4	701.3	0.9	0.52

6-6 截面中载加载挠度检测结果（单位：mm） 表5-75

测点部位	初读数	中载6车	中载12车	中载18车	卸载	残余变形	弹性变形	理论值	校验系数 η	相对残余变形（%）
6-1	0.0	307	665.2	970.9	24.7	24.7	946.2	1093.3	0.87	2.54
6-2	0.0	304.1	662.3	962.1	7.8	7.8	954.3	1093.3	0.87	0.81
6-3	0.0	303	655.7	956.5	6.4	6.4	950.1	1093.3	0.87	0.67

6-6 截面偏载加载挠度检测结果（单位：mm） 表5-76

测点部位	初读数	偏载6车	偏载12车	偏载18车	卸载	残余变形	弹性变形	理论值	校验系数 η	相对残余变形（%）
6-1	0.0	334.1	666.2	980.6	2.5	2.5	978.1	1257.3	0.78	0.25
6-2	0.0	323	642.8	959.5	10.7	10.7	948.8	1093.3	0.87	1.12
6-3	0.0	288.6	601.9	912.3	3.9	3.9	908.4	929.3	0.98	0.43

8-8 截面中载加载挠度检测结果（单位：mm） 表5-77

测点部位	初读数	中载6车	中载12车	中载18车	卸载	残余变形	弹性变形	理论值	校验系数 η	相对残余变形（%）
8-1	0.0	290.7	603.5	874.4	0.8	0.8	873.6	903.8	0.97	0.09
8-2	0.0	261.5	583.6	841.2	−8.3	−8.3	841.2	903.8	0.93	0.00
8-3	0.0	266.5	569.6	832.2	−11.3	−11.3	832.2	903.8	0.92	0.00

8-8 截面偏载加载挠度检测结果（单位：mm） 表5-78

测点部位	初读数	偏载6车	偏载12车	偏载18车	卸载	残余变形	弹性变形	理论值	校验系数 η	相对残余变形（%）
8-1	0.0	307.0	632.2	908.1	6.7	6.7	901.4	1039.4	0.87	0.74
8-2	0.0	427.5	726.6	828.2	−13.3	−13.3	828.2	903.8	0.92	0.00
8-3	0.0	273.5	383.6	701.2	−8.3	−8.3	701.2	768.3	0.91	0.00

66 车工况主梁(上游侧)挠度曲线检测结果(单位:mm)　　表 5-79

测点部位	初读数	中载 18 车	中载 42 车	中载 54 车	中载 66 车	卸载	残余	弹性变形	理论值	校验系数 η	相对残余变形(%)
L/8	0.0	−116.7	−194.1	−171.9	−73.6	−0.8	−0.8	−171.1	−210.5	0.81	1.09
2L/8	0.0	32	203.4	358.6	585.1	−6.9	−6.9	585.1	603.9	0.97	0.00
3L/8	0.0	470.2	1025.2	1184	1266.5	29.1	29.1	1237.4	1328.4	0.93	2.30
4L/8	0.0	840.6	1399.5	1482.9	1507.5	60	60	1447.5	1550.4	0.93	3.98
5L/8	0.0	433.2	969.4	1134.2	1225.3	55.9	55.9	1169.4	1276.5	0.92	4.56
6L/8	0.0	8.6	131	294.8	519.1	68	68	451.1	514.7	0.88	13.10
7L/8	0.0	−134.4	−230.8	−205.9	−113.8	31.7	31.7	−205.9	−260.7	0.79	0.00

66 车工况主梁(中心线)挠度曲线检测结果(单位:mm)　　表 5-80

测点部位	初读数	中载 18 车	中载 42 车	中载 54 车	中载 66 车	卸载	残余	弹性变形	理论值	校验系数 η	相对残余变形(%)
L/8	0.0	−110.3	−190.4	−159.7	−67.6	2.9	2.9	−159.7	−210.5	0.76	0.00
2L/8	0.0	22.2	191.1	348.9	578.6	2.5	2.5	576.1	603.9	0.95	0.43
3L/8	0.0	471.3	1025.1	1176	1268.2	15.4	15.4	1252.8	1328.4	0.94	1.21
4L/8	0.0	847.7	1406.4	1493.7	1516.5	57.4	57.4	1459.1	1550.4	0.94	3.79
5L/8	0.0	429.7	966.5	1126	1221.8	64.8	64.8	1157	1276.5	0.91	5.30
6L/8	0.0	13.2	129.5	305.8	533.8	51.3	51.3	482.5	514.7	0.94	9.61
7L/8	0.0	−135.7	−226.2	−201.7	−114.4	30.2	30.2	−201.7	−260.7	0.77	0.00

66 车工况主梁(下游侧)挠度曲线检测结果(单位:mm)　　表 5-81

测点部位	初读数	中载 18 车	中载 42 车	中载 54 车	中载 66 车	卸载	残余	弹性变形	理论值	校验系数 η	相对残余变形(%)
L/8	0.0	−126.2	−195.1	−165.3	−77.8	6.7	6.7	−165.3	−210.5	0.79	0.00
2L/8	0.0	29.4	188.1	355.9	570.5	−7	−7	570.5	603.9	0.94	0.00
3L/8	0.0	476.5	1030.2	1175.4	1267	27	27	1240	1328.4	0.93	2.13
4L/8	0.0	842.5	1401.5	1486.9	1496.7	51.5	51.5	1445.2	1550.4	0.93	3.44
5L/8	0.0	429.7	966.5	1126	1221.8	64.8	64.8	1157	1276.5	0.91	5.30
6L/8	0.0	11.6	142.2	301.9	526.8	37.9	37.9	488.9	514.7	0.95	7.19
7L/8	0.0	−118.6	−217.4	−187.5	−102.4	39.9	39.9	−187.5	−260.7	0.72	0.00

66 车工况主缆(上游侧)挠度曲线检测结果(单位:mm)　　表 5-82

测点部位	初读数	中载 18 车	中载 42 车	中载 54 车	中载 66 车	卸载	残余	弹性变形	理论值	校验系数 η	相对残余变形(%)
L/8	0.0	−104.8	−182.9	−167	−81.7	6	6	−167	−212.9	0.78	0.00
2L/8	0.0	45	224.7	388.5	539.9	−11.7	−11.7	539.9	595.2	0.91	0.00
3L/8	0.0	467.6	1027.4	1177.5	1242.8	−5.9	−5.9	1242.8	1292.8	0.96	0.00

测点部位	初读数	中载18 车	中载42 车	中载54 车	中载66 车	卸载	残余	弹性变形	理论值	校验系数 η	相对残余变形(%)
4L/8	0.0	833.6	1395.2	1475.3	1499.6	50.5	50.5	1449.1	1547.3	0.94	3.37
5L/8	0.0	425.3	951.1	1117.5	1212.6	70.3	70.3	1142.3	1271.6	0.90	5.80
6L/8	0.0	16.2	156.5	327.4	415.8	2.6	2.6	413.2	444.6	0.93	0.63
7L/8	0.0	−134.6	−225.7	−208.1	−124.2	30.9	30.9	−208.1	−263.7	0.79	0.00

66 车工况主缆(下游侧)挠度曲线检测结果(单位:mm)　　　　表 5-83

测点部位	初读数	中载18 车	中载42 车	中载54 车	中载66 车	卸载	残余	弹性变形	理论值	校验系数 η	相对残余变形(%)
L/8	0.0	−126.9	−204.2	−180.7	−105.7	2.1	2.1	−180.7	−212.9	0.85	0.00
2L/8	0.0	58.3	223.9	390.8	572.3	16.3	16.3	556	595.2	0.93	2.85
3L/8	0.0	459.2	1031	1169.4	1242.7	21.6	21.6	1221.1	1292.8	0.94	1.74
4L/8	0.0	849.2	1412.2	1491.3	1516	59.8	59.8	1456.2	1547.3	0.94	3.94
5L/8	0.0	424	948.6	1115.1	1213.2	63.8	63.8	1149.4	1271.6	0.90	5.26
6L/8	0.0	17.4	154.7	326.8	435.2	6.5	6.5	428.7	444.6	0.96	1.49
7L/8	0.0	−133.7	−223.9	−206.1	−117.8	28.6	28.6	−206.1	−263.7	0.78	0.00

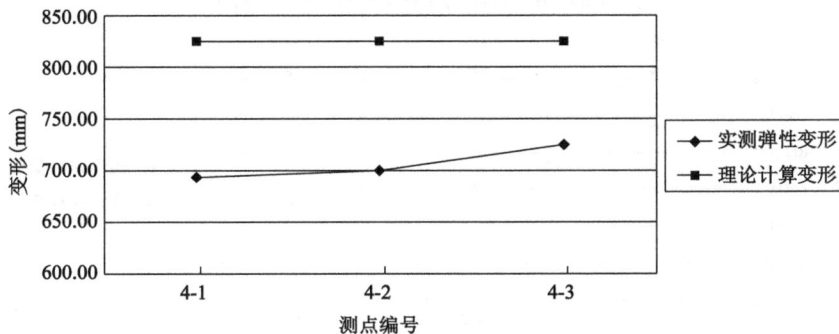

图 5-155　4-4 截面中载弹性变形与理论值对比

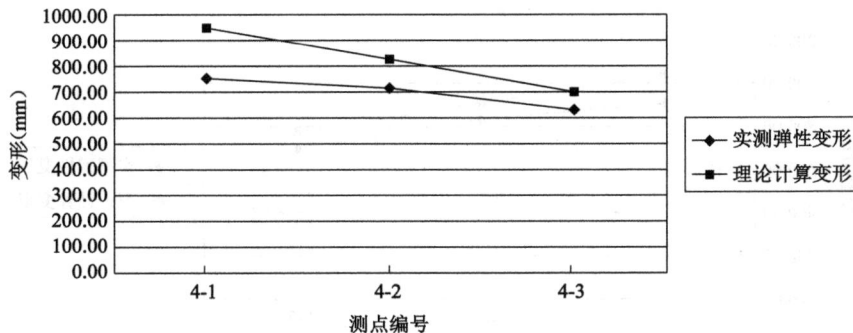

图 5-156　4-4 截面偏载弹性变形与理论值对比

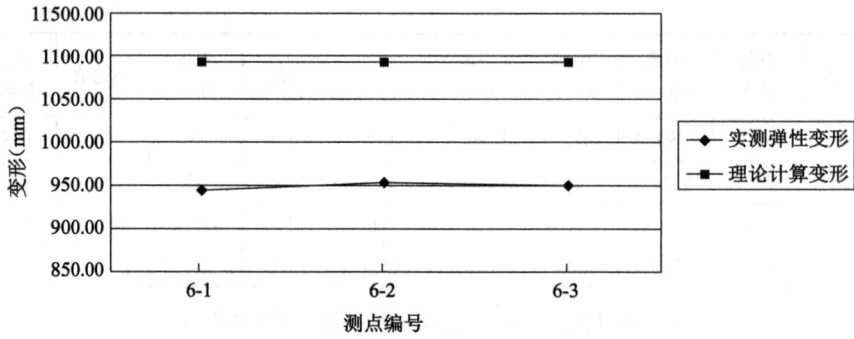

图 5-157　6-6 截面中载弹性变形与理论值对比

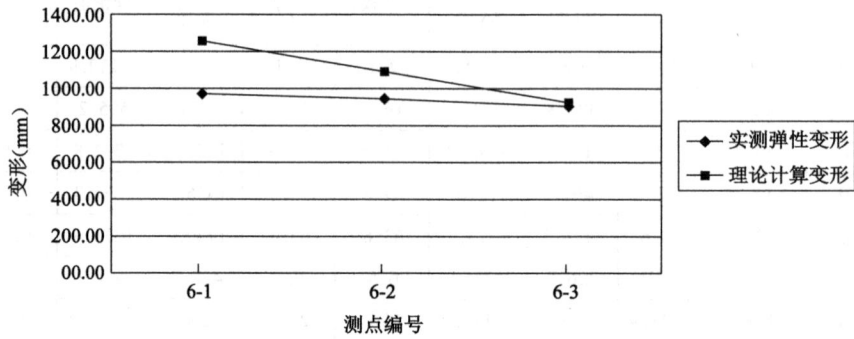

图 5-158　6-6 截面偏载弹性变形与理论值对比

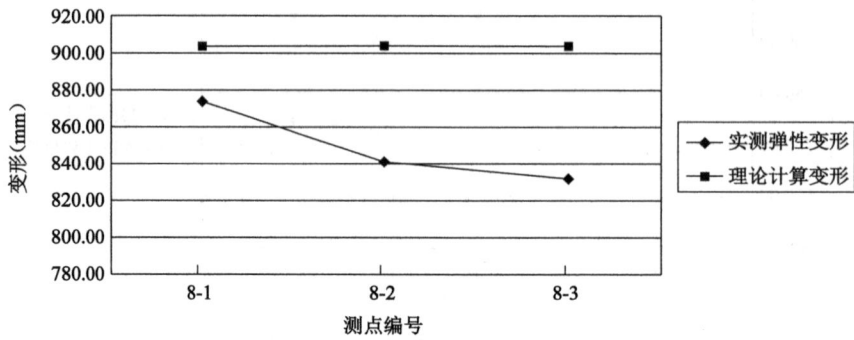

图 5-159　8-8 截面中载弹性变形与理论值对比

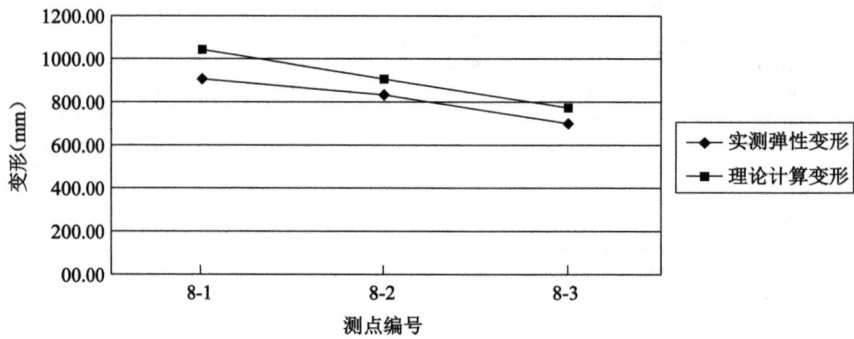

图 5-160　8-8 截面偏载弹性变形与理论值对比

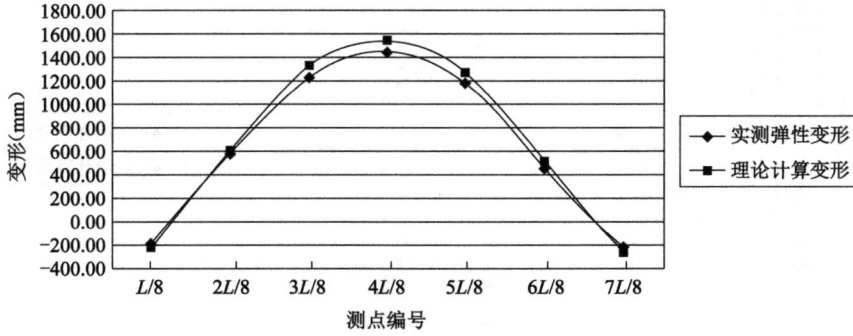

图 5-161 上游主梁弹性变形与理论值对比

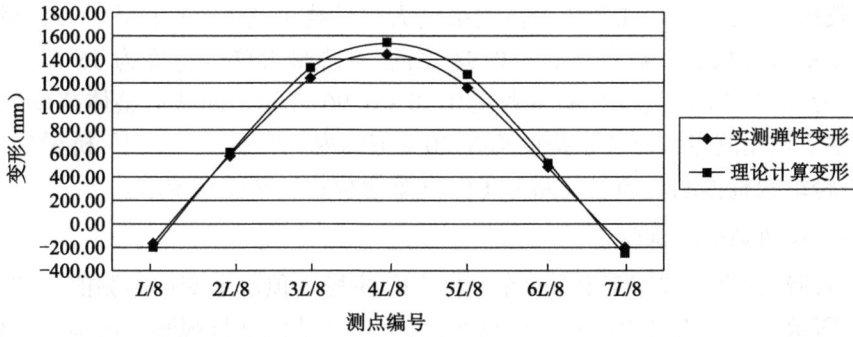

图 5-162 中心线主梁弹性变形与理论值对比

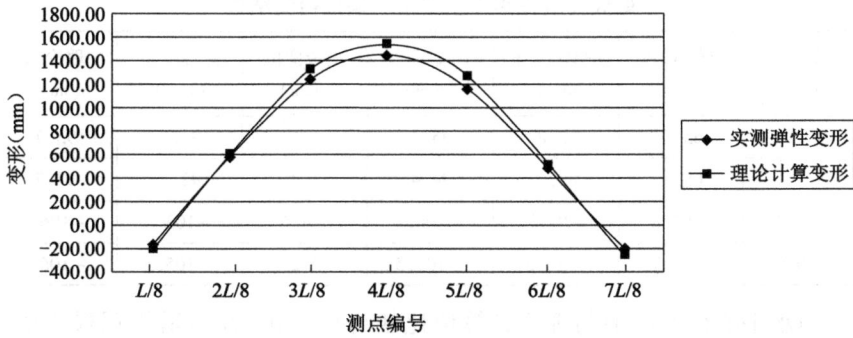

图 5-163 下游主梁弹性变形与理论值对比

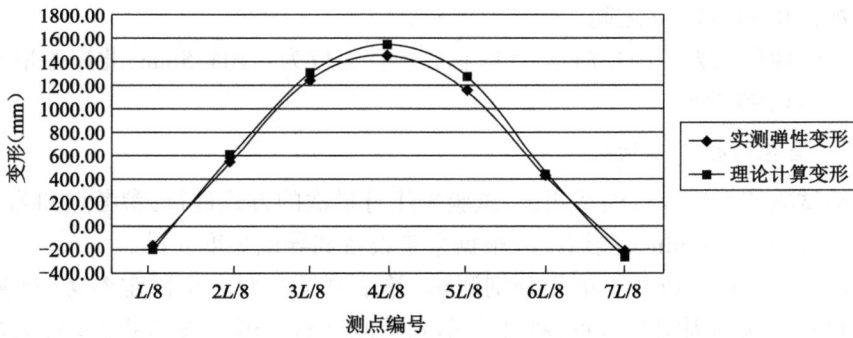

图 5-164 上游主缆弹性变形与理论值对比

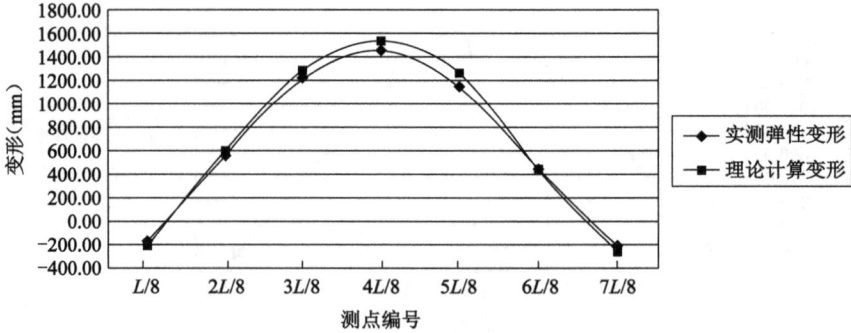

图 5-165　下游主缆弹性变形与理论值对比

试验荷载作用下,太洪长江大桥主桥主梁最大弹性挠度为 66 车工况下 $L/2$ 截面,弹性挠度为 1459.1mm,挠度校验系数在 0.72 ~ 0.98 之间;主缆最大弹性挠度为 66 车工况下 $L/2$ 截面,弹性挠度为 1456.2mm,挠度校验系数在 0.78 ~ 0.96 之间。卸载后整体挠度恢复正常,各荷载工况下主要控制测点相对残余挠度均在 20% 范围内。在试验荷载下,桥梁处于弹性工作状态,试验桥跨结构整体刚度满足公路—Ⅰ级汽车荷载的正常使用要求。

5.6.5.3　塔顶偏位测试结果

在主塔塔顶最大纵向位移工况(66 车)作用下,主塔塔顶水平变位实测值与理论计算值对比如表 5-84 所示。测点为塔顶已布设的反光片,采用全站仪进行观测。塔顶水平偏位以南川至北岸方向为正,反之为负。

最大荷载作用下主塔水平偏位检测结果　　表 5-84

测点部位	中载 18 车（mm）	中载 42 车（mm）	中载 54 车 mm）	中载 66 车（mm）	残余变位（mm）	弹性变位（mm）	理论值（mm）	校验系数 η
南岸左肢	30.1	65.0	82.8	95.2	1.6	93.6	93.7	1.00
南岸右肢	30.4	65.1	83.0	94.4	1.7	92.7	93.7	0.99
北岸左肢	−31.4	−67.8	−94.7	−108.3	−4.6	−103.7	−106.2	0.98
北岸右肢	−19.0	−65.7	−86.6	−105.5	0.2	−105.5	−106.2	0.99

由主塔塔顶水平变位实测值与理论计算值比较可以看出,在主塔塔顶最大纵向位移工况(66 车)作用下,南岸左肢弹性偏位为 93.6mm,南岸右肢弹性偏位为 92.7mm,南岸主塔水平偏位校验系数在 0.99 ~ 1.00 之间。

北岸左肢弹性偏位为 −103.7mm,北岸右肢弹性偏位为 −105.5mm,北岸主塔水平偏位校验系数在 0.98 ~ 0.99 之间。

5.6.5.4　自振特性测试结果

采用脉动试验的方法进行模态测试,试验采用分批次的方式进行,参考点和测点之间用设备进行同步,每次测试 30min。测试批次根据采集设备和导线长度安排。

振型测试可将结构分成几个单元分别测试,整个测试布置一个固定参考点(避开振型节点),每次测试都应包括固定参考点,将几个单元的测试数据通过参考点关联,拟合得到全桥结构振型图及自振频率。

采用有限元模型计算桥跨结构自振特性,其结果见表5-85。

结构动力特性参数测试结果   表5-85

模 态	振型特点	实测频率(Hz)	阻尼比(%)
1	主梁一阶横弯	0.143	2.581
2	主梁二阶横弯	0.365	0.449
3	主梁三阶横弯	0.828	0.200
4	主梁二阶竖弯	0.143	0.795
5	主梁三阶竖弯	0.176	1.228
6	主梁四阶竖弯	0.294	0.868
7	主梁五阶竖弯	0.405	2.146
8	主梁六阶竖弯	0.502	0.370
9	主梁七阶竖弯	0.619	0.368
10	主梁八阶竖弯	0.745	0.263
11	主梁一阶纵漂	0.144	1.405
12	主梁二阶纵漂	1.157	0.568
13	主梁一阶扭转	0.382	0.339
14	主梁二阶扭转	0.470	0.213
15	主梁三阶扭转	0.709	0.171

实测振型如图5-166~图5-180所示。

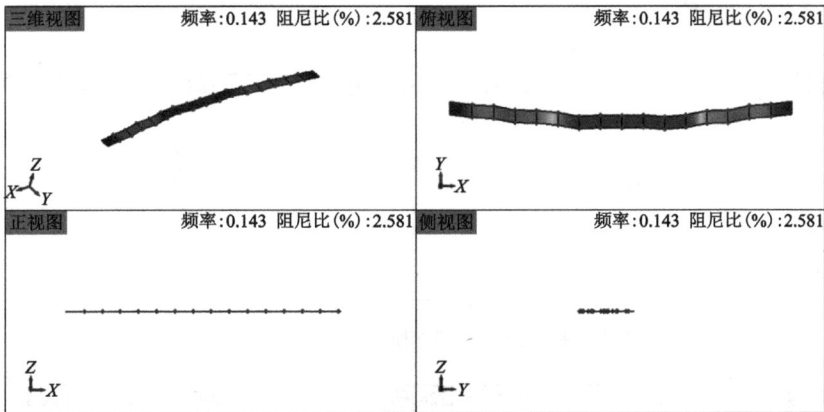

图5-166 实测一阶横弯模态图(频率:0.143Hz)

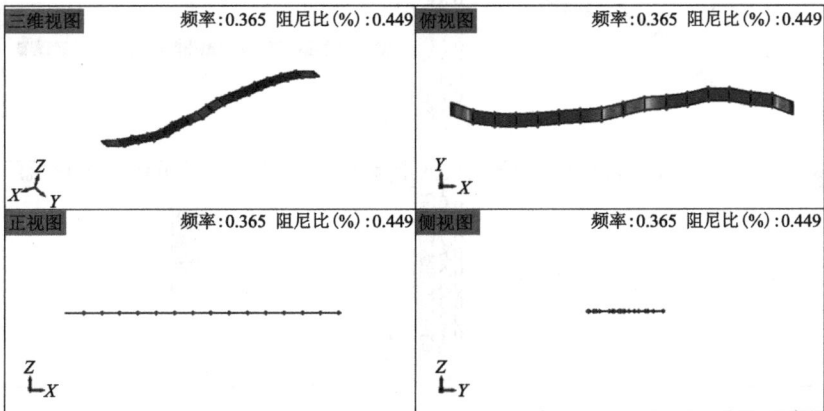

图5-167 实测二阶横弯模态图(频率:0.365Hz)

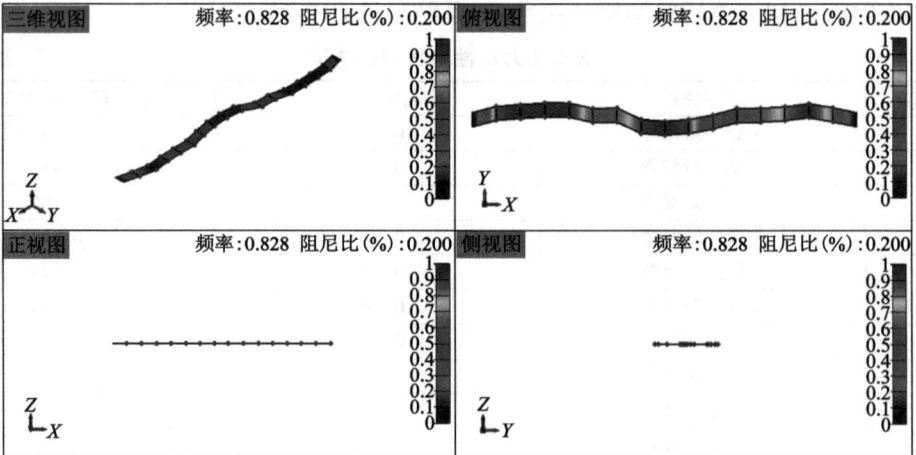

图 5-168　实测三阶横弯模态图(频率:0.828Hz)

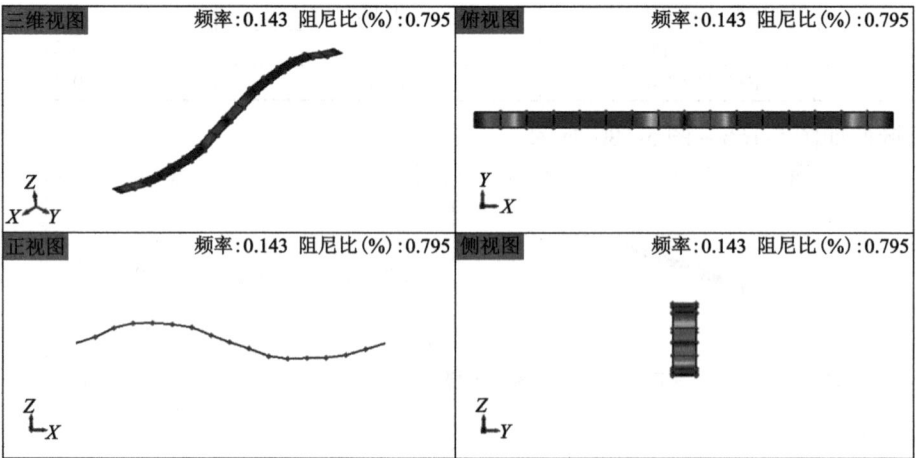

图 5-169　实测二阶竖弯模态图(频率:0.143Hz)

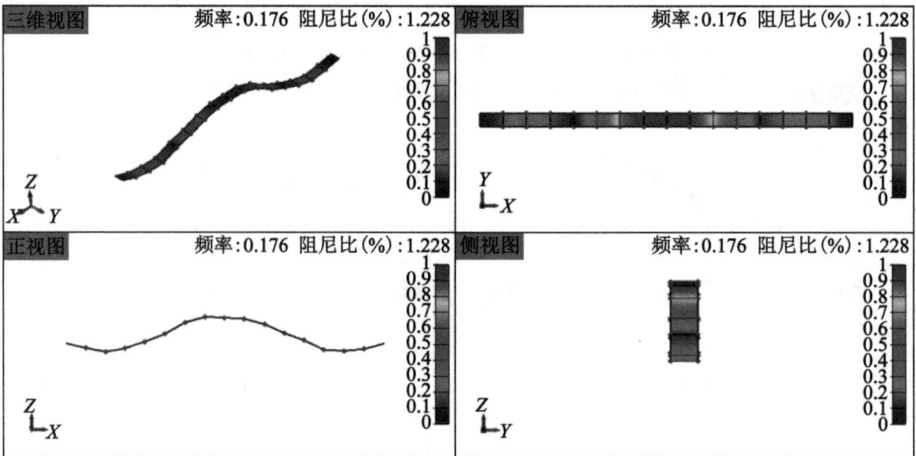

图 5-170　实测三阶竖弯模态图(频率:0.176Hz)

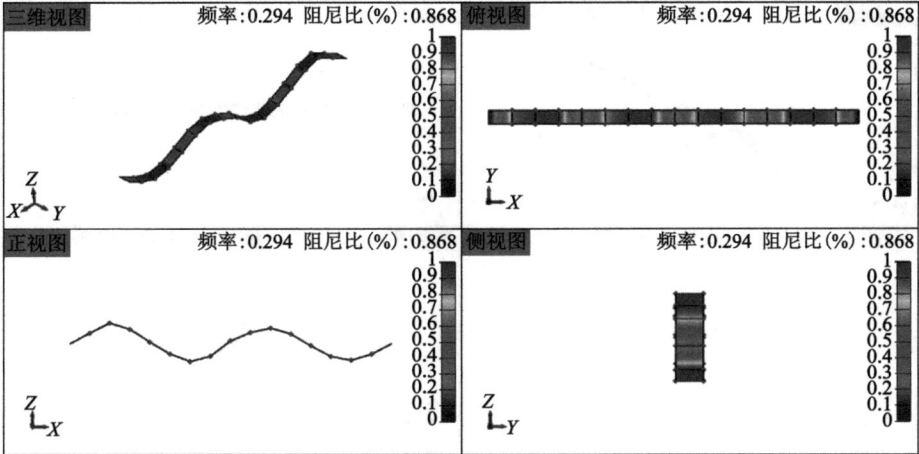

图 5-171 实测四阶竖弯模态图(频率:0.294Hz)

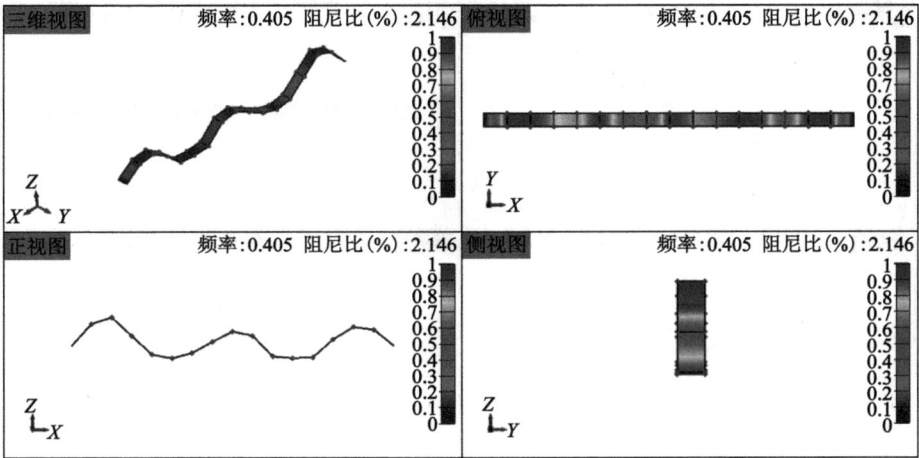

图 5-172 实测五阶竖弯模态图(频率:0.405Hz)

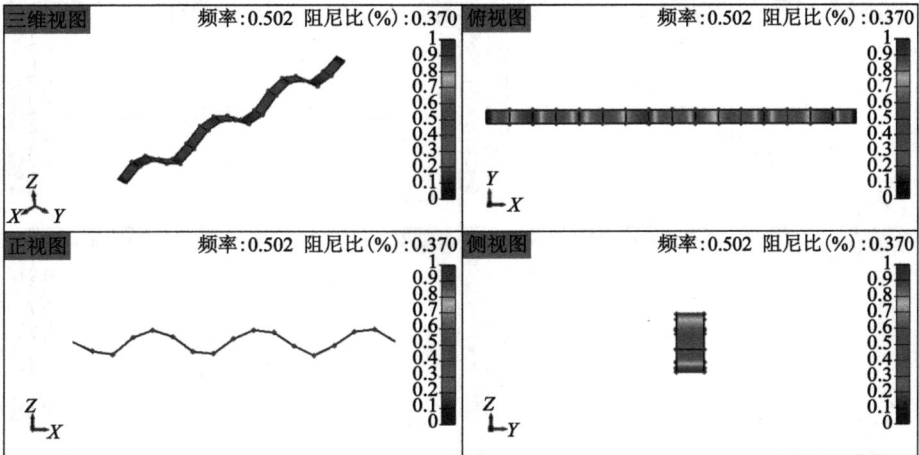

图 5-173 实测六阶竖弯模态图(频率:0.502Hz)

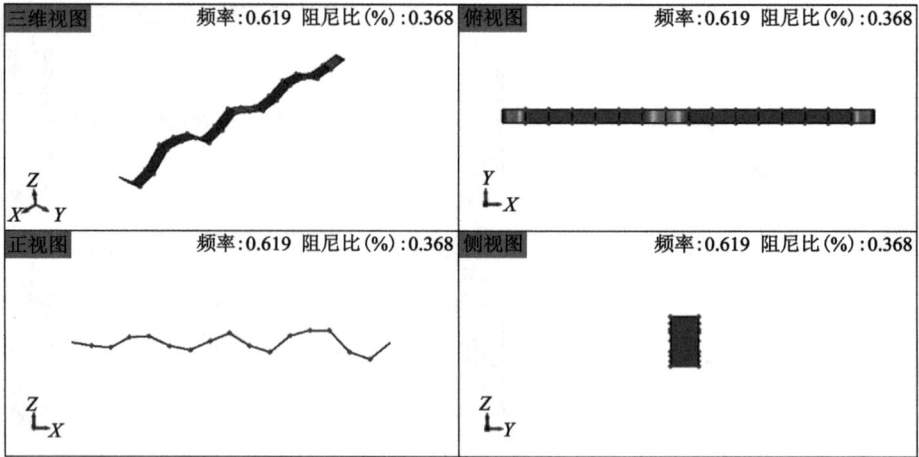

图 5-174　实测七阶竖弯模态图(频率:0.619Hz)

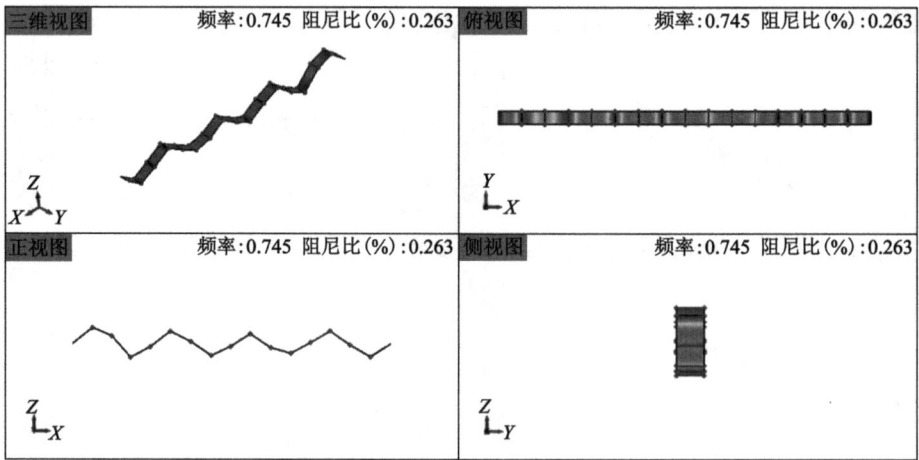

图 5-175　实测八阶竖弯模态图(频率:0.745Hz)

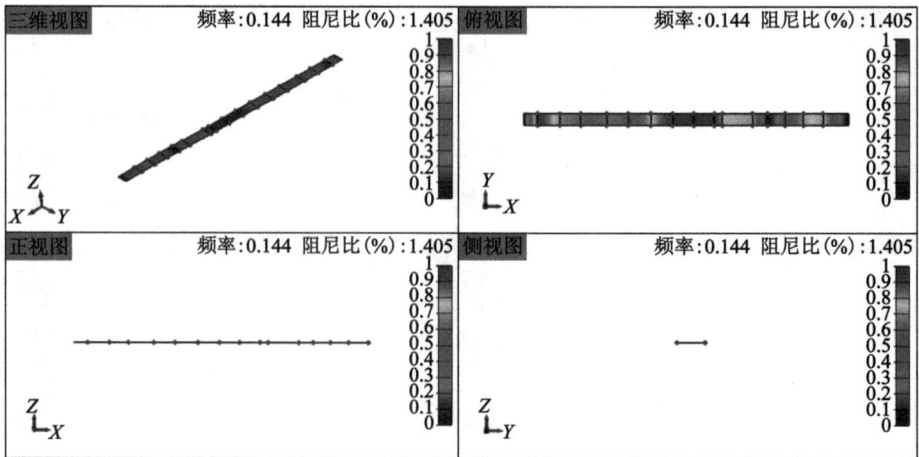

图 5-176　实测一阶纵漂模态图(频率:0.144Hz)

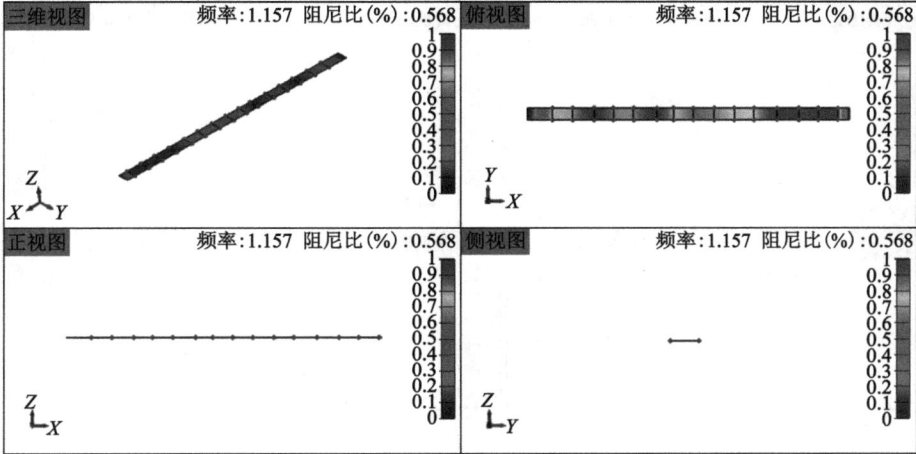

图 5-177　实测二阶纵漂模态图(频率:1.157Hz)

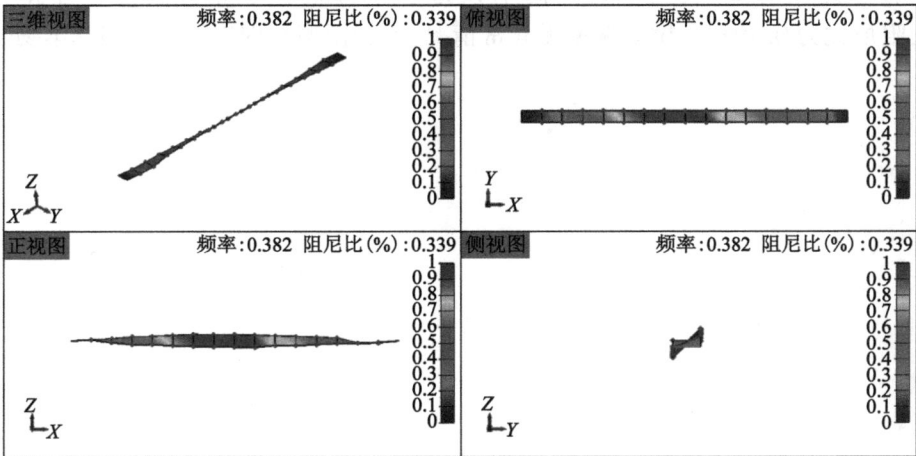

图 5-178　实测一阶扭转模态图(频率:0.382Hz)

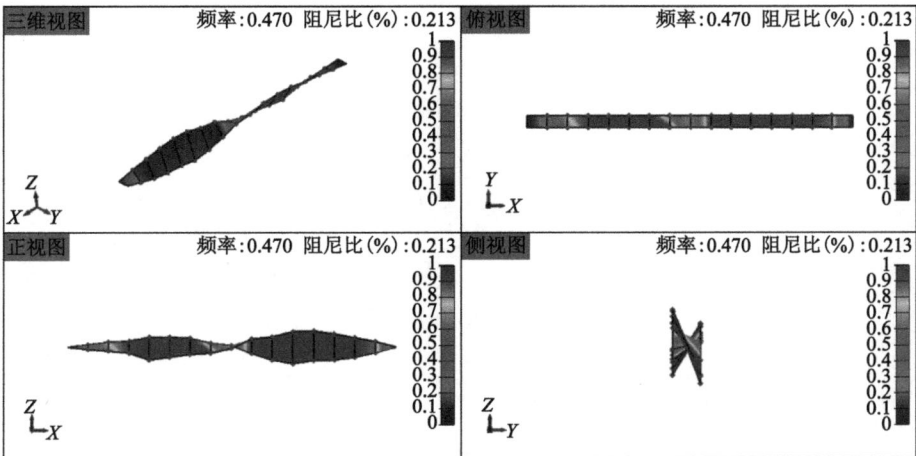

图 5-179　实测二阶扭转模态图(频率:0.470Hz)

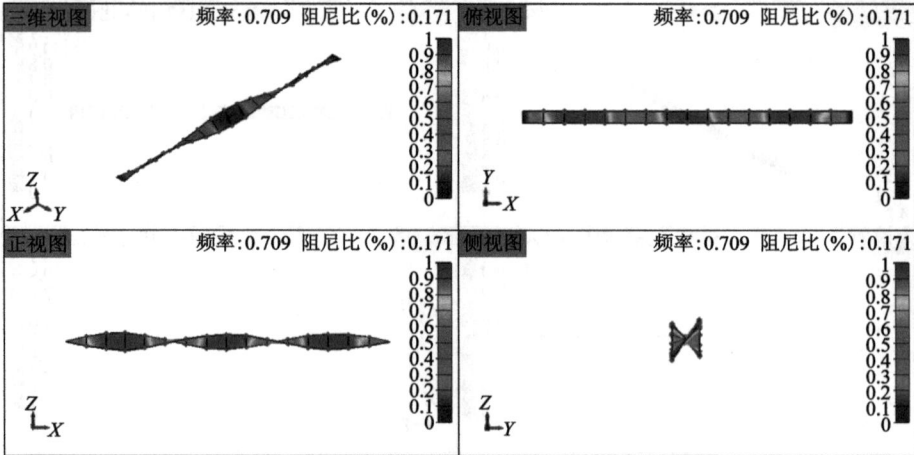

图 5-180　实测三阶扭转模态图(频率:0.709Hz)

通过振型测试可知,实测主跨竖向基频为 0.143Hz,大于相应的理论计算竖向基频 0.111Hz,阻尼比为 0.795%,桥梁振型无异常情况,实测振型与理论计算振型基本吻合。

第6章　新技术应用

<<<

早年意大利 IBIS 雷达系统进入国内市场,其采用电磁波的原理利用干涉测量技术能实现结构物微变形的精确测试,雷达视线方向的测试精度可以达到亚毫米级。近年来国内毫米波雷达技术发展迅速,在桥梁静载试验、动载试验和索力测试方面已逐渐开展应用,试验效果较好,值得与同行分享。

国内主流的毫米波雷达挠度检测设备工作频率为 16.9GHz,电磁波波长为相对 IBIS 系统也较短,测试精度相对较高。雷达微变形检测设备通过采用步进频率连续波(SF-CW)或线性调频连续波(LFMCW)技术、干涉测量技术以及合成孔径雷达(SAR)技术,通过提高雷达空间分辨率来提高微变形测试精度。理论上最小可识别的位移变化为 0.000154mm,虽然毫米波雷达现场测试精度会有一定的下降,但雷达微变形检测对于桥梁或结构物的变形测试来讲测试精度较高,是工程微变形检测和监测的有力工具。

6.1　雷达挠度检测、监测设备

目前用于微变形检测的地基雷达产品国外对典型的是意大利的 IBIS 系统,是由意大利 IDS 公司和佛罗伦萨大学经过 6 年合作研发的结果,它能够对目标物提供连续、全面的监测。IBIS 系统分为两种型号,IBIS-S(Image By Interferometric Survey of Structures) 与 IBIS-L(Image By Interferometric Survey of Landslides and slopes)。IBIS-S 主要用于对桥梁、建筑物、高塔等易发生微小变化的物体进行精确的监测,得到被测物每部分的位移变化量,分析建筑物或桥梁上每一个点的变形、振动情况。此外,通过该设备能够极其便捷地对桥梁或建筑物进行健康普查和评估。IBIS-S 的测程为 0.01 ~ 2km,精度为 ±(0.1 ~ 0.01)mm,最大采样频率 200MHz。IBIS-L 可对大坝、边坡、建筑物等易发生微小位移变化的物体进行精确的监测,得到被测物每部分的位移变化量,分析水库变形机理和变形特征,评价地质灾害。此外,通过该设备能够及时对各种危险区域做出灾害预报,极大减少或避免灾害对人民生命财产造成的损失。IBIS-L 的测程为 0.2～4km,监测精度为 ±0.1mm,最小采样间隔为 5min。

国内一些科研机构、生产厂家对于地基雷达的微变形检测也进行了大量的研究,开发出一系列毫米波雷达的检测、监测产品。目前国内应用较多的产品是中公智联(北京)科技有限公司生产的一系列毫米波雷达产品,主要产品包括:雷达动位移/索力检测仪、荷载试验检测仪、动位移监测仪以及索力监测仪,见图 6-1,各产品主要技术参数见表 6-1。

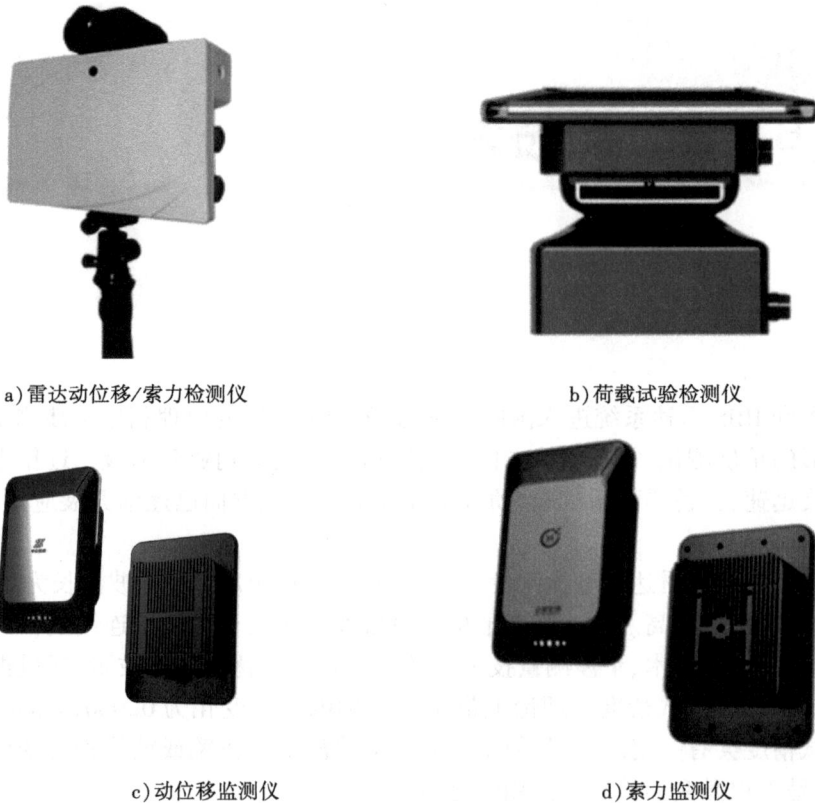

a)雷达动位移/索力检测仪   b)荷载试验检测仪

c)动位移监测仪   d)索力监测仪

图 6-1　国内典型毫米波雷达系列产品

国内毫米波雷达产品主要技术参数表　　　　　　　　表 6-1

产品主要技术参数	雷达动位移/索力检测仪	荷载试验检测仪	动位移监测仪	索力监测仪
测试范围	≤500m	≤50m	≤100m	≤100m
测试精度	0.02mm	0.05mm	0.05mm	0.05mm
频率精度	‰2FS	—	—	‰5FS
采样频率	≤200Hz	≤100Hz	≤50Hz	≤100Hz
供电/功耗	≥16h	≥16h	≤2w	≤2w

目前国内还有其他科研机构和生产厂家生产的不同毫米波雷达产品,其主要工作频段主要集中在 16.6～16.9GHz 和 24GHz,产品的主要测量原理相同,产品性能和主要技术参数可能稍有差异。

6.2 雷达测试挠度测点布设

采用毫米波雷达进行桥梁静载挠度测试时,为提高桥梁测试位置电磁波信号的反射强度,通常需要在测点位置安装角反射器,见图6-2。毫米波雷达发出的微波呈扇形分布,在一定距离范围内,若有多个测点在扇形区域内即可同时测得各个测点的微变形。基于雷达干涉测量技术的上述特点,可以建立多点同时测量系统,便于结构物检测和监测过程中的多测点数据采集。

由于雷达受一维向分辨率、几何坐标的影响,干涉雷达的实桥测量精度低于试验室中的测量精度。所谓一维向分辨率,即干涉雷达只能识别到雷达不同径向距离的单元而无法识别出到干涉雷达相同径向距离的单元。如图6-3所示,ΔR为径向分辨率,P1和P2位于干涉雷达所能识别的同一径向单元内,因而干涉雷达只能识别出表征P1和P2变形特征的一个综合值,而无法分别获得P1和P2的变形。

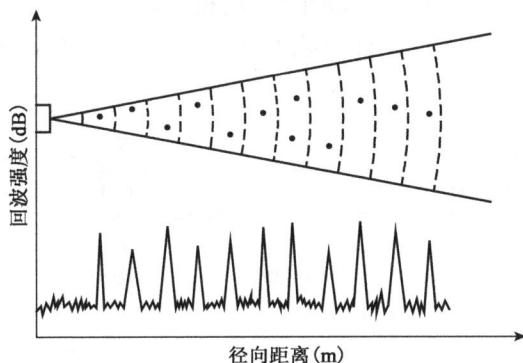

图6-3 一维向距离分辨率剖面示意图

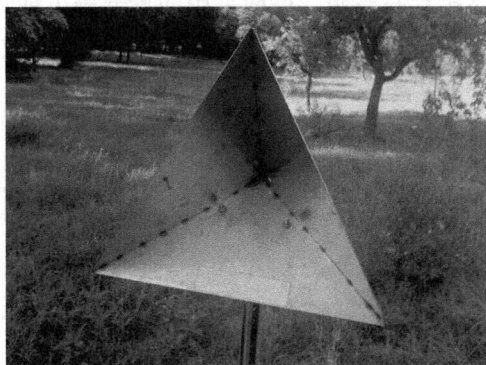

图6-2 雷达测试的角反射器

在桥梁静载试验中,为减小一维向分辨率的影响,目前一般可通过以下两种方式解决:由于金属具有极强的反射雷达波的特点,可在测点处安装金属角反射器;通过移动雷达位置来获得角度向分辨率,以识别出径向距离相等点位的变形。

在实桥静载试验中,为测试某一截面的挠度,测点通常布置在一条直线上。综合以上两种方法,如图6-4所示,在梁体挠度测试截面布设4个挠度测点,测点处安装角反射器,将角反射器底座固定在测点处,并调整好角度,确保雷达能够接收到明显的回波。测点间的水平间距为ΔL,雷达波的径向分辨率为Δr,

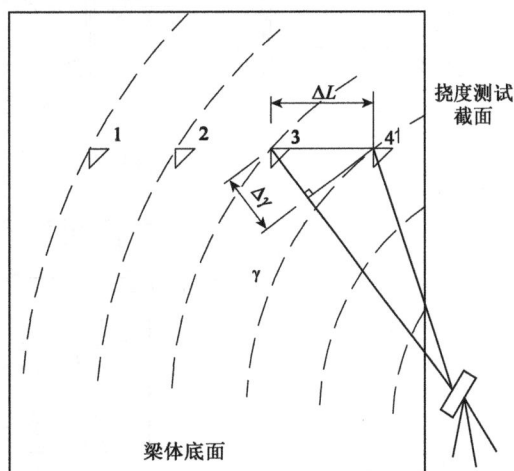

图6-4 角反射器在梁底的布设示意图

通过调整雷达的位置和发射角度,当 ΔL 大于 Δr(所用雷达径向分辨率为 0.5m)时,雷达在一个固定位置就能同时测试 4 个测点(或更多测点)的挠度。实际上,只要雷达与各测点不在同一水平直线上,ΔL 始终大于 Δr,因此雷达很容易找到一个合适的架设位置。

在桥梁静载试验时,按照以上方法布设角反射器可以避免受一维向分辨率的影响,保证所有的测点位置在测试过程中位于不同径向距离的单元中而能够被有效的识别,从而保证测点的测试精度。

6.3 在桥梁静动载试验中的应用案例

6.3.1 工程概况

某桥梁全长 120.1m,跨径组合 5×22.2m,全宽9.1m,行车道宽7.0m,桥下净空4.0m。如图 6-5 ~ 图 6-7 所示。该桥上部结构为 5 跨预制钢筋混凝土简支 T 梁,下部结构为埋置式桥台,浆砌片石桥墩。桥面采用沥青混凝土铺装,两侧设钢筋混凝土栏杆,桥头各设有 1 道仿毛勒伸缩缝,桥面采用纵、横坡排水。桥梁建成于 1970 年,设计荷载为汽车—15 级,验算荷载为挂—80 级,桥梁与河道正交。

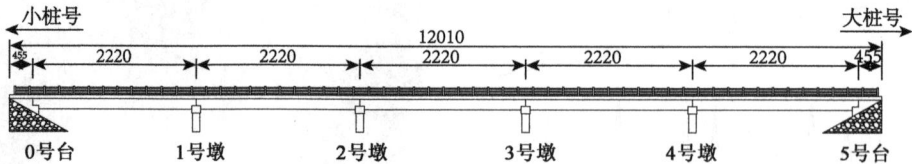

图 6-5 立面示意图(尺寸单位:cm)

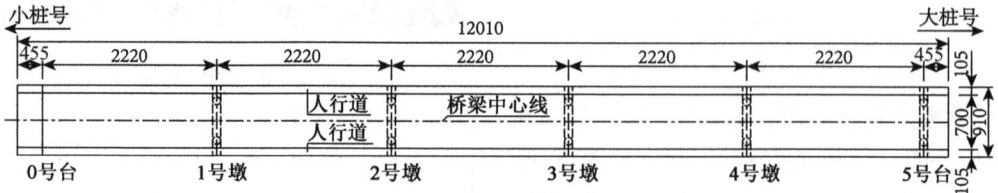

图 6-6 平面示意图(尺寸单位:cm)

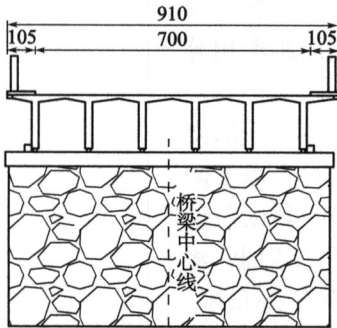

图 6-7 断面示意图(尺寸单位:cm)

6.3.2 试验方案

本次试验采用弯矩等效方法进行,根据桥梁跨中弯矩的影响线进行等效换算。本桥试验跨为简支 T 梁,跨中为内力控制截面,即最大正弯矩工况。

加载荷载标准按汽—15 级进行加载。荷载试验采用重车进行加载,加载采用 2 辆车辆对称加载。桥梁荷载试验加载分为 4 级加载,最大荷载效率系数控制在 0.95 ~ 1.05 范围内,测试截面见图 6-8。

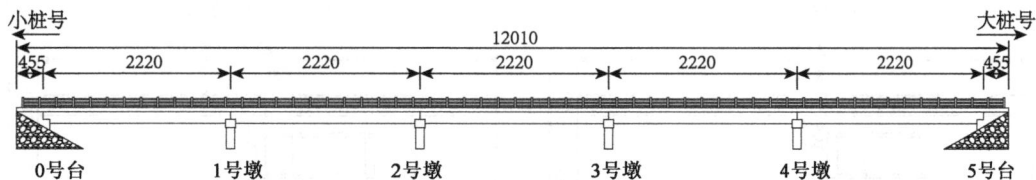

图 6-8　桥梁测试截面示意图(尺寸单位:cm)

挠度测试主要测试最不利位置桥梁跨中位置的挠度以及横向分布,断面布置 5 个挠度测点。挠度测量采用毫米波雷达进行测试,雷达在测试现场组成无线分布式挠度测试系统,每片主梁下布设 1 台雷达,测试系统共布设 5 台雷达,见图 6-9、图 6-10,系统组网见图 6-11。

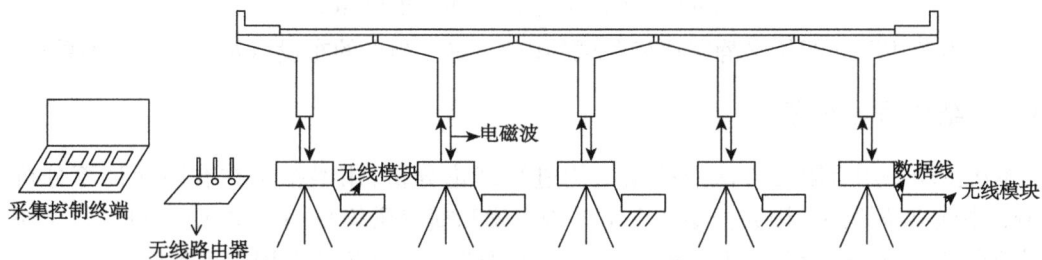

图 6-9　毫米波雷达测点布设示意图

图 6-10　微波雷达现场布置

223

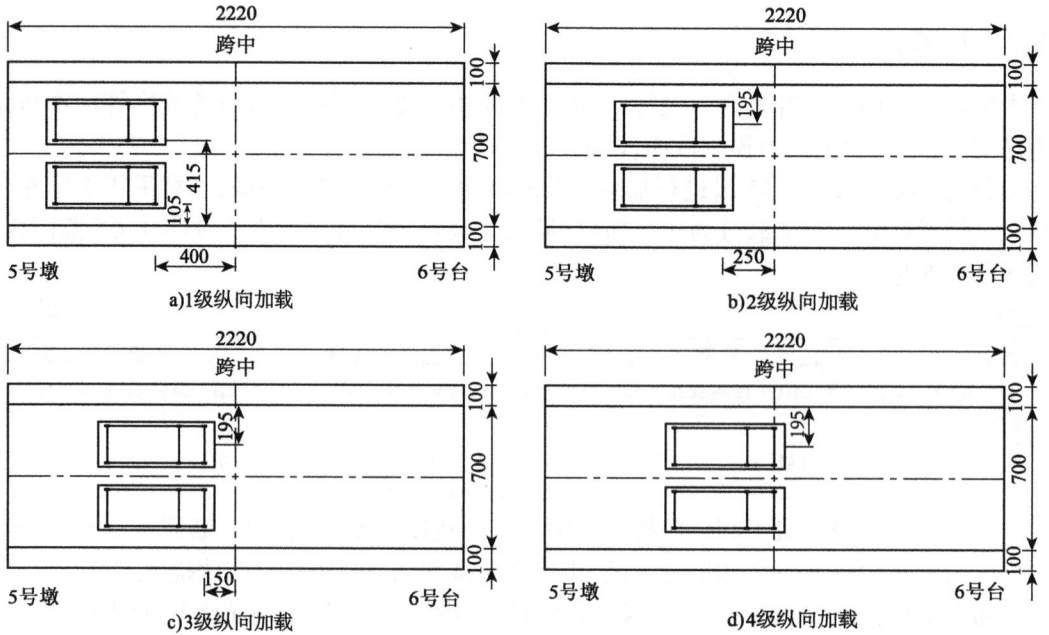

图 6-11　对称加载纵向布置图(尺寸单位:cm)

由于本节主要介绍桥梁静载挠度测试的内容,应变测点的布设以及后续分析不单独列出。

6.3.3　结构理论分析

本次试验采用有限元方法对桥梁结构进行理论分析,用梁格法在有限元计算分析软件 MIDAS 中建立桥梁的有限元模型。上部结构主梁和横隔梁均采用梁单元进行模拟,全桥面铺装层的重量平均分配给各梁来承担。桥梁支座模拟,1 端支座按采用固定支座模拟,另一端支座采用滑动支撑条件进行模拟。该桥的有限元模型如图 6-12 所示。

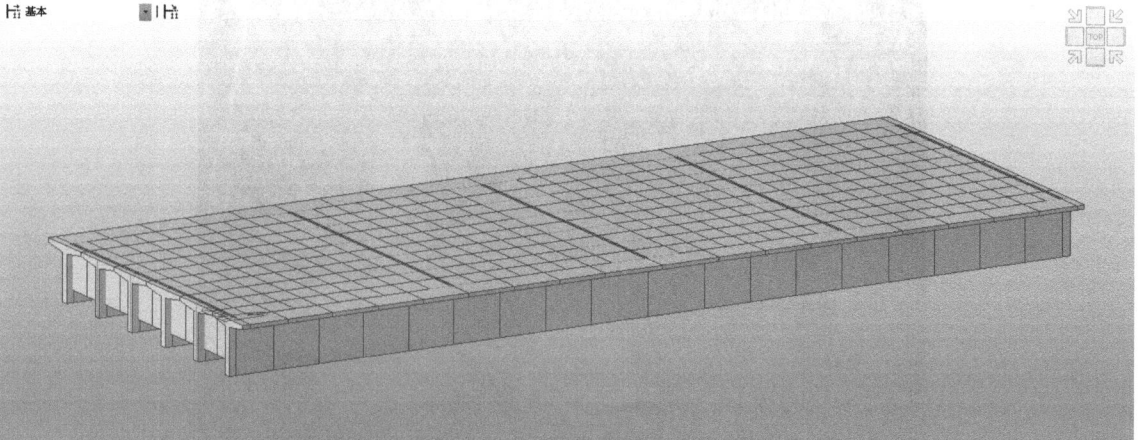

图 6-12　有限元分析模型

对称加载工况,根据建立的有限元模型进行实际加载车辆的理论分析计算。各测点在 4 级加载过程中挠度理论计算值见表 6-2,满载时主梁挠度变形见图 6-13。

对称加载工况各测点挠度理论计算值   表 6-2

测点编号	1 级理论值（mm）	2 级理论值（mm）	3 级理论值（mm）	4 级理论值（mm）
1	−4.40	−5.52	−6.34	−7.46
2	−4.49	−5.63	−6.47	−7.61
3	−4.53	−5.68	−6.53	−7.68
4	−4.53	−5.68	−6.53	−7.68
5	−4.49	−5.63	−6.47	−7.61
6	−4.40	−5.52	−6.34	−7.46

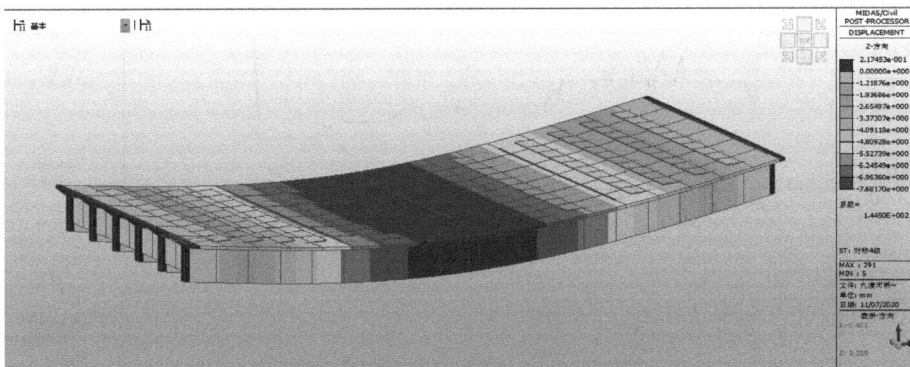

图 6-13 对称加载工况满载时主梁挠度变形图

6.3.4 挠度测试结果

利用无线分布式毫米波雷达测试系统对桥梁在加载过程中挠度进行测试。试验加载前应对测试系统进行调试,系统调试正常设置好测试各项参数。在桥梁静载加载前封闭交通后开始进行采样,整个加载、卸载过程均需要对桥梁静载挠度进行连续测试,直到试验结束。毫米波雷达测试的数据能够反映桥梁整个桥梁静载过程中挠度的动态变化,根据动态测试曲线分析各级荷载下的挠度值,主要受力主梁 2 号、3 号、4 号、5 号雷达测点时程曲线见图 6-14 ~ 图 6-17。

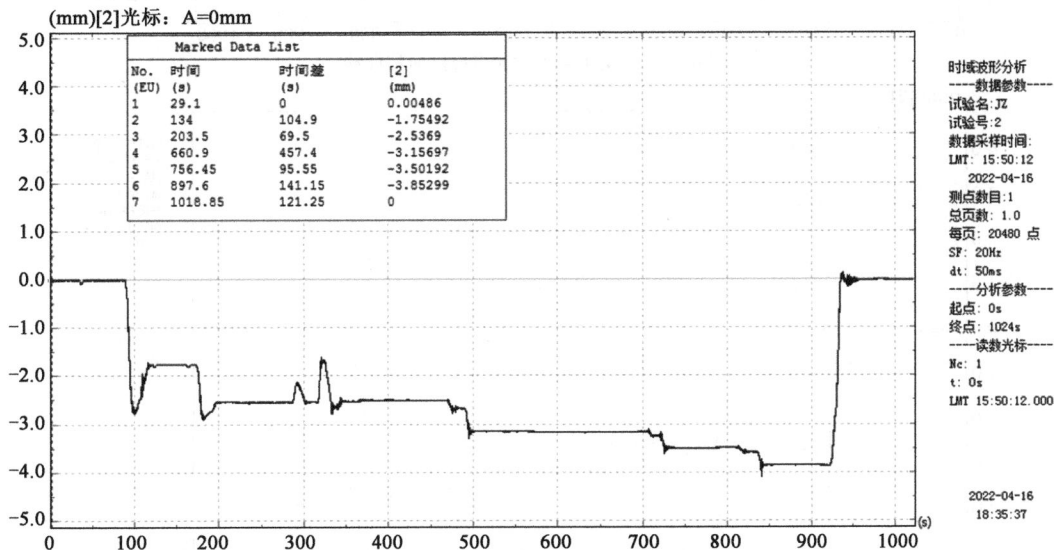

图 6-14 主梁 2 号雷达测点挠度时程曲线

(mm)[2]光标：A=0mm

No. (EU)	时间 (s)	时间差 (s)	[2] (mm)
1	51.25	0	0
2	135.05	83.8	-1.45197
3	209.45	74.4	-2.66393
4	618.3	408.85	-3.28592
5	803.4	185.1	-3.65392
6	871.15	67.75	-4.05089
7	988.9	117.75	-0.01686

时域波形分析
----数据参数----
试验名:JZ
试验号:3
数据采样时间:
LMT: 15:50:26
2022-04-16
测点数目:1
总页数: 1.0
每页: 22528 点
SF: 20Hz
dt: 50ms
----分析参数----
起点: 0s
终点: 1126.4s
----读数光标----
Nc: 329
t: 16.4s
LMT: 15:50:42.400

2022-04-16
18:38:12

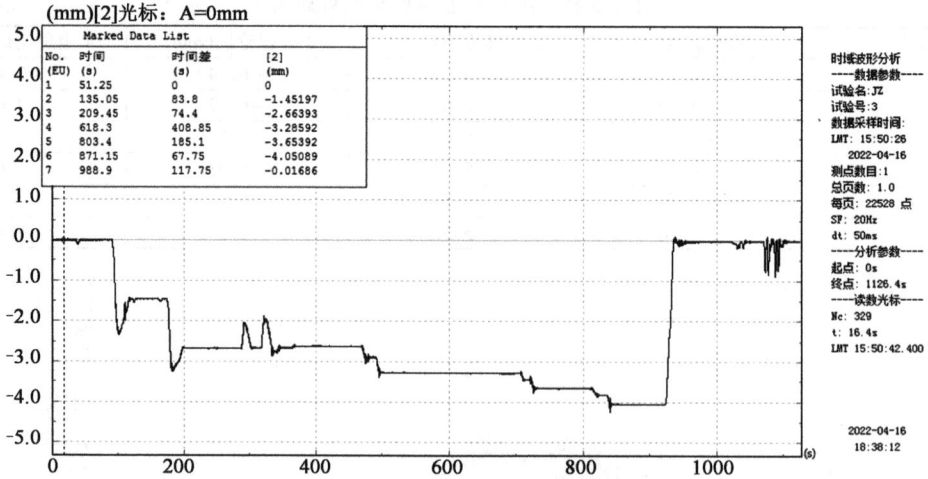

图 6-15　主梁 3 号雷达测点挠度时程曲线

(mm)[2]光标：A=0mm

No. (EU)	时间 (s)	时间差 (s)	[2] (mm)
1	78.7	0	0.00497
2	148.85	70.15	-1.10594
3	263	114.15	-2.66499
4	550.6	287.6	-3.25191
5	778.25	227.65	-3.63699
6	857	78.75	-4.03897
7	961.05	104.05	-0.00497

时域波形分析
----数据参数----
试验名:JZ
试验号:4
数据采样时间:
LMT: 15:50:48
2022-04-16
测点数目:1
总页数: 1.0
每页: 20480 点
SF: 20Hz
dt: 50ms
----分析参数----
起点: 0s
终点: 1024s
----读数光标----
Nc: 39
t: 1.9s
LMT: 15:50:49.900

2022-04-16
18:40:35

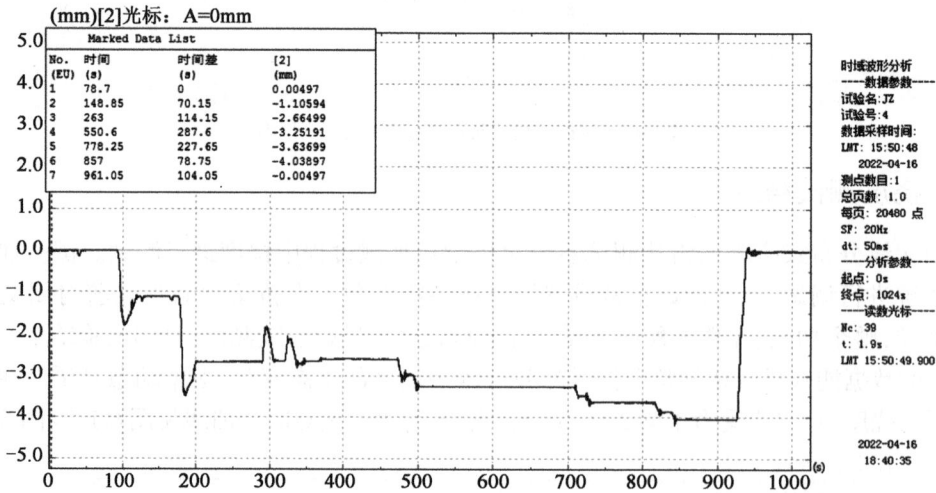

图 6-16　主梁 4 号雷达测点挠度时程曲线

(mm)[2]

No. (EU)	时间 (s)	时间差 (s)	[2] (mm)
1	33.6	0	0.00396
2	270.4	236.8	-0.71189
3	533.75	263.35	-2.55996
4	1327.9	794.15	-3.02694
5	1597.5	269.6	-3.39888
6	1812.45	214.95	-3.77293
7	1955	142.55	0.12398

时域波形分析
----数据参数----
试验名:JZ
试验号:5
数据采样时间:
LMT: 15:51:04
2022-04-16
测点数目:1
总页数: 1.0
每页: 40960 点
SF: 20Hz
dt: 50ms
----分析参数----
起点: 0s
终点: 2048s

2022-04-16
18:42:54

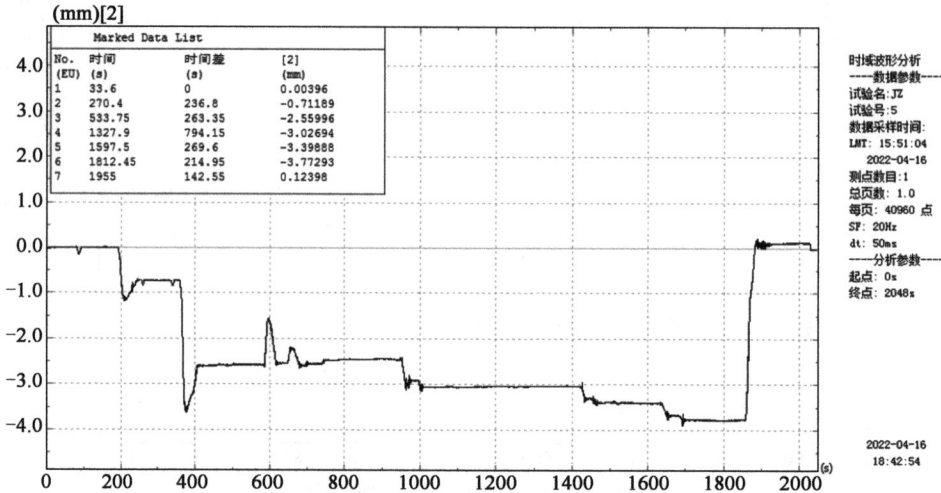

图 6-17　主梁 5 号雷达测点挠度时程曲线

桥梁静载加载试验各测点的挠度实测值见表6-3。

桥梁加载各级荷载的测点实测挠度值　　　　　　　　表6-3

测点编号	加载前读数（mm）	1级实测值（mm）	2级实测值（mm）	3级实测值（mm）	4级实测值（mm）	卸载后挠度（mm）
2	0.00	-2.54	-3.16	-3.50	-3.85	0.00
3	0.00	-2.66	-3.29	-3.65	-4.05	-0.02
4	0.00	-2.66	-3.25	-3.64	-4.04	0.00
5	0.00	-2.56	-3.03	-3.40	-3.77	0.12

将各级挠度值减去初值后的挠度实测值见表6-4。

桥梁加载各级荷载的测点实测挠度值（微波雷达）　　　　　　表6-4

测点编号	1级实测值（mm）	2级实测值（mm）	3级实测值（mm）	4级实测值（mm）	卸载后挠度（mm）
2	-2.54	-3.16	-3.51	-3.86	0.00
3	-2.66	-3.29	-3.65	-4.05	-0.02
4	-2.67	-3.26	-3.64	-4.04	-0.01
5	-2.56	-3.03	-3.40	-3.78	0.12

为方便对比,将各片梁在百分表测试下的结果见表6-5。

桥梁加载各级荷载的测点实测挠度值（百分表）　　　　　　表6-5

测点编号	1级实测值（mm）	2级实测值（mm）	3级实测值（mm）	4级实测值（mm）	卸载后挠度（mm）
2	-2.50	-3.15	-3.50	-3.86	0.00
3	-2.61	-3.27	-3.66	-4.05	-0.01
4	-2.60	-3.05	-3.63	-4.04	0.20
5	-2.44	-3.25	-3.38	-3.78	0.13

从桥梁静载加载中间4片主要受力雷达测点的挠度时程曲线可以看出以下规律:

(1)各测点挠度的时程曲线是连续的动态时程曲线,能够反映桥梁静载加载前、1级加载、2级加载、3级加载、4级加载及卸载后的挠度变化的整个过程。

(2)各级加载平稳后挠度数据稳定基本呈水平状态,不同加载级别的数据呈台阶状分布。

(3)挠度时程曲线能反映加载车辆在桥上移动的加载过程,1级加载读数平稳前挠度有两次较大的数据波动,这是由于两辆加载车在桥上调整位置所引起。桥梁静载加载采用两辆加载车进行加载,各级加载横向位置不变通过移动纵向位置来实现车辆加载。2级、3级和4级加载时,两辆车辆由于车辆横向位置不变,仅通过纵向微小移动实现加载,从挠度曲线上能明显看出各测点读数平稳前仅有2次挠度微小波动。

从表6-6中可以看出,对称加载工况加载满载时各挠度测点挠度校验系数跨中截面在0.51~0.55之间。根据《公路桥梁荷载试验规程》(JGJ/T J21-01—2015)表5.7.8常见桥梁结构试验校验系数常值表钢筋混凝土梁桥挠度校验系数为0.5~0.9,本次测试桥梁各主要挠度测点校验系数满足规范要求,说明桥梁上部结构刚度满足汽车—15级荷载承载能力要求。桥梁对称加载工况主梁挠度相对残余变形在-4.95%~0.25%之间,均小于20%,说明桥梁在加载过程中处于弹性工作阶段,主梁弹性工作性能良好。

桥梁静载加载工况挠度校验系数及相对残余

表 6-6

测点编号	4级实测值（mm）	卸载后挠度（mm）	弹性挠度（mm）	计算挠度（mm）	校验系数 η	相对残余（%）
2	-3.86	0.00	-3.86	-7.61	0.51	0.00
3	-4.05	-0.01	-4.04	-7.68	0.53	0.25
4	-4.04	0.20	-4.24	-7.68	0.55	-4.95
5	-3.78	0.13	-3.91	-7.61	0.51	-3.44

6.3.5 动挠度测试结果

测试车辆分别以 20km/h、30km/h 的速度通过桥梁,测试车辆分别以 20km/h 的速度在跨中截面制动,测量桥梁 2 号梁~5 号梁的竖向动挠度和冲击系数。桥梁在不同速度下跑车及制动试验的振动响应参数见表 6-7。

跑车及制动试验的振动响应

表 6-7

速度	参数	2 号梁	3 号梁	4 号梁	5 号梁
20km/h 跑车	竖向动挠度最值(mm)	-3.37697	-2.83098	-2.14098	-1.41499
	冲击系数	0.24533	0.20163	0.20164	0.25722
30km/h 跑车	竖向动挠度最值(mm)	-2.65998	-2.32498	-1.88398	-1.33199
	冲击系数	0.12084	0.07702	0.08713	0.04366
20km/h 制动	竖向动挠度最值(mm)	-3.17597	-2.69998	-2.07298	-1.40699
	冲击系数	0.20429	0.21035	0.20946	0.21033

桥梁在不同速度下跑车试验的振动响应曲线见图 6-18 ~ 图 6-20。

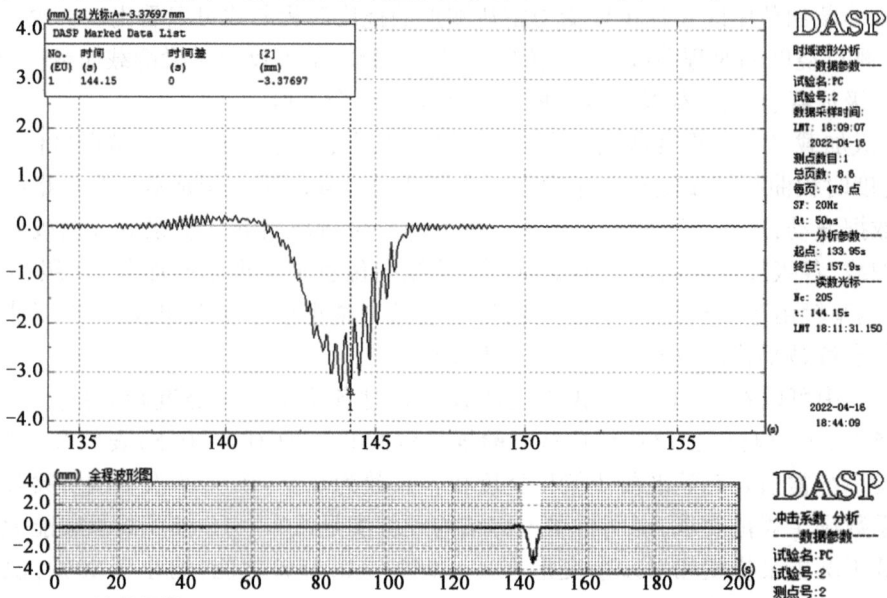

图 6-18

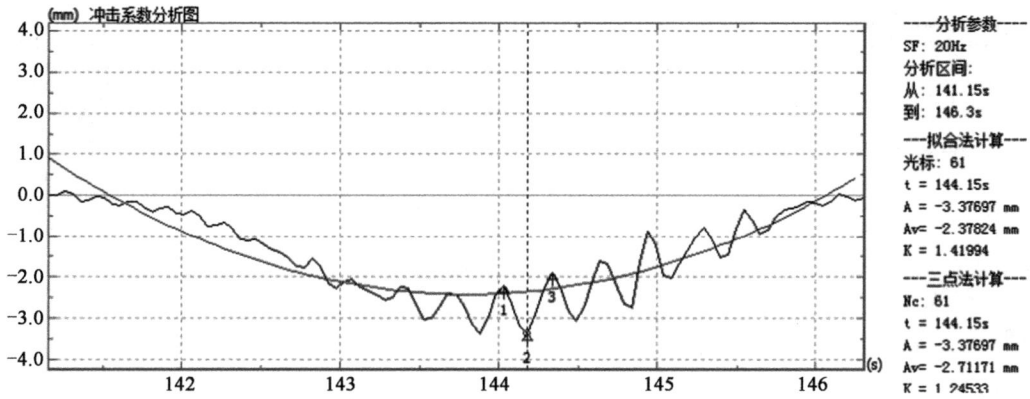

图 6-18 20km/h 跑车动挠度曲线及冲击系数（2 号梁）

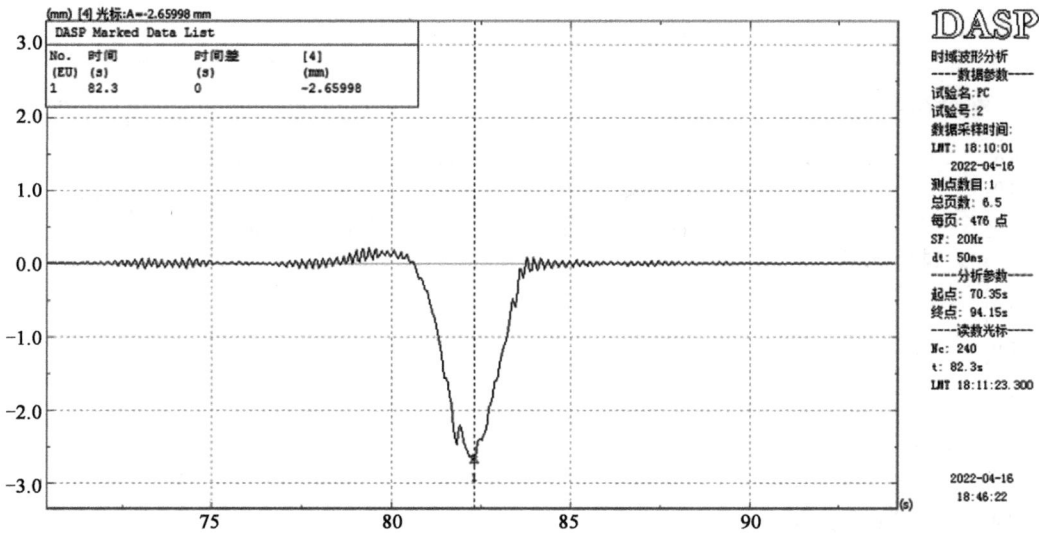

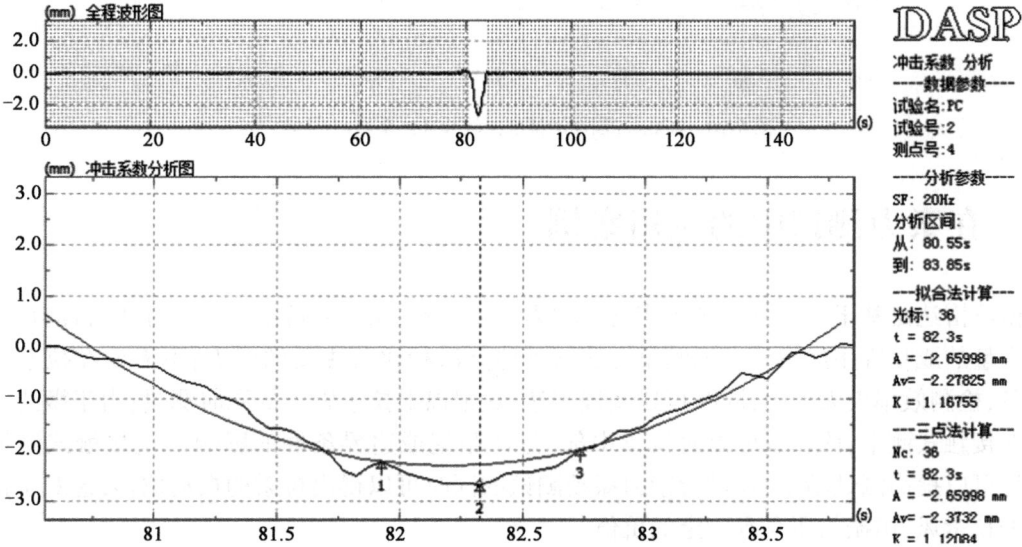

图 6-19 30km/h 跑车动挠度曲线及冲击系数（2 号梁）

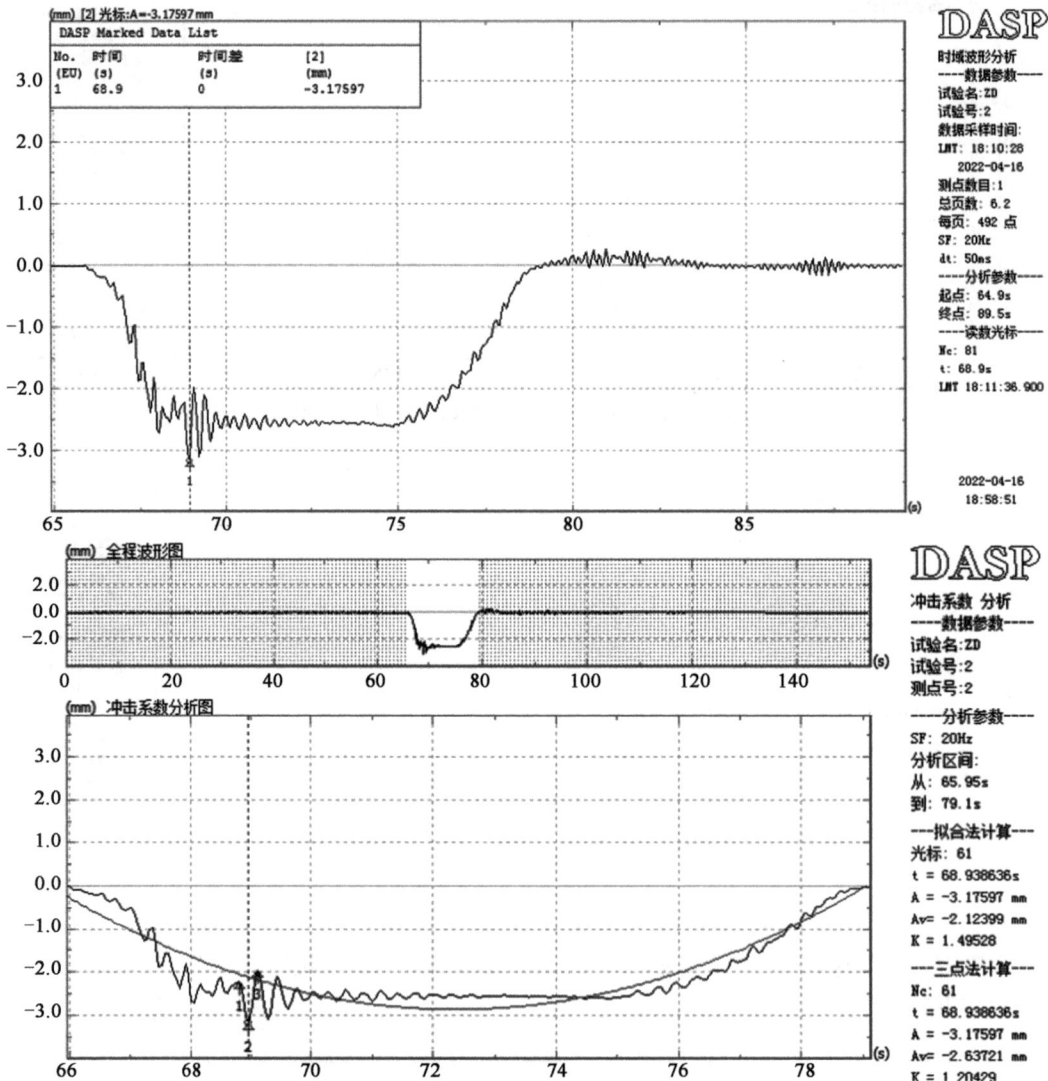

图 6-20 20km/h 制动动挠度曲线及冲击系数(2 号梁)

6.4 在索力测试中的应用案例

微波雷达是基于干涉测量技术实现拉索索力测试的,属于非接触式测量方法,目前在国内已有大量的成功应用的案例。该测量方法同其他方法相比其主要的优点:不需要在拉索上安装设备,检测效率极大提高,同时可以实现多达 10 根以上拉索索力的同时测量;由于微波雷达采用非接触式测量,该设备可以对拉索中部(远离阻尼或边界条件的影响),同接触式测量方法相比可以提高测试精度;在进行索力振动测试的同时可以得出拉索的振动位移,这对于拉索较长的拉索风、雨振的研究有一定的价值。

特别是雷达索力检测设备能穿透钢绞线斜拉索 HDPE 护套,直接作用到钢绞线上,测量出来的位移精度并不受穿透的影响。根据该特性,可以广泛应用于钢绞线桥索力检测上。由于钢绞线桥梁,HDPE 护套和钢绞线分离,因而传统的加速度测量方法,测量误差较大,甚至测量不出来,通过雷达索力检测设备则可以穿透护套,直接测量钢绞线的振动,从而测量出来钢绞线的振动频率,计算的索力比较准确。

微波雷达在索力测试中的优点不再赘述,在此仅以简单实例加以说明。

6.4.1 监测仪器

斜拉索索力测试采用北京东方振动和噪声技术研究所生产的云智慧采集仪和中公智联(北京)科技有限公司生产的非接触式微波索力检测仪,通过频率法测定索力,只要精确测定拉索基频,就可以通过拉索基频计算出拉索索力。云智慧采集仪和拾振器见图 6-21,非接触式微波索力检测仪见图 6-22。

图 6-21 云智慧采集仪和拾振器 　　　　　图 6-22 非接触式微波索力检测仪

6.4.2 监测方法及原理

6.4.2.1 雷达测试拉索基频原理

非接触式微波索力检测仪(型号:IICC-MCDE)是基于干涉测量技术实现斜拉桥、悬索桥和吊杆拱桥等线缆体系桥梁拉索、吊杆受力状态的一款检测设备。

测量时,该产品无须在拉索或吊杆上安装任何辅助设施,离测量对象一定距离,发射微波信号,通过反射接收后的信号计算相位,通过两次发射相位差来测量拉索或吊杆的振动位移,如图 6-23 所示。

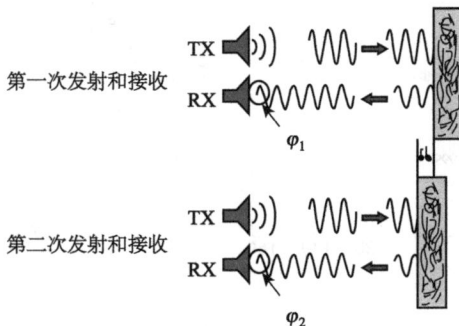

图 6-23 微变形雷达基本原理图

计算公式如下：

$$d = \frac{\lambda}{D\pi}(\varphi_2 - \varphi_1) \tag{6-1}$$

式中：λ ——雷达工作波长；

  φ_1 ——第一次目标测量相位；

  φ_2 ——第二次测量相位；

  d ——两次测量间目标在雷达视线上的位移量。

如图 6-24 所示，微波索力检测仪发射电磁波，遇到拉索后反射回来，得到相位变化；通过不断发射、反射得到一系列变化相位，从而计算出拉索的振动变化位移，经过 FFT 变换后，得到频域特征值。位移时程曲线经过时频变换，计算振动频率或倍频特征，如图 6-25 所示。雷达调准好测量位置后，最多可一次测量超过 10 根拉索，每次测量 1min 即可，可对斜拉桥拉索基频实现快速测量。

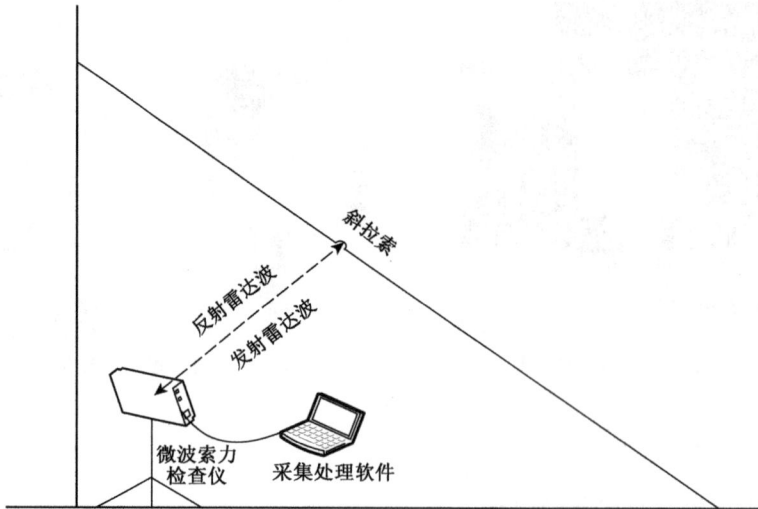

图 6-24　现场测试示意图

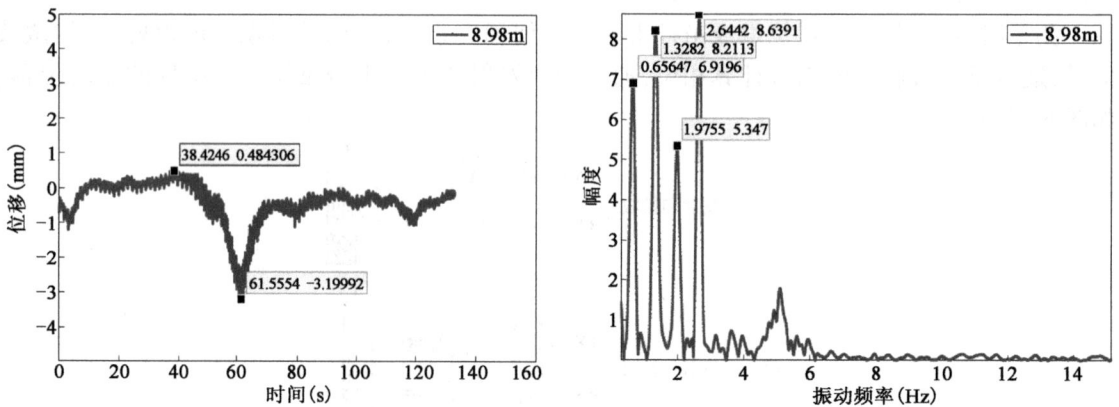

图 6-25　雷达测试数据分析图谱

6.4.2.2　索力计算原理

本次索力测试采用振动频率法测量索力。索力计算原理是：拉索索力与索的振动频率存在对应关系。索的一头与桥塔固结，另一头则连接桥面，相对于整个索的长度及它所承担的张力，可近似看作两头固结，而自重又可忽略不计的理想拉弦形式。

当忽略索的抗弯刚度时，索的两端约束条件为铰接时，索力(T)按下式计算：

$$T = \frac{4WL^2}{gn^2}f_n^2 \tag{6-2}$$

当考虑索的抗弯刚度，索的两端约束条件为铰接时，索力(T)按下式计算：

$$T = \frac{4WL^2}{gn^2}f_n^2 - \frac{n^2EI\pi^2}{L^2} \tag{6-3}$$

式中：T——索力；

f_n——索的第 n 阶自振频率；

L——索的计算长度；

n——振动阶数；

EI——索的抗弯刚度；

W——单位索长的索的质量；

g——重力加速度。

钢索自振频率的频谱是等间距的，且间距为 1 阶自振频率，在各阶自振频率中，峰值最高的为主振频率，一般出现在高阶。由于忽略了钢索弯曲刚度、斜度的影响，为减少索力测试的误差，应采用基频来计算索力，基频为主振频率除以它的阶数，如果 1 阶自振频率的峰值最高，主频即为基频。

6.4.3　监测点编号

本次斜拉索索力监测采用与上次测试相同的编号方法，按前进方向将斜拉索分为左、右侧，并依次将斜拉索编为 1~6 号斜拉索，斜拉索编号见图 6-26。

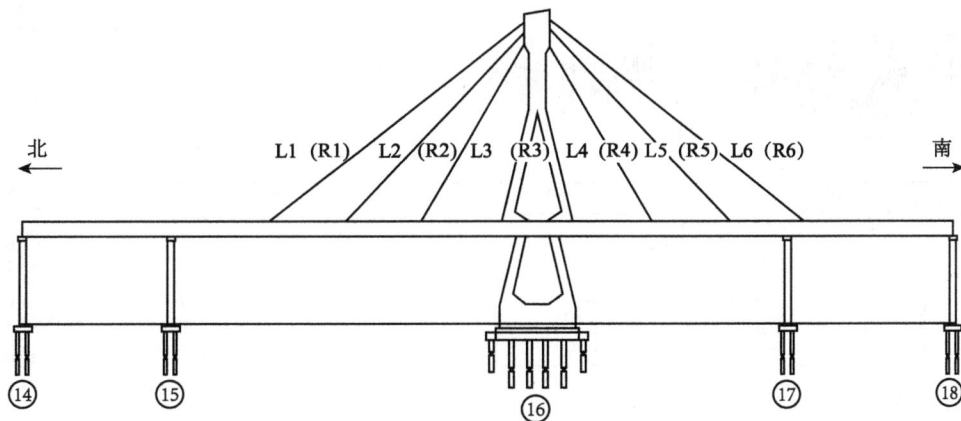

图 6-26　斜拉索编号示意图

6.4.4　监测结果

两种方法监测拉索基频结果对比分析见表6-8。拉索频谱图如图6-27~图6-38所示。

两种方法拉索基频对比分析表　　　　　　　　　　表6-8

测点编号	非接触式微波索力检测仪(Hz)	云智慧采集仪(Hz)	偏差率(%)
L1	1.83105	1.8457	0.79
L2	2.44141	2.46094	0.79
L3	3.41797	3.48633	1.96
L4	3.41797	3.48628	1.96
L5	2.44141	2.46093	0.79
L6	1.83105	1.8457	0.79
R1	1.83105	1.8457	0.79
R2	2.44141	2.46093	0.79
R3	3.41797	3.48633	1.96
R4	3.41997	3.48633	1.90
R5	2.44141	2.46094	0.79
R6	1.83105	1.8457	0.79

由表6-8可知,两种方法监测的拉索基频最大偏差为1.96%,偏差较小,说明本次测量的拉索基频数据较为可靠。

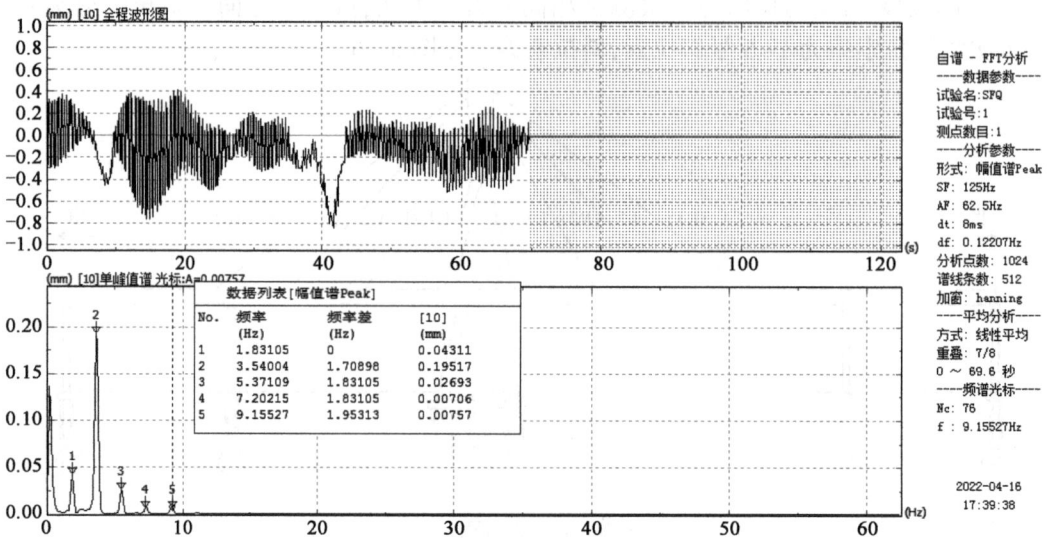

图6-27　L1 拉索频谱图

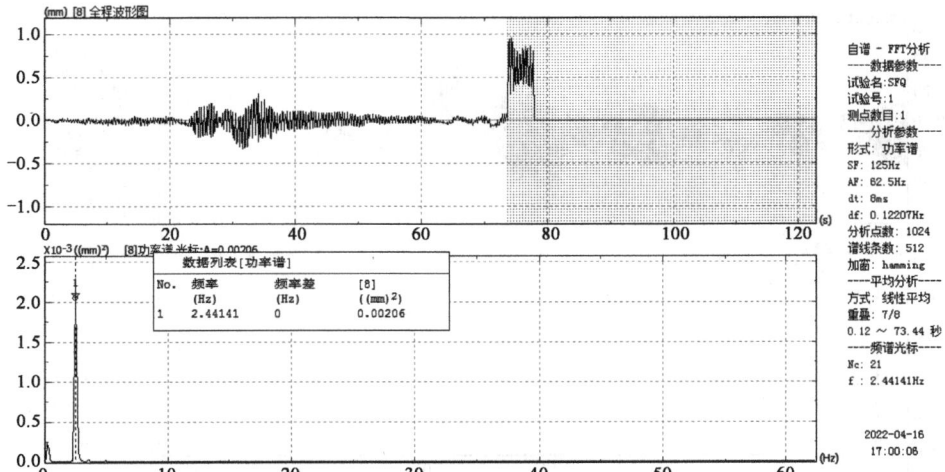

图 6-28　L2 拉索频谱图

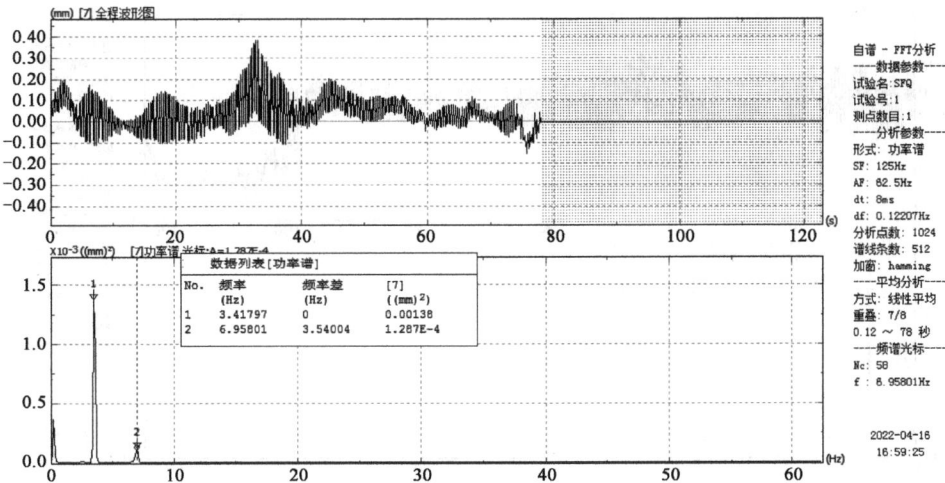

图 6-29　L3 拉索频谱图

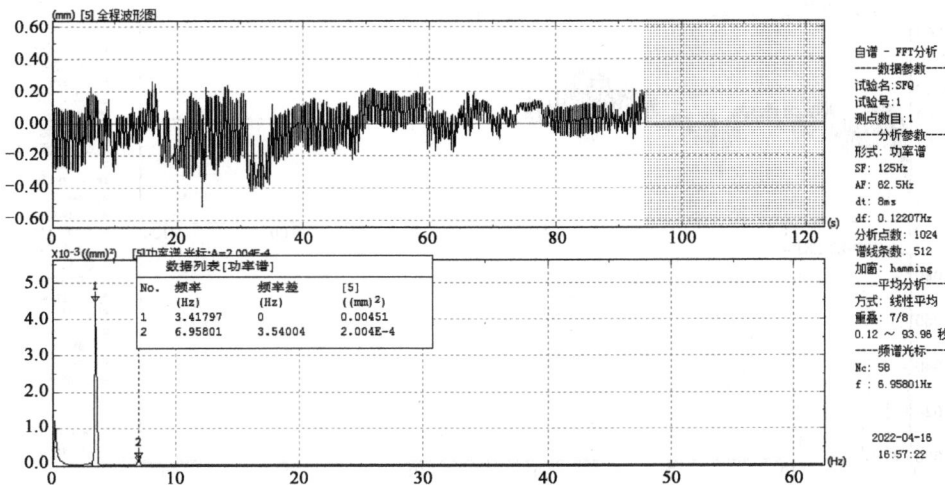

图 6-30　L4 拉索频谱图

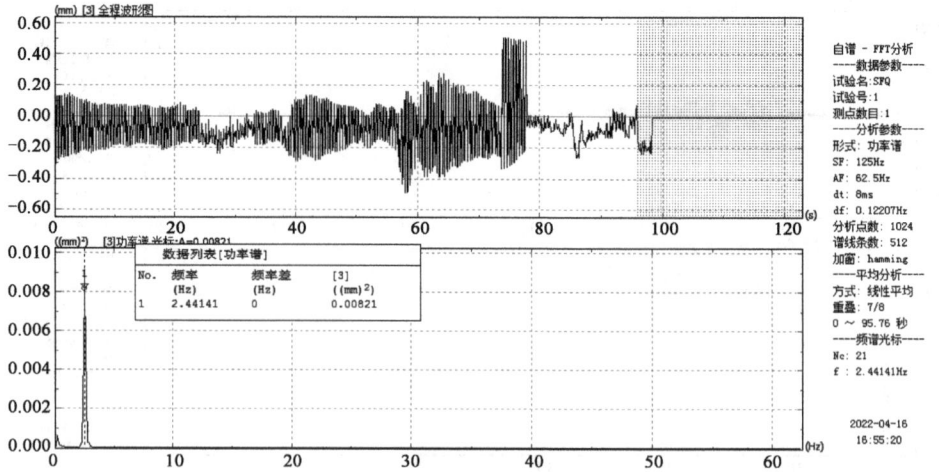

图 6-31 L5 拉索频谱图

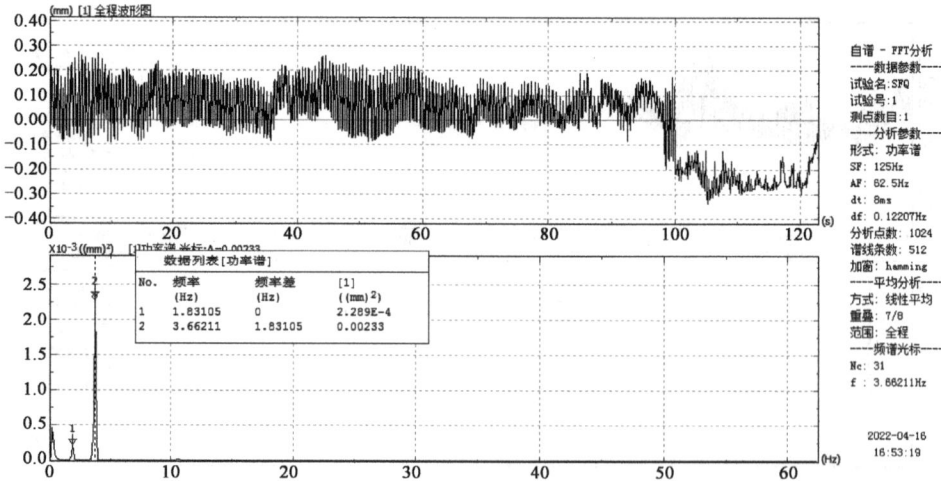

图 6-32 L6 拉索频谱图

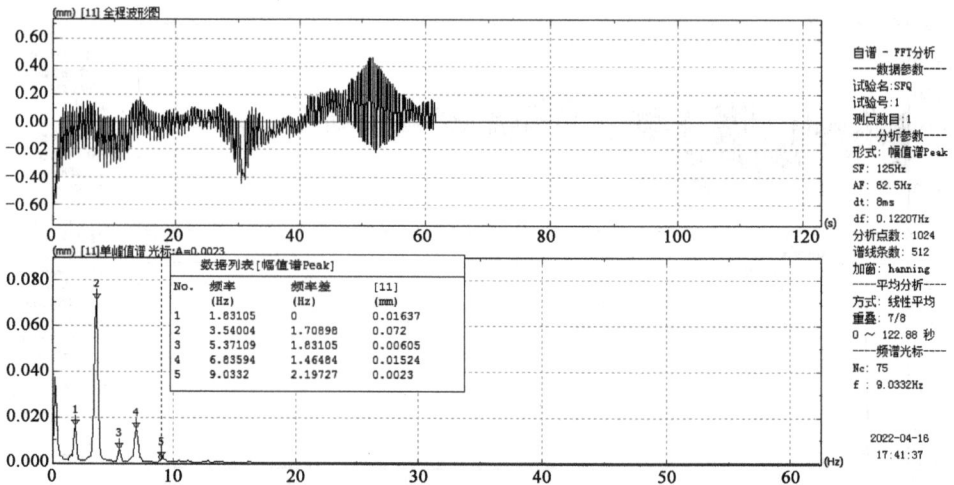

图 6-33 R1 拉索频谱图

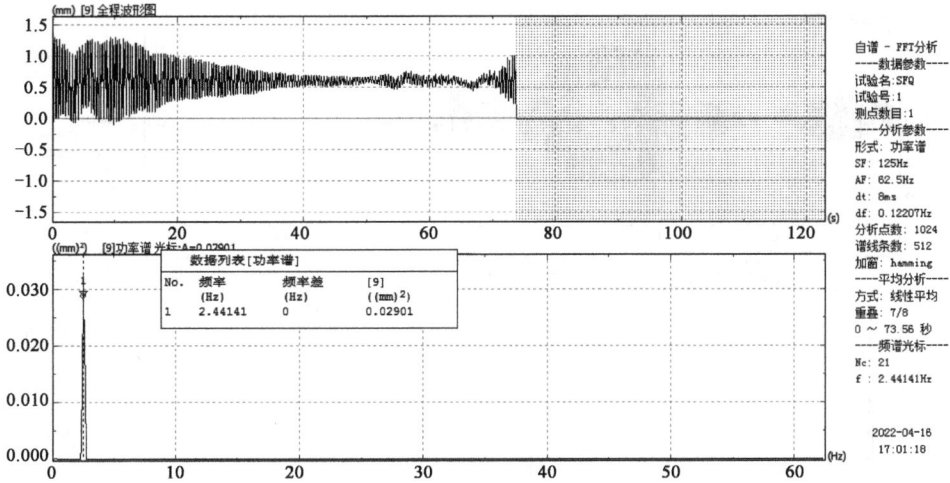

图 6-34　R2 拉索频谱图

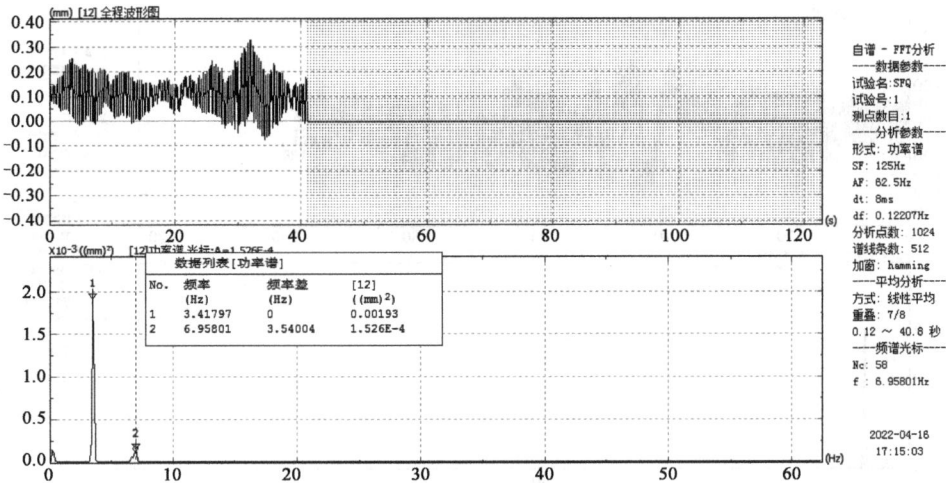

图 6-35　R3 拉索频谱图

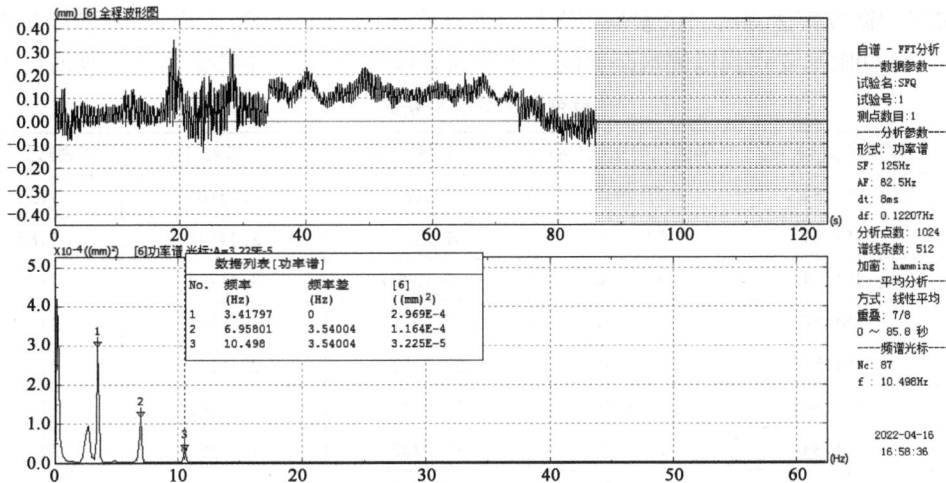

图 6-36　R4 拉索频谱图

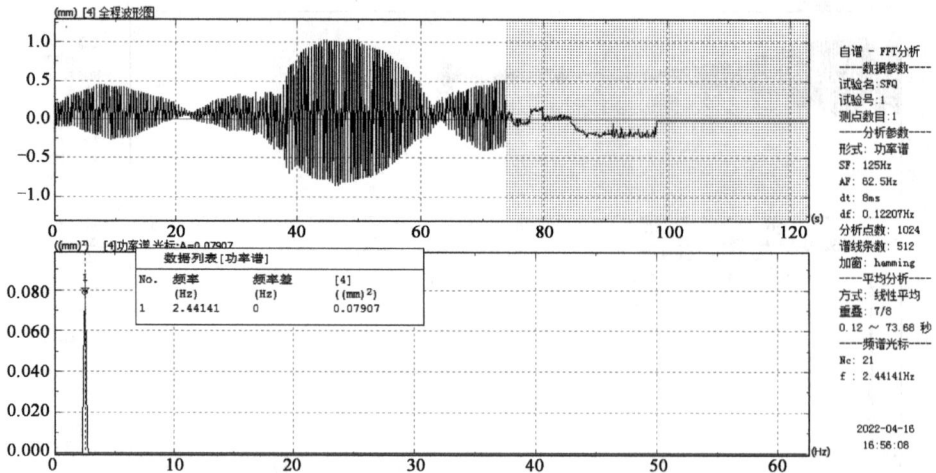

图 6-37 R5 拉索频谱图

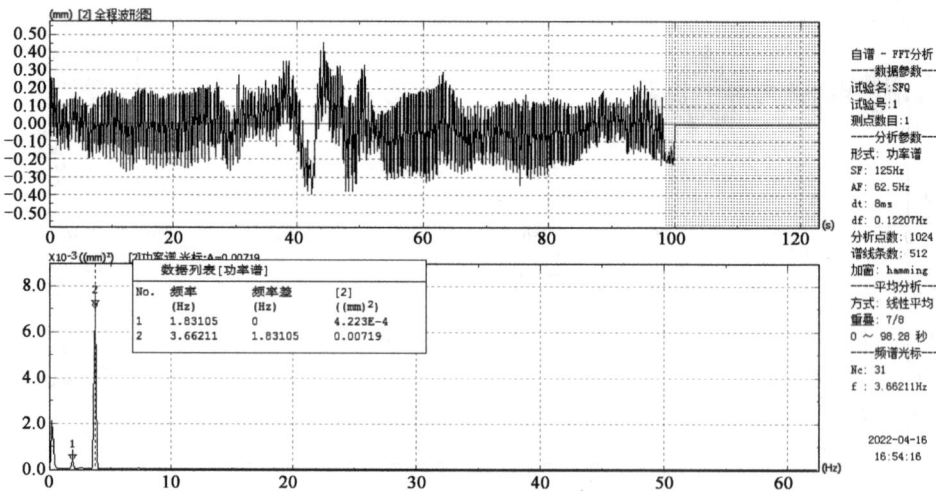

图 6-38 R6 拉索频谱图

本次采用微波雷达测试的拉索基频进行索力计算,由于该桥拉索锚固端处设有阻尼器,取拉索中间段加两侧阻尼支点到锚固端距离的一半作为等效计算长度,主桥索力的计算值见表6-9。

拉索索力计算分析表　　　　　　　　　　表6-9

拉索编号	线质量 ρ(kg/m)	锚固点间索长(m)	计算长度 L(m)	一阶基频(Hz)	实测索力值(kN)
L1	151.84	77.7997	75.2262	1.83105	11523.5
L2	151.84	59.5567	57.2182	2.44141	11852.1
L3	151.84	43.0320	40.7870	3.41797	11803.9
L4	151.84	42.8861	40.6411	3.41797	11719.6
L5	151.84	59.3697	57.0312	2.44141	11774.8
L6	151.84	77.5870	75.0135	1.83105	11458.4
R1	151.84	77.8167	75.2432	1.83105	11528.7
R2	151.84	59.5637	57.2252	2.44141	11855.0

拉索编号	线质量 ρ(kg/m)	锚固点间索长(m)	计算长度 L(m)	一阶基频(Hz)	实测索力值(kN)
R3	151.84	43.0281	40.7831	3.41797	11801.7
R4	151.84	42.8823	40.6373	3.41997	11731.1
R5	151.84	59.3769	57.0384	2.44141	11777.7
R6	151.84	77.6042	75.0307	1.83105	11463.7

由表6-9可以看出:左右侧拉索索力最大相差小,考虑到基频测试均是在通车条件下进行,行车振动对测试数据有一定的影响,左右两侧索力基本处于对称状态,结构整体受力状况良好。

参考文献

[1] 中华人民共和国交通运输部.公路桥梁荷载试验规程:JTG/T J21-01—2015[S].北京:人民交通出版社股份有限公司,2016.

[2] 中华人民共和国交通运输部.公路桥梁承载能力检测评定规程:JTG/T J21—2011[S].北京:人民交通出版社股份有限公司,2011.

[3] 中华人民共和国交通运输部.公路钢筋混凝土及预应力混凝土桥涵设计规范:JTG 3362—2018[S].北京:人民交通出版社股份有限公司,2018.

[4] 中华人民共和国交通运输部.公路桥涵设计通用规范:JTG D60—2015[S].北京:人民交通出版社股份有限公司,2015.

[5] 谌润水,胡钊芳.公路桥梁荷载试验[M].北京:人民交通出版社,2003.

[6] 施尚伟,向中富.桥梁结构试验检测技术[M].重庆:重庆大学出版社,2012.

[7] 王军,金红亮.柔性中央扣对大跨径悬索桥动力特性的影响[J].上海公路,2010(04).

[8] 郑凯锋,胥润东,粟怀广.悬索桥中央扣对活载挠度影响的详细计算分析方法[J].世界桥梁,2009(2).

[9] 胡建新.基于内力控制兼顾应力挠度控制的荷载试验布载方法分析[J].交通标准化,2010,9.

[10] 胡建新.全站仪在拱圈线形测量中的新方法[J].交通标准化,2011,3.

[11] 胡建新.厦漳大桥北汊斜拉桥成桥荷载试验研究[J].公路交通技术,2013,12.

[12] 季文玉,许克宾.砌石圬工弹性模量的试验研究[J].北方交通大学学报,1996,05.

[13] 王刚.石拱桥截面应变测试技术研究[D].重庆:重庆交通大学,2010.

[14] 李伟钊,张巍.一种基于低通滤波的公路简支梁桥实测冲击系数计算方法[J].振动与冲击,2012,31.

[15] 徐平,郝旺身.振动信号处理与数据分析[M].北京:科学出版社,2016.